Studi Bompiani
Il campo semiotico
a cura di Umberto Eco

Umberto Eco

DIRE QUASI LA STESSA COSA

Esperienze di traduzione

Bompiani

Dello stesso autore presso Bompiani

Il problema estetico in Tommaso d'Aquino
Opera aperta
Apocalittici e integrati
Le poetiche di Joyce
La struttura assente
Le forme del contenuto
Il costume di casa
Trattato di semiotica generale
Dalla periferia dell'impero
Come si fa una tesi di laurea
Il superuomo di massa
Lector in fabula
Sette anni di desiderio
Sugli specchi e altri saggi
Arte e bellezza nell'estetica medioevale
I limiti dell'interpretazione
Diario Minimo
Il secondo Diario Minimo
Sei passeggiate nei boschi narrativi
Interpretazione e sovrainterpretazione
Cinque scritti morali
Kant e l'ornitorinco
Tra menzogna e ironia
La Bustina di Minerva
Sulla letteratura

Il nome della rosa
Il pendolo di Foucault
L'isola del giorno prima
Baudolino

ISBN 88-452-5397-X

I edizione Studi Bompiani aprile 2003
II edizione Studi Bompiani aprile 2003

INDICE

INTRODUZIONE   9

1. I SINONIMI DI ALTAVISTA   25
   1.1   Equivalenza di significato e sinonimia   26
   1.2   Capire i contesti   29

2. DAL SISTEMA AL TESTO   37
   2.1   La presunta incommensurabilità dei sistemi   37
   2.2   La traduzione riguarda mondi possibili   44
   2.3   I testi come sostanze   48

3. REVERSIBILITÀ ED EFFETTO   57
   3.1   La reversibilità ideale   59
   3.2   Un continuum di reversibilità   64
   3.3   Far sentire   68
   3.4   Riprodurre lo stesso effetto   80

4. SIGNIFICATO, INTERPRETAZIONE, NEGOZIAZIONE   83
   4.1   Significato e interpretanti   85
   4.2   Tipi cognitivi e contenuti nucleari   87
   4.3   Negoziare: topo o ratto?   91

5. PERDITE E COMPENSAZIONI   95
   5.1   Perdite   96
   5.2   Perdite per accordo tra le parti   100
   5.3   Compensazioni   106
   5.4   Evitare di arricchire il testo   110
   5.5   Migliorare il testo?   114
   5.6   Compensare rifacendo   125

6. RIFERIMENTO E SENSO PROFONDO 139
   6.1   Violare il riferimento 139
   6.2   Riferimento e stile 143
   6.3   Riferimento e storia "profonda" 149
   6.4   Livelli di fabula 155
   6.5   I riferimenti dei rebus e il rebus del riferimento 157

7. FONTI, FOCI, DELTA, ESTUARI 161
   7.1   Tradurre da cultura a cultura 162
   7.2   La ricerca di Averroè 165
   7.3   Alcuni casi 167
   7.4   Fonte e destinazione 170
   7.5   Addomesticare e straniare 172
   7.6   Modernizzare e arcaicizzare 181
   7.7   Situazioni miste 189
   7.8   Ancora sulla negoziazione 193

8. FAR VEDERE 197
   8.1   Ipotiposi 197
   8.2   La stanza della zia 201
   8.3   Ekfrasi 208

9. FAR SENTIRE IL RINVIO INTERTESTUALE 213
   9.1   Suggerire l'intertesto al traduttore 217
   9.2   Difficoltà 220

10. INTERPRETARE NON È TRADURRE 225
   10.1   Jakobson e Peirce 227
   10.2   La linea ermeneutica 229
   10.3   Tipi di interpretazione 235
   10.4   Interpretazione intrasemiotica 237
   10.5   Interpretazione intralinguistica o riformulazione 239
   10.6   Prima interpretare, poi tradurre 244
   10.7   *Lectio difficilior* 249
   10.8   Esecuzione 251

11. QUANDO CAMBIA LA SOSTANZA 255
   11.1   Variazioni di sostanza in altri sistemi semiotici 255
   11.2   Il problema della sostanza nella traduzione
          tra due lingue naturali 257
   11.3   Tre formule 261
   11.4   La sostanza in poesia 264
   11.5   Il *quasi* della traduzione poetica 276

12. IL RIFACIMENTO RADICALE   299
    12.1   Il caso Queneau   299
    12.2   Il caso Joyce   303
    12.3   Casi di frontiera   313

13. QUANDO CAMBIA LA MATERIA   315
    13.1   Parasinonimia   316
    13.2   Trasmutazioni o adattamenti   320
    13.3   Trasmutazioni per manipolazione   325
    13.4   Far vedere il non detto   327
    13.5   Non far vedere il detto   332
    13.6   Isolare un livello del testo fonte   334
    13.7   Far vedere altro   338
    13.8   Adattamento come nuova opera   340

14. LINGUE PERFETTE E COLORI IMPERFETTI   345
    14.1   *Tertium comparationis*   345
    14.2   Paragonare le lingue   349
    14.3   Traduzione e ontologia   351
    14.4   Colori   353
    14.5   Ultimo *folio*   363

Riferimenti bibliografici   365
Traduzioni citate   379
Indice dei nomi   383

INTRODUZIONE

Che cosa vuole dire tradurre? La prima e consolante risposta vorrebbe essere: dire la stessa cosa in un'altra lingua. Se non fosse che, in primo luogo, noi abbiamo molti problemi a stabilire che cosa significhi "dire la *stessa* cosa", e non lo sappiamo bene per tutte quelle operazioni che chiamiamo parafrasi, definizione, spiegazione, riformulazione, per non parlare delle pretese sostituzioni sinonimiche. In secondo luogo perché, davanti a un testo da tradurre, non sappiamo quale sia *la cosa*. Infine, in certi casi, è persino dubbio che cosa voglia dire *dire*.

Non abbiamo bisogno di andare a cercare (per sottolineare la centralità del problema traduttivo in molte discussioni filosofiche) se ci sia una *Cosa in Sé* nell'*Iliade* o nel *Canto di un pastore errante dell'Asia*, quella che dovrebbe trasparire e sfolgorare al di là e al di sopra di ogni lingua che li traduca – o che al contrario non venga mai attinta per quanti sforzi un'altra lingua faccia. Basta volare più basso – e lo faremo molte volte nelle pagine che seguono.

Supponiamo che in un romanzo inglese un personaggio dica *it's raining cats and dogs*. Sciocco sarebbe quel traduttore che, pensando di dire la stessa cosa, traducesse letteralmente *piove cani e gatti*. Si tradurrà *piove a catinelle* o *piove come Dio la manda*. Ma se il romanzo fosse di fantascienza, scritto da un adepto di scienze dette "fortiane", e raccontasse che davvero piovono cani e gatti? Si tradurrebbe letteralmente, d'accordo. Ma se il personaggio stesse andando dal dottor Freud per raccontargli che soffre di una curiosa ossessione verso cani e gatti, da cui si sente minacciato persino quando piove? Si tradurrebbe ancora letteralmente, ma si sarebbe perduta la sfumatura che quell'Uomo dei Gatti è ossessionato anche dalle frasi idiomatiche. E se in un romanzo italiano

9

chi dice che stanno piovendo cani e gatti fosse uno studente della Berlitz, che non riesce a sottrarsi alla tentazione di ornare il suo discorso con anglicismi penosi? Traducendo letteralmente, l'ignaro lettore italiano non capirebbe che quello sta usando un anglicismo. E se poi quel romanzo italiano dovesse essere tradotto in inglese, come si renderebbe questo vezzo anglicizzante? Si dovrebbe cambiare nazionalità al personaggio e farlo diventare un inglese con vezzi italianizzanti, o un operaio londinese che ostenta senza successo un accento oxoniense? Sarebbe una licenza insopportabile. E se *it's raining cats and dogs* lo dicesse, in inglese, un personaggio di un romanzo francese? Come si tradurrebbe in inglese? Vedete come è difficile dire quale sia *la cosa* che un testo vuole trasmettere, e come trasmetterla.

Ecco il senso dei capitoli che seguono: cercare di capire come, pur sapendo che non si dice mai la stessa cosa, si possa dire *quasi* la stessa cosa. A questo punto ciò che fa problema non è più tanto l'idea della *stessa* cosa, né quella della stessa *cosa*, bensì l'idea di quel *quasi*.[1] Quanto deve essere elastico quel *quasi*? Dipende dal punto di vista: la Terra è quasi come Marte, in quanto entrambi ruotano intorno al sole e hanno forma sferica, ma può essere quasi come un qualsiasi altro pianeta ruotante in un altro sistema solare, ed è quasi come il sole, poiché entrambi sono corpi celesti, è quasi come la sfera di cristallo di un indovino, o quasi come un pallone, o quasi come un'arancia. Stabilire la flessibilità, l'estensione del *quasi* dipende da alcuni criteri che vanno negoziati preliminarmente. Dire quasi la stessa cosa è un procedimento che si pone, come vedremo, all'insegna della *negoziazione*.

Ho iniziato a occuparmi teoricamente di problemi di traduzione forse per la prima volta nel 1983, nello spiegare come avevo tradotto gli *Esercizi di stile* di Queneau. Per il resto credo

---

[1] Giustamente Genette (1982) pone la traduzione all'insegna del *palinsesto*: una pergamena di cui si è "grattata" la prima iscrizione per tracciarvene un'altra, ma in modo che si possa ancora leggere in trasparenza l'antico sotto il nuovo. Quanto al "quasi", *Lo stesso altro* è il titolo che Petrilli (2001) assegna a una raccolta di scritti sulla traduzione.

di avere dedicato al problema pochi accenni sino agli anni Novanta, durante i quali avevo elaborato una serie di interventi occasionali nel corso di qualche convegno, e in riferimento, come si vedrà, ad alcune mie esperienze personali di autore tradotto.[2] Il problema della traduzione non poteva essere assente dal mio studio sulla *Ricerca della lingua perfetta* (1993b), e ad analisi minute di traduzioni sono tornato sia parlando di una traduzione di Joyce (Eco 1996) che a proposito della mia traduzione di *Sylvie* di Nerval (Eco 1999b).[3]

Ma tra il 1997 e 1999 si sono svolti due seminari annuali per il Dottorato di ricerca in Semiotica dell'Università di Bologna dedicati al tema della traduzione intersemiotica, vale a dire di tutti quei casi in cui non si traduce da una lingua naturale a un'altra ma tra sistemi semiotici diversi tra loro, come quando per esempio si "traduce" un romanzo in un film, un poema epico in un'opera a fumetti o si trae un quadro dal tema di una poesia. Nel corso dei vari interventi mi sono trovato a dissentire con parte dei dottorandi e dei colleghi circa i rapporti tra "traduzione propriamente detta" e traduzione detta "intersemiotica". La materia del contendere dovrebbe apparire chiara dalle pagine di questo libro, così come dovrebbero apparire chiari gli stimoli e le sollecitazioni che ho ricevuto anche e specialmente da coloro con cui dissentivo. Le mie reazioni di allora, così come gli interventi degli altri partecipanti, appaiono in due numeri speciali della rivista *VS* 82 (1999), e *VS* 85-87 (2000).

Nell'autunno del 1998 ero stato frattanto invitato dalla Toronto University per una serie di Goggio Lectures, dove ho iniziato a rielaborare le mie idee in proposito. I risultati di quelle conferenze sono stati poi pubblicati nel volumetto *Experiences in Translation* (Eco 2001).

Infine, nel 2002 ho tenuto a Oxford otto Weidenfeld Lectu-

---

[2] Vedi Eco (1991, 1992a, 1993a, 1995a, 1995b).

[3] Vorrei qui ricordare che, anche se da decenni facevo esperienze di traduzione, i miei interessi teorici su questo tema sono stati sollecitati dalle due tesi, di laurea e di dottorato, di Siri Nergaard e naturalmente dalla messa a punto dei due volumi antologici da lei pubblicati, in una collana da me diretta, nel 1993 e nel 1995.

res, sempre sullo stesso tema, in cui ho ulteriormente sviluppato una nozione di traduzione come negoziazione.[4]

Questo libro riprende gli scritti elaborati nelle occasioni di cui sopra, con moltissime nuove divagazioni ed esempi, visto che non sono più legato ai tempi obbligati delle singole conferenze o degli interventi a un convegno. Tuttavia, malgrado questi notevoli accrescimenti e una diversa organizzazione del materiale, ho cercato di mantenere il tono di conversazione che avevano i miei testi precedenti.

Il tono di conversazione era ed è dovuto al fatto che nelle pagine che seguono, che indubbiamente mettono in gioco vari aspetti di una teoria della traduzione, prendo sempre le mosse da esperienze concrete. Ovvero, le esperienze possono essere evocate in riferimento a qualche problema teorico che interessa oggi gli studi di traduttologia, ma questi problemi teorici sono sempre sollecitati da *esperienze*, in gran parte personali.

Molte volte alcuni testi di traduttologia mi hanno lasciato insoddisfatto proprio perché, a una ricchezza di argomenti teorici, non si accompagnava una sufficiente panoplia di esempi. Questo non vale certo per tutti i libri o i saggi in argomento, e penso alla ricchezza di esempi esibita da *After Babel* di George Steiner, ma in molti altri casi mi sorgeva il sospetto che il teorico della traduzione non avesse mai tradotto, e quindi parlasse di qualcosa di cui non aveva esperienza diretta.[5]

È stato una volta osservato da Giuseppe Francescato (e rielaboro a memoria) che per poter studiare il fenomeno del bilinguismo, e quindi per poter raccogliere esperienze sufficienti sul formarsi di una doppia competenza, occorre osservare ora per ora, giorno per giorno, il comportamento di un bambino sottoposto a

---

[4] Di prossima pubblicazione (presso Weidenfeld-Orion: London 2003) col titolo *Mouse or Rat? Translation as Negotiation.*

[5] L'ampiezza degli esempi non è solo dovuta a preoccupazioni didattiche. È indispensabile per passare da un pensiero generale sulla traduzione, o addirittura da una serie di riflessioni normative, ad analisi *locali*, dovute alla persuasione che le traduzioni riguardano testi, e che ogni testo presenta problemi diversi l'uno dall'altro. Vedi in proposito Calabrese (2000).

una duplice sollecitazione linguistica. Tale esperienza può essere fatta solo (i) da linguisti, (ii) con un coniuge straniero e/o vivente all'estero (iii) che abbiano avuto dei bambini e (iv) che siano in condizione di seguire regolarmente i propri figli sin dai loro primi comportamenti espressivi. Siccome tali requisiti non possono essere sempre soddisfatti, questa sarebbe una ragione per cui gli studi sul bilinguismo si sono sviluppati lentamente.

Mi chiedo se, per elaborare una teoria della traduzione, non sia parimenti necessario non solo esaminare molti esempi di traduzione, ma avere fatto almeno una di queste tre esperienze: avere controllato traduzioni altrui, avere tradotto ed essere stato tradotto – o, meglio ancora, essere stato tradotto collaborando col proprio traduttore.

Si potrebbe osservare che non è necessario essere poeta per elaborare una buona teoria della poesia, e che si può apprezzare un testo scritto in una lingua straniera anche possedendo di quella lingua una competenza eminentemente passiva. Ma l'obiezione tiene sino a un certo punto. In effetti, anche chi non ha mai scritto una poesia, ha una esperienza della propria lingua e nel corso della propria vita può avere tentato (o potrebbe sempre tentare) di scrivere un endecasillabo, di inventare una rima, di rappresentare metaforicamente un oggetto o un avvenimento. Anche chi di una lingua straniera ha competenza passiva ha almeno esperito come sia difficile trarne frasi ben formate. Immagino che anche un critico d'arte inabile nel disegno (e anzi proprio per questo) sia in grado di avvertire le difficoltà insite in qualsiasi tipo di espressione visiva – così come anche un critico del melodramma dalla voce assai esile può comprendere per diretta esperienza quanta abilità sia necessaria per emettere un acuto apprezzabile.

Ritengo pertanto che, per fare osservazioni teoriche sul tradurre, non sia inutile aver avuto esperienza attiva o passiva della traduzione. D'altra parte, quando una teoria della traduzione non esisteva ancora, da san Gerolamo al nostro secolo, le uniche osservazioni interessanti in argomento erano state fatte proprio da chi traduceva, e sono noti gli imbarazzi ermeneutici di sant'Agostino, che di traduzioni corrette intendeva parlare, ma avendo limitatissime conoscenze di lingue straniere (non conosceva l'ebraico e sapeva poco di greco).

Mi sono reso conto che in vita mia ho dovuto controllare

molte traduzioni altrui, sia nel corso di una lunga esperienza editoriale che come direttore di collane saggistiche; che ho tradotto due libri di grande impegno, gli *Exercices de style* di Queneau e *Sylvie* di Gérard de Nerval, dedicando a entrambi molti anni; e che come autore, sia di opere saggistiche che di narrativa, ho lavorato in stretto contatto coi miei traduttori. Non solo ho controllato le traduzioni (almeno per le lingue che in qualche modo conoscevo, ed ecco perché citerò sovente le traduzioni di William Weaver, Burkhart Kroeber, Jean-Noel Schifano, Helena Lozano e altri), ma ho anche avuto coi traduttori lunghe conversazioni preliminari e in corso d'opera, a tal punto che ho scoperto che, se il traduttore o la traduttrice sono intelligenti, possono spiegare i problemi che sorgono nella loro lingua persino a un autore che non la conosce, e anche in quei casi l'autore può collaborare suggerendo soluzioni, ovvero suggerendo quali licenze si possono prendere con il suo testo per aggirare l'ostacolo (mi è accaduto per esempio sovente con la traduttrice russa, Elena Kostioucovitch, con Imre Barna per l'ungherese, con Yond Boeke e Patty Krone per l'olandese, con Masaki Fujimura e Tadahiko Wada per il giapponese).

Ecco perché ho deciso di parlare di traduzione partendo da problemi concreti, che in massima parte riguardano i miei scritti, e di limitarmi ad accennare a soluzioni teoriche solo sulla base di quelle esperienze *in corpore vili*.

Questo poteva espormi a due pericoli, quello del narcisismo e quello di sostenere che la *mia* interpretazione dei *miei* testi faceva aggio su quella di altri lettori, tra cui *in primis* i miei traduttori – principio con cui ho polemizzato in libri come *Lector in fabula* o *I limiti dell'interpretazione*. Il primo rischio era fatale, ma in fondo mi sto comportando come quei portatori di morbi socialmente nefasti che accettano di palesare pubblicamente e il loro stato e le cure che intraprendono, per essere utili anche agli altri. Quanto al secondo rischio spero che nelle pagine che seguono si noterà come io abbia sempre segnalato ai miei traduttori punti critici dei miei testi, che potevano generare ambiguità, consigliando loro di porvi attenzione, senza cercare di influire sulla loro interpretazione; oppure rispondendo a loro richieste precise, quando mi chiedevano quale tra diverse soluzioni avrei scelto se avessi dovuto scrivere nella loro lingua;

e in quei casi la mia decisione era legittima, visto che in fin dei conti ero io che firmavo quel libro.

D'altra parte, nel corso delle mie esperienze di autore tradotto, ero continuamente combattuto tra il bisogno che la versione fosse "fedele" a quanto avevo scritto e la scoperta eccitante di come il mio testo potesse (anzi talora *dovesse*) trasformarsi nel momento in cui veniva ridetto in altra lingua. E se talora avvertivo delle impossibilità – che pure andavano in qualche modo risolte – più spesso ancora avvertivo delle possibilità: vale a dire avvertivo come, al contatto con l'altra lingua, il testo esibisse potenzialità interpretative che erano rimaste ignote a me stesso, e come talora la traduzione potesse migliorarlo (dico "migliorare" proprio rispetto all'*intenzione* che il testo stesso veniva improvvisamente manifestando, indipendentemente dalla mia intenzione originaria di autore empirico).

Partendo da esperienze personali e nascendo da due serie di conversazioni, *questo non si presenta come un libro di teoria della traduzione* (e non ne ha la sistematicità) per la semplice ragione che lascia scoperti infiniti problemi traduttologici. Non parlo dei rapporti coi classici greci e latini semplicemente perché non ho mai tradotto Omero e non ho mai dovuto giudicare una traduzione omerica per una collana di classici. Parlo solo di scorcio della cosiddetta traduzione intersemiotica, perché non ho mai diretto un film tratto da un romanzo o trasformato una poesia in balletto. Non tocco il problema delle tattiche o strategie post-coloniali di adattamento di un testo occidentale alla sensibilità di altre culture, perché non ho potuto seguire e discutere le traduzioni di testi miei in arabo, persiano, coreano o cinese. Non ho mai tradotto testi scritti da una donna (non è che per abitudine traduca solo uomini, ne ho tradotti solo due in vita mia) e non so quali problemi avrei avuto. Nei rapporti con alcune mie traduttrici (russa, spagnola, svedese, finlandese, olandese, croata, greca) trovo una tale disponibilità da parte loro ad adattarsi al mio testo che non ho potuto esperire alcuna volontà di traduzione "femminista".[6]

---

[6] Rimando, a proposito degli ultimi tre problemi, a Demaria *et al.* (2001) e a Demaria (1999 e 2003).

Ho speso qualche paragrafo sopra la parola *fedeltà* perché un autore che segue i propri traduttori parte da una implicita esigenza di "fedeltà". Capisco che questo termine possa parere desueto di fronte a proposte critiche per cui, in una traduzione, conta solo il risultato che si realizza nel testo e nella lingua di arrivo – e per di più in un momento storico determinato, in cui si tenti di attualizzare un testo concepito in altre epoche. Ma il concetto di fedeltà ha a che fare con la persuasione che la traduzione sia una delle forme dell'interpretazione e che debba sempre mirare, sia pure partendo dalla sensibilità e dalla cultura del lettore, a ritrovare non dico l'intenzione dell'autore, ma *l'intenzione del testo*, quello che il testo dice o suggerisce in rapporto alla lingua in cui è espresso e al contesto culturale in cui è nato.

Supponiamo che in un testo americano un personaggio dica a qualcun altro *you're just pulling my leg*. Il traduttore non lo renderebbe con *stai solo tirandomi la gamba* e neppure *ma tu stai menandomi per la gamba*, bensì *mi stai prendendo in giro* o meglio ancora *mi stai prendendo per il naso*. Se si traducesse l'espressione letteralmente, un'espressione così inusuale in italiano lascerebbe supporre che il personaggio (e l'autore con lui) stiano inventando un'ardita figura retorica – il che non è, visto che il personaggio usa quello che nella sua lingua è una frase fatta. Sostituendo la gamba col naso, invece, si pone il lettore italiano nella stessa situazione in cui il testo voleva si trovasse il lettore inglese. Ecco dunque come un'apparente infedeltà (non si traduce alla lettera) si rivela alla fine un atto di fedeltà. Il che è un poco ripetere con san Gerolamo, patrono dei traduttori, che nel tradurre non si deve *verbum e verbo sed sensum exprimere de sensu* (benché vedremo come anche questa affermazione possa generare molte ambiguità).

Dunque tradurre vuole dire capire il sistema interno di una lingua e la struttura di un testo dato in quella lingua, e costruire un doppio del sistema testuale che, *sotto una certa descrizione*, possa produrre effetti analoghi nel lettore, sia sul piano semantico e sintattico che su quello stilistico, metrico, fonosimbolico, e quanto agli effetti passionali a cui il testo fonte tendeva.[7]

---

[7] Nel trattare dei rapporti tra un originale e la sua traduzione i teorici usano varie espressioni: in inglese si è diffusa la differenza tra *source* e *target*, e se il primo termine può benissimo essere reso con *fonte*, il secondo rischia di di-

"Sotto una certa descrizione" significa che ogni traduzione presenta dei margini di infedeltà rispetto a un nucleo di presunta fedeltà, ma la decisione circa la posizione del nucleo e l'ampiezza dei margini dipende dai fini che si pone il traduttore.

Comunque, non intendo approfondire ora queste affermazioni, perché tutte le pagine che seguono ne sono la chiosa. Voglio solo ripetere che molti concetti circolanti in traduttologia (equivalenza, aderenza allo scopo, fedeltà o iniziativa del traduttore) si pongono per me all'insegna della *negoziazione*.

Negli ultimi decenni molti sono stati gli scritti di teoria della traduzione, dovuti anche al fatto che si sono moltiplicati centri di ricerca, corsi e dipartimenti dedicati a questo problema, nonché scuole per traduttori e interpreti. Le ragioni per la crescita degli interessi traduttologici sono molte, e convergenti: da un lato i fenomeni di globalizzazione, che mettono sempre più in contatto reciproco gruppi e individui di lingue diverse, poi lo svilupparsi degli interessi semiotici, per i quali il concetto di traduzione diventa centrale anche quando non viene esplicitato (si pensi soltanto alle discussioni sul significato di un enunciato come ciò che teoricamente dovrebbe sopravvivere nel passaggio da una lingua a un'altra), e infine l'espansione dell'informatica, che spinge molti a tentare e ad affinare sempre più modelli di traduzione artificiale (dove il problema traduttologico diventa cruciale non tanto quando il modello funziona, ma proprio quando mostra di non funzionare a pieno regime).

Inoltre, dalla prima metà dello scorso secolo in avanti sono state elaborate teorie della struttura di una lingua, o della dinamica dei linguaggi, che ponevano l'accento sul fenomeno della radicale impossibilità della traduzione; sfida non da poco per gli stessi teorici che, pur elaborando queste teorie, si rendevano conto che di fatto, e da millenni, *la gente traduce*. Forse tradurrà

---

ventare impropriamente *bersaglio*. In Italia ora si usa abbastanza correntemente *testo di partenza* e *testo di arrivo* o *di destinazione*. Io userò quasi sempre l'espressione *testo fonte* per il fatto che (si veda il finale del mio capitolo 7) permette alcune inferenze metaforiche. Per il secondo termine userò a seconda dei casi sia *arrivo* che *destinazione*.

male, e infatti si pensi alle discussioni che agitano sempre l'ambiente dei biblisti, continuamente intesi a criticare traduzioni precedenti dei testi sacri. Tuttavia, per quanto inabili e infelici siano state le traduzioni in cui sono pervenuti i testi dell'Antico e del Nuovo Testamento a miliardi di fedeli di lingue diverse, in questa staffetta da lingua a lingua, e da vulgata a vulgata, una parte consistente dell'umanità si è trovata d'accordo sui fatti e sugli eventi fondamentali tramandati da questi testi, dai Dieci comandamenti al Discorso della montagna, dalle storie di Mosè alla passione di Cristo – e, vorrei dire, sullo spirito che anima quei testi.

Quindi, anche quando – in linea di diritto – si sostenga l'impossibilità della traduzione, in pratica ci si trova sempre di fronte al paradosso di Achille e della tartaruga: in teoria Achille non dovrebbe mai raggiungere la tartaruga, ma di fatto (come insegna l'esperienza) la supera. Forse la teoria aspira a una purezza di cui l'esperienza può fare a meno, ma il problema interessante è quanto e di che cosa l'esperienza possa fare a meno. Di qui l'idea che la traduzione si fondi su alcuni processi di negoziazione, la negoziazione essendo appunto un processo in base al quale, per ottenere qualcosa, si rinuncia a qualcosa d'altro – e alla fine le parti in gioco dovrebbero uscirne con un senso di ragionevole e reciproca soddisfazione alla luce dell'aureo principio per cui non si può avere tutto.

Ci si potrà domandare quali siano le parti in gioco in questo processo di negoziazione. Sono molte, ancorché talora private di iniziativa: da una parte c'è il testo fonte, coi suoi diritti autonomi, e talora la figura dell'autore empirico – ancora vivente – con le sue eventuali pretese di controllo, e tutta la cultura in cui il testo nasce; dall'altra c'è il testo d'arrivo, e la cultura in cui appare, con il sistema di aspettative dei suoi probabili lettori, e persino talvolta l'industria editoriale, che prevede diversi criteri di traduzione a seconda se il testo d'arrivo sia concepito per una severa collana filologica o per una serie di volumi d'intrattenimento. Un editore può arrivare a pretendere che nella traduzione di un romanzo poliziesco dal russo si eliminino i segni diacritici per traslitterare i nomi dei personaggi, onde permettere ai lettori di individuarli e ricordarli più facilmente. Il traduttore si pone come negoziatore tra queste parti reali o virtuali, e in tali negoziazioni non sempre è previsto l'assenso esplicito delle parti. Ma una negoziazione implicita si ha anche per i *patti di veridizione*, diversi per lettori di un libro di storia e per lettori di romanzi, ai quali ultimi si può richiedere, per millenario accordo, la *sospensione dell'incredulità*.

Siccome parto da esperienze personali è chiaro che l'argomento che mi interessa è la *traduzione propriamente detta*, quella che si pratica nelle case editrici. Ora, per quanto un teorico possa asserire che non vi sono regole per stabilire che una traduzione sia migliore di un'altra, la pratica editoriale ci insegna che, almeno in casi di errori palesi e indiscutibili, è abbastanza facile stabilire se una traduzione è errata e va corretta. Sarà solo questione di senso comune, ma il senso comune di un normale redattore editoriale gli consente di convocare il traduttore, matita alla mano, e di segnalargli i casi in cui il suo lavoro è inaccettabile.

Naturalmente occorre essere persuasi che "senso comune" non sia una brutta parola, e che sia anzi un fenomeno che non a caso numerose filosofie hanno preso molto sul serio. D'altra parte invito il lettore a un esperimento mentale elementare ma comprensibile: supponiamo di avere dato a un traduttore uno stampato in francese, formato A4, in carattere Times e corpo 12, che conta 200 pagine, e che il traduttore riporti come risultato del suo lavoro uno stampato nello stesso formato, carattere e corpo, ma di 400 pagine. Il senso comune ci avverte che quella traduzione deve avere qualcosa che non funziona. Credo che si potrebbe licenziare il traduttore anche senza aver aperto il suo elaborato. Se, di converso, avendo dato a un regista cinematografico *A Silvia* di Leopardi, questi ci riportasse un nastro della durata di due ore, non avremmo ancora elementi per decidere se si tratti di un prodotto inaccettabile. Dovremmo prima vedere il filmato, per capire in che senso il regista ha interpretato e trasposto in immagini il testo poetico.

Walt Disney ha volto *Pinocchio* in film. Naturalmente i collodiani si sono lamentati che Pinocchio vi appaia come un pupazzo tirolese, che non sia così legnoso come lo hanno affidato all'immaginario collettivo le prime illustrazioni di Mazzanti o di Mussino, che alcuni elementi della trama siano stati modifi-

cati, e via dicendo. Ma, una volta che Walt Disney avesse acquistato i diritti di adattamento (problema che peraltro con *Pinocchio* non si poneva neppure più), nessuno poteva mandarlo in
tribunale a causa di queste sue infedeltà – potendo al massimo
sdegnarsi e polemizzare col regista gli autori viventi di un libro
venduto a Hollywood. Ma se il produttore esibisce il contratto
di cessione diritti, rimane poco da fare.

Invece, se un editore francese commissiona una nuova traduzione di *Pinocchio* e il traduttore gli consegna un testo che
inizia con *Longtemps je me suis couché de bonne heure*, l'editore
ha il diritto di respingere il manoscritto e di dichiarare insol-
vente il traduttore. Nella traduzione propriamente detta vige
un tacito principio per cui si è tenuti al *rispetto giuridico del detto altrui*,[8] anche se è interessante problema giurisprudenziale
stabilire che cosa si intenda per rispetto del detto altrui nel momento in cui si passa da una lingua all'altra.

Sia chiaro che per definire la traduzione propriamente detta,
prima o anziché tentare speculazioni mistiche sul comune sentire che deve realizzarsi tra autore originale e traduttore, adotto
dei criteri economici e di deontologia professionale, e spero
proprio che questo non scandalizzi alcune anime belle. Quando
io compero o cerco in biblioteca la traduzione che un grande
poeta ha fatto di un altro grande poeta, non mi attendo di avere qualcosa di fortemente simile all'originale; anzi, di solito leggo la traduzione perché conosco già l'originale e voglio vedere
come l'artista traduttore si sia confrontato (sia in termini di sfida che di omaggio) con l'artista tradotto. Quando vado a vedere in una sala cinematografica *Un maledetto imbroglio* di Pietro
Germi, anche se so che è tratto da *Quer pasticciaccio brutto de
via Merulana* di Gadda (ma il regista avverte nei titoli di testa
che il film è liberamente ispirato al romanzo) non ritengo di
potere, avendo visto il film, esimermi dal leggere il libro (a meno che non sia uno spettatore sottosviluppato). So già in par-

---

[8] Cfr. Basso (2000: 215). Petrilli (2000: 12) ha una felice espressione quando dice che "la traduzione è *discorso indiretto mascherato da discorso diretto*".
In effetti la formula metalinguistica implicita a inizio di ogni testo tradotto
è: "l'Autore Tale ha detto nella sua lingua quello che segue". Ma questo avviso metalinguistico implica una deontologia del traduttore.

tenza che potrò trovare nel film elementi della trama, tratti psicologici dei personaggi, alcune atmosfere romane, ma certamente non un equivalente del linguaggio gaddiano. Non mi attendo di trovare risolte in immagini espressioni come *Paracadde giù dai nuvoli e implorava che no, che non è vero un corno; ma ne buscò da stiantare*, e neppure *L'Urbe, proprio al tempo de' suoi accessi di buon costume e di questurinizzata federzonite...*

Se invece compero la traduzione italiana di un'opera straniera, sia essa un trattato di sociologia che un romanzo (e certamente sapendo che nel secondo caso corro più rischi che nel primo), mi attendo che la traduzione possa dirmi al meglio possibile cosa c'era scritto nell'originale. Riterrò come truffaldini tagli di brani o di interi capitoli, certamente m'irriterò per evidenti errori di traduzione (come vedremo che accade al lettore accorto anche quando legge la traduzione senza conoscere l'originale) e a maggior ragione mi scandalizzerò se poi scoprirò che il traduttore ha fatto dire o fare a un personaggio (per imperizia o per deliberata censura) il contrario di quel che aveva detto o fatto. Nei bei volumi della Scala d'Oro Utet che leggevamo da ragazzi ci venivano "riraccontati" i grandi classici, ma sovente si procedeva ad aggiustamenti *ad usum delphini*. Ricordo che, nella riduzione dei *Miserabili* di Hugo, Javert, preso dalla contraddizione tra il suo dovere e la riconoscenza che doveva a Jean Valjean, invece di uccidersi rassegnava le dimissioni. Trattandosi di un adattamento, quando ho scoperto la verità leggendo l'originale non mi sono sentito offeso (ho anzi rilevato che l'adattamento mi aveva per molti versi trasmesso bene e la trama e lo spirito del romanzo). Ma se un incidente del genere avvenisse in una traduzione, che si presenta come tale, parlerei di violazione di un mio diritto.

Si potrà obiettare che queste sono appunto convenzioni editoriali, esigenze commerciali e che tali criteri non hanno nulla a che fare con una filosofia o una semiotica dei vari tipi di traduzione. Ma io mi domando se questi criteri giuridico-commerciali siano davvero estranei a un giudizio estetico o semiotico.

Immagino che quando a Michelangelo è stato chiesto di disegnare la cupola di san Pietro la richiesta implicita era non solo che fosse bella, armonica e grandiosa, ma anche che *stesse su* — e lo stesso si chiede oggi, che so, a Renzo Piano se gli si domanda di disegnare e costruire un museo. Saranno criteri giuridico-commerciali ma non sono extra-artistici, perché fa parte del valore di un'opera d'arte applicata anche la perfezione della funzione. Chi ha chiesto a Philippe Starck di disegnargli uno spremiagrumi ha posto nel contratto che una delle funzioni degli spremiagrumi fosse non solo quella di far colare il succo, ma anche quella di trattenere i semi? Ora, lo spremiagrumi di Starck *lascia cadere i semi nel bicchiere*, forse perché al designer una qualsiasi "balconata" che trattenesse i semi sembrava antiestetica. Se il contratto avesse specificato che un nuovo spremiagrumi, indipendentemente dalla sua nuova forma, doveva avere tutte le caratteristiche di uno spremiagrumi tradizionale, allora il committente avrebbe avuto il diritto di restituire l'oggetto al designer. Se non è avvenuto è perché il committente non voleva un vero e proprio spremiagrumi, ma un'opera d'arte e una *conversation piece* che gli acquirenti avrebbero desiderato come scultura astratta (molto bella a vedersi, peraltro, e inquietante come un mostro degli abissi) o come oggetto di prestigio, non come strumento praticamente usabile.[9]

D'altra parte, ricordo da sempre una storia che sentivo raccontare da bambino, quando era ancor fresca la memoria della conquista italiana della Libia e della lotta, durata vari anni, contro bande di ribelli (erano ancora vivi coloro che vi avevano preso parte). Si raccontava dunque di un avventuriero italiano, al seguito delle truppe di occupazione, che si era fatto assumere come interprete di arabo, senza conoscere affatto quella lingua. Dunque, si catturava un presunto ribelle che veniva sottoposto a interrogatorio; l'ufficiale italiano poneva la domanda in italiano, il falso interprete pronunciava alcune frasi in un suo arabo inventato, l'interrogato non capiva e rispondeva chissà cosa (probabilmente che non capiva nulla), l'interprete traduceva in italiano a suo piacimento, che so, che quello si rifiutava di rispondere, o che confessava tutto, e di solito il ribelle veniva impiccato. Immagino che qualche volta il mascalzone abbia agito

[9] È interessante notare che la ditta Alessi, produttrice dell'oggetto di Starck, ne ha messo in circolazione una "Special Anniversary Edition 2000, gold plated aluminium" di 9.999 esemplari numerati, con un avviso che recita: "Juicy Salif Gold è un oggetto da collezione. Non usatelo come spremiagrumi: in caso di contatto con sostanze acide, la doratura potrebbe danneggiarsi".

anche pietosamente, mettendo in bocca ai suoi sventurati interlocutori frasi che li salvavano. In ogni caso non so come sia fini-
ta la storia. Forse l'interprete ha vissuto onorevolmente col denaro che gli veniva corrisposto, forse è stato scoperto – e il peggio che può essergli successo è che sia stato licenziato.

Ma, ricordando quella storia, ho sempre ritenuto che la traduzione propriamente detta sia una cosa seria, che impone una
deontologia professionale che nessuna teoria decostruttiva della
traduzione potrà mai neutralizzare.

Pertanto, da ora in avanti, quando userò il termine traduzione
*– se non sarà virgolettato o in qualche modo specificato – intenderò
sempre la traduzione da una lingua naturale all'altra, ovvero la
traduzione propriamente detta.*

Naturalmente nei capitoli che seguono parlerò anche della
traduzione detta intersemiotica, proprio per mostrare che cosa
abbia di affine e che cosa abbia di diverso dalla traduzione propriamente detta. Comprendendo bene le possibilità e i limiti
dell'una potremo capire anche meglio le possibilità e i limiti
dall'altra. Non vorrei che questo venisse interpretato come una
forma di diffidenza o disinteresse nei confronti delle traduzioni
intersemiotiche. Per esempio Nergaard (2000: 285) giudica
"scettica" la mia posizione sulle traduzioni intersemiotiche. Che
cosa vorrebbe dire che sarei scettico? Che non credo che esistano versioni da romanzi a film o da quadri a musiche, che alcune
di esse siano di alto valore artistico, di grande stimolo intellettuale, di ampia influenza sul tessuto culturale circostante? Evidentemente no. Sono, al massimo, scettico circa l'opportunità
di chiamarle traduzioni anziché, come vedremo, trasmutazioni
o adattamenti. Ma questo non è scetticismo, è prudenza termi-
nologica, è senso delle distinzioni, e sottolineare le differenze
culturali ed etniche tra un italiano e un tedesco non significa
essere "scettici" sull'esistenza dei tedeschi, o sul loro ruolo nello
sviluppo della civiltà occidentale. La traduzione intersemiotica
è un argomento appassionante, e rimando per la ricchezza di riflessioni che può ispirare ai contributi che appaiono in *VS* 85-
87. Vorrei avere l'informazione e la sensibilità necessaria per
contribuire maggiormente alle analisi che quegli scritti svolgono e alle conclusioni teoriche a cui pervengono.

È che proprio nel corso di quelle discussioni (di cui questo libro è un regesto allargato) io ritenevo che fosse importante porre delle distinzioni, e questo ho fatto. Una volta che queste distinzioni siano chiare, lunga vita alla ricerca di somiglianze, analogie, radici semiotiche comuni.

Ricordo ancora che questi testi nascono come conferenze e in una conferenza non si esagera in citazioni bibliografiche, che entrano da un orecchio ed escono dall'altro, a meno che si tratti di evocare contributi canonici. Inoltre, la natura non sistematica del mio discorso non mi imponeva di tenere conto di tutta la bibliografia in argomento. Lo stesso criterio ho seguito in questo libro: ho posto dei riferimenti bibliografici, non una bibliografia generale, alla fine, per annotare i testi a cui mi sono effettivamente riferito; e poi ho inserito alcune note a piè di pagina, talora perché in una idea altrui trovavo conferma delle mie, e talora per pagare debiti diretti e non fare passare come esclusiva farina del mio sacco idee che sapevo essermi state suggerite da altri. Senz'altro i debiti non li ho pagati tutti, ma dipende soprattutto dal fatto che alcune idee generali sulla traduzione circolano ormai come patrimonio comune, e si veda in proposito l'*Encyclopedia of Translation Studies* curata da Baker nel 1998.

Dimenticavo. Qualcuno potrà osservare che, pur rivolgendosi a un pubblico non strettamente specializzato, queste pagine sembrano chiedere troppo al lettore, dato che sono costellate di esempi in almeno sei lingue. Ma, da un lato, abbondo in esempi proprio perché chi non ha familiarità con una lingua possa controllare su un'altra – e quindi il lettore potrà saltare gli esempi che non riesce a decifrare. Dall'altro, questo è un libro sulla traduzione e quindi si suppone che chi lo apre sappia a che cosa va incontro.

1.
I SINONIMI DI ALTAVISTA

Pare che non sia facile definire la traduzione. Sul *Vocabolario della lingua italiana* edito da Treccani trovo "l'azione, l'operazione o l'attività di tradurre da una lingua a un'altra un testo scritto o anche orale", definizione alquanto tautologica che non si rivela più perspicua se passo al lemma *tradurre*: "volgere in un'altra lingua, diversa da quella originaria, un testo scritto o orale". Visto che alla voce *volgere* ci sono tutte le accezioni possibili meno quella concernente la traduzione, il massimo che apprendo alla fine è quello che sapevo già.

Non mi aiuta di più lo Zingarelli, per cui la traduzione è l'attività del tradurre e il tradurre "voltare, trasportare da una lingua in un'altra", anche se subito dopo propone come definizione "dare l'equivalente di un testo, una locuzione, una parola". Il problema, non solo del dizionario ma di questo libro e di tutta la traduttologia, è che cosa significhi *dare l'equivalente*.

Devo ammettere che più "scientifico" mi appare il *Webster New Collegiate Dictionary* che ospita, fra le definizioni di *to translate*, "to transfer or turn from one set of symbols into another", trasferire o volgere da un insieme di simboli all'altro. Mi pare che la definizione si attagli perfettamente a quello che facciamo quando scriviamo in alfabeto Morse, e decidiamo di sostituire ogni lettera dell'alfabeto con diverse successioni di punti e linee. Tuttavia il Codice Morse fornisce una regola di "traslitterazione", esattamente come accade quando si decide che la lettera dell'alfabeto cirillico я vada traslitterata come *ja*. Questi *codici* possono essere anche usati da un traslitteratore che, non conoscendo il tedesco, traslitteri un messaggio tedesco in Morse, da un correttore di bozze che, anche senza conoscere il russo, conosca le regole per l'uso dei segni diacritici – e in definitiva i processi di traslitterazione potrebbero essere affidati a un computer.

Però i vari vocabolari parlano del passaggio da una lingua a un'altra (compreso il Webster, *a rendering from one language into another*), e una lingua pone in gioco insiemi di simboli che veicolano dei significati. Se dovessimo adottare la definizione del Webster dovremmo immaginare che, dato un insieme di simboli *a, b, c,...z* e un insieme di simboli α, β, γ ... ω, per tradurre occorra sostituire un item del primo insieme con un item del secondo solo se, secondo qualche regola di sinonimia, *a* abbia un significato equivalente a α, *b* a β, e così via.

La sfortuna di ogni teoria della traduzione è che dovrebbe partire da una nozione comprensibile (e ferrea) di "equivalenza di significato" mentre non raramente accade che in molte pagine di semantica e filosofia del linguaggio si definisca il significato come ciò che rimane immutato (o equivalente) nei processi di traduzione. Circolo vizioso non da poco.

1.1 Equivalenza di significato e sinonimia

Potremmo decidere che equivalenti in significato, così come ci dicono i dizionari, siano i termini sinonimi. Ma ci accorgiamo subito che proprio la questione della sinonimia pone seri problemi a ogni traduttore. Certamente noi riteniamo sinonimi termini come *father, père, padre* e persino *daddy, papà* e così via – o almeno così ci assicurano i dizionarietti per turisti. Tuttavia sappiamo benissimo che ci sono varie situazioni in cui *father* non è sinonimo di *daddy* (non si dice *God is our daddy*, bensì *God is our Father*) e persino *père* non è sempre sinonimo di *padre* (in italiano intendiamo che l'espressione francese *père X* va tradotta come *papà X*, così che traduciamo *Le père Goriot* di Balzac come *Papà Goriot* – e però gli inglesi non se la sentono di tradurre *Daddy Goriot* e preferiscono lasciare il titolo originale francese). In termini teorici questo sarebbe un caso in cui l'equivalenza referenziale (certamente *John's daddy* è esattamente la stessa persona di *John's father, le père de John* o *il papà di John*) non coincide con l'equivalenza connotativa – che riguarda il modo in cui parole o espressioni complesse possono stimolare nella mente degli ascoltatori o dei lettori le stesse associazioni e reazioni emotive.

Ma assumiamo pure che l'equivalenza di significato sia resa possibile da qualcosa come la sinonimia "secca", e che la prima istruzione che dovrebbe essere data a una macchina traduttrice sia un dizionario interlinguistico dei sinonimi, il quale permetta persino a una macchina di realizzare, traducendo, una equivalenza di significato.

Ho dato al sistema di traduzione automatica offerto su Internet da Altavista (detto Babel Fish) una serie di espressioni inglesi, ne ho chiesto la traduzione italiana, e poi ho domandato di ritradurre la traduzione italiana in inglese. Solo per l'ultimo caso ho fatto anche un passaggio dall'italiano al tedesco. Ecco i risultati:

(1) The Works of Shakespeare = Gli impianti di Shakespeare = The systems of Shakespeare
(2) Harcourt Brace (nome di una casa editrice americana) = Sostegno di Harcourt = Support of Harcourt
(3) Speaker of the chamber of deputies = Altoparlante dell'alloggiamento dei delegati = Loudspeaker of the lodging of the delegates
(4) Studies in the logic of Charles Sanders Peirce = Studi nella logica delle sabbiatrici Peirce del Charles = Studien in der Logik der Charlessandpapierschleifmaschinen Peirce = Studies in the logic of the Charles of sanders paper grinding machines Peirce

Limitiamoci a considerare il caso (1). Altavista aveva certamente "in mente" (se Altavista ha una mente) definizioni dizionariali, perché è vero che in inglese la parola *work* può essere tradotta in italiano come *impianti* e l'italiano *impianti* può essere tradotto in inglese come *plants* o *systems*. Ma allora dobbiamo rinunciare all'idea che tradurre significhi soltanto "trasferire o volgere da un insieme di simboli in un altro" perché – tranne che in casi di semplice traslitterazione tra alfabeti – una certa parola in una lingua naturale Alfa ha sovente più di un termine corrispondente in una lingua naturale Beta. Oltretutto, a parte problemi di traduzione, il problema si pone anche al solo parlante inglese. Che cosa significa *work* nella sua lingua? Il Webster dice che un *work* può essere un'attività, un *task*, un *duty*, il risultato di tale attività (come nel caso di un'opera d'arte), una struttura ingegneristica (come nel caso di un forte, un ponte, un tunnel), un luogo dove si svolge un lavoro industriale (come un impianto o una fabbrica), e molte altre cose. Così, anche se accettiamo l'idea di una equivalenza in significato, dovremmo dire che la parola *work* è sinonimo ed equivalente in significato sia a *literary masterpiece* che a *factory*.

Ma, quando una sola parola esprime due cose diverse, non parliamo più di sinonimia bensì di *omonimia*. Si ha sinonimia quando due diverse parole esprimono la stessa cosa, ma omonimia quando la stessa parola esprime due cose diverse.

Se nel lessico di una lingua Alfa ci fossero solo sinonimi (e la sinonimia non fosse un concetto così ambiguo), questa lingua sarebbe ricchissima e ci permetterebbe diverse formulazioni dello stesso concetto; per esempio, l'inglese ha sovente per la stessa cosa o concetto sia una parola basata sull'etimo latino sia un'altra basata sull'etimo anglosassone (come a esempio *to catch* e *to capture*, *flaw* e *defect*) – e sorvoliamo pure sul fatto che l'uso di un sinonimo piuttosto che l'altro possa però connotare diversa educazione ed estrazione sociale così che, in un romanzo, attribuire a un personaggio un uso piuttosto che un altro può contribuire a disegnarne il profilo intellettuale, e dunque inciderebbe sul senso o significato globale della vicenda raccontata. Se esistessero dunque termini sinonimi tra lingua e lingua, la traduzione sarebbe possibile, persino per Altavista.

Invece, sarebbe assai povera una lingua fatta di troppi omonimi, dove per esempio svariatissimi oggetti si chiamassero tutti *il coso*. Ora, dai pochi esempi appena esaminati, emerge che sovente, per individuare due termini sinonimi nel confronto tra una lingua e l'altra, bisogna prima avere disambiguato, come fa il parlante nativo, gli omonimi all'interno della lingua da cui si dovrebbe tradurre. E Altavista pare non essere capace di farlo. Invece è capace di farlo un parlante inglese quando decide come intendere *work* rispetto al contesto verbale in cui appare o alla situazione esterna in cui viene pronunciata.

Le parole assumono significati diversi secondo il contesto. Per rifarci a un esempio celebre, *bachelor* può essere tradotto come *soltero*, *scapolo*, *celibataire* in un contesto umano possibilmente legato a questioni attinenti al matrimonio. In un contesto universitario e professionale può essere una persona che ha ricevuto un BA e in un contesto medievale il paggio di un cavaliere. In contesto zoologico, è un animale maschio, come una foca, che rimane senza compagna durante la stagione degli amori.

A questo punto si capisce perché Altavista era condannato allo scacco in ogni caso: Altavista non ha un dizionario che contenga quelle che in semantica si chiamano "selezioni contestuali" (cfr. Eco 1975, § 2.11). Oppure aveva ricevuto l'istruzione che *works* in letteratura significa una serie di testi e in contesto tecnologico significa invece una serie di impianti, ma non era in grado di decidere se una frase in cui veniva nominato Shakespeare rinviasse a un contesto letterario o tecnologico. In altri termini, gli mancava un dizionario onomastico che stabilisse che Shakespeare era un celebre poeta. Forse il guaio era dovuto al fatto che era stato "nutrito" con un dizionario (come quelli che si danno ai turisti) ma non con una enciclopedia.

1.2 Capire i contesti

Proviamo ora ad assumere che ciò che chiamiamo il significato di una parola corrisponda a tutto ciò che in un dizionario (o in una enciclopedia) sta scritto in corrispondenza a una data "voce", di solito scritta in grassetto. Tutto ciò che definisce quella voce è il *contenuto* espresso da quella parola. Leggendo le definizioni della voce noi ci rendiamo conto che (i) essa include varie accezioni o sensi della parola stessa, e che (ii) queste accezioni o sensi molte volte non possono essere espressi da un sinonimo "secco" ma da una definizione, da una parafrasi o addirittura da un esempio concreto. I lessicografi che conoscono il loro mestiere non solo fanno seguire le voci da definizioni, ma provvedono anche istruzioni per la loro *disambiguazione contestuale*, e questo aiuta moltissimo a decidere quale possa essere il termine equivalente (in un dato contesto) in altra lingua naturale.

È concepibile che Altavista sia sprovvisto di informazioni lessicografiche del genere? Non sarà che le espressioni che gli erano state sottoposte erano troppo brevi per permettergli di identificare il contesto adatto?

Ho pertanto supposto che Altavista possegga regole di disambiguazione contestuale tali che, se gli viene proposto un testo come *John, a bachelor who studied at Oxford, followed a PhD program in natural sciences in Berlin and wrote a doctoral dissertation on the North Pole bachelors* non traduca in italiano *Giovanni, una foca spaiata che ha studiato a Oxford, ha seguito un programma PhD a Berlino e ha scritto una tesi di dottorato sui laureati di primo livello all'università del Polo Nord.*[1]

Ho deciso che dovevo dare ad Altavista un contesto abbastanza vasto, e ho scelto l'inizio del *Genesi* nella traduzione inglese detta di King James:

> In the beginning God created the heaven and the earth. And the earth was without form, and void; and darkness *was* upon the face of the *deep*. And the Spirit of God moved upon the face of the waters. And God said, Let there be light: and there was light. And God saw the light, that *it was* good: and God divided the light from the darkness. And God called the light Day, and the darkness he called Night. And the evening and the morning were the first day. And God said, Let there be a firmament in the midst of the waters, and let it divide the waters from the waters. And God made the firmament, and divided the waters which *were* under the firmament from the waters which *were* above the firmament. And it was so.

Ho quindi domandato ad Altavista di tradurlo in spagnolo, e ho ottenuto il seguente risultato (e pongo in neretto i malintesi più salienti):

> En el dios **que comenzaba** creó el cielo y la tierra y la tierra **estaban** sin forma, y **vacío**; y la oscuridad estaba sobre la **cara** del profundo. Y el **alcohol del dios** se movió sobre la **cara** de las aguas. Y el dios dijo, dejó allí ser luz: y había luz. Y el dios

---

[1] Mai esagerare in ottimismo. Ho provato e ho ottenuto: *John, un bachelor che ha studiato a Oxford, seguito un programma di PhD nelle scienze naturali a Berlino ed ha scritto una dissertazione di laurea sui bachelors del palo del nord.*

vio la luz, de **que que** era bueno: y el dios dividió la luz de la oscuridad. Y el dios llamó el día **ligero**, y la oscuridad que él llamó **a Noche**. Y la tarde y la mañana eran el primer día. Y el dios dijo, dejó allí ser un **firmament** en el medio de las aguas, y lo dejó dividir las aguas de las aguas. Y el dios hizo el firmament, y dividió las aguas que estaban bajo el firmament de las aguas que estaban sobre el firmament. **Y estaba tan.**

Altavista non ha torto, dal punto di vista lessicale, se *God called the light Day* diventa la storia di un dio che ha chiamato (nel senso di convocare) un giorno leggero, né se ha inteso *void* come sostantivo e non come aggettivo. Perché non doveva intendere *face* come *cara* (che in inglese sarebbe piuttosto *countenance*) piuttosto che come *surface*? Perché l'abisso dovrebbe avere una superficie, e non un volto come la luna? Al massimo poteva capire che *that it* non si traduce come *que que*. Però ha inteso *beginning* non come un sostantivo ma come un aggettivo perché è sprovvisto di informazione biblico-teologica, e non vede differenze sostanziali tra un Dio che sta all'inizio e un Dio che sta iniziando qualcosa. D'altra parte, anche dal punto di vista teologico e cosmogonico, questo "Dio che cominciava" risulta commovente e convincente. Per quel che ne sappiamo, era davvero la prima volta che creava un mondo, e forse questo spiega molte imperfezioni dell'universo in cui viviamo, compresa la difficoltà della traduzione.

Questo ci fa sospettare che una traduzione non dipenda solo dal contesto linguistico, ma anche da qualcosa che sta al di fuori del testo, e che chiameremo informazione circa il mondo, o informazione enciclopedica.

Ora, Altavista sembra sfornito di una ricca informazione circa il mondo, e pazienza, ma sembra anche sprovvisto delle più ovvie *selezioni contestuali*, perché dimostra di non sapere che la parola *spirit* acquista sensi diversi a seconda se venga pronunciata in una chiesa o in un bar.

Quando ho domandato ad Altavista di ritradurre il brano spagnolo in inglese, ho ottenuto i seguenti risultati:

In the God **that began** created the sky and the Earth and the Earth was **without form, and emptiness**; and the dark was on

the face of the deep one. And **the alcohol of the God** moved
on the face of waters. There and the God said, let be light: and
there was light. And the God saw the light, **that that** was
good: and the God divided **the light of the dark**. And the God
called the **slight day**, and the dark that it called **to Night**. And
afternoon and the morning was the first day. And the God
said, there it let be firmament **in means** of waters, and it let divide it **waters of waters**. And the God did firmament, and divided the waters that were under firmament **of the** waters that
were on firmament. And it was so.

Questo testo è più o meno vittima degli errori del precedente, salvo che traduce lo spagnolo *medio* con *means*, scusabile errore lessicale, ma anche *de las aguas* con *of waters*, mancando
dell'informazione enciclopedica che non esistono *waters of waters*. Ma a questo problema ha posto rimedio la successiva traduzione in tedesco:

Im Gott, **der anfing, stellte** den Himmel und die **Masse** und
die **Masse** war ohne **Formular und emptiness her**; und die
Dunkelheit war auf dem **Gesicht** vom tiefen. Und der **Spiritus**
des Gottes verschob sich auf dem Gesicht des Wassers. Dort
und der Gott sagte, **lassend Sie**, Licht zu sein: und es gab Licht. Und der Gott sah das Licht, **das, das** gut war: und der
Gott teilte das Licht **der** Dunkelheit. Und der Gott benannte
den **geringfügigen** Tag und die Dunkelheit, die sie zur Nacht
benannte. Und Nachmittag und der Morgen waren der erste
Tag. Und der Gott sagte, **dort ließ er** firmament in **den Mit-
teln** des Wassers sein, und er ließ es teilen **wässert vom Wasser**. Und der Gott tat firmament und teilte das Wasser, das unter firmament des Wassers waren, das auf firmament waren.
Und es war so.

Il tedesco riprende l'idea di un Dio che incomincia, ma traduce *Earth* con *Masse, form* con *formular,* ripete gli errori precedenti per cui il mondo è senza forma e senza vuoto, e il giorno
leggero; l'alcool divino diventa giustamente *Spiritus*, il *that that*
diventa ovviamente *das das*. Per tradurre *created* Altavista trova
il verbo tedesco *herstellen*, sa che va coniugato come *Ich stelle
her* o *Ich stellte her*, per qualche regola sintattica che possiede sa

che deve porre *her* alla fine della frase, non si rende conto che la frase finisce con *Himmel* e va a porre *her* troppo avanti. Inoltre, a proposito di *waters of waters*, intende il primo termine come un verbo e il secondo come sostantivo. Non ho resistito alla tentazione di chiedere ad Altavista di ritradurre il testo tedesco in inglese, ed ecco il risultato:

In the God, which began, **placed** the sky and the **mass** and the **mass** was without form and emptiness **ago**; and the darkness was on the face of the deep. And the **white spirits** of the God shifted on the face of the water. There and the God said, **leaving you,** to be light: and there was light. And the God saw the light, **which, which** was good: and the God divided **the light of the darkness.** And the God **designated the slight day** and the darkness, which **designated it to the night.** And afternoon and the morning were the first day and the God said, there let it **in the means** of the water be firmament, and it left it divides **waessert** from the water. And the God did firmament and divided the water, which firmament **under the water was,** which were on firmament. And it was like that.

Interessante come di fronte al tedesco *stellte... her* Altavista non riconosca (e con qualche ragione) un verbo composto, intenda *her* preso singolarmente come *ago* e produca un bel *placed... ago* (in compenso rimangono nell'inglese altri costrutti tedeschi col verbo alla fine). Lo *Spiritus* ridiventa qualcosa di alcolico, e naturalmente Altavista non ce la fa a tradurre *wässert*.

Infine, dato che avevo perduto ogni ritegno, ho chiesto di tradurre quest'ultimo testo inglese in italiano, ed ecco cosa mi è stato restituito:

Nel dio, che ha cominciato, disposto il cielo e la massa e la massa era senza forma ed il emptiness fa; e la nerezza era sulla faccia del profondo. E le acqua ragia del dio hanno spostato sulla faccia dell'acqua. Là ed il dio ha detto, lasciandoli, per essere luce: e ci era luce. Ed il dio ha visto la luce, che, che buono: ed il dio ha diviso la luce della nerezza. Ed il dio ha indicato il giorno leggero e la nerezza, che la ha indicata alla notte. Ed il pomeriggio e la mattina erano il primo giorno ed il dio detto, la lascia nei mezzi dell'acqua è firmament ed a sinistra esso divide il waessert dall'acqua. Ed il dio ha fatto il firmament ed ha diviso l'acqua, che il firmament sotto l'acqua era, che erano sul firmament. Ed era come quello.

Qualcuno potrà obiettare che il servizio di traduzione di Altavista, essendo gratuito, è un semplice gadget regalato ai navigatori di Internet, senza eccessive pretese. Ma ecco che ho sotto mano l'ultima traduzione italiana di *Moby Dick* (Milano: Frassinelli 2001) dove il traduttore, Bernardo Draghi, si è preso il divertimento di sottoporre l'inizio del capitolo 110 a quello che egli indica come "un noto software di traduzione, attualmente venduto al prezzo di circa un milione di lire".

Ecco l'originale, la traduzione Draghi e la traduzione da un milione:

Upon searching, it was found that the casks last struck into the hold were perfectly sound, and that the leak must be further off. So, it being calm weather, they broke out deeper and deeper, disturbing the slumbers of the huge ground-tier butts; and from that black midnight sending those gigantic moles into the daylight above. So deep did they go, and so ancient, and corroded, and weedy the aspect of the lowermost puncheons, that you almost looked next for some mouldy corner-stone cask containing coins of Captain Noah, with copies of the posted placards, vainly warning the infatuated old world from the flood.

TRAD. DRAGHI. A una prima ispezione, si accertò che le botti calate nella stiva per ultime erano perfettamente sane. La falla doveva quindi essere più in basso. Perciò, approfittando del bel tempo, si esplorò sempre più a fondo, disturbando il sonno delle enormi botti dello strato inferiore e spedendole come giganteschi talponi da quella nera mezzanotte alla viva luce del giorno. Ci si spinse così a fondo, e così antico, corroso e marcescente era l'aspetto delle botti più grandi e profonde, che a quel punto ti saresti quasi aspettato di veder comparire un canterano ammuffito con il gruzzolo di capitan Noè e le copie dei manifesti invano affissi per mettere in guardia dal diluvio quell'antico mondo presuntuoso.

TRAD. AUTOMATICA. Al cerco, fu trovato che i barili durano scioperato nella presa era perfettamente suono, e che la crepa deve essere più lontano. Così, esso che è tempo calmo, loro ruppero fuori più profondo e più profondo e disturbano i sonni dell'enorme macinato-strato le grosse botti; e da quel nero spedendo mezzanotte quelle talpe gigantesche nella luce del giorno sopra di. Così profondo fece loro vanno; e così antico, e corrose, e coperto d'erbacce l'aspetto del puncheons del più basso che Lei cercò pressoché seguente del barile dell'angolo-pietra ammuffito che contiene monete di Capitano Noah, con copie degli affissi affissi che avverte vanamente il vecchio mondo infatuato dall'inondazione.

Per concludere, la sinonimia secca non esiste, tranne forse in alcuni casi limite, come *marito/husband/mari*. Ma anche lì ci sarebbe da discutere, visto che *husband* in inglese arcaico significa anche buon economo, in linguaggio marinaresco è un "capitano d'armamento" o "raccomandatario" e, sia pur raramente, si dice di animale usato per incroci.

2.
DAL SISTEMA AL TESTO

Altavista possiede evidentemente delle istruzioni circa le corrispondenze tra termine e termine (e forse tra struttura sintattica e struttura sintattica) fra due o più lingue. Ora, se la traduzione concernesse i rapporti tra due lingue, nel senso di due sistemi semiotici, allora l'esempio principe, insuperabile e unico di traduzione soddisfacente sarebbe un dizionario bilingue. Ma questo sembra contraddire come minimo il senso comune, che considera il dizionario uno strumento per tradurre, non una traduzione. Altrimenti gli studenti all'esame prenderebbero il massimo dei voti nella versione di latino esibendo il dizionario latino-italiano. Ma gli studenti non sono invitati a provare che posseggono il dizionario, e neppure a dimostrare che lo conoscono a memoria, bensì a provare la loro abilità traducendo un *testo singolo*.

La traduzione, ed è principio ormai ovvio in traduttologia, *non avviene tra sistemi, bensì tra testi*.

2.1 La presunta incommensurabilità dei sistemi

Se la traduzione riguardasse solo i rapporti tra due sistemi linguistici, si dovrebbe consentire con coloro che hanno sostenuto che una lingua naturale impone al parlante una propria visione del mondo, che queste visioni del mondo sono mutuamente *incommensurabili* e che pertanto tradurre da una lingua a un'altra ci espone a incidenti inevitabili. Questo equivarrebbe a dire con Humboldt che ogni lingua ha il suo proprio genio o –

ancora meglio – che ogni lingua esprime una diversa visione del mondo (ed è la cosiddetta ipotesi Sapir-Whorf).

Infatti Altavista ricorda molto quel *jungle linguist* descritto da Quine nel suo celebre saggio su "Meaning and Translation" (in Quine 1960). Secondo Quine, è difficile stabilire il significato di un termine (in una lingua ignota) persino quando il linguista punta il dito su un coniglio che passa e l'indigeno pronuncia *gavagai!* L'indigeno intende dire che quello è il nome di quel coniglio, dei conigli in generale, che l'erba si sta muovendo, che sta passando un segmento spazio-temporale di coniglio? La decisione resta impossibile se il linguista non ha informazioni sulla cultura indigena e se non sa come i nativi categorizzano le loro esperienze, se nominano cose, parti di cose o eventi che nell'insieme comprendono anche l'apparizione di una data cosa. Il linguista deve dunque iniziare a elaborare una serie di *ipotesi analitiche* che lo portano a costruirsi un manuale di traduzione – che dovrebbe corrispondere a un intero manuale non solo di linguistica, ma anche di antropologia culturale.

Ma nel migliore dei casi il linguista che deve interpretare il linguaggio della giungla elabora una serie di ipotesi che lo conducono a disegnare un *possibile* manuale di traduzione, mentre sarebbe altrettanto possibile elaborare molti manuali, tutti diversi tra loro, ciascuno capace di senso secondo le espressioni dei nativi, ma tutti in mutua concorrenza.[1] Pertanto se ne deduce un principio (teorico) di *indeterminatezza della traduzione*. L'indeterminatezza della traduzione è dovuta al fatto che "così come noi parliamo sensatamente della verità di una asserzione solo entro i termini di qualche teoria o schema concettuale, così noi possiamo sensatamente parlare di sinonimia interlinguistica solo nei termini di qualche sistema particolare di ipotesi analitiche" (Quine 1960: 16).

---

[1] Senza affidarsi a esperimenti mentali, un caso molto interessante è dato dalla presunta decifrazione dei geroglifici, nel XVII secolo, da parte di Athanasius Kircher. Come poi dimostrerà Champollion, il "manuale di traduzione" approntato da Kircher era del tutto cervellotico, e i testi che lui ha decrittato volevano dire tutt'altro. Tuttavia un falso manuale ha permesso a Kircher di ottenere traduzioni coerenti, che per lui erano piene di senso. Vedi in proposito il capitolo 7 del mio *La ricerca della lingua perfetta* (1993b).

Malgrado il cliché dell'incompatibilità tra filosofia anglosassone e filosofia detta continentale, credo che questo *olismo* quineano non sia così diverso dall'idea che ogni lingua naturale esprima una diversa visione del mondo. In qual senso una lingua esprima una propria visione del mondo è chiaramente spiegato dalla semiotica di Hjelmslev (1943). Per Hjelmslev una lingua (e in generale ogni sistema semiotico) consiste di un piano dell'espressione e di un piano del contenuto, che rappresenta l'universo dei concetti esprimibili da quella lingua. Ciascuno dei due piani consiste di forma e sostanza ed entrambi sono il risultato della segmentazione di un continuum o materia pre-linguistica.[2]

Figura 1

Prima che una lingua naturale abbia posto un ordine al nostro modo di esprimere l'universo, il continuum o materia è una massa amorfa e indifferenziata. Parti di tale massa vengono linguisticamente organizzate per esprimere altre parti della stessa massa (posso elaborare un sistema di suoni per esprimere, per parlare di una serie di colori o una serie di esseri viventi). Questo accade anche con altri sistemi semiotici: in un sistema di segnalazione stradale si selezionano certe forme visive e certi colori per esprimere, per esempio, direzioni spaziali.

In una lingua naturale la forma dell'espressione seleziona alcuni elementi pertinenti nel continuum o materia di tutte le possibili fonazioni e consiste di un sistema fonologico, di un repertorio lessicale e di regole sintattiche. In riferimento alla forma dell'espressione si possono generare varie sostanze dell'espressione, a tal punto che una stessa frase, per esempio *Renzo ama Lucia*, pur

---

[2] Il diagramma che presento non è mai stato così formulato da Hjelmslev. Si tratta di una mia interpretazione, quale appare in Eco (1984: 52).

mantenendo immutata la propria forma, si "incarna" in due sostanze diverse a seconda che venga pronunciata da una donna o da un uomo. Dal punto di vista della grammatica di una lingua le sostanze dell'espressione sono irrilevanti – mentre sono di grande importanza le differenze di forma, e basti considerare come una lingua Alfa consideri pertinenti certi suoni che una lingua Beta ignora, o come siano differenti lessico e sintassi tra lingue diverse. Come vedremo più avanti, le differenze di sostanza possono invece diventare cruciali nel caso della traduzione da testo a testo.

Limitiamoci però a considerare ora che una lingua associa a diverse forme dell'espressione diverse forme del contenuto. Il continuum o materia del contenuto sarebbe tutto ciò che è pensabile e classificabile, ma le varie lingue (e culture) suddividono tale continuum in modi talora diversi; per questo (per esempio, e come vedremo nell'ultimo capitolo) civiltà diverse segmentano il continuum cromatico in modi difformi, a tal punto che pare impossibile tradurre un termine di colore comprensibile nella lingua Alfa in un termine di colore tipico della lingua Beta.[3]

Questo consentirebbe di affermare che due sistemi del contenuto sono mutuamente inaccessibili, ovvero incommensurabili, e che pertanto le differenze nell'organizzazione del contenuto rendono la traduzione teoricamente impossibile. Secondo Quine non si potrebbe tradurre in un linguaggio primitivo l'espressione *neutrinos lack mass*, e basterebbe ricordare come sia difficile tradurre il concetto espresso in tedesco dalla parola *Sensucht*: la cultura tedesca pare avere la nozione precisa di una passione il cui spazio semantico può essere coperto solo parzialmente da nozioni come quella italiana di *nostalgia,* o da quelle inglesi di *yearning, craving for* o *wishfulness.*

Certamente talora accade che il termine di una lingua rinvii a una unità di contenuto che altre lingue ignorano, e questo pone seri problemi ai traduttori. Il mio dialetto natìo ha una bellissima espressione, *scarnebiè,* ovvero *scarnebbiare,* per indicare un fenomeno atmosferico che non è solo nebbia o brina ma non è ancora

---

[3] Krupa (1968: 56) distingue per esempio tra lingue diverse per struttura e cultura, come l'eschimese e il russo, lingue affini per struttura ma diverse per cultura (ceco e slovacco), lingue affini per cultura ma diverse per struttura (ungherese e slovacco), lingue affini per struttura e cultura (russo e ucraino).

pioggia, bensì un'acquerugiola fitta, che opacizza leggermente la visione e taglia il viso del passante, specie se si procede alla velocità di una bicicletta. Non esiste parola italiana che traduca efficacemente questo concetto o renda evidente l'esperienza corrispondente, sì che si potrebbe dire col Poeta che "comprender non la può chi non la prova".

Non c'è modo di tradurre con sicurezza la parola francese *bois*. In inglese potrebbe essere *wood* (che corrisponde sia all'italiano *legno* che all'italiano *bosco*), *timber* (che è legno da costruzione ma non il legno di cui è fatto un oggetto già costruito, come un armadio – il piemontese usa l'espressione *bosc* nel senso di *timber,* ma l'italiano chiama *legno* sia il *timber* che il *wood,* anche se per il *timber* si potrebbe usare *legname),* e persino *woods*, come in *a walk in the woods.* In tedesco il *bois* francese può essere *Holz* o *Wald* (un boschetto è una *kleine Wald*), ma sempre in tedesco *Wald* sta sia per *forest* che per *foresta* e *forêt* (vedi Hjelmslev 1943, §13). Né le differenze si fermano qui, perché per una foresta molto fitta, di tipo equatoriale, il francese userebbe *selve*, mentre la *selva* italiana può essere usata (mi attengo ai dizionari) anche per un "bosco esteso con folto sottobosco" (e questo vale non solo per Dante, ma ancora per Pascoli che vede una selva nei dintorni di San Marino). Quindi, almeno per quanto riguarda entità vegetali, questi quattro sistemi linguistici sembrerebbero mutuamente incommensurabili.

Tuttavia *incommensurabilità non significa incomparabilità*, e prova ne sia il fatto che si possono comparare i sistemi italiano, francese, tedesco e inglese, altrimenti non sarebbe possibile elaborare lo schema in Figura 2:

albero	arbre	Baum	tree
legno		Holz	timber
bosco	bois		wood
foresta	forêt	Wald	forest

Figura 2

In base a schemi del genere noi, di fronte a un testo che dica come il fiume trasportava legno da costruzione, possiamo decidere che sarà più conveniente usare *timber* piuttosto che *wood*, o che un *armoire en bois* sarà un armadio di legno e non un armadio nel bosco. E possiamo dire che lo *Spirit* inglese copre le due aree semantiche che in tedesco sono rappresentate da *Spiritus* e da *Geist*, e comprendere perché Altavista, incapace di riconoscere contesti, e di comparare spazi semantici di lingue diverse, ha commesso l'errore che ha commesso.

In italiano noi abbiamo una sola parola (*nipote*) per i tre termini inglesi *nephew, niece* e *grandchild*. Se si considera inoltre che in inglese l'aggettivo possessivo concorda col genere del possessore, e non col genere della cosa posseduta come in italiano, ecco che sorgono alcune difficoltà nel tradurre la frase *John visita ogni giorno sua sorella Ann per vedere suo nipote Sam*.

Le traduzioni possibili in inglese sono quattro:

1. John visits every day his sister Ann to see his nephew Sam
2. John visits every day his sister Ann to see her nephew Sam
3. John visits every day his sister Ann to see her grandchild Sam
4. John visits every day his sister Ann to see his grandchild Sam

Come si farà a tradurre in inglese la frase italiana se le due lingue hanno suddiviso il continuum del contenuto in modi così diversi?

Sembra proprio che, là dove gli inglesi riconoscono tre distinte unità di contenuto, gli italiani ne individuino solo una, appunto *nipote*, come se le due lingue opponessero, in modo incommensurabile, un solo spazio semantico (in italiano) a tre (in inglese):

INGLESE	*ITALIANO*
Nephew	
Niece	Nipote
Grandchild	

Figura 3

Ora, è vero che in italiano una sola parola esprime i contenuti di tre parole inglesi, ma *nephew, niece, grandchild* e *nipote* non sono unità di contenuto. Sono *termini linguistici* che rinviano a unità di contenuto e accade che sia gli inglesi che gli italiani riconoscano tre unità di contenuto, salvo che gli italiani le rappresentano tutte con un termine omonimo. Gli italiani non sono così sciocchi o primitivi da ignorare la differenza tra figlio/a del proprio figlio/a e figlio/a della propria sorella o del proprio fratello. La concepiscono benissimo, tanto è vero che su differenze del genere si stabiliscono precise leggi di successione.

Vale a dire che nella Figura 4 la colonna del Contenuto si riferisce a quello che sia inglesi che italiani sanno benissimo concepire ed esprimere per via di definizioni, parafrasi o esempi, salvo che gli italiani hanno una sola parola per diverse unità di contenuto, e pertanto possono avere maggiori difficoltà nel disambiguare certi enunciati, se emessi fuori di un adeguato contesto.

Termini inglesi	CONTENUTO	Termini italiani
Nephew	Figlio del fratello o sorella	
Niece	Figlia del fratello o sorella	*Nipote*
Grandchild	Figlio/a del figlio/a	

Figura 4

Anzi, siccome ci sono diversi sistemi parentali a seconda delle culture, anche gli inglesi potrebbero apparire assai primitivi rispetto a lingue che segmentano in modo assai più fine queste relazioni, come suggerito in Figura 5:

Termini inglesi	Contenuto	Termini del linguaggio X
Nephew	Figlio del fratello	*Termine A*
	Figlio della sorella	*Termine B*
Niece	Figlia del fratello	*Termine C*
	Figlia della sorella	*Termine D*
Grandchild	Figlio/a del figlio	*Termine E*
	Figlio/a della figlia	*Termine F*

Figura 5

Un traduttore che dovesse rendere un testo inglese nella lingua X dovrebbe fare una serie di congetture sul senso in cui, poniamo, viene usato in un dato contesto il termine *grandchild*, e decidere se tradurlo col termine E o col termine F.

Si è parlato di contesto. Infatti a nessun traduttore capiterà mai di dover tradurre la parola *nipote* avulsa da qualsiasi contesto. Questo accade al massimo al compilatore di dizionari (o all'informatore bilingue a cui chiedo aiuto per sapere come si dice la parola tale in altra lingua), ma costoro, come si è visto, non traducono, bensì provvedono istruzioni su come eventualmente tradurre il termine secondo il contesto. Il traduttore invece traduce sempre *testi*, vale a dire enunciati che appaiono in qualche contesto linguistico o sono proferiti in qualche situazione specifica.

Pertanto il traduttore inglese della frase italiana dovrebbe sapere, o in qualche modo congetturare, se si sta parlando di (i) un John la cui sorella Ann ha avuto un figlio, che è nipote sia di John che di Ann; (ii) un John la cui sorella Ann, sposata a Bill, considera giustamente suo (ma non di John) nipote il figlio della sorella di Bill; (iii) un John la cui sorella Ann ha avuto un figlio che a sua volta ha generato Sam; (iv) un John la cui sorella Ann ospita il figlio del figlio di John.

L'ultima situazione sembra meno probabile delle precedenti, ma basta presupporre che John abbia un figlio, Max, che ha generato Sam, e che in seguito Max e sua moglie siano morti in un incidente d'auto e la zia Ann abbia deciso di educare Sam. Una situazione ancor meno probabile (ma non impossibile, vista l'attuale e deprecata decadenza dei costumi) presupporrebbe che Max, figlio di John, abbia avuto rapporti sessuali con sua zia Ann e che dal rapporto sia nato Sam, così che Sam possa essere correttamente definito sia come *grandchild* che come *nephew* di John.

2.2 La traduzione riguarda mondi possibili

La frase che stiamo considerando è un testo, e per capire un testo – e a maggior ragione per tradurlo – bisogna fare una ipotesi sul *mondo possibile* che esso rappresenta. Questo significa che, in mancanza di tracce adeguate, una traduzione deve appoggiarsi su congetture, e solo dopo avere elaborato una congettura che appaia plausibile il traduttore può procedere a volgere il testo da una lingua all'altra. Vale a dire che, dato l'intero spettro del contenuto messo a disposizione da una voce di dizionario (più una ragionevole informazione enciclopedica), il traduttore deve scegliere l'accezione o il senso più probabile e ragionevole e rilevante in *quel* contesto e in quel mondo possibile.[4]

Altavista (verosimilmente provvisto di molti dizionari) era costretto a stabilire sinonimie all'interno di *un testo* (e di un testo particolarmente complesso, dove anche il biblista non è sicuro se il *the spirit of God* della traduzione di King James renda effettivamente il senso dell'originale ebraico). Linguisticamente e culturalmente parlando, un testo è una giungla dove un parlante indigeno talora assegna per la prima volta un senso ai termini che usa, e questo senso potrebbe non corrispondere al senso che gli stessi termini potrebbero assumere in un altro contesto. Che cosa effettivamente significa, nel testo di King James, la parola *void*? Una terra vuota è cava all'interno o priva di ogni cosa vivente sulla sua crosta?

Noi attribuiamo alle parole un significato nella misura in cui gli autori di dizionari ne abbiano stabilito definizioni accettabili. Ma queste definizioni riguardano molti possibili *sensi* di un termine *prima* che esso venga inserito in un contesto e parli di

[4] Vedi in proposito anche Menin (1996 § 11, 2.4).

un mondo. Qual è il senso che le parole acquistano *davvero* una volta articolate in un testo? Per quante selezioni contestuali il dizionario ci dia per le parole *face* e *deep*, come può il profondo o l'abisso avere una faccia, un lato, una superficie? Perché Altavista aveva torto a tradurre *face* con *cara*? In quale mondo possibile l'abisso può avere una faccia ma non un viso o una testa?

È perché non è stato capace di riconoscere che il brano del *Genesi* non riguardava un "inizio" di Dio ma l'inizio dell'universo, che Altavista si è dimostrato incapace di fare congetture sul *tipo di mondo* a cui il testo originale rinviava.

Quando ho iniziato a lavorare in una casa editrice mi è capitata una traduzione dall'inglese di cui non potevo controllare l'originale perché era rimasto nelle mani del traduttore. Ho iniziato comunque a leggere per vedere se l'italiano "scorreva". Il libro raccontava la storia delle prime ricerche sulla bomba atomica, e a un certo punto diceva che gli scienziati, riuniti in un certo luogo, avevano iniziato i loro lavori facendo delle "corse di treni". Mi sembrava strano che persone che dovevano scoprire i segreti dell'atomo perdessero tempo in giochi così insulsi. Quindi, facendo ricorso alla mia conoscenza del mondo, ne ho inferito che quegli scienziati *dovevano* fare qualcosa d'altro. A questo punto non so se mi è venuta alla mente una espressione inglese che conoscevo, o se piuttosto non ho fatto una curiosa operazione: ho cercato di ritradurre *malamente* in inglese l'espressione italiana, e mi è venuto subito alla mente che quegli scienziati facevano dei *training courses*, e cioè dei corsi di aggiornamento, il che era più ragionevole e meno dispendioso per i contribuenti americani. Naturalmente, una volta avuto l'originale, ho visto che era così, e ho provveduto a che il traduttore non fosse pagato per il suo immondo lavoro.

Un'altra volta, nella traduzione di un libro di psicologia, ho trovato che, nel corso di un esperimento, *l'ape riuscì a prendere la banana posta fuori dalla sua gabbia aiutandosi con un bastone*. La prima reazione è stata in termini di conoscenza del mondo: le api non dovrebbero essere capaci di afferrare banane. La seconda reazione è stata in termini di conoscenza linguistica: era chiaro che l'originale parlava di un *ape*, e cioè di una grande scimmia, e la mia conoscenza del mondo (legittimata dalle conoscenze enciclopediche a cui facevo ricorso) mi diceva che le scimmie afferrano e mangiano banane.

Questo non significa soltanto che, per errata che una traduzione sia, è possibile riconoscere il testo che essa pretende tradurre; significa anche che un interprete acuto può inferire dalla traduzione di un originale ignoto – evidentemente sbagliata – che cosa quel testo probabilmente diceva davvero.

Perché? Perché nel caso delle corse di treni e dell'ape io ho fatto alcune inferenze sul mondo possibile descritto dai due testi – presumibilmente affine o identico al mondo in cui viviamo – e ho cercato di immaginare come si comporterebbero degli scienziati atomici e delle api. Una volta fatte alcune ragionevoli inferenze, una breve ispezione nel lessico inglese mi ha portato a fare l'ipotesi più ragionevole.

Ogni testo (anche la più semplice delle frasi come *Renzo ama Lucia*) descrive o presuppone un Mondo Possibile – un mondo dove, per tornare all'ultimo esempio, esistano un Renzo, di sesso maschile, una Lucia, di sesso femminile e Renzo concepisca amorosi sensi nei confronti di Lucia, mentre non è ancora stabilito se Lucia lo ricambi. Ma non si creda che questo richiamo a mondi possibili valga solo per opere narrative. Lo mettiamo in opera a ogni comprensione di un discorso altrui cercando per lo meno di capire di che cosa stia parlando, e l'esempio del nipote ce lo ha dimostrato. Dopo aver a lungo frequentato un amante disperato che vagheggiasse sempre e ossessivamente un'amata che l'ha abbandonato (e io non so neppure se fosse creatura reale o parto della sua fantasia), il giorno che costui mi chiamasse per telefono dicendo con voce rotta dall'emozione *È tornata da me, finalmente!*, io cercherei di ricostruire il mondo possibile dei ricordi o delle fantasie dell'interlocutore, e sarei in grado di comprendere che chi è tornato è appunto l'amata (e sarei rozzo e insensibile se gli domandassi di chi mai mi stia parlando).

Non c'è modo esatto di tradurre la parola latina *mus* in inglese. In latino *mus* copre l'intero spazio semantico che l'inglese segmenta in due unità, assegnando all'una la parola *mouse* e all'altra la parola *rat* – e lo stesso accade in francese, spagnolo e tedesco, con le opposizioni *souris/rat, ratón/rata, Maus/Ratte*. Anche l'italiano conosce l'opposizione tra topo e ratto, ma nell'uso quotidiano si usa *topo* anche per un ratto, al massimo chiamando un ratto come *topone, topaccio* o addirittura, dialettalmente, *pantegana*, mentre *ratto* viene usato solo in contesti tecnici (in un certo senso siamo ancora legati al *mus* latino).

Certamente anche in Italia si avverte la differenza tra un topino da granaio o da cantina e un ratto pelosissimo che può apportare terribili malattie. Ma si veda come l'uso può influenzare l'esattezza di una traduzione. Beniamino Dal Fabbro, nella sua traduzione di *La peste* di Camus (edizione Bompiani) dice che il dottor Rieux trova una mattina, sulle scale di casa, "un sorcio morto". *Sorcio* è parola graziosa, ed è praticamente sinonimo di *topo*. Forse il traduttore ha scelto *sorcio* per parentela etimologica col *souris* francese, ma – se ci si attiene al contesto – gli animali apparsi a Orano, portatori di peste, dovrebbero essere terribili ratti. Qualsiasi lettore italiano che abbia una modesta competenza extralinguistica (di tipo enciclopedico), e che cerchi di raffigurarsi il mondo possibile del romanzo, dovrebbe sospettare che il traduttore abbia commesso una inesattezza. Infatti, se si consulta il testo originale, si vede che Camus parla di *rats*. Se proprio Dal Fabbro aveva timore di usare *ratto* ritenendolo termine troppo dotto, avrebbe almeno dovuto suggerire che non si trattava di topolini.

Pertanto i sistemi linguistici sono comparabili e le eventuali ambiguità possono essere risolte quando si traducono testi, alla luce dei contesti, e in riferimento al mondo di cui *quel dato testo* parla.

2.3 I testi come sostanze

Qual è la natura di un testo e in che senso dobbiamo considerarlo in modo diverso da un sistema linguistico?

Abbiamo visto in Figura 1 come una lingua, e in generale una qualsiasi semiotica, seleziona in un continuum materiale una forma dell'espressione e una forma del contenuto, in base alla quale si possono produrre sostanze, e cioè espressioni materiali come le righe che sto scrivendo, che veicolano una sostanza del contenuto – detto in parole povere, ciò di cui quell'espressione specifica "parla".

Ma molti equivoci possono nascere dal fatto che (e mi ascrivo tra i primi responsabili) per spiegare i concetti hjelmsleviani, e quindi per ragioni di chiarezza didattica, si è costruita la Figura 1.

Ora quella figura certamente mostra la differenza tra i vari concetti di forma, sostanza e continuum o materia, ma lascia l'impressione che si tratti di una classificazione omogenea, mentre non lo è. Data una stessa materia sonora, due lingue Alfa e Beta la segmentano diversamente, producendo due diverse forme dell'espressione. Una combinazione di elementi di forma dell'espressione viene correlata a elementi di forma del contenuto. Ma questa è una possibilità astratta che ogni lingua offre, e ha a che fare con la struttura di un *sistema* linguistico. Una volta che si sono disegnate sia la forma dell'espressione che la forma del contenuto, la materia o continuum, in quanto possibilità amorfa precedente, è ormai formata, e le sostanze non sono ancora prodotte. Pertanto, in termini di sistema, quando parla per esempio della struttura della lingua italiana o della lingua tedesca, il linguista considera solo rapporti tra forme.[5]

Quando, sfruttando le possibilità offerte da un sistema linguistico, viene prodotta una qualsiasi emissione (fonica o grafica) non abbiamo più a che fare col sistema, ma con un processo che ha portato alla formazione di un *testo*.[6]

La forma dell'espressione ci dice quale sia la fonologia, la morfologia, il lessico, la sintassi di quella data lingua. Quanto alla forma del contenuto abbiamo visto che una data cultura ritaglia nel continuum del contenuto delle forme (pecora *vs* capra, cavallo *vs* cavalla, e così via) ma la sostanza del contenuto si realizza come il *senso* che assume un dato elemento di forma del contenuto nel processo di enunciazione. Solo nel processo di

[5] Al linguista il testo "interessa come fonte di testimonianze sulla struttura della lingua, e non sull'informazione contenuta nel messaggio" (Lotman 1964, tr. it.: 87).
[6] Si potrebbe sostituire la diade *sistema/testo* con quella saussuriana di *langue/parole* e le cose non cambierebbero.

enunciazione si stabilisce che, contestualmente, l'espressione *cavallo* si riferisce a quella forma del contenuto che l'oppone ad altri animali e non a quella che la oppone, nella terminologia dei sarti, come cavallo dei pantaloni, alla cintola o ai risvolti. Date le due espressioni *Ma io avevo chiesto la romanza di un altro tenore* e *Ma io volevo una risposta di un altro tenore*, è nel contesto che l'espressione *tenore* viene disambiguata, producendo pertanto due enunciati di senso diverso (da tradurre con espressioni diverse).

Pertanto in un testo – che è già *sostanza* attuata – noi abbiamo una Manifestazione Lineare (quello che si percepisce, o leggendo o ascoltando) e il Senso o i sensi di quel dato testo.[7] Quando io mi trovo a interpretare una Manifestazione Lineare faccio ricorso a tutte le mie conoscenze linguistiche, mentre un processo assai più complicato avviene nel momento in cui cerco di individuare il senso di ciò che mi viene detto.

Come primo tentativo, cerco di comprendere il senso letterale, se non è ambiguo, e di correlarlo eventualmente a mondi possibili: così se leggo che *Biancaneve mangia una mela* saprò che un individuo di sesso femminile sta mordendo, masticando e inghiottendo a poco a poco un frutto così e così, e farò una ipotesi sul mondo possibile dove si sta svolgendo quella scena. È il mondo in cui vivo e in cui si ritiene che *an apple a day keeps the doctor away*, o un mondo favolistico dove a mangiare una mela si può cader vittime di un sortilegio? Se avessi deciso nel secondo senso è chiaro che avrei fatto ricorso a competenze enciclopediche, tra le quali ci sono anche competenze di genere letterario, e a *sceneggiature intertestuali* (nelle favole accade di solito che...). Naturalmente continuerò a esplorare la Manifestazione Lineare per sapere qualche cosa di più su questa Biancaneve e sul luogo e l'epoca in cui si svolge la vicenda.

Ma si noti che, se leggessi che *Biancaneve ha mangiato la foglia*, probabilmente ricorrerei a un'altra serie di conoscenze enciclopediche in base alle quali raramente gli esseri umani mangiano foglie: di lì darei inizio a una serie di ipotesi, da controllare durante il corso della lettura, per decidere se per caso Biancaneve non sia il nome di una capretta. Oppure – come appare

---

[7] Vedi in proposito la Figura 2 che proponevo e commentavo in Eco (1975).

più probabile – attiverò un repertorio di espressioni idiomatiche, e comprenderò che *mangiare la foglia* è espressione proverbiale che ha un senso diverso da quello letterale.

Parimenti, a ogni fase della lettura, mi chiederei di che cosa parli sia una frase che un intero capitolo (e mi porrei pertanto il problema di quale sia il *topic* o argomento del discorso). Inoltre a ogni passo cercherei di individuare *isotopie*,[8] ovvero livelli di senso omogenei. Per esempio, date le due frasi *Il fantino non era soddisfatto del cavallo* e *Il sarto non era soddisfatto del cavallo*, solo individuando isotopie omogenee riuscirei a capire che nel primo caso il cavallo è un animale e nel secondo una parte dei pantaloni (tranne che il contesto non ribalti l'isotopia, e ci parli di un fantino molto attento all'eleganza della sua tenuta o di un sarto appassionato di ippica).

Ancora, noi attiviamo *sceneggiature comuni*, per cui se leggo che *Luigi partì in treno per Roma* do per implicito che debba essere andato alla stazione, avere acquistato il biglietto e così via, e solo in questo modo non sarei sorpreso se il testo, in una fase successiva, mi dicesse che Luigi ha dovuto pagare la multa perché il controllore lo ha sorpreso senza biglietto.

A questo punto sarei probabilmente in grado di ricostruire, dall'*intreccio*, la *fabula*. La fabula è la sequenza cronologica degli eventi, che tuttavia il testo può "montare" secondo un intreccio differente: *Sono tornato a casa perché pioveva* e *Poiché pioveva, sono rientrato a casa* sono due Manifestazioni Lineari che veicolano la stessa fabula (ero uscito che non pioveva, si è messo a piovere, sono rientrato a casa) attraverso un diverso intreccio. Ovviamente né fabula né intreccio sono questioni linguistiche, sono strutture che possono essere realizzate in un altro sistema semiotico, nel senso che si può raccontare la stessa fabula dell'*Odissea*, con lo stesso intreccio, non solo attraverso una parafrasi linguistica, ma mediante un film o addirittura una versione a fumetti. Nel caso di riassunti si può rispettare la fabula mutando l'intreccio: per esempio, si potrebbe raccontare gli eventi dell'*Odissea* iniziando con le vicende che, nel poema, Ulisse racconterà invece più tardi ai Feaci.

Come dimostrato dai due esempi sul fatto che sono rientra-

---

[8] Cfr. Greimas (1966) e Eco (1979: 5).

to perché pioveva, fabula e intreccio non esistono soltanto nei testi specificamente narrativi. In *A Silvia* di Leopardi c'è una fabula (esisteva una fanciulla, dirimpettaia del poeta, il poeta l'amava, ella è morta, il poeta la ricorda con amorosa nostalgia) e c'è un intreccio (il poeta rammemorante entra in scena all'inizio, quando la fanciulla è già morta, e la fanciulla viene fatta rivivere nel ricordo a poco a poco). Quanto sia da rispettare l'intreccio in una traduzione ce lo dice il fatto che non ci sarebbe traduzione adeguata di *A Silvia* che non ne rispettasse, oltre alla fabula, anche l'intreccio. Una versione che alterasse l'ordine dell'intreccio sarebbe puro riassunto da bigino per gli esami, che farebbe perdere il senso straziante di quel rimemorare.

Proprio perché dall'intreccio ricostruisco la fabula, a mano a mano che la lettura prosegue, trasformerò vasti brani testuali in *proposizioni* che li riassumono; arrivato ad esempio a metà della lettura potrei condensare quanto ho appreso in "Biancaneve è una giovane e bella principessa che suscita la gelosia della sua matrigna, la quale dà ordine a un cacciatore di condurla nel bosco e ucciderla". Ma a una fase più avanzata di lettura potrei attenermi alla *iperproposizione* "una principessa perseguitata viene accolta da sette nani". Questo incassamento da proposizioni a iperproposizioni (e lo vedremo più avanti) sarà quello che mi consentirà di decidere quale sia la storia "profonda" che il testo mi racconta, e quali siano invece eventi marginali o parentetici.

Di qui potrò procedere a individuare non solo l'eventuale psicologia dei personaggi, ma il loro investimento in quelle che sono chiamate strutture *attanziali*.[9] Se leggo i *Promessi sposi*, mi rendo conto che dati due soggetti, Renzo e Lucia, che vengono simmetricamente privati dell'oggetto del loro desiderio, essi si trovano di volta in volta di fronte a istanze oppositrici e a istanze adiuvanti. Ma, mentre rimane costante nel corso di tutto il romanzo che Don Rodrigo incarna la figura dell'Opponente e Fra Cristoforo quella dell'Adiuvante, è lo svolgimento testuale che mi permette, con mia grande sorpresa, di spostare a metà storia il personaggio dell'Innominato da quello dell'Opponente a quello dell'Adiuvante, di stupirmi perché la Monaca, entrata in scena come Adiuvante, poi rappresenti un'Opponente, e persino di come rimanga

---

[9] Cfr. Greimas (1966: 8 e 1973)

pateticamente ambigua la figura di don Abbondio, proprio per questo molto umana, che oscilla, vaso di coccio tra vasi di ferro, tra opposte funzioni. E forse alla fine del romanzo deciderò che il vero attante dominante, che i personaggi via via incarnano, è la Provvidenza che si oppone ai mali del mondo, alla debolezza della natura umana, e ai ciechi colpi di coda della Storia.

Si potrebbe continuare ad analizzare i vari livelli testuali a cui la mia lettura può condurmi. Non vi è progressione cronologica dall'alto al basso o viceversa, perché già mentre cerco di capire l'argomento di una frase o di un paragrafo posso azzardare ipotesi su quali siano le grandi strutture ideologiche che il testo mette in gioco, mentre la comprensione di una semplice frase finale può di colpo farmi abbandonare un'ipotesi interpretativa che mi aveva sorretto sino quasi alla fine della mia lettura (il che di solito accade con i romanzi polizieschi, che speculano sulla mia tendenza di lettore a fare previsioni errate sull'andamento della vicenda e ad azzardare giudizi morali e psicologici assai temerari sui vari personaggi in gioco).

Sarà chiaro nelle pagine che seguono come la scommessa interpretativa sui vari livelli di senso, e su quali privilegiare, sia fondamentale per le decisioni di un traduttore.[10] Ma il punto è che altrettanti livelli si possono individuare in quella Manifestazione Lineare che siamo portati a considerare in blocco come sostanza dell'espressione.

In realtà ci sono a livello dell'espressione più sostanze.[11] La

[10] Rifacendoci a Jakobson (1935), e in genere alla tradizione dei formalisti russi, potremmo dire che il traduttore deve scommettere su quale sia la *dominante* di un testo. Se non fosse che la nozione di "dominante", rivista ora a distanza di tempo, è più vaga di quel che sembri: talora la dominante è una tecnica (per esempio, metro verso rima), talora è un'arte che rappresenta in una certa epoca il modello di tutte le altre (le arti visive nel Rinascimento), talora la funzione principale (estetica, emotiva o altro) di un testo. Quindi non ritengo possa essere concetto risolutivo per il problema della traduzione, quanto piuttosto un suggerimento: "cerca quale sia per te la *dominante* di questo testo, e su quella punta le tue scelte e le tue esclusioni".
[11] Non mi limito qui ad attenermi all'indicazione hjelmsleviana per cui "una stessa sostanza presuppone a sua volta molteplici aspetti o, come preferiamo dire, molteplici livelli" (Hjelmslev 1954, tr. it.: 229). Questo perché Hjelmslev si limita a citare livelli di carattere *fisiologico, fisici o acustici* e *auditivi* (dipendenti dalla percezione del parlante). Come si vede, qui, alla luce degli sviluppi di una semiotica testuale, si considerano molti altri livelli net-

molteplicità delle sostanze espressive vale anche per sistemi non verbali: nella manifestazione filmica contano certamente le immagini, ma anche il ritmo o la velocità del movimento, la parola, il rumore e altri tipi di suono, sovente diciture scritte (sia che siano i dialoghi del film muto, le sottotitolature o elementi grafici mostrati dalla ripresa, se la scena si svolge in un ambiente dove appaiono cartelli pubblicitari, o in una libreria), per non dire della grammatica dell'inquadratura e della sintassi del montaggio.[12] In un quadro valgono sostanze che diremo lineari, e che ci permettono di riconoscere le varie immagini, ma anche fenomeni coloristici, rapporti chiaroscurali, per non dire di precisi iconologemi che ci permettono di riconoscere un Cristo, una Vergine, un monarca.

In un testo verbale è senz'altro fondamentale la sostanza prettamente linguistica, ma non sempre è la più rilevante. Data la frase *passami il sale* sappiamo che può esprimere rabbia, cortesia, sadismo, timidezza, a seconda di come venga pronunciata, e connotare l'enunciatore come colto, illetterato o comico se l'accento è dialettale (e questi valori ci verrebbero comunicati anche se la frase fosse *passami l'olio*). Questi sono tutti fenomeni che la linguistica considera soprasegmentali, e che non hanno direttamente a che fare col sistema della lingua. Se dico *passami prego il sale – se di me pur ti cale*, ecco che sono intervenuti fenomeni stilistici (compreso il ricorso a toni classicheggianti), soluzioni metriche e la rima (e potrebbero intervenire effetti di fonosimbolismo). Quanto la metrica sia estranea al sistema linguistico ce lo dice il fatto che la struttura dell'endecasillabo può essere incarnata in lingue diverse, e il problema che tormenta i traduttori è come rendere un tratto di stile, o trovare una rima equivalente anche se si usano parole diverse.

Quindi in un testo poetico avremo una sostanza linguistica (che incarna una forma linguistica) ma anche, per esempio, una sostanza metrica (che incarna una forma metrica come lo schema dell'endecasillabo).

Ma si è detto che ci può essere anche una sostanza fonosim-

tamente estranei a quello linguistico. Per una discussione sui vari livelli della sostanza vedi Dusi (2000: 18 sgg.).
[12] Cfr. Metz (1971, tr. it.: 164).

bolica (di cui non esiste forma codificata) e, tanto per tornare ad *A Silvia*, ogni tentativo di tradurre la sua prima strofa risulterebbe inadeguato se non si riuscisse (e di solito non vi si riesce) a far sì che l'ultima parola della strofa (*salivi*) fosse un anagramma di *Silvia*. A meno di mutare il nome della fanciulla: ma in tal caso si perderebbero le molteplici assonanze in *i* che legano il suono sia di *Silvia* che di *salivi* agli *occhi tuoi ridenti e fuggitivi*.

Si confronti al testo originale, in cui ho evidenziato le *i*, la traduzione francese di Michel Orcel (in cui ovviamente non ho evidenziato le *i* alfabetiche a cui nella pronuncia corrisponde un diverso suono):

> Silvia, rimembri ancora
> Quel tempo della tua vita mortale
> Quando beltà splendea
> Negli occhi tuoi ridenti e fuggitivi,
> e tu, lieta e pensosa, il limitare
> di gioventù salivi?
>
> Sylvia, te souvient-il encore
> Du temps de cette vie mortelle,
> Quand la beauté brillait
> Dans tes regards rieurs et fugitifs,
> Et que tu t'avançais, heureuse et sage,
> Au seuil de ta jeunesse?

Il traduttore è stato costretto a lasciare cadere il rapporto *Silvia/salivi*, e non poteva fare altro. È riuscito a far apparire nel testo molte *i*, ma il rapporto tra originale e traduzione è di 20 a 10. Inoltre nel testo leopardiano le *i* si fanno sentire perché per sei volte sono reiterate nel corpo della stessa parola, mentre in francese questo avviene solo una volta. Inoltre, e il valoroso Orcel combatteva evidentemente una battaglia disperata, il *Silvia* italiano, accentuando la *i* iniziale, ne prolunga l'esile fascino, mentre il *Sylvia* francese (che per mancanza di accento tonico in quel sistema linguistico fa fatalmente apparire accentuata la *a* finale) ottiene un effetto più crudo.

E questo ci conferma nella persuasione universale che in

poesia è l'espressione che detta leggi al contenuto. Il contenuto deve per così dire adattarsi a questo ostacolo espressivo. Il principio della prosa è *rem tene, verba sequentur,* il principio della poesia è *verba tene, res sequentur.*[13]

Pertanto dovremo parlare, sì, di un testo come fenomeno di sostanza, ma su entrambi i suoi piani dovremo saper individuare diverse sostanze dell'espressione e diverse sostanze del contenuto, ovvero su entrambi i piani diversi livelli.

Siccome in un testo a finalità estetica si pongono sottili relazioni tra i vari livelli dell'espressione e quelli del contenuto, sulla capacità di individuare questi livelli, di rendere l'uno o l'altro (o tutti, o nessuno), e saperli porre nella stessa relazione in cui stavano nel testo originale (quando possibile), si gioca la sfida della traduzione.

[13] Vedi "Il segno della poesia e il segno della prosa" in Eco (1985).

3.
REVERSIBILITÀ ED EFFETTO

Spezziamo ora una lancia in favore di Altavista.

Se qualcuno leggesse l'ultima versione italiana del brano biblico, potrebbe arguire che si tratta di una cattiva traduzione del *Genesi* e non di una cattiva traduzione, poniamo, di *Pinocchio*? Io direi di sì. E se questo testo lo leggesse qualcuno che non ha mai sentito citare l'inizio del *Genesi*, si accorgerebbe che si tratta di un brano in cui si descrive come un Dio ha in qualche modo fatto il mondo (anche se non riuscirebbe a capire bene quale immondo pasticcio abbia combinato)? Risponderei di sì anche a questa seconda domanda.

Diamo inoltre ad Altavista quel che è di Altavista, e citiamo un altro caso in cui si è comportato onorevolmente. Consideriamo la prima quartina di *Les chats* di Baudelaire:

> Les amoureux fervents et les savants austères
> Aiment également, dans leurs mûre saison,
> Les chats puissants et doux, orgueil de la maison,
> Qui comme eux sont frileux et comme eux sédentaires.

Ho trovato una traduzione inglese[1] che mi sembra accettabile:

> Fervent lovers and austere scholars
> Love equally, in their ripe season,
> Powerful and gentle cats, the pride of the house,
> Who like them are sensitive to cold and like them sedentary.

[1] Cfr. Roman Jakobson (1987).

Si tratta di una traduzione letterale senza particolari pretese di eguagliare il testo fonte, ma si potrebbe dire che chi partisse dall'inglese per ricostruire l'originale francese otterrebbe qualcosa di semanticamente (se non esteticamente) abbastanza analogo al testo baudelairiano. Ora, chiedendo al servizio di traduzione automatica di Altavista di volgere il testo inglese in francese, si ottiene:

Les amoureux ardants et les disciples austères
Aiment également, dans leur saison mûre,
Les chats puissants et doux, la fierté de la maison,
Qui comme eux sont sensibles au froid et les aiment sédentaires.

Bisogna ammettere che dal punto di vista semantico si è ricuperato moltissimo del testo originario. L'unico vero errore, nel quarto verso, è l'avverbio *like* inteso come voce verbale. Dal punto di vista metrico (forse per caso) si mantiene almeno il primo verso alessandrino (perfetto) e una rima, rivelando così che il testo originale aveva funzione poetica.

Dopo aver tanto riso degli errori di Altavista, bisogna pur dire che in questo caso il sistema suggerisce una buona definizione (ispirata al buon senso) del concetto di traduzione "ideale" tra due lingue: *il testo B nella lingua Beta è la traduzione del testo A nella lingua Alfa se, ritraducendo B nella lingua Alfa, il testo A2 che si ottiene ha in qualche modo lo stesso senso del testo A.*

Naturalmente, dobbiamo definire cosa si intende per "in qualche modo", e per "lo stesso senso", ma quello che per ora mi pare importante tenere presente è che una traduzione, anche se sbagliata, permette di tornare *in qualche modo* al testo di partenza. Nel caso del nostro ultimo esempio (dove tra l'altro si sono usate prima una traduzione umana e poi una successiva traduzione meccanica) il *qualche modo* non riguarda forse valori estetici ma almeno una riconoscibilità "anagrafica": permette almeno di dire che la traduzione di Altavista è certamente la traduzione di una versione inglese di *quella* poesia francese, e non di un'altra.

Quando si dovranno confrontare le traduzioni propriamente dette con molte traduzioni dette intersemiotiche, si dovrà ammettere che *L'après midi d'un faune* di Debussy viene considerato una "traduzione" intersemiotica dell'*Après midi d'un faune* di Mallarmé (e molti la considerano una *interpretazione* che in qualche modo riproduce lo stato d'animo che il testo poetico voleva creare), ma, se si partisse dal testo musicale per riottenere il testo poetico (per ipotesi ignoto), non si approderebbe a nulla. Anche senza essere decostruzionisti non potremmo negare a qualcuno il diritto di intendere le note indolenti, sinuose e voluttuose della composizione di Debussy come la traduzione intersemiotica di *Les chats* di Baudelaire.

3.1 La reversibilità ideale

Abbiamo assistito abbastanza recentemente a uno sceneggiato televisivo ispirato a *Cuore* di De Amicis. Chi conosceva il libro vi ha ritrovato alcuni personaggi ormai proverbiali, come Franti o Derossi e Garrone, e in definitiva il clima di una scuola elementare nella Torino post-risorgimentale. Ma si è altresì accorto che su certi altri personaggi lo sceneggiato ha variato, approfondendo e sviluppando la storia della maestrina dalla penna rossa, e inventando un suo rapporto particolare con il maestro – e così via. Non c'è dubbio che chi ha visto lo sceneggiato, anche se fosse sempre arrivato dopo i titoli di testa, era in grado di riconoscere che il film era tratto da *Cuore*. Qualcuno può avere gridato al tradimento, altri magari avranno deciso che le variazioni servivano a far comprendere meglio lo spirito animatore del libro – ma non intendo entrare in questo genere di valutazioni.

Il problema che mi pongo è: avrebbe potuto un Pierre Menard borgesiano, che non conosceva il libro di De Amicis, riscriverlo quasi uguale partendo dallo sceneggiato televisivo? La mia risposta è ovviamente dubitosa.

Prendiamo ora la prima frase di *Cuore*:

Oggi primo giorno di scuola. Passarono come un sogno quei tre mesi di vacanza in campagna!

Vediamo come è stata tradotta in una recente edizione francese (*Le livre Coeur*):

Aujourd'hui c'est la rentrée. Les trois mois de vacance à la campagne ont passé comme dans un rêve!

Ora, sempre in spirito menardiano, cerco di tentare una mia traduzione italiana del testo francese, cercando di dimenticare il vero incipit di *Cuore*. Assicuro di aver lavorato senza averlo sotto gli occhi, prima di averlo riletto e trascritto qui sopra – e dopotutto non si tratta di uno di quegli incipit che rimangono scolpiti nella memoria come *Quel ramo del lago di Como* o *La donzelletta vien dalla campagna*. Rifacendomi alle istruzioni del dizionario italo-francese Boch, e traducendo alla lettera, ho ottenuto:

Oggi è il rientro a scuola. I tre mesi di vacanza in campagna sono passati come in un sogno!

Come si vede la mia traduzione dal francese non dà un risultato esattamente uguale al testo originale, ma permette di riconoscerlo. Che cosa manca? L'incipit a frase nominale, quel passato remoto a inizio della seconda frase che indubbiamente serve a datare il testo, e l'accento messo anzitutto sui tre mesi piuttosto che sulla fugacità della vacanza. In compenso, il lettore si trova subito *in medias res* come l'originale voleva. La reversibilità è pressoché totale sul piano del contenuto, ancorché ridotta per quanto riguarda lo stile.

Veniamo ora a un caso più imbarazzante. Ecco l'incipit di una traduzione in francese di *Pinocchio* (Gardair):

Il y avait une fois...
«Un roi!» diront tout de suite mes petits lecteurs.
«Non, mes enfants, vous vous êtes trompés.
Il y avait une fois un morceau de bois.»

Sempre attenendosi letteralmente al dizionario, si può tradurre:

C'era una volta...
– Un re! diranno subito i miei piccoli lettori.
– No, bambini miei, vi siete sbagliati. C'era una volta un pezzo di legno.

Se vi ricordate, il vero *Pinocchio* inizia con:

C'era una volta...
– Un re! – diranno subito i miei piccoli lettori.
– No ragazzi, avete sbagliato. C'era una volta un pezzo di legno.

Bisogna ammettere che il ritorno all'originale dà buoni frutti. Vediamo invece cosa accade con un'altra traduzione (Cazelles):

– Il était une fois ...
– UN ROI, direz-vous?
– Pas du tout, mes chers petits lecteurs. Il était une fois... UN MORCEAU DE BOIS!

Prima osservazione. *Il était une fois*, corretta traduzione, inizia però con una lineetta, come se un personaggio del racconto parlasse. Senza dubbio qualcuno parla, ma è il Narratore, voce che torna varie volte lungo il testo ma che non rappresenta una delle *dramatis personae*. E pazienza. Ma il punto critico è che quei piccoli lettori, nella traduzione, una volta che è stata aperta (illecitamente) la prima lineetta, introdotti dalla seconda entrano in scena come se facessero parte di un dialogo "reale", e rimane ambiguo se il *direz-vous* sia rivolto dai piccoli lettori all'autore, o se sia l'autore che metanarrativamente commenta una esclamazione che ai lettori ha attribuito lui – e dunque rappresentandoli come Lettori Modello o ideali, mentre che cosa direbbero i lettori reali non lo sappiamo affatto e non lo sapremo mai perché la voce dell'autore ha bloccato sul nascere ogni loro possibile illazione.

Questa finzione metanarrativa di Collodi ha una importanza capitale perché, seguendo subito a *c'era una volta*, conferma il genere testuale come racconto per bambini – e che poi non sia vero, e che Collodi volesse parlare anche agli adulti, è materia di interpretazione, ma se ironia c'è essa s'instaura proprio perché il testo emette, e non come battuta di dialogo di chissà chi, un chiaro segnale testuale. E trascuriamo l'esclamativo finale (peraltro più accettabile in un testo francese che in uno italiano), là dove Collodi era più sobrio; il punto cruciale è, ripeto, che nell'originale il Narratore prende l'iniziativa di evocare, lui, il fantasma dei piccoli e ingenui lettori, mentre nella versione Cazelles siamo direttamente messi di fronte a un dialogo tra chi parla e ascolta come se fossero *dramatis personae*.

Ecco che quindi le due traduzioni si pongono su due diverse posizioni in una graduatoria di reversibilità. Sia la prima che la seconda garantiscono una reversibilità quasi totale sul piano della fabula vera e propria (raccontano la stessa storia di Collodi), ma la prima rende ampiamente reversibili anche alcuni tratti stilistici e una strategia enunciativa, mentre la seconda lo fa molto meno. Forse un piccolo lettore francese della seconda traduzione potrà godersi ugualmente la sua favola, ma un lettore critico perderebbe alcune finezze metanarrative del testo originale.

Il che (e apro una parentesi) ci dice che un livello della Manifestazione Lineare, che può avere una ripercussione di non poco momento sul contenuto, è anche quello di grafemi apparentemente trascurabili, come le virgolette o le lineette che introducono un dialogo. Ho dovuto prendere il fenomeno in seria considerazione traducendo *Sylvie* di Nerval perché in un libro di narrativa, a seconda dell'epoca, dei paesi o degli editori, le battute di dialogo si aprono o con un trattino o con una virgoletta, mentre i francesi sono più complicati. Secondo la tendenza oggi più diffusa, quando un personaggio inizia a parlare, si aprono le virgolette, ma, se il dialogo continua, le battute successive degli interlocutori vengono introdotte dalla lineetta, e la virgoletta di chiusura segna solo la fine dello scambio dialogico. Gli incisi che segnano i turni di conversazione (come "esclamò", "si mise a dire" e simili) sono separati da virgole e non richiedono chiusura di virgolette o di lineetta. La regola è che si assume che ogni racconto o romanzo abbia una parte prettamente narrativa (dove una voce racconta degli eventi) e una parte dialogica che è di carattere "drammatico" o mimetico, dove sono messi in scena i personaggi che dialogano, "in presa diretta". Ecco, la virgoletta si apre per mettere in scena quegli spazi mimetici, e si chiude quando lo scambio dialogico, segnato dai trattini, è terminato.

Normalmente, traducendo un romanzo francese in italiano, si trascura questo particolare e si dispongono i dialoghi secondo i nostri criteri. Ma mi sono accorto che nel testo di Nerval il dettaglio non era trascurabile. Per capire meglio questa tecnica si veda come, secondo il testo della Pléiade (sistema francese attuale), appare uno scambio dialogico nel primo capitolo (traduco per comodità in italiano):

Gettava monete d'oro su un tavolo di whist e le perdeva con noncuranza. – "Che importa, dissi, che sia lui o un altro? Occorreva pure che uno ci fosse, e quello mi pare degno d'essere stato scelto. – E tu? – Io? Io inseguo un'immagine, null'altro."

Nella *Revue de Deux Mondes* (dove *Sylvie* è apparso per la prima volta nel 1853) lo scambio si apriva col trattino, senza virgoletta, ma si chiudeva con la virgoletta. La soluzione era talmente insensata che nell'edizione definitiva, apparsa nel volume *Les Filles du Feu* (1854), viene eliminata la virgoletta finale (restando naturalmente assente quella iniziale):

Gettava monete d'oro su un tavolo di whist e le perdeva con noncuranza. – Che importa, dissi, che sia lui o un altro? Occorreva pure che uno ci fosse, e quello mi pare degno d'essere stato scelto. – E tu? – Io? Io inseguo un'immagine, null'altro.

Le cose sono così semplici? No, ogni tanto sia nella *Revue de Deux Mondes* che in *Les Filles du Feu* si inserisce un dialogo con virgolette, e ogni tanto si usano sia virgolette che trattino. Come se non bastasse, Nerval fa abbondantissimo uso degli stessi trattini anche per introdurre osservazioni parentetiche, per segnare bruschi arresti della narrazione, spezzature del discorso, cambi di argomento, o un discorso indiretto libero. In tal modo il lettore non è mai sicuro se si rappresenti qualcuno che sta parlando o se il trattino introduca una rottura all'interno del corso dei pensieri del narratore.

Potremmo dire che Nerval era vittima di un *editing* poco rigoroso. Ma da questo incidente traeva il massimo partito: infatti questa confusione tipografica incide sull'ambiguità del fluire narrativo.[2] È proprio l'ambiguità nell'uso dei trattini che rende sovente indecidibile questo scambio di "voci" (e in questo risiede uno dei motivi di fascino del racconto), impastando ancor più la voce dei personaggi con quella del narratore, confondendo eventi che il narratore presenta come reali ed eventi che forse si sono dati solo nella sua immaginazione, parole che ci vengono presentate come veramente dette o udite e parole soltanto sognate, o deformate nel ricordo.

Di qui la mia decisione di lasciare nella versione italiana trattini e virgolette come appaiono in *Les Filles du Feu*. Oltretutto, per un lettore italiano mediamente colto, questo gioco di trattini potrebbe ricordare romanzi letti in vecchie edizioni, connotando meglio il racconto come testo ottocentesco. Vantaggio non da poco se, come vedremo nel capitolo 7, talora il testo tradotto deve trasportare il lettore nel mondo e nella cultura in cui l'originale è stato scritto.

Quindi può darsi reversibilità anche a livello grafico, e in termini di punteggiatura e di altre convenzioni editoriali, come si è visto anche nel caso di *Pinocchio*. La reversibilità non è necessariamente lessicale o sintattica, ma può anche riguardare modalità di enunciazione.

3.2 Un continuum di reversibilità

Questo detto, certamente la reversibilità non è misura binaria (o c'è o non c'è) ma materia di gradazioni infinitesimali. Si va da una reversibilità massima come quando *John loves Lucy* diventa *John ama Lucy*, a una reversibilità minima. Se andiamo a rivedere il *Pinocchio* di Walt Disney, che rispetta gran parte degli elementi della favola collodiana (anche se con molte licenze,

---

[2] Inoltre *Sylvie* è caratterizzato dal fatto che apparentemente la narrazione è in prima persona, fatta dal protagonista che riferisce su eventi della sua vita passata; ma sovente s'introduce una istanza narrativa superiore, come se la voce di quell'Autore che ha dato la parola al suo personaggio si facesse sentire, a commento di quello che il personaggio-narratore dice. Vedi la mia "Rilettura di *Sylvie*" in Eco (1999b) e il primo capitolo di Eco (1994).

per cui la Fata dai Capelli Turchini diventa *tout court* una Fata Turchina e il Grillo, da pedagogo tutto sommato barbogio, si trasforma in un simpatico personaggio da *vaudeville*), vediamo che dall'inizio del film non si potrebbe ricostruire l'inizio del racconto verbale, così come d'altra parte si perde tutta la strategia enunciativa di Collodi come voce narrante.[3]

Come esempio di reversibilità minima ricordo che lo scrittore guatemalteco Augusto Monterroso ha scritto una volta quello che viene considerato il racconto più breve di tutta la letteratura universale:

> Cuando despertó, el dinosaurio todavía estaba allí.
> (Quando si svegliò, il dinosauro era ancora lì.)

Se si trattasse di tradurlo in altra lingua, e io l'ho appena fatto tra parentesi, si vedrebbe che, partendo dal testo italiano, si potrebbe risalire a qualcosa di molto simile al testo spagnolo. Immaginiamo ora un regista che voglia trarre da questo miniracconto un film, anche solo di un'ora. Il regista non può evidentemente far vedere un tizio che dorme, poi si sveglia, e vede un dinosauro: avrebbe perduto il senso inquietante di quel *todavia* (che è *ancora*). A quel punto si accorgerebbe che il racconto suggerisce, nella sua fulminea semplicità, due interpretazioni: (i) il tizio è sveglio accanto a un dinosauro, per non vederlo più si addormenta, e quando si sveglia il dinosauro è ancora lì; (ii) il tizio è sveglio senza dinosauri nei paraggi, si addormenta, sogna un dinosauro, e quando si sveglia il dinosauro del sogno è ancora lì. Tutti ammetteranno che la seconda interpretazione è surrealisticamente e kafkianamente più saporosa della prima, ma neppure la prima era esclusa dal racconto, che potrebbe essere un racconto realistico sulla preistoria.

Il regista non ha scampo, deve scegliere una delle interpretazioni. Qualsiasi di esse scelga e comunque lo spettatore la condensi alla fine in una macroproposizione, certamente traducen-

---

[3] Chi narra nel film è il Grillo Parlante, personaggio tra i personaggi, e pertanto, seguendo le utili distinzioni poste da Genette (1972), un racconto che era eterodiegetico è diventato omodiegetico.

do quest'ultima non si arriverebbe a un testo così icastico come quello originale. Si avrebbe qualcosa come:

(a) quando si svegliò, il dinosauro che aveva cercato di ignorare addormentandosi, era ancora lì;
(b) quando si svegliò, il dinosauro che aveva sognato era ancora lì.

Ma ammettiamo pure che il regista abbia scelto la seconda interpretazione. Nei limiti del mio esperimento mentale, visto che di film si tratta, e deve durare più di pochi secondi, ci sono solo quattro possibilità: (i) si inizia visualizzando una esperienza consimile (il personaggio sogna il dinosauro, poi si sveglia e lo vede ancora), quindi si sviluppa una storia con una serie di eventi, magari drammatici e surreali, che nel racconto non sono esplicitati, e che magari possono spiegare il perché di quella esperienza iniziale, oppure lasciare tutto angosciosamente indeterminato; (ii) si rappresenta una serie di eventi, magari quotidiani, li si complica, e si termina con la scena del sogno e del risveglio, in una atmosfera dovutamente kafkiana; (iii) si raccontano aspetti della vita del personaggio facendo apparire dall'inizio alla fine, in modo ossessivo, l'esperienza del sogno e del risveglio; (iv) si fa una scelta sperimentale o di avanguardia, e semplicemente si ripete per due o tre ore sempre la stessa scena (sogno e risveglio), e basta.

Interroghiamo ora gli spettatori dei quattro possibili film (i quali non conoscono il miniracconto) e chiediamogli di che cosa parla, che cosa voleva raccontare il film. Mi pare verosimile che gli spettatori dei film (i) e (ii) possano avere identificato certi aspetti della vicenda, o la morale che essi suggerivano, come più fondamentali dell'esperienza onirica, e non so che cosa risponderebbero perché non so che cosa il film abbia raccontato *in più*. Gli spettatori della versione (iii) potrebbero sintetizzare dicendo che il film parla di una ricorrente situazione onirica che riguarda un dinosauro, prima sognato e poi reale. Se pure questi ultimi si sarebbero certo approssimati maggiormente al senso letterale del miniracconto, non lo avrebbero forse restituito verbalmente con la secchezza attonita dell'originale. Non parliamo degli spettatori della versione (iv) che, se fossero dei verbalizzatori pignoli, sintetizzerebbero come:

Quando si svegliò il dinosauro era ancora lì
Quando si svegliò il dinosauro era ancora lì
Quando si svegliò il dinosauro era ancora lì
Quando si svegliò il dinosauro era ancora lì
Quando si svegliò il dinosauro era ancora lì

Si tratterebbe, lo vogliate o no, di un altro racconto, o di una poesia buona per una antologia del Gruppo 63.

Avremmo allora quattro situazioni di reversibilità minima, anche se potremmo ammettere che la terza o la quarta versione permetterebbero, mi sia consentita l'espressione, una reversibilità meno minima delle due versioni precedenti. Se invece si prende la mia traduzione italiana, si vede che è molto probabile che, con un buon dizionario sotto mano, si torni quasi fatalmente all'originale spagnolo. Quindi avremmo un caso di reversibilità ottimale.

Pertanto si pone un continuum di gradazioni tra reversibilità, e noi saremmo portati a definire come traduzione quella che mira a rendere ottimale la reversibilità.

È chiaro che il criterio di reversibilità ottimale vale per traduzioni di testi molto elementari, come un bollettino meteorologico o una comunicazione commerciale. In un incontro tra ministri degli Esteri o tra uomini di affari di diversi paesi si auspica che la reversibilità sia veramente ottimale (altrimenti ne potrebbe conseguire una guerra o un crollo in borsa). Quando si ha a che fare con un testo complesso, come un romanzo o una poesia, il criterio di ottimalità va abbondantemente rivisto.

Si veda per esempio l'inizio di *A Portrait of the Artist as a Young Man* di Joyce:

Once upon a time and a very good time it was there was a moocow coming down along the road...

Un ragionevole principio di reversibilità vorrebbe che i modi di dire e le frasi idiomatiche venissero tradotte non letteralmente, bensì scegliendo l'equivalente nella lingua d'arrivo. Così, se il traduttore inglese di Pinocchio dovrebbe tradurre *C'era una volta* con *Once upon a time*, parimenti Cesare Pavese, traducendo il romanzo di Joyce come *Dedalus*,[4] avrebbe dovuto fare l'inverso. Invece la traduzione di Pavese suona:

> Nel tempo dei tempi, ed erano bei tempi davvero, c'era una muuucca che veniva giù per la strada...

Perché Pavese abbia scelto questa traduzione è ovvio: non poteva tradurre *C'era una volta ed era davvero una bella volta*, troppo bizzarro in italiano, e neppure *C'era una volta, ed erano bei tempi davvero*, perdendo l'effetto originale. Con la sua soluzione Pavese ha ottenuto anche un piccolo effetto di straniamento perché l'*idiom* inglese suona a un orecchio italiano particolarmente evocativo e arcaico (tra l'altro, in termini di reversibilità letterale, permetterebbe un ritorno all'originale quasi automatico). In ogni caso, ecco una prova di come il principio di reversibilità possa essere inteso in modo molto flessibile.

Proponendo per ora un criterio di ottimalità abbastanza prudente, si potrebbe dire che è ottimale la traduzione che permette di mantenere come reversibili il maggior numero di livelli del testo tradotto, e non necessariamente il livello meramente lessicale che appare nella Manifestazione Lineare.

3.3 Far sentire

Infatti, secondo Leonardo Bruni, che aveva scritto nel 1420 il suo *De interpretatione recta*, il traduttore "deve affidarsi anche al giudizio dell'udito per non rovinare e sconvolgere ciò che (in un testo) è espresso con eleganza e senso del ritmo". Per preservare il livello ritmico il traduttore può esimersi da un ossequio alla lettera del testo fonte.

Nel corso di un seminario estivo sulla traduzione, un collega ha dato agli studenti la versione inglese del *Nome della rosa* (per puro accidente, dato che in loco era l'unico libro di cui erano disponibili sia il testo italiano che quello inglese), scegliendo la descrizione del portale della chiesa, e ha richiesto di ritradurre il brano in italiano – ovviamente minacciando di confrontare poi

---

[4] Si veda in proposito l'accurata analisi di Parks (1997, tr. it.: 94-110).

i vari esercizi con l'originale. Richiesto di un suggerimento, ho detto agli studenti che non dovevano essere disturbati dall'idea che esistesse un originale. Essi dovevano considerare la pagina inglese che avevano sotto gli occhi come se fosse un originale. Dovevano decidere quale fosse il *proposito* del testo.

Dal punto di vista del significato letterale, si trattava della descrizione di figure mostruose che davano al giovane Adso un senso di vertigine. Ho detto agli studenti che se il testo inglese diceva che appariva *a voluptuous woman, gnawed by foul toads, sucked by serpents...* il problema non era tanto quello di trovare il migliore termine italiano per *gnawed* e neppure decidere che quei serpenti succhiassero. Piuttosto ho chiesto che leggessero la pagina ad alta voce, come se stessero eseguendo della musica *rap*, per individuare il ritmo che il traduttore (da considerare autore originale) vi aveva imposto. Per rispettare quel ritmo, se poi i serpenti avessero morso invece di succhiare, l'effetto sarebbe stato egualmente impressionante. Ed ecco dunque un caso in cui il principio di reversibilità vacilla, ovvero chiede di essere inteso in senso più ampio di quanto non avvenga parlando di reversibilità puramente linguistica. Qui mi pareva giusto violare ogni principio di corrispondenza lessicale (e di riconoscibilità di eventi e oggetti) per rendere reversibile, come livello preminente, il ritmo descrittivo.

Vediamo ora un brano di *Sylvie*, dal secondo capitolo, dove si descrive una danza sul prato presso un antico castello e l'incontro con una immagine femminile che continuerà, per tutto il racconto, a ossessionare la mente e il cuore del protagonista. Il testo nervaliano recita:

> J'étais le seul garçon dans cette ronde, où j'avais amené ma compagne toute jeune encore, Sylvie, une petite fille du hameau voisin, si vive et si fraîche, avec ses yeux noirs, son profil régulier et sa peau légèrement hâlée!... Je n'aimais qu'elle, je ne voyais qu'elle, – jusque-là! A peine avais-je remarqué, dans la ronde où nous dansions, une blonde, grande et belle, qu'on appelait Adrienne. Tout d'un coup, suivant les règles de la danse, Adrienne se trouva placée seule avec moi au milieu du cer-

cle. Nos tailles étaient pareilles. On nous dit de nous embrasser, et la danse et le chœur tournaient plus vivement que jamais. En lui donnant ce baiser, je ne pus m'empêcher de lui presser la main. Les longs anneaux roulés de ses cheveux d'or effleuraient mes joues. De ce moment, un trouble inconnu s'empara de moi.

Ora vediamo quattro fra le traduzioni italiane più note e diffuse, e la mia:

Io ero l'unico ragazzo nel girotondo. Vi avevo condotto la mia compagna ancora bambina, Sylvie, una fanciullina del casale accanto, così vivace e così fresca, con i suoi occhi neri, il profilo regolare e la pelle lievemente abbronzata!... Non amavo che lei, non vedevo che lei, fino a quel momento! Avevo notato appena nel girotondo in cui si danzava una bionda, alta e bella, che chiamavano Adrienne. A un tratto, secondo le regole della danza, Adrienne si trovò sola con me in mezzo al cerchio. Eravamo di eguale statura. Ci dissero di baciarci, mentre il coro e la danza giravano più svelti che mai. Dandole quel bacio non potei fare a meno di stringerle la mano. I lunghi boccoli attorcigliati dei suoi capelli d'oro mi sfioravano le gote. Da quell'attimo un turbamento sconosciuto si impadronì di me. (*Calamandrei*)

Ero l'unico ragazzo del girotondo, dove avevo condotto la mia compagna ancora bambina, Silvia, una fanciullina del casale accanto, vivace e fresca, con i suoi occhi neri, il profilo regolare e la pelle leggermente abbronzata... Non amavo che lei, non vedevo che lei, fino a quel momento! E avevo appena notato nel girotondo in cui danzavamo una bionda alta e bella che chiamavano Adriana. D'un tratto seguendo le regole della danza Adriana si trovò sola con me in mezzo al cerchio. La nostra statura era uguale. Ci dissero che dovevamo baciarci, mentre la danza e il coro giravano più vorticosamente che mai. Baciandola non potei fare a meno di stringerle la mano. Le lunghe anella attorcigliate dei suoi capelli d'oro sfiorarono le mie gote. Da quell'istante un turbamento strano si impossessò di me. (*Debenedetti*)

Io ero l'unico ragazzo in quel girotondo, al quale avevo condotto Silvia, la mia giovanissima compagna, una fanciulletta del vicino villaggio, tanto viva e fresca, coi suoi occhi neri, il profilo regolare e la pelle leggermente abbronzata!... Fino a quel momento non amavo che lei, non vedevo che lei! Avevo appena notato, nel girotondo che ballavamo, una ragazza bionda, alta e bella, che si chiamava Adriana. A un certo punto, seguendo le regole della danza, Adriana venne a trovarsi sola con me nel centro del circolo. Le nostre stature erano uguali. Ci fu ordinato di baciarci, e la danza e il coro giravano sempre più animatamente. Nel porgerle il bacio, non seppi trattenermi dal premerle la mano. Le lunghe anella dei suoi capelli d'oro mi sfioravano le guance. Da quell'istante, un ignoto turbamento s'impadronì di me. (*Macrì*)

Io ero il solo ragazzo in quel ballo al quale avevo condotto la mia compagna ancor giovinetta, Silvia, una bambina del villaggio vicino, così viva e fresca, con quegli occhi neri, il profilo regolare e la pelle leggermente abbronzata!... Non amavo che lei, non vedevo che lei, sino a quel momento! Avevo notato appena, nel giro in cui ballavamo, una bionda, alta e bella, che tutti chiamavano Adriana. A un tratto, seguendo le regole della danza, Adriana si trovò sola con me in mezzo al cerchio. Le nostre stature erano eguali. Ci fu detto di baciarci, e la danza e il coro giravano più vivamente che mai. Dandole quel bacio, non potei fare a meno di stringerle la mano. I lunghi riccioli dei suoi capelli d'oro mi sfioravano le guance. Da questo istante, un turbamento sconosciuto s'impadronì di me. (*Giardini*)

Ero il solo ragazzo in quella ronda, dove avevo condotto la mia compagna ancora giovinetta, Sylvie, una fanciulla della frazione vicina, così viva e fresca, con i suoi occhi neri, il suo profilo regolare e la sua carnagione leggermente abbronzata!... Non amavo che lei, non vedevo che lei, – sino a quel punto! Avevo appena scorto, nel giro della danza, una bionda, alta e bella, che chiamavano Adrienne. A un tratto, seguendo le regole del ballo, Adrienne si trovò sola con me, proprio al centro del cerchio. Eravamo di pari statura. Ci dissero di baciarci, e la danza ed il coro volteggiavano ancor più vivaci. Nel darle quel bacio, non potei trattenermi dallo stringerle la mano. I lunghi anelli morbidi dei suoi capelli d'oro mi sfioravan la guancia. Da quell'istante, mi prese un turbamento ignoto. (*Eco*)

Tutte traduzioni corrette dal punto di vista semantico. Si potrebbe dire che tutte rendono con "fedeltà" quello che sta avvenendo sul prato e suggeriscono bene l'atmosfera che Nerval voleva ricreare. I lettori potrebbero provarsi, dizionario alla mano, a ritradurli in francese e ne sortirebbe qualcosa di abbastanza simile al testo nervaliano – che sarebbe in ogni caso "anagraficamente" riconoscibilissimo.[5] Tuttavia, benché altri critici lo avessero notato, confesso che, dopo avere letto e riletto tante volte questo testo, è stato solo traducendolo che mi sono reso conto di un artificio stilistico, che Nerval usa sovente, senza che il lettore se ne renda conto (a meno che non legga il testo ad alta voce – come deve fare un traduttore se vuole scoprire appunto il suo ritmo). In scene ad alta tensione onirica come questa appaiono dei versi, talora alessandrini completi, talora emistichi, e talora endecasillabi. Nel brano citato appaiono almeno sette versi: un endecasillabo (*J'étais le seul garçon dans cette ronde*), vistosi alessandrini (come *une blonde, grande et belle, qu'on appelait Adrienne* e *Je ne pus m'empêcher de lui presser la main*) e vari emistichi (*Sylvie, une petite fille; Nos tailles étaient pareilles; Les longs anneaux roulés*). Inoltre vi sono delle rime interne (*placée, embrasser, baiser, m'empêcher, presser* – tutto nel giro di tre righe).

Ora è noto che spesso, in un brano in prosa, la rima o il metro sono incidenti indesiderati. Non però in Nerval dove, ripeto, questi tratti appaiono solo in determinate scene, dove l'autore voleva evidentemente (o non voleva coscientemente, e il discorso gli fluiva in tal modo come il più adeguato a rendere la sua emozione) che l'effetto si avvertisse in modo quasi subliminale.

A questo punto il traduttore non può sottrarsi al compito di creare nel proprio lettore lo stesso effetto, e mi pare che nelle quattro traduzioni citate questo effetto non sia stato tentato, salvo qualche risultato che direi casuale, visto che appare per forza di traduzione letterale (come *non amavo che lei / non vedevo che lei* o *una bionda alta e bella* – e solo per la prima traduzione *eravamo di eguale statura*). Per me si trattava invece di riprodurre anzitutto quell'effetto, anche a costo di dovere tradire

[5] Tra l'altro, si noti come tutte le traduzioni mantengano lo stesso numero di righe dell'originale.

la lettera. Non solo ma, se per varie ragioni linguistiche non potevo competere con la soluzione nervaliana di una riga sopra, dovevo in qualche modo ricuperare una riga sotto.

Ripropongo allora la mia traduzione, riportando in corsivo i versi che sono riuscito a realizzare:

> *Ero il solo ragazzo in quella ronda*, dove avevo condotto *la mia compagna ancora giovinetta*, Sylvie, una fanciulla della frazione vicina, così viva e fresca, con i suoi occhi neri, il suo profilo regolare e la sua carnagione leggermente abbronzata!... *Non amavo che lei, non vedevo che lei, – sino a quel punto! Avevo appena scorto, nel giro della danza, una bionda, alta e bella*, che chiamavano Adrienne. A un tratto, seguendo le regole del ballo, Adrienne si trovò sola con me, proprio al centro del cerchio. *Eravamo di pari statura.* Ci dissero di baciarci, e la danza ed il coro volteggiavano ancor più vivaci. Nel darle quel bacio, non potei trattenermi dallo stringerle la mano. *I lunghi anelli morbidi dei suoi capelli d'oro mi sfioravan la guancia.* Da quell'istante, mi prese un turbamento ignoto.

Non sempre la sostituzione riesce alla perfezione. Di fronte a *Nos tailles étaient pareilles* non sono riuscito a trovare un settenario altrettanto dolce, e mi sono arenato su un decasillabo che, se isolato, suonerebbe piuttosto marziale (*Eravamo di pari statura*). Ma anche in tal caso, nel flusso del discorso, mi pare che questa scansione sottolinei la simmetria tra i due che si fronteggiano.

Si noti che, per ottenere un verso soddisfacente, ho dovuto permettermi una licenza lessicografica, e cioè usare un francesismo. Mi riferisco a *Ero il solo ragazzo in quella ronda*. *Ronde* è una parola molto bella e "cantante", Nerval l'alterna a *danse* e a *cercle*, e già così, dato che tutto il paragrafo è fondato su un reiterato movimento circolare, *ronde* viene ripetuto due volte, e *danse* tre. Ora *ronda* in italiano non significa *danza*, anche se viene usata in tal senso da D'Annunzio. Ma avevo già usato una volta *ballo* e tre volte *danza*. Se non avessi avuto altro, per costruire un endecasillabo, avrei dovuto piegarmi a usare ancora *danza*, ma sarebbe stato sgraziato scrivere *Ero il solo ragazzo in quella danza* perché le due zeta di *ragazzo* avrebbero allitterato sgradevolmente con quella di *danza*. Pertanto mi sono trovato obbligato (con gran piacere) a usare *ronda* (come accade in una traduzione di Mary Molino Bonfantini), e avevo un'ottima ragione per farmi perdonare quel francesismo.

Altre volte, come al solito, si ricupera. Quando si legge:

J'étais le seul garçon dans cette ronde, où j'avais amené ma compagne toute jeune encore, *Sylvie, une petite fille,*

ecco che Sylvie fa la sua entrata in scena sull'onda di un settenario, come una ballerina in tutù. In italiano non ce l'ho fatta a regalarle quell'esordio, anche se ho salvato l'endecasillabo iniziale, e mi sono accontentato di anticiparlo con *la mia compagna ancora giovinetta*... Talora ho perso degli alessandrini e ho introdotto degli endecasillabi (*non vedevo che lei, sino a quel punto*). Non sono riuscito a rendere l'alessandrino *Je ne pus m'empêcher / de lui presser la main*, ma subito dopo in luogo di *Les longs anneaux roulés* pongo tre emistichi, ovvero un alessandrino e mezzo. Insomma, in quello citato e nei capoversi che seguono, su sedici versi di Nerval, sedici ne ho salvati, anche se non sempre nella stessa posizione dell'originale, e mi pare di avere fatto il mio dovere – almeno, se essi non si percepiscono di primo acchito, così come non si percepiscono subito nel testo originale.

Non sono stato evidentemente l'unico traduttore a tentare di rendere i versi nascosti di *Sylvie*, e trovo interessante continuare l'esperimento su altri brani considerando tre traduzioni inglesi.[6] Negli esempi che seguono le sbarre di separazione sono poste evidentemente da me per rendere evidente, quando necessario, le cesure metriche.

Nel terzo capitolo, la rievocazione di Adrienne (nel dormiveglia) dà luogo a

Fantôme rose et blond/ glissant sur l'herbe verte, à demi baignée de blanches vapeurs.

---

[6] Ludovic Halévy (1887), Richard Aldington (1932) e Richard Sieburth (1995). Ho trascurato la traduzione di Geoffrey Wagner (*Sylvie*. New York: Grove Press) e considero Sieburth in ogni caso il migliore dei quattro.

Sono riuscito a rendere

fantasma rosa e biondo/ lambente l'erba verde,/ appena bagnata di bianchi vapori

e, come si vede, dopo i due settenari ho inserito un senario doppio. Tra i traduttori inglesi, Halévy perde quasi del tutto il ritmo:

A rosy and blond phantom *gliding over the green grass* that lay buried in white vapor.

Aldington perde il verso dell'inizio, ma ricupera dopo:

A rose and gold phantom *gliding over the green grass,/ half bathed in white mists.*

Sieburth, come me, aggiunge un verso, per ricuperare qualche perdita precedente o successiva:

A phantom fair and rosy/ gliding over the green grass/ half bathed in white mist.

Poco più avanti si legge:

Aimer une religieuse/ sous la forme d'une actrice!.../ et si c'était la même? – Il y a de quoi devenir fou! c'est un entrainement fatal où l'inconnu vous attire *comme le feu follet* – fuyant *sur les joncs d'une eau morte* [oppure: *comme le feu follet/ – fuyant sur les joncs* d'une eau morte]

Ci sono un vero e proprio alessandrino e tre emistichi. Halévy mi pare aver realizzato alcuni ritmi quasi per caso, solo perché una traduzione letterale li faceva nascere quasi spontaneamente:

To love a nun *in the form of an actress!* – and suppose *it was one and the same!* It was enough to drive one mad! *It is a fatal attraction* when the Unknown leads you on, *like the will-o'-the-wisp* that hovers over the rushes of a standing pool.

Aldington non fa alcuno sforzo, e il suo unico emistichio è dovuto al fatto che, come accade agli altri traduttori, non si dà in inglese altro modo di tradurre *feu follet*:

> To love a nun in the shape of an actress… and suppose it was the same woman? It is maddening! It is a fatal fascination where the unknown attracts you *like the will-o'-the-wisp* moving over the reeds of still water.

Sieburth capitalizza esattamente due alessandrini e due emistichi:

> *To be in love with a nun/ in the guise of an actress!* … and what if they were one and the same! *It is enough to drive one mad* – the fatal lure of the unknown *drawing one ever onward/ like a will o' the wisp/ flitting over the rushes* of a stagnant pool.

Io ho perduto l'alessandrino iniziale ma, anche a ricupero di altre perdite, ne ho introdotti tre:

> Amare una religiosa sotto le spoglie d'una attrice!… *e se fosse la stessa?/ C'è da perderne il senno!/ è un vortice fatale/ a cui vi trae l'ignoto,/ fuoco fatuo che fugge/ su giunchi d'acqua morta…*

Forse ho arricchito troppo, ma mi seduceva il tono "cantante" di quel periodo. Partivo dal principio che, se ritmi segreti dovevano affiorare dal tessuto testuale, più che a calcoli di entrate e uscite dovevo affidarmi al genio della lingua, seguire il fluire naturale del discorso, e realizzare tutti quelli che mi venivano spontanei. Ma Sieburth si è rifatto nel capitolo 14, dove troviamo queste splendide linee d'apertura:

> *Telles sont les chimères/ qui charment et égarent/ au matin de la vie./ J'ai essayé de les fixer sans beaucoup d'ordre*, mais bien des cœurs me comprendront. Les illusions *tombent l'une après l'autre,/ comme les écorces d'un fruit*, et le fruit, c'est l'expérience. *Sa saveur est amère*: elle a pourtant quelque chose d'âcre qui fortifie.

Come si vede abbiamo due alessandrini, due emistichi, un endecasillabo. Ancora una volta, mi pare che i due soli versi che sopravvivono in Halévy siano dovuti al risultato automatico di una traduzione letterale:

> Such are the charms that *fascinated and beguile us/ in the morning of life./ I have tried to depict them* without much order, but many hearts will understand me. *Illusions fall, like leaves*, one after another, and the kernel that is left when they are stripped off is experience. The taste is bitter, but it has an acid flavor that act as a tonic.

Un poco meglio fa Aldington (tre alessandrini e un emistichio) :

> *Such are the delusions* which charm and lead us astray *in the morning of life./ I have tried to set them down* in no particular order, *but there are many hearts/ which will understand me.* Illusions fall one by one, *like the husks of a fruit,/ and the fruit is experience.* Its taste is bitter, yet there is something sharp *about it which is tonic.*

Io ho cercato di comportarmi onorevolmente:

> *Tali son le chimere/ che ammaliano e sconvolgono/ all'alba della vita.* Ho cercato di fissarle senza badare all'ordine, ma molti cuori mi comprenderanno. Le illusioni cadono l'una dopo l'altra, *come scorze d'un frutto,/ e il frutto è l'esperienza./ Il suo sapore è amaro*; e tuttavia esso ha qualcosa di aspro che tonifica.

Ma Sieburth ha fatto di meglio, riuscendo quasi sempre a mettere i versi esattamente dove Nerval li aveva messi:

> *Such are the chimeras/ that beguile and misguide us/ in the morning of life./ I have tried to set them down* without much order, but many hearts will understand me. *Illusions fall away* one after another *like the husks of a fruit,/ and that fruit is experience./ It is bitter to the taste,/ but there is fortitude* to be found in gall...

Nel capoverso seguente si legge:

Que me font maintenant/ tes ombrages et tes lacs,/ et même ton désert?

Io avevo inizialmente tradotto *Che mi dicono ormai le tue fronde ombrose e i tuoi laghi, e il tuo stesso deserto*, per ricuperare il doppio significato di *ombrages* (sono foglie, e danno ombra). Poi, per rispettare l'alessandrino, ho rinunciato all'ombra, e ho scelto:

Che mi dicono ormai/ le tue fronde e i tuoi laghi,/ e il tuo stesso deserto?

Ho perso l'ombrosità, sperando che rimanesse evocata e presupposta dalle fronde, ma ho rispettato la metrica.

In certi casi si è messi di fronte al solito dilemma: se si vuole salvare qualcosa, si perde qualcosa d'altro. Si veda alla fine del secondo capitolo, quando si dice che, nel canto di Adrienne sul prato,

la mélodie se terminait à chaque stance *par ces trilles chevrotants/ que font valoir si bien* les voix jeunes, quand elles imitent par un frisson modulé la voix tremblante des aïeules.

C'è un verso evidente, rinforzato più avanti da una rima (i trilli sono *chevrotants* e la voce delle ave è *tremblante*), e c'è un gioco delle allitterazioni che suggeriscono la voce delle vecchie. Molti traduttori italiani perdono il verso e la rima, e per allitterare usano di solito *tremuli* per *chevrotants* e *tremolante* per *tremblante* (incorrendo in una ripetizione che mi spiace). Io ho puntato tutto sull'allitterazione, realizzando ben quattro settenari:

La melodia *terminava a ogni stanza / con quei tremuli trilli / a cui san dar rilievo / le voci adolescenti*, quando imitano con un fremito modulato la voce trepida delle loro antenate.

In conclusione, varie volte nel corso della mia traduzione di questi brani ho rinunciato a una reversibilità lessicale e sintattica perché ritenevo che il livello veramente pertinente fosse quello metrico, e su quello ho giocato. Quindi non mi preoccupavo tanto di una reversibilità letterale, quanto di provocare *lo stesso effetto* che, secondo la mia interpretazione, il testo voleva provocare nel lettore.[7]

Si licet, vorrei citare una pagina da Terracini (1951) sulla traduzione foscoliana del *Viaggio sentimentale* di Sterne. Riprendendo una osservazione di Fubini, si esamina un brano dell'originale, che dice:

> Hail, ye small sweet courtesies of life, for smooth do ye make the road of it.

Foscolo traduce:

> Siate pur benedette, o lievissime cortesie! Voi spianate il sentiero alla vita.

È evidente, osservavano sia Fubini che Terracini, che abbiamo qui un risoluto distacco dalla lettera, e che la sensibilità foscoliana si sostituisce a quella di Sterne. E tuttavia si manifesta in Foscolo una "superiore fedeltà al testo, sostanziale e formale a un tempo", ed essa "si estrinseca in un ritmo liberamente ma fedelmente riecheggiato con tale proporzione di clausole che l'onda espressiva si concentri e si distenda come l'originale vuole e suggerisce" (Terracini 1951, ediz. 1983: 82-83).

3.4 Riprodurre lo stesso effetto

A questo punto non solo si possono abbandonare concetti ambigui come similarità di significato, equivalenza e altri argo-

---

[7] Taylor (1993) si sofferma su alcuni brani della traduzione inglese del *Nome della rosa* e in particolare considera casi di allitterazione e assonanza, o soluzioni di inversione sintattica. Ammette che una espressione come *sconvolti i volti* non permetta una equivalente resa in inglese, mentre sottolinea come successi casi come *folgorato l'uno da una dilettosa costernazione, trafitto l'altro da un costernato diletto* che diventa *this one thunderstruck by a pleasurable consternation, that one pierced by a consternated pleasure.*

menti circolari, ma anche l'idea di una reversibilità puramente linguistica. Molti autori, ormai, invece di equivalenza di significato parlano di *equivalenza funzionale* o di *skopos theory*: una traduzione (specie nel caso di testi a finalità estetica) *deve produrre lo stesso effetto a cui mirava l'originale*. In tal caso si parla di *uguaglianza del valore di scambio*, che diventa *un'entità negoziabile* (Kenny 1998: 78). Ne sarebbero casi estremi il tradurre Omero in prosa per l'assunzione che l'epica era ai tempi di Omero quello che la prosa narrativa è ai giorni nostri.[8]

Naturalmente questo implica che il traduttore faccia una ipotesi interpretativa su quello che doveva essere l'effetto previsto dall'originale, e accetto volentieri l'osservazione di Dusi (2000: 41) il quale suggerisce come il concetto di effetto da riprodurre potrebbe essere ricondotto alla mia idea di *intentio operis* (Eco 1979 e 1990).

Sollecitato dalle osservazioni di Terracini, sono andato a rivedere l'inizio del testo di Sterne e quello della traduzione foscoliana, ed eccoli a confronto:

They order, said I, this matter better in France. – You have been in France? said my gentleman, turning quick upon me, with the most civil triumph in the world. – Strange! quoth I, debating the matter with myself. That one and twenty miles sailing, for 'tis absolutely no further from Dover to Calais, should give a man these rights: – I'll look into them: so, giving up the argument, – I went straight to my lodgings, put up half a dozen shirts and a black pair of silk breeches, – "the coat I have on," said I, looking at the sleeve, "will do;" – took a place in the Dover stage; and the packet sailing at nine the next morning, – by three I had got sat down to my dinner upon a fricaseed chicken, so incontestably in France, that had I died that night of an indigestion, the whole world could not have suspended the effects of the droits d'aubai-

---

[8] La letteratura in proposito è ampia. Vedi per esempio Nida (1964) e Bassnett (1980). Sull'equivalenza funzionale cfr. Mason (1998) e Vermeer (1998); sulla *skopos theory* Schäffner (1998). Su queste differenze vedi Dusi (2000: 36 sgg.). Cfr. anche Kenny (1998) dove si elencano vari tipi di equivalenza: referenziale o denotativa, connotativa, text-normative (da Koller 1989, sull'identità di effetto) pragmatica, dinamica, formale, testuale, funzionale. Vedi anche Dusi (1998) per tattiche locali di equivalenza.

ne; – my shirts, and black pair of silk breeches, – portmanteau and all, must have gone to the King of France; – even the little picture which I have so long worn, and so often have told thee, Eliza, I would carry with me into my grave, would have been torn from my neck!

A questo in Francia si provvede meglio – diss'io.
– Ma, e vi fu ella? – mi disse quel gentiluomo; e mi si volse incontro prontissimo, e trionfò urbanissimamente di me.
– Poffare! – diss'io, ventilando fra me la questione – adunque ventun miglio di navigazione (da Douvre a Calais non si corre né piú né meno) conferiranno sí fatti diritti? Vo' esaminarli. – E, lasciando andare il discorso, m'avvio diritto a casa: mi piglio mezza dozzina di camicie, e un paio di brache di seta nera.
– L'abito che ho indosso – diss'io, dando un'occhiata alla manica – mi farà.
Mi collocai nella vettura di Douvre: il navicello veleggiò alle nove del dí seguente: e per le tre mi trovai addosso a un pollo fricassé a desinare – in Francia – e sì indubitabilmente che, se mai quella notte mi fossi morto d'indigestione, tutto il genere umano non avrebbe impetrato che le mie camicie, le mie brache di seta nera, la mia valigia e ogni cosa non andassero pel droit d'aubaine in eredità al re di Francia – anche la miniatura ch'io porto meco da tanto tempo e che io tante volte, o Elisa, ti dissi ch'io porterei meco nella mia fossa, mi verrebbe strappata dal collo.

Inutile cercare le infedeltà letterali. Conosciamo Sterne e il suo stile. Colpisce come Foscolo (che conosciamo come neoclassicamente e "nobilmente" ispirato, e sia pure usando una lingua familiare al lettore italiano ottocentesco – e a lui stesso, d'altra parte) sia riuscito a rendere il tono colloquiale, canzonatorio e spigliato dell'originale. Mantenendo in ogni caso una fedeltà stilistica quando Sterne usava espressioni francesi che, avverte Foscolo in nota, egli stesso mantiene in omaggio al plurilinguismo del suo modello.

Ecco un bell'esempio di rispetto, anche se non letterale, dell'intenzione del testo.

4.
SIGNIFICATO, INTERPRETAZIONE, NEGOZIAZIONE

Nel tradurre *Sylvie* di Nerval ho dovuto rendere conto del fatto che, come dice il racconto, sia le case del villaggio dove vive la protagonista, Loisy, che la casa della zia, che Sylvie e il Narratore visitano a Othys, sono delle *chaumières*. *Chaumière* è una bella parola che in italiano non esiste. I traduttori italiani hanno optato variamente per capanna, casupola, casetta, o piccola baita, e Richard Sieburth traduce *cottage*.

Ora, il termine francese esprime almeno cinque proprietà: una *chaumière* è (i) una casa da contadini, (ii) piccola, (iii) di solito in pietra, (iv) dai tetti di stoppia, (v) umile. Quali di queste proprietà sono pertinenti per il traduttore italiano? Non si può usare una sola parola, specie se si deve aggiungere come avviene nel sesto capitolo che la *petite chaumière* della zia era *en pierres de grès inégales*. Essa non è una capanna, che in italiano dovrebbe essere in legno o paglia, non è una casetta perché ha il tetto di stoppie (mentre una casetta italiana ha il tetto in tegole, e non è necessariamente una povera dimora), ma non è neppure una baita, che è una rozza costruzione di montagna, un rifugio provvisorio. È che in molti villaggi francesi dell'epoca le casette dei contadini erano fatte così, senza essere per questo né delle villette né delle poverissime capanne.

Dunque bisogna rinunciare ad alcune delle proprietà (perché a esplicitarle tutte si rischia di fornire una definizione da dizionario, perdendo il ritmo), e salvare solo quelle rilevanti per il contesto. Per le case di Loisy mi è parso meglio rinunciare al tetto in stoppia per mettere in evidenza che si trattava di "casupole in pietra". Ho perduto qualcosa, ma ho già dovuto impiegare tre parole in luogo di una. In ogni caso, dicendo – come del resto fa Nerval – che quelle casupole sono ingentilite da viticci e rose rampicanti, appare chiaro che non si tratta di miserabili capanne.

Ecco in ogni caso il testo originale e la mia traduzione:

Voici le village au bout de la sente qui côtoie la forêt: vingt chaumières dont la vigne et les roses grimpantes festonnent les murs.

Ecco il villaggio, al termine del sentiero che fiancheggia la foresta: venti casupole in pietra ai cui muri la vite e la rosa rampicante fanno da festone.

Per la casa della zia, il testo dice che è in *grès*, che in italiano si traduce "arenaria", ma il termine mi ricorda pietre ben squadrate (io penso sempre alla bella casa di arenaria in cui vive abitualmente Nero Wolfe, e che tutti i lettori di Rex Stout conoscono). Si poteva dire, come fa il testo, che la casa è di arenaria a pietre diseguali, ma la precisazione, in italiano, lascia in ombra il fatto che il tetto fosse di stoppia. Per dare al lettore italiano contemporaneo una impressione visiva della casa ho dovuto lasciar cadere il particolare che fosse di arenaria (tutto sommato, irrilevante), ho detto che si trattava di una casetta in pietra, precisando però che il tetto era di stoppia, e credo di aver lasciato immaginare che quelle mura di pietra costituissero un *opus incertum*. Ancora una volta la precisazione successiva (le mura sono coperte da un graticciato di luppolo e di vite selvatica) dovrebbe lasciar capire che la casa non era un tugurio. Sieburth ha fatto invece un'altra scelta: non ha citato i tetti di stoppia bensì la disuguaglianza delle pietre. Certamente la sua traduzione è più letterale, ma a me pareva che quei tetti di stoppia, più il graticciato di luppolo, dessero meglio l'idea di quella rustica ma gentile abitazione:

Nerval – La tante de Sylvie habitait une petite chaumière bâtie en pierres de grès inégales que revêtaient des treillages de houblon et de vigne vierge.

Eco – La zia di Sylvie abitava in una casetta di pietra dai tetti di stoppia, ingraticciata di luppolo e di vite selvatica.

Sieburth – Sylvie's aunt lived in a small cottage built of uneven granite fieldstones and covered with trellises of hop and honey suckle.

In questi due casi non ho tenuto conto di tutto ciò che in un vocabolario francese appare sotto la voce *chaumière*. Ho *negoziato* quelle proprietà che mi parevano pertinenti rispetto al contesto – e alle finalità che il testo si proponeva (dirmi che quelle case erano piccole costruzioni da villaggio, umili ma non povere, ben tenute e festose, eccetera).

4.1 Significato e interpretanti

Si è detto che, non potendo identificare il significato con la sinonimia, non rimaneva che intenderlo come tutto quello che una voce di dizionario o di enciclopedia fa corrispondere a un dato termine. In fondo il criterio sembra valido, anche ai fini di evitare fenomeni di incommensurabilità tra lingue, dato che un buon dizionario di francese dovrebbe spiegarmi in quali contesti la parola *bois* voglia significare legname da costruzione e in quali altri legno lavorato o bosco.

Questo criterio è coerente con una semiotica ispirata a Charles Sanders Peirce (quello che Altavista credeva coinvolto in una storia di sabbiatrici).

L'interpretante di un *representamen* (che è qualsiasi forma espressa di segno, non necessariamente un termine linguistico, ma certamente anche un termine linguistico, una frase, o un intero testo) è per Peirce un'altra rappresentazione riferita allo stesso "oggetto". In altre parole, per stabilire il significato di un segno è necessario sostituirlo con un altro segno o insieme di segni, che a sua volta è interpretabile da un altro segno o insieme di segni, e così via *ad infinitum* (CP 2.300). Per Peirce un segno è "ogni cosa che determina qualcos'altro (il suo interpretante) a riferirsi a un oggetto a cui esso stesso si riferisce... nello stesso modo, l'interpretante diventando a propria volta un segno, e così via all'infinito".

Trascuriamo il fatto che Peirce aggiunge: "Ma una infinita serie di rappresentazioni, ciascuna rappresentando quella che la precede, può essere concepita come avente un oggetto assoluto come proprio limite" e più avanti definisce questo oggetto assoluto non come oggetto ma come abito comportamentale, e lo intende come interpretante finale (CP 4.536; 5.473, 492). Certamente l'interpretante finale di una traduzione di *Sylvie* di Nerval può essere una nostra diversa disposizione a vedere l'amore infelice, il tempo, la memoria (come tra l'altro è accaduto a Proust)[1] e certamente noi auspicheremmo che questa disposizione prodotta dalla traduzione sia la stessa che può essere prodotta dall'originale francese. Ma credo che, per ottenere quello che Peirce intendeva per interpretante finale (che dal nostro punto di vista è certamente il senso profondo e l'effetto conclusivo di un testo), occorre risolvere i problemi di traduzione a livelli d'interpretazione intermedia.

A livello lessicale l'interpretante potrebbe persino essere un sinonimo (in quei rari casi in cui possiamo trovarne, come accade, sia pure le eccezioni già viste, con *husband, mari, marito*), un segno in un altro sistema semiotico (posso interpretare la parola *bois* mostrando il disegno di un bosco), il dito puntato su un oggetto singolo che viene mostrato come rappresentante della classe di oggetti a cui appartiene (per interpretare la parola *legno* mostro un pezzo di legno), una definizione, una descrizione. Per Peirce l'interpretante può persino essere un discorso complesso che non solo traduce ma inferenzialmente sviluppa tutte le possibilità logiche implicate dal segno, un sillogismo dedotto da una regolare premessa, a tal punto che è alla luce di una teoria degli interpretanti che si può intendere, di Peirce, la Massima Pragmatica: "Consideriamo quali effetti che potrebbero concepibilmente avere conseguenze pratiche noi concepiamo abbiano gli oggetti della nostra concezione. Allora, la nostra concezione di quegli effetti è la totalità della nostra concezione dell'oggetto" (CP 5.402). Sviluppando al massimo tutte le conoscenze che abbiamo circa i boschi, possiamo capire sempre meglio quale sia la differenza tra attraversare un boschetto e attraversare una foresta.

Tornando a *chaumière*, diciamo che la serie dei suoi interpretanti è data in primo luogo dalle proprietà che ho elencato pri-

---

[1] Cfr. Proust (1954).

ma, poi da immagini di questo tipo di abitazione, da tutte le inferenze che si possono trarre dagli interpretanti precedenti (tra cui il fatto che "se *chaumière* allora non grattacielo"), per finire con tutte le connotazioni rurali che il termine evoca e con le stesse citazioni delle occorrenze del termine nel testo di Nerval (una *chaumière* è quel tipo di casetta in cui abitavano Sylvie e sua zia), eccetera.

Ma l'interpretante può essere una risposta comportamentale ed emotiva. Peirce avrebbe parlato di *energetic interpretant*, nel senso che certamente una risata può essere intesa come l'interpretazione di una battuta spiritosa (chi non conosce la lingua in cui è stata detta la battuta può, attraverso la risata che essa provoca, inferirne almeno che si tratta di una affermazione ridicola). Tuttavia, proprio una nozione così ampia di interpretante ci dice che, se certamente una traduzione è una interpretazione, non sempre una interpretazione è una traduzione. Infatti la risata che consegue alla battuta mi dice che si trattava di una battuta, ma non me ne esplicita il contenuto (cfr. Short 2000:78).

Dunque non basta, per tradurre, produrre un interpretante del termine, dell'enunciato o del testo originale. Peirce dice che l'interpretante è quello che mi fa sapere qualcosa di più, e certamente se interpreto *topo* come "mammifero roditore" apprendo delle caratteristiche del topo che forse prima non conoscevo. Ma se il traduttore italiano de *La peste* avesse detto che il dottor Rieux aveva visto sulle scale il cadavere di un mammifero roditore, non avrebbe reso (spero mi sia consentito dire: a lume di buon senso) un buon servizio al testo originale. Inoltre, talora l'interpretante può anche dirmi un qualcosa di più che, rispetto a un testo da tradurre, è qualcosa di meno. È tipico il caso della risata che consegue allo scherzo. Se non traduco la battuta che ha fatto ridere e dico solo che ha fatto ridere, non ho ancora chiarito se chi ha detto la battuta sia un banale buontempone o un allievo geniale di Oscar Wilde.

4.2 Tipi cognitivi e contenuti nucleari

Se farò ricorso tante volte all'idea di negoziazione per spiegare i processi di traduzione, è perché è sotto l'insegna di questo concetto che porrei anche la nozione, sino a ora abbastanza imprendibile, di significato. Si negozia il significato che la traduzione deve esprimere perché si negozia sempre, nella vita quotidiana, il significato che dobbiamo attribuire alle espressioni che usiamo. Almeno, così ho proposto nel mio *Kant e l'ornitorinco* (Eco 1997), e mi scuso se debbo riprendere le distinzioni, che ponevo in quella sede, tra Tipo Cognitivo, Contenuto Nucleare e Contenuto Molare.

A dispetto di ogni teoria, la gente di solito si trova d'accordo nel riconoscere certi oggetti, nell'acconsentire intersoggettivamente che per la strada sta passando un gatto piuttosto che un cane, che un edificio di due piani è una casa e uno di cento piani è un grattacielo, e così via. Se così avviene dobbiamo postulare che noi possediamo (da qualche parte, si chiami cervello, mente, anima o altro) una sorta di schema mentale in base al quale siamo capaci di riconoscere una data occorrenza di un dato oggetto. Rinvio al mio libro appena citato per tutta la discussione filosofica e psicologica sulla natura di questi schemi, che ho definito *Tipi Cognitivi*. Rimane il fatto che questi schemi noi possiamo postularli proprio per spiegare i fenomeni di consenso intersoggettivo nel riconoscimento, e la costanza almeno statistica con cui tutti reagiscono in modo abbastanza simile a certe parole o frasi (come *in cortile c'è un gatto* o *passami il bricco del latte*), ma non possiamo "vederli" o tanto meno "toccarli" (al massimo possiamo cercare di capire quali schemi abbiamo nella nostra testa, ma non possiamo dire nulla di quelli che abitano la testa degli altri).

Noi non sappiamo che cosa qualcuno abbia nella testa quando riconosce un topo o comprende la parola *topo*. Lo sappiamo solo dopo che questo qualcuno ha *interpretato* la parola *topo* (magari anche soltanto indicando con il dito un topo o il disegno di un topo) per permettere a qualcun altro, che non ha mai visto topi, di riconoscerli. Noi non sappiamo che cosa accade nella testa di chi riconosce un topo, ma sappiamo attraverso quali interpretanti qualcuno spiega agli altri che cosa sia un topo. Questo insieme di interpretazioni espresse lo chiamerò *Contenuto Nucleare* della parola *topo*. Il Contenuto Nucleare è visibile, toccabile, confrontabile intersoggettivamente perché viene fisicamente espresso attraverso suoni e, all'occorrenza, immagini, gesti o persino sculture in bronzo.

Il Contenuto Nucleare, come il Tipo Cognitivo che esso interpreta, non rappresenta tutto quello che sappiamo su una data unità di contenuto. Rappresenta le nozioni minime, i requisiti elementari per poter riconoscere un dato oggetto o capire un dato concetto – e capire l'espressione linguistica corrispondente.

Come esempio di Contenuto Nucleare prendo a prestito un suggerimento di Wierzbicka a proposito del topo (1996: 340 sgg.). Se la definizione del termine *topo* deve permettere anche di potere identificare un topo, o comunque di rappresentarcelo mentalmente, è evidente che una definizione strettamente dizionariale come "mammifero, muride, roditore" (che si rifà ai *taxa* delle classificazioni naturalistiche), non è sufficiente. Ma appare insufficiente anche la definizione proposta dall'Enciclopedia Britannica, che parte da una classificazione zoologica, specifica le aree in cui il topo prospera, si diffonde sui suoi processi riproduttivi, sulla sua vita sociale, sui suoi rapporti con l'uomo e l'ambiente domestico, e così via. Chi non abbia mai visto un topo non sarà mai capace di identificarlo in base a questa vastissima e organizzata raccolta di dati.

A queste due definizioni Wierzbicka oppone la propria definizione *folk*, che contiene esclusivamente termini primitivi, occupa due pagine e si compone di items di questo tipo:

La gente li chiama Topi – La gente crede che sono tutti dello stesso tipo – Perché vengono da creature dello stesso tipo – La gente pensa che vivono nei posti dove vive la gente – Perché vogliono mangiare le cose che la gente tiene per mangiare – La gente non vuole che essi vivano lì [...]
Una persona potrebbe tenerne uno in mano – (molti non vogliono tenerli in mano). Sono grigiastri o brunastri – Si vedono facilmente – (alcune creature di questo tipo sono bianche) [...]
Hanno gambe corte – Per questo quando si muovono non si vedono le loro gambe che muovono e sembra che il corpo intero tocchi il terreno [...]
La loro testa sembra che non sia separata dal corpo – Il corpo intero sembra una cosa piccola con una lunga coda e sottile e

senza peli – La fronte della testa è appuntita – E ha pochi peli duri che spuntano da entrambi i lati – Hanno due orecchie rotonde sulla sommità della testa – Hanno piccoli denti affilati coi quali mordono.

Se si facesse uno di quei giochi di società in cui qualcuno descrive verbalmente un oggetto a qualcun altro che deve riuscire a riprodurlo (misurando al tempo stesso le capacità verbali del primo soggetto e le capacità visive del secondo), probabilmente il secondo soggetto potrebbe rispondere alla descrizione-stimolo proposta da Wierzbicka disegnando una immagine come quella in Figura 6:

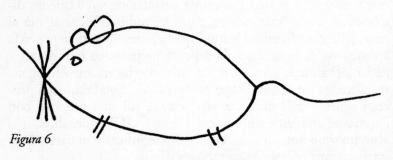

Figura 6

Ho parlato di condizioni minime. Infatti uno zoologo certamente sa, sui topi, tante altre cose che un parlante normale non sa. Si tratta di una "conoscenza allargata", che comprende anche nozioni non indispensabili al riconoscimento percettivo (per esempio: che i topi sono usati come cavie o che sono portatori di tale o tal'altra malattia, oltre al fatto che zoologicamente parlando sono *mus*). Parleremo, per questa competenza allargata, di *Contenuto Molare*.

Uno zoologo possiede del topo un Contenuto Molare superiore a quello dei parlanti normali, ed è a livello del Contenuto Molare che avviene quella divisione del lavoro linguistico di cui parla Putnam (1975), e che preferirei definire come divisione del lavoro culturale. A livello del Contenuto Nucleare ci dovrebbe essere un consenso generalizzato, sia pure con qualche sfrangiamento e zone d'ombra, mentre il Contenuto Molare, che può assumere formati diversi a seconda dei soggetti, rappresenta un vasto insieme di competenze settoriali. Diciamo che la somma dei Contenuti Molari si identifica con l'Enciclopedia come idea regolativa e postulato semiotico di cui si parlava in Eco 1984 §5.2.

Uno zoologo conosce benissimo la differenza tra topo e ratto. E così dovrebbe conoscerla il traduttore di un trattato di zoologia. Ma supponiamo ora che io e uno zoologo vediamo, in una stanza, guizzare una piccola forma affusolata. Entrambi grideremmo *Attenti, un topo!* In quel caso entrambi ci saremmo rifatti allo stesso Tipo Cognitivo. Lo zoologo avrebbe per così dire ridotto il suo patrimonio di conoscenze al formato delle mie – anche se per avventura avesse riconosciuto nell'animaletto una sottospecie di muridi che nei suoi trattati ha un nome ben preciso e caratteristiche particolari. Avrebbe accettato di uniformarsi al mio Contenuto Nucleare. Sarebbe istintivamente sopravvenuto, tra me e lo zoologo, un implicito atto di negoziazione.

4.3 Negoziare: topo o ratto?

Sarebbe facile dire che, in un processo di traduzione in cui si debba rendere il termine *mouse, souris, topo* o *Maus*, il traduttore dovrebbe scegliere quel termine, nella sua lingua, che meglio convoglia il Contenuto Nucleare corrispondente. Ma questo è quello che cerca di fare l'autore di un dizionario bilingue. Un traduttore traduce testi, e può darsi che, una volta chiarito il Contenuto Nucleare di un termine, decida, per fedeltà alle intenzioni del testo, di negoziare vistose violazioni di un astratto principio di letteralità.

Supponiamo di dover giudicare alcune traduzioni italiane della scena di *Amleto* (III, 4) dove Amleto, gridando *How now! A rat?*, sguaina la spada e trafigge la tenda uccidendo così Polonio. Tutte le versioni italiane che conosco traducono *Cosa c'è, un topo?* o *Come? Un topo?* Non dubito che molti di questi traduttori sapessero non solo che *rat* significa in inglese, "any of numerous rodents (*Rattus* and related genera) differing from the related mice by considerably larger size and by structural details", ma che significa anche per connotazione "a contemptible person" (e in tal senso lo usa Shakespeare in *Richard III*), e che *to smell a rat* significa sentire odore di complotto. Ma la parola italiana *ratto* non ha queste connotazioni, e inoltre potrebbe suggerire l'idea di "veloce". Inoltre, in ogni situazione in cui qualcuno è spaventato da un roditore (e si pensi a quelle scene di commedia in cui le signore salgono su una sedia alzando le gonne, e i signori afferrano una scopa), il grido tradizionale è *un topo!*

Pertanto, per rendere al lettore italiano il grido di sorpresa e di (falso) allarme di Amleto, mi pare più conveniente fargli gridare *un topo?* piuttosto che *un ratto?* Naturalmente si perdono tutte le connotazioni negative di *rat*, ma si sarebbero perse in ogni caso. Se traducendo Camus sarebbe stato indispensabile rendere evidente il formato di quei roditori, per Shakespeare è più importante rendere la vivacità, la spontaneità, il tono familiare della scena, e giustificare la reazione che il grido può stimolare.

La nozione di Contenuto Nucleare, se ci permette di maneggiare una idea di equivalenza di significato meno sfuggente, costituisce un limite per così dire inferiore, un requisito minimo dei processi di traduzione, ma non un parametro assoluto. Per il testo di Camus c'era poco da negoziare, c'era solo da usare il termine che avrebbe potuto evocare nel lettore italiano lo stesso Contenuto Nucleare che *rat* evoca nel lettore francese. Invece per tradurre *chaumière* (senza sostituire una sola parola con una lunga definizione che avrebbe alterato il ritmo del testo) ho dovuto sì tener conto del Contenuto Nucleare espresso da quella parola, ma, rispetto alla ricchezza di quel contenuto, ho dovuto negoziare alcune perdite.

Diceva Gadamer (1960, tr. it.: 351):

Se nella traduzione vogliamo far risaltare un aspetto dell'originale che a noi appare importante, ciò può accadere solo, talvolta, a patto di lasciare in secondo piano o addirittura eliminare altri aspetti pure presenti. Ma questo è proprio ciò che chiamiamo interpretazione... In quanto però [il traduttore] non sempre è in condizioni di esprimere tutte le dimensioni del testo il suo lavoro implica anche una continua rinuncia.

Queste riflessioni ci inducono a concludere che l'ideale della reversibilità, di cui abbiamo parlato nel capitolo precedente, viene limitato da molti e meditati sacrifici. Cerchiamo di riflettere su quale sia la vera idea di significato che si cela in teorie semantiche apparentemente molto diverse. Per una teoria verofunzionale non è che il significato, come di solito si tende a dire, sia ciò che è vero nel mondo di riferimento: è tutto ciò che conseguirebbe da un enunciato se quell'enunciato fosse vero (se fosse vero che Filippo è scapolo allora sarebbe anche vero che Filippo è maschio adulto non sposato). Per una teoria cognitivista, ma sulla scia di reminiscenze wittgensteiniane, comprendere un enunciato vuole dire sapere agire in modo conforme al contenuto della frase. E infine, e riprendendo la Massima Pragmatica di Peirce, considerando quali effetti potrebbero avere come conseguenze pratiche gli oggetti della nostra concezione, ecco che la nostra concezione di quegli effetti sarebbe la totalità della nostra concezione dell'oggetto.

Se il significato di un termine è tutto quello che si può inferire dalla piena comprensione del termine, ecco che in lingue diverse termini apparentemente sinonimi permettono o meno di elaborare le stesse inferenze. Se traduco *chaumière* come *casetta* non solo ho escluso i tetti di stoppia, ma anche il fatto che sarà imprudente salire sul tetto di una *chaumière* per accendere fuochi artificiali (mentre sul tetto di tegole di una casetta potrei farlo). Fuochi d'artificio a parte, è rilevante per *Sylvie* che dalla *chaumière* possa inferire la condizione umile degli abitanti. Se traduco *home* come *casa* blocco una serie di conseguenze che potrei inferire dal termine inglese, perché quando vado per strada io vedo delle case ma non delle *homes* (a meno che m'immedesimi nei sentimenti di ciascuno dei loro abitanti). Se dietro l'arazzo passa un topo invece che un ratto escludo ogni inferenza circa le pestilenziali conseguenze di quel passaggio (e posso farlo perché queste conseguenze in *Amleto* non sono previste – ma ne *La peste* lo sono).

Tradurre significa sempre "limare via" alcune delle conseguenze che il termine originale implicava. In questo senso, traducendo, *non si dice mai la stessa cosa*. L'interpretazione che precede ogni traduzione deve stabilire quante e quali delle possibili conseguenze illative che il termine suggerisce possano essere limate via. Senza mai essere del tutto certi di non aver perduto un riverbero ultravioletto, un'allusione infrarossa.

Ma la negoziazione non è sempre una trattativa che distribuisce equamente perdite e vantaggi tra le parti in gioco. Posso ritenere soddisfacente anche una negoziazione in cui ho concesso alla controparte più di quanto essa abbia concesso a me e tuttavia, considerando il mio proposito iniziale e sapendo che partivo in condizioni di netto svantaggio, ritenermi egualmente soddisfatto.

5.
PERDITE E COMPENSAZIONI

Ci sono delle perdite che potremmo definire assolute. Sono i casi in cui non è possibile tradurre, e se casi del genere intervengono, poniamo, nel corso di un romanzo, il traduttore ricorre all'*ultima ratio*, quella di porre una nota a piè di pagina – e la nota a piè di pagina ratifica la sua sconfitta. Un esempio di perdita assoluta è dato da molti giochi di parole.

Citerò una vecchia barzelletta italiana che non può essere tradotta nella maggior parte delle lingue straniere. Un direttore d'azienda scopre che l'impiegato Rossi da qualche mese si assenta ogni giorno dalle tre alle quattro. Chiama l'impiegato Bianchi e lo prega di seguirlo discretamente, per capire dove va e per quali ragioni. Bianchi pedina Rossi per qualche giorno e poi fa il suo rapporto al direttore: "Ogni giorno Rossi esce di qui e compera una bottiglia di spumante, va a casa sua e si intrattiene in affettuosi rapporti con sua moglie. Poi torna qui". Il direttore non capisce perché Rossi debba fare di pomeriggio quello che potrebbe fare benissimo di sera, sempre a casa propria; Bianchi cerca di spiegarsi, ma non riesce che a ripetere il suo rapporto, al massimo insistendo su quel *sua*. Alla fine, di fronte all'impossibilità di chiarire la faccenda, dice: "Scusi, posso darle del tu?".

La storiella funziona in italiano dato che *sua* può significare sia "di lui" (di Rossi) che "di lei" (del direttore). Solo passando al *tu* Bianchi può rendere evidente la tresca. Impossibile tradurre in francese, inglese e tedesco, dove si hanno a disposizione le coppie *sa/votre, his/your, seine/ihre*. Non c'è proprio modo di ricuperare, tanto vale rinunciare – oppure, se quella barzelletta serve a caratterizzare un amante dei giochi di parole nel corso di un romanzo, tentare il rifacimento, vale a dire cercare una barzelletta equivalente (ma di questo parleremo più avanti).

Per fortuna questi casi non sono frequentissimi. Nella maggior parte degli altri casi intervengono problemi di perdita, sempre parziale, come nell'esempio citato delle *chaumières*, a cui possono essere fatti corrispondere dei tentativi di *compensazione*.

5.1 Perdite

È stato notato che *Sylvie* ha un linguaggio lessicalmente povero. Ci si imbatte in termini più volte ripetuti, la pelle dei villani è sempre *halée*, le visioni sono rosa e azzurre o rosa e bionde, di sfumature blu o bluastre ne appaiono otto, ci sono nove tinte rosa, cinque volte appare l'aggettivo *vague* e nove volte appare la parola *bouquet*. Però prima di parlare di povertà lessicale occorre riflettere sul gioco di corrispondenze (proprio nel senso baudelairiano del termine) che il testo instaura tra diverse immagini. Quindi la regola dovrebbe essere quella di non arricchire mai, anche quando se ne è tentati, il lessico dell'autore. Purtroppo certe volte il traduttore è obbligato a variare.

Si veda il caso del termine *bouquet*. Ho detto che esso appare nove volte ed è evidente perché Nerval lo impieghi con tanta dovizia: il tema di una offerta floreale attraversa tutto il racconto, fiori vengono offerti a Iside, ad Adrienne, a Sylvie, ad Aurélie, alla zia, e per sopra mercato appare a un certo punto persino un *bouquet de pins*. Questi fiori passano di mano in mano, come uno scettro, in una sorta di gioco a staffetta simbolico, e sarebbe giusto che la parola rimanesse la stessa a sottolineare la ricorrenza del motivo.

Sfortunatamente in italiano si dovrebbe tradurre *bouquet* con *mazzo*, e non è la stessa cosa. Non lo è perché *bouquet* reca seco anche una connotazione di aroma sottile, ed evoca fiori e foglie, mentre un mazzo può anche essere fatto di ortiche, chiavi, calze o stracci. Dunque *bouquet* è parola gentile mentre *mazzo* non lo è, e richiama termini rudi come mazza, mazzata o ammazzamento; è cacofonico e suona come una scudisciata.

Invidio Sieburth che è riuscito a usare *bouquet* sette volte su nove, ma il Webster riconosce il termine come parola inglese. È vero che così fanno ormai anche i dizionari italiani, ma nell'uso comune *bouquet* viene usato per il profumo di un vino, e se è riferito a un mazzo di fiori suona come un francesismo. Ritengo che in una traduzione dal francese bisogna evitare i francesismi, come bisogna evitare gli anglicismi in una traduzione dall'inglese.[1] Ho dovuto dunque variare a ogni occorrenza, scegliendo tra serti, fasci e mazzolini a seconda dei casi. Mi consolavo pensando che, se perdevo la parola, non perdevo l'immagine dell'offerta floreale, e rimaneva il ricorrere del motivo. Tuttavia sono conscio di avere tradito lo stile di Nerval, che è stile anche nelle ripetizioni.

L'ultimo capitolo di *Sylvie* s'intitola "Dernier feuillet". È una sorta di congedo, di malinconico sigillo posto a chiusura dell'opera. Nerval era un bibliofilo (e lo prova in molti dei suoi testi) e usava un termine tecnico: il *feuillet* è un foglio di libro (due pagine, recto e verso) – e l'ultimo foglio di un volume contiene di solito il colophon (che dice quando il libro è stato stampato e da chi, e nei libri antichi poteva anche contenere una formula di congedo, o una invocazione religiosa). Sieburth traduce correttamente *Last leaf*, mentre un'altra traduzione inglese traduceva *Last pages*, perdendo l'allusione ai libri antichi. In italiano *feuillet* si traduce tecnicamente *carta*, ma "Ultima carta" rischiava di introdurre una connotazione estranea. Infatti in italiano si dice *giocare l'ultima carta* nel senso di tentare l'ultima scommessa. Questa connotazione avrebbe tradito il senso dell'originale, perché il narratore qui non tenta nessuna scommessa, ma anzi si rassegna al proprio destino, e malinconicamente si congeda dal proprio passato.

Avrei potuto tradurre "Ultimo folio", ricorrendo a una espressione latina, tecnicamente usata nei cataloghi di libri antichi (si usa per esempio *in-folio* per indicare il formato di un libro). Ma Nerval non ha voluto introdurre questo tecnicismo, che sarebbe stato (come è ancora) incomprensibile a un lettore comune. Dunque ho dovuto tradurre, con qualche imprecisione, "Ultimo foglio". In effetti la carta di un libro in italiano si chiama anche

---

[1] Ma Foscolo c'insegna che bisogna lasciare i francesismi in un testo inglese.

foglio, ma *foglio* ha un significato meno tecnico di *carta*. Pertanto sono cosciente di avere perduto una allusione importante.[2]

Ci sono casi in cui la perdita, se ci si attiene alla lettera del testo, è irrimediabile.

Ho parlato all'inizio di perdite assolute, ed eccone un esempio. Nel mio romanzo *L'isola del giorno prima* padre Caspar è un ecclesiastico tedesco che non solo parla con accento tedesco, ma trasporta direttamente in italiano le costruzioni sintattiche tipiche del tedesco, con effetti caricaturali. Ecco un brano italiano, e il modo in cui l'hanno reso il traduttore inglese, William Weaver, e il traduttore francese, Jean Noel Schifano, cercando di riprodurre nella loro lingua alcuni errori tipici di un tedesco:

"Oh mein Gott, il Signore mi perdona che il Suo Santissimo Nome invano ho pronunziato. In primis, dopo che Salomone il Tempio costruito aveva, aveva fatto una grosse flotte, come dice il Libro dei Re, e questa flotte arriva all'Isola di Ophír, da dove gli riportano (come dici tu?)... quadringenti und viginti..."
"Quattrocentoventi."
"Quattrocentoventi talenti d'oro, una molto grossa ricchezza: la Bibbia dice molto poco per dire tantissimo, come dire pars pro toto. E nessuna landa vicino a Israele aveva una tanto grosse ricchezza, quod significat che quella flotta all'ultimo confine del mondo era arrivata. Qui."

"Ach mein Gott, the Lord forgive I take His most Holy Name in vain. In primis, after Solomon the Temple had constructed, he made a great fleet, as the Book of Kings says, and this fleet arrives at the Island of Ophir, from where they bring him – how do you say? – quadrigenti und viginti..."
"Four hundred twenty."
"Four hundred twenty talents of gold, a very big richness: the Bible says very little to say very much, as if pars pro toto. And

[2] Peraltro gli altri traduttori italiani non se la sono cavata meglio e, quando non ricorrono come me a *Ultimo foglio*, oscillano tra *Ultimo foglietto* (sic) e *Ultima pagina*.

no land near Israel had such big riches, quod significat that the fleet to ultimate edge of the world had gone. Here." (*Weaver*)

"Oh mein Gott, le Seigneur me pardonne pour ce que Son Très Saint Nom en vain j'ai prononcé. In primis, après que Salomon le Temple construit avait, il avait fait une grosse flotte, comme dit le Livre des Rois, et cette flotte arrive à l'Ile d'Ophir, d'où on lui rapporte (Comment dis-toi?)... quadringenti und viginti..."
"Quatre cent vingt."
"Quatre cent vingt talents d'or, une beaucoup grosse richesse: la Bible dit beaucoup peu pour dire tant et tant, comme dire pars pro toto. Et aucune lande près d'Israël avait une aussi tant grosse richesse, quod significat que cette flotte aux derniers confins du monde était arrivée. Ici." (*Schifano*)

Ma Burkhart Kroeber, con il tedesco, si è trovato in serio imbarazzo. Come si fa a parlare in tedesco un italiano come lo parlerebbe un tedesco? Il traduttore ne è uscito decidendo che la caratteristica di padre Caspar non era tanto di essere tedesco, quanto di essere un tedesco del XVII secolo, e lo ha fatto parlare in una sorta di tedesco barocco. L'effetto di straniamento è lo stesso, e padre Caspar risulta egualmente bizzarro. Si noti tuttavia come non si è potuto rendere un altro tratto comico di padre Caspar che, nel momento di dire *quattrocentoventi* in italiano, esita. Un tedesco direbbe *vierhundertzwanzig*, e dunque non ci sarebbero problemi, ma padre Caspar ha evidentemente presente altri casi in cui per dire, poniamo, ventuno, che in tedesco suona *ein und zwanzig*, ha tradotto *uno e venti*, e quindi esita, preferendo tentare con una espressione latina. Ovviamente nella traduzione tedesca il gioco non avrebbe avuto alcun sapore, e il traduttore è stato costretto a eliminare una domanda e una risposta e a saldare insieme due interventi di Caspar:

"O mein Gott, der Herr im Himmel vergebe mir, daß ich Sein' Allerheyligsten Namen unnütz im Munde güret. Doch zum Ersten: Nachdem König Salomo seinen Tempel erbauet, hatte er auch eine große Flotte gebaut, wie berichtet im Buche der Könige, und diese Flotte ist zur Insel Ophir gelangt, von wo sie ihm vierhundertundzwanzig Talente Goldes bracht, was ein sehr gewaltiger Reichthum ist: die Biblia sagt sehr Weniges, um sehr Vieles zu sagen, wie wann man saget pars pro toto. Und kein Land in Israels Nachbarschafft hatte solch grossen Reichthum, was bedeutet, daß diese Flotte muß angelanget gewesen seyn am Ultimo Confinio Mundi. Hier." (*Kroeber*)

5.2 Perdite per accordo tra le parti

Infiniti sono i casi in cui, se una traduzione adeguata risulta impossibile, l'autore autorizza il traduttore a saltare la parola o l'intera frase, se si rende conto che, nell'economia generale dell'opera, la perdita è irrilevante. Un caso tipico è quello dell'elenco di termini strani e desueti (tecnica alla quale indulgo sovente). Se di dieci termini di un elenco uno risulta assolutamente intraducibile, poco male se l'elenco si riduce a nove termini. Taylor (1993) analizza puntigliosamente casi in cui la traduzione di Weaver del *Nome della rosa* cerca di trovare equivalenti adeguati per liste di piante come la viola, il citiso, la serpilla, il giglio, il ligustro, il narciso, la colocasia, l'acanto, il malobatro, la mirra e gli opobalsami. Nessuna difficoltà nel trovare *violet*, *lily*, *narcissus*, *acanthus* e *myrrh*. Per la serpilla, Weaver traduce *thyme*, e non è tanto che la serpilla non sia timo, quanto piuttosto, nota Taylor, che il termine *serpilla* è più raro e prezioso in italiano di quanto non lo sia *thyme* in inglese. Ma ammette che sarebbe "fairly fatuous" irrigidirsi su un punto del genere, e che in termini pragmatici, e viste le differenze orticulturali che esistono tra le due culture, *thyme* può funzionare egualmente.

Il dramma inizia col citiso e la colocasia, per cui non esistono termini inglesi corrispondenti. Weaver esce dall'imbarazzo traducendo *citiso* con *cystus*, che mantiene la radice latina e il sapore botanico, e *colocasia* con *taro*, che è un poco più generico, ma a detta di Taylor corretto, anche se si perde ovviamente il bel suono della parola italiana. Quanto agli opobalsami, in inglese sarebbero *balsams of Peru*, e i medievali non potevano conoscere il Perù. Weaver sceglie *Mecca balsam*.[3] Taylor lamenta

---

[3] Il traduttore francese, unica sua menda in una traduzione ammirevole, traduce – trascinato da automatismi linguistici – proprio *baumes du Perou*. L'a-

ancora che il malobatro diventi *mallow*, ancora una volta sostituendo un termine comune a un termine che evoca salmi biblici, ma anche qui assolve. Come autore, avevo discusso queste sostituzioni e le avevo autorizzate.

Ma il problema non è quando si sostituisce una parola, bensì quando si taglia un brano. Con spietata precisione Chamosa e Santoyo (1993) individuano cento omissioni nella traduzione inglese del *Nome della rosa*.[4] Ammettono che forse sono state autorizzate dall'autore, ma affermano, e giustamente, che questi eventuali dati extratestuali non contano, e implicitamente si attengono al principio che ho già enunciato nell'Introduzione, per cui la traduzione è tenuta al rispetto giuridico del "detto dell'autore" ovvero del "detto del testo originale". E infatti ricordavo che se acquistiamo una traduzione dei *Miserabili* e troviamo che sono stati espunti dei capitoli, abbiamo ogni diritto di protestare.

Se si va a vedere la tabella delle omissioni rilevate da Chamosa e Santoyo si vede che alla fin fine, tutte insieme, calcolando riga per riga, danno un totale di 24 pagine, non molte sulle seicento del libro. Ma certamente non è un problema di quantità. La storia, caso tipico di censura concordata, è la seguente. L'editore americano voleva tradurre il romanzo, ma, a causa della sua complessità, prevedeva una tiratura limitata di meno di tremila copie. Un redattore ha chiesto di ridurre il libro di almeno 50 pagine. Né io né Weaver volevamo farlo, ma bisognava dare l'impressione di avere tagliato. Per cui io mi sono messo a lavorare di cesello sul testo, eliminando alcune frasi e anche qualche periodo che in fin dei conti mi pareva ridondante (forse se dovessi fare una revisione sul testo italiano troverei quei tagli abbastanza funzionali allo scorrere del discorso) e abbreviandolo

---

nacronismo è scusabile perché sin dall'inizio io dico che traggo la mia storia da una traduzione ottocentesca francese di un manoscritto medievale, e dunque quel Perù può essere attribuito a una disattenzione romantica del mio abate Vallet. Tanto più che la soluzione stilistica scelta coerentemente da Schifano è stata non tanto di imitare lo stile del cronista medievale quanto quello del suo presunto traduttore ottocentesco. Comunque, meglio la Mecca del Perù.
[4] Vedi anche in proposito McGrady (1994).

alcune citazioni latine troppo lunghe e giudicate assolutamente ostiche per il lettore anglofono. Alla fine del lavoro il testo si era alleggerito, come ho detto, di circa 24 pagine, ma agli occhi del redattore quella copia del volume italiano, che recava quasi in ogni pagina una cancellatura in rosso, aveva dato l'impressione di un alleggerimento sufficiente. Così la traduzione è iniziata, e nessuno in casa editrice si è mai più lamentato.

Ciò non toglie che, anche se queste "censure" erano state approvate dall'autore, la traduzione inglese sia, dal punto di vista legale, un testo lacunoso, anche se dal punto di vista letterario io, in quanto autore, ritengo che non si sia perduto nulla.

Però ci sono evidentemente dei punti in cui la "censura" è visibile, e costituisce certamente una perdita. Nel capitolo "Terzo giorno. Sesta" appaiono degli elenchi di malandrini e marginali vagabondi per i vari paesi. Ci sono almeno due elenchi, a distanza di una pagina. Il primo recita:

> Dal racconto che mi fece me lo vidi associato a quelle bande di vaganti che poi, negli anni che seguirono, sempre più vidi aggirarsi per l'Europa: falsi monaci, ciarlatani, giuntatori, arcatori, pezzenti e straccioni, lebbrosi e storpiati, ambulanti, girovaghi, cantastorie, chierici senza patria, studenti itineranti, bari, giocolieri, mercenari invalidi, giudei erranti, scampati dagli infedeli con lo spirito distrutto, folli, fuggitivi colpiti da bando, malfattori con le orecchie mozzate, sodomiti, e tra loro artigiani ambulanti, tessitori, calderai, seggiolai, arrotini, impagliatori, muratori, e ancora manigoldi di ogni risma, bari, birboni, baroni, briccon, gaglioffi, guidoni, trucconi, calcanti, protobianti, paltonieri...

E via per quasi una pagina. Nella pagina seguente riprendevo l'elenco e citavo:

> Accapponi, lotori, protomedici, pauperes verecundi, morghigeri, affamiglioli, crociarii, alacerbati, reliquiari, affarinati, palpatori, iucchi, spectini, cochini, admirati, appezzanti e attarantanti, acconi e admiracti, mutuatori, attremanti, cagnabaldi, falsibordoni, accadenti, alacrimanti e affarfanti...

È, come dicono Chamosa e Santoyo, una ostentazione di erudizione, un rosario terminologico che può mettere in crisi qualsiasi traduttore.[5] Io avevo tratto l'elenco dal bellissimo *Il libro dei vagabondi* di Piero Camporesi,[6] volevo dare l'impressione di quell'affollarsi di marginali da cui sarebbero poi sorti eretici e lumpen-rivoluzionari, ero affascinato dal suono di quei nomi, non pretendevo che il lettore li capisse ma solo che, in quell'affollarsi di termini assolutamente inconsueti, cogliesse una situazione di disordine e frammentazione sociale.

I traduttori in genere non hanno avuto grandi problemi col primo elenco, anche se ciascuno ha liberamente pescato in repertori nazionali, con qualche giusta licenza, e comprendendo che quello che contava era la lunghezza e l'incongruità dell'elenco. Per la seconda lista, che conteneva termini esistenti solo nella tradizione italiana (e che solo il furore erudito di Camporesi era riuscito a riportare alla luce), il problema era più serio.

Per il castigliano Pochtar ha mantenuto l'elenco, traducendo pochi termini e per il resto adattando i nomi italiani alla sua lingua, come se fossero neologismi (*falsibordones, affarfantes*); per il catalano Daurell ha lasciato i nomi italiani. Soluzione ovvia e accettabile per lingue così affini, e sarebbe come se nella traduzione italiana di un romanzo picaresco spagnolo il lettore trovasse termini che non conosce, ma che riconosce come parole castigliane – e non diversamente ci accade quando in altro testo leggiamo *banderillero* o *picador*. Nello stesso modo ha fatto il traduttore tedesco, che ha lasciato i termini italiani, al massimo talora latinizzandoli (*falpatores, affarfantes, alacrimantes*).

Il traduttore francese ha trovato eccellenti equivalenti nella sua lingua, come *capons, rifodés, franc-mitous, narquois, archisuppôts, cagous, hubins, sabouleux, farinoises, feutrards, baguenauds, trouillefous, piedebous, hapuants, attarantulés, surlacrimes, surands* – e non so in quale repertorio locale sia andato a scovarli. Comunque, complimenti.

Il problema è sorto per l'inglese. Certamente non si potevano fare calchi fondati su qualche affinità lessicale o fonetica, né

---

[5] Mentre trascrivo ora questo brano sul computer, Winword mi sta sottolineando tutte le parole in rosso, non riconoscendole come italiane. Immaginiamoci un lettore il cui vocabolario non sia più ricco di quello approntato dalla Microsoft.

[6] Torino: Einaudi 1973.

si potevano lasciare i nomi italiani, del tutto privi di connotazione per il lettore anglofono – quasi come se in italiano apparisse un elenco di termini finlandesi. Proprio in virtù della decisione che qualcosa si doveva pure eliminare, e considerando che un elenco di dimensioni non indifferenti e di notevole valore evocativo appariva già una pagina avanti, si è deciso di eliminare il secondo elenco. Ammetto che, almeno per me, si trattasse di una perdita secca, ma il rischio era stato assunto coscientemente.

Una decisione analoga è stata presa per il sogno di Adso (capitolo "Sesto giorno. Terza"). Il sogno è ispirato a un testo medievale, la *Coena Cypriani*, e tutto quello che vi appare è di carattere onirico. La mia manipolazione della fonte è consistita nel far sognare ad Adso – oltre che spezzoni di esperienze che aveva avuto nei giorni precedenti – altri libri, e immagini tratte dal repertorio della cultura del suo tempo, inserendo riferimenti più o meno ultravioletti alla storia dell'arte, della lingua, della letteratura, compreso un testo di Lyotard, per cui a un certo punto si accenna alla *gran bestia liotarda*. Tra le varie citazioni vi era la Carta Capuana: *sao ko kelle terre per kelle fini ke ki contene, trenta anni le possette parte sancti Benedicti*, citazione trasparente per ogni lettore che ricordi il primo capitolo della sua storia della letteratura italiana.

Come fare in altre lingue? I traduttori castigliano e catalano lasciano la citazione nel suo italiano primitivo, e c'è da domandarsi quanto il lettore iberico possa cogliere il riferimento. Schifano rende la frase in uno pseudo-francese antico (*Saü avek kes terres pour kes fins ke ki kontient*, eccetera) e ottiene lo stesso risultato di impermeabilità raggiunto da castigliano e catalano. Poteva mettere una citazione dal *Sarment de Strasbourg*, che occupa la stessa posizione nella storia della lingua francese: ma Adso poteva conoscere quel testo? E d'altra parte, visto che era tedesco, poteva conoscere il primo documento della lingua italiana? Evidentemente la mia citazione non aveva intenti realistici, ma strizzava l'occhio al lettore italiano. Kroeber è avvantaggiato dal fatto che Adso è teutonico e inserisce una citazione dai *Merseburger Zaubersprüche*, che rappresentano il più vecchio documento della lingua tedesca (*Sose benrenki, sose bluotrenki, sose lidirenki, ben zi bena, bluot zi bluoda, lid zi geliden, sose geli-*

mida sin!). Evidentemente confidava come me nella cultura dei suoi lettori.[7]

Venendo a Weaver (e gli inesorabili Chamosa e Santoyo non si sono lasciati sfuggire l'omissione), ecco che la frase salta. Per quanto ricordo l'avevo già eliminata io quando rivedevo il testo per la traduzione. Il ricorso al primo documento della lingua inglese non avrebbe funzionato, perché Adso l'inglese non lo sapeva. Ci trovavamo di fronte a un caso di traduzione impossibile e ho deciso che in quel capoverso, e del resto in tutto il sogno, di rinvii maliziosamente eruditi ve n'erano tanti che uno più o uno meno non avrebbe fatto differenza.

Ecco un'altra apparente censura di Weaver, segnalata da Katan (1993: 154). Nel *Nome della rosa* Guglielmo sta parlando con Ubertino dei membri della delegazione francescana che stanno per arrivare nell'abbazia. Il testo suona:

> "Ma ora che sei con noi potrai esserci di grande aiuto tra qualche giorno, quando arriverà anche Michele da Cesena. Sarà uno scontro duro."
> "Non avrò molto più da dire di quel che dissi cinque anni fa ad Avignone. Chi verrà con Michele?"
> "Alcuni che furono al capitolo di Perugia, Arnaldo d'Aquitania, Ugo da Newcastle…"
> "Chi?" domandò Ubertino.
> "Ugo da Novocastro, scusami, uso la mia lingua anche quando parlo in buon latino."

Il brano è evidentemente complesso da tradurre. Nell'originale io uso l'italiano, con la tacita convenzione che in effetti i personaggi parlino in latino; Guglielmo nomina un personaggio (storico) che in Italia era conosciuto col nome italiano, e co-

---

[7] Ed evidentemente, come peraltro a me (e persino ad Adso che sognava), a Kroeber non importava nulla del significato della citazione. Essa dice più o meno (si tratta di un incantesimo per guarire la distorsione di un piede o la gamba di un cavallo): *se distorsione di gamba come distorsione di sangue come distorsione di membro; gamba con gamba, sangue con sangue, membro con membro, come fossero incollati.*

me tale appare nelle cronache dell'epoca, ma lo cita secondo il suo nome inglese, e Ubertino non capisce, per cui Guglielmo ritraduce il nome in italiano (e cioè, secondo la finzione, in latino). Che cosa doveva fare il traduttore inglese, in un testo in cui, per patto finzionale, è l'inglese che deve essere inteso come latino? Per evitare confusioni era meglio che nella traduzione inglese scomparisse quell'equivoco onomastico. D'altra parte è ovvio che nel testo italiano Guglielmo appaia molte volte come "troppo" inglese, ma nel testo inglese questa differenza non si sarebbe notata. Peraltro, si trattava proprio di uno di quei brani che, per ottemperare parzialmente alla richiesta dell'editore americano, avevo già deciso di sopprimere.[8]

5.3 Compensazioni

Talora, invece, le perdite possono essere *compensate*. Nel capitolo 11 di *Sylvie*, quando il Narratore recita a Sylvie frasi di romanzo, ma ormai sa che la giovane donna, che è passata dalla letteratura popolare a Rousseau, è capace di riconoscere (e condannare) questi ricorsi al Kitsch, cambia strategia (ché di strategia del corteggiamento si tratta, con tutti i colpi bassi, ancorché patetici, che essa comporta) e, dice: *Je m'arrêtais alors avec un goût tout classique, et elle s'étonnait parfois de ces effusions interrompues.* Questo arresto di gusto classico ha messo in imbarazzo i traduttori, inducendoli a versioni che non aiutano il lettore: chi parla

---

[8] D'altra parte, sovente i critici dei traduttori sono troppo inclini a trovare tradimenti. Sempre Katan (1993: 157) esamina un brano dove Ubertino consiglia affettuosamente a Guglielmo di buttare via tutti i suoi libri e Guglielmo risponde (secondo Katan) "tratterò soltanto il tuo". Katan rileva che Weaver traduce *I will devote myself only to yours* e ne conclude che Weaver ha "overtranslated" quel *tratterò*, esagerando l'ironia di Guglielmo. In verità il mio testo non diceva *tratterò* bensì *tratterrò*, vale a dire "butterò via tutti i libri meno il tuo, che ovviamente prenderò sul serio". Quindi la traduzione, che certamente ha modernizzato un termine che in italiano suonava alquanto dotto e arcaico, di fatto rende benissimo l'idea che si voleva esprimere. Caso mai l'errore, percepibile solo agli specializzati, è in quel plurale, perché Guglielmo sta ovviamente riferendosi a un solo libro di Ubertino e cioè l'*Arbor vitae crucifixae*.

di "atteggiamento classico", chi di "gusto classico". Ora, mi pare che qui giochi una opposizione tra l'enfasi romantica e la tradizione del teatro classico dei secoli precedenti (peraltro sempre presente in un paesaggio dove la natura, romantica, è disseminata di ricordi neoclassici).[9] Ecco perché mi sono concesso una leggera parafrasi, che spero non rallenti il ritmo discorsivo, facendo un riferimento agli statuari mutismi di un eroe da teatro classico: *Allora m'irrigidivo tacendo, come un eroe da teatro classico, ed ella si stupiva di quelle effusioni interrotte*. Non dico (né spero) che ogni lettore veda opporsi di colpo, al giovane Werther, l'Orazio che recita, rigido e laconico, *Qu'il mourût*, ma almeno confido emerga una opposizione tra due finzioni.

Talora si è presi dalla tentazione di dire di più non tanto perché il testo originale risulta incomprensibile, ma perché si ritiene di dover sottolineare una opposizione concettuale, strategica per l'andamento del racconto.

L'opposizione teatro/vita (dove, almeno all'inizio, il teatro è più vero della vita) domina tutto il racconto. Ora, l'inizio del racconto recita

> Je sortais d'un théâtre où tous les soirs je paraissais aux avant-scènes en grande tenue de soupirant.

Quel *soupirant* (che, come si capisce dal seguito, va ogni sera a seguire l'esibizione di un'attrice di cui è invaghito) è certamente – come altri hanno variamente tradotto – un innamorato, uno spasimante, un cascamorto, un vagheggino. Ma è solo questo (a parte che *cascamorto* e *vagheggino* mi paiono abbassare il tono della prosa nervaliana)? Il narratore si esibisce *aux avant-scènes*, proprio al margine della ribalta, come se volesse far parte dello spettacolo. Mi pare erroneo tradurre, come era stato fatto, "elegantissimo spasimante" perché la *grande tenue* non si riferisce certo alla qualità del suo abbigliamento, bensì alla pienezza del ruolo che assume, ed esso è certamente quello che nel nostro gergo teatrale classico si dice "primo amoroso". È vero che quando Nerval vuole designare questo ruolo (nel capitolo 13)

[9] E inoltre, il giovane Nerval aveva partecipato alla cosiddetta "battaglia dell'*Hernani*" che opponeva i romantici ai classici.

parla, per il capocomico, di *jeune premier de drame*, e di *rôle d'amoureux*; ma se questi erano i termini che egli aveva a disposizione, non poteva certo usarli in questa sua ouverture, direi per ragioni di stile, perché sarebbero stati più tecnici e meno "cantanti" di quel *soupirant*. A orecchio mi pare che invece l'italiano mi permetta di usare il termine di "primo amoroso", ormai per noi arcaico e ricco di connotazioni teneramente ironiche. Ed ecco ché mi sono permesso una licenza non garantita dal dizionario e ho tradotto:

> Uscivo da un teatro, dove ogni sera mi esibivo al palco di proscenio in gran tenuta di primo amoroso.

Bisogna però resistere alla tentazione di aiutare troppo il testo, quasi sostituendosi all'autore. Proprio alla fine dello stesso paragrafo, di fronte alla insopprimibile vitalità dell'illusione (l'attrice che appare improvvisamente sulla scena), gli spettatori diventano *vaines figures*. Anche qui c'è una opposizione tra la vera realtà del teatro e l'illusione della vita, e sarebbe bello tradurre direttamente *fantasmi* (e tali appaiono al Narratore). Però Nerval non ha usato il termine, che pure impiega altrove. Che l'aggettivo *vain* vada conservato mi è suggerito dal fatto che esso (escluse espressioni come *en vain*) ricorre nel racconto altre due volte in posizione strategica (all'inizio la vanità pertiene agli spettatori reali, di fronte alla forza della finzione scenica, mentre in seguito viene trasferita al ricordo ormai inafferrabile di Adrienne, rispetto alla realtà di Sylvie). Tuttavia *vane figure*, come avevano reso altri traduttori, mi è sembrato troppo debole, né ho potuto accettare da un altro *volti inespressivi*. Ho trovato ottimo, e abbastanza fantasmatico, nella traduzione di Molino Bonfantini, un *vane parvenze*, e l'ho adottato.

Un caso in cui mi è parso opportuno non dire di più, ma in ogni caso dire qualcosa di più comprensibile al lettore italiano è quello della visita a Châalis (capitolo 7), dove si parla sia di *le soir de la Saint-Barthélemy* che di *le jour de la Saint-Barthélemy*. Tutti i traduttori rendono entrambe le espressioni letteralmente come *giorno* o *sera* di San Bartolomeo. Ma non si può dimenticare il valore connotativo che l'espressione *la Saint-Barthélemy* ha per il lettore francese, valore che può essere ricuperato solo usando l'espressione convenzionale italiana, che è *la notte di San Bartolomeo*. Per questo traduco sempre *notte*. Dopotutto la scena si svolge a sera tarda.

Nel capitolo 3 il Narratore decide di partire per Loisy e abborda un *fiacre* davanti al Palais Royal. Quando ha capito che dovrebbe portare il cliente a otto leghe di distanza, vicino a Senlis, il cocchiere dice (e, si sottolinea, *moins préoccupé* del cliente) *Je vais vous conduire à la poste*. Un traduttore aveva inteso quell'*à la poste* come "di buon passo", e di primo acchito non aveva torto. Infatti, siccome la *poste* è una stazione di cambio di cavalli, procedere *à la poste* significa procedere al più presto possibile, di gran carriera, alla massima velocità. Il Dizionario Italiano-Francese Garzanti recita "*courir la poste*: correre come un dannato". Tuttavia alla fine del cap. 7 si dice che la vettura si arresta sulla via di Plessis e che il viaggiatore non ha più che un'ora di cammino per raggiungere Loisy. Dunque, il viaggio non è stato fatto su una vettura a nolo, che avrebbe condotto il cliente direttamente all'indirizzo richiesto, ma usando un servizio pubblico. Infatti (come spiegano le note nelle edizioni francesi) il cocchiere ritiene che sia più pratico condurre il cliente alla stazione delle corriere postali, che partivano anche di notte, potevano ospitare uno o due passeggeri e rappresentavano il mezzo più rapido (12 chilometri all'ora). Certamente il contemporaneo di Nerval comprendeva questo particolare, ma dovrebbe comprenderlo anche il lettore italiano d'oggi. Rifiutando ovviamente traduzioni (esistenti) in cui il cocchiere dice che condurrà il cliente *alla posta*, mi sono parse più incoraggianti quelle che recitano *alla corriera*, e ho fatto condurre il Narratore alla *corriera postale*. Per rendere il meccanismo dell'evento più chiaro ancora ho tradotto quel *moins préoccupé* con *meno ansioso*.[10]

Nel capitolo 13 si dice che l'amante di Aurélie (l'attrice amata dal protagonista, e che si oppone all'immagine della irraggiungibile Sylvie) esce di scena, e lascia il campo libero, perché si arruola negli *spahis*. È un'uscita di scena definitiva, perché gli *spahis* erano truppe coloniali, e dunque l'importuno an-

---

[10] Tra gli aneddoti da raccontare intorno al fuoco sulle avventure della traduzione dovremo ricordare che Aldington traduce *I'll drive you at the police station*!

dava oltremare. Ma quale lettore non-francese (e forse persino un francese di oggi) è in grado di cogliere questa sottigliezza? Molti traduttori italiani parlano fedelmente di *spahis*, e anche Sieburth – che però è costretto ad aggiungere una nota: "Algerian cavalry units in the French army". Un altro traduttore italiano parla di *cavalleria coloniale*, e lascia capire come il pretendente sia andato lontano. Ho seguito in parte questa scelta, senza perdere del tutto il sapore "francofono" di *spahis*, e ho reso come *si era arruolato oltremare negli spahis*. Aggiungendo un solo avverbio ho evitato la nota che, come ho già detto, è sempre segno di debolezza da parte di un traduttore.

5.4 Evitare di arricchire il testo

Ci sono delle traduzioni che arricchiscono splendidamente la lingua di destinazione e che, in casi che molti ritengono fortunati, riescono a dire di più (ovvero, sono più ricche di suggestioni) degli originali. Ma di solito questo evento riguarda appunto l'opera che si realizza nella lingua di arrivo, nel senso che pone capo a un'opera apprezzabile di per se stessa, non come versione del testo fonte. Una traduzione che arriva a "dire di più" potrà essere un'opera eccellente in se stessa, ma non è una buona traduzione.[11]

Nel corso della mia traduzione di *Sylvie* ho dovuto prendere una decisione lessicale rispetto al fatto che nella camera di Sylvie appare all'inizio, quando la fanciulla è ancora una ingenua artigiana di campagna, una *cage de fauvettes*. Più tardi, quando Sylvie è ormai divenuta quasi una cittadina (e il narratore la sente ormai lontana, perduta per sempre), nella sua camera, ormai arredata in modo più sofisticato, appare una gabbia di canarini. Se si controlla sul dizionario che cosa siano in italiano le *fauvettes*, si vede che si chiamano "silvie". Questi sono i casi in cui il traduttore è tentato di dire più di quanto dicesse il testo originale. Pensate, le silvie di Silvia! Sfortunatamente Nerval parlava francese e non poteva aver presente questo gioco di pa-

---

[11] Cfr. le critiche ai tentativi di chiarificazione e allungamento del testo originale in Berman (1999: 54-59).

role. Tradurre vuole dire talora ribellarsi alla propria lingua, quando essa introduce effetti di senso che nella lingua originale non erano intesi. Se il traduttore inserisse quel gioco di parole, tradirebbe le intenzioni del testo fonte.

Tutti i traduttori italiani (e io mi sono allineato) hanno optato per delle capinere (e infatti la capinera è una *Sylvia atricapilla*). Sieburth sceglie dei *linnets* (che in francese sarebbero dei *grisets*, e quindi *Carduelis cannabina*), ma non fa molta differenza: in ogni caso si tratta di uccellini selvatici, che si catturano in campagna, e si oppongono ai canarini come uccellini da allevamento.

Gadamer (1960, tr. it.: 444) ha osservato che "la traduzione, come ogni interpretazione, è una chiarificazione enfatizzante". Vedremo nel capitolo 10 come sia diverso chiarire interpretando e chiarire traducendo. Comunque Gadamer avverte che il traduttore

non può lasciare in sospeso nulla che non gli riesca chiaro. Deve decidere il senso di ogni sfumatura. Ci sono casi limiti nei quali anche nell'originale (per il lettore "originario") c'è qualcosa di oscuro. Ma proprio in quei casi limite viene in luce la piena necessità di decidere a cui l'interprete non può sfuggire. Deve rassegnarsi, e dire chiaramente come intende anche queste parti oscure del testo... Ogni traduzione che prenda sul serio il proprio compito risulta più chiara e più superficiale dell'originale.

Credo che questa osservazione celi di fatto quattro problemi diversi. Il primo si ha quando una espressione del testo originario appare ambigua al traduttore, che sa o teme che una certa parola o una certa frase possano significare in quella lingua due cose diverse. In questo caso, alla luce del contesto, il traduttore deve chiarire, è ovvio, ma partendo dal principio che anche il lettore originario fosse in grado di disambiguare le espressioni apparentemente incerte. A me è accaduto che un traduttore facesse osservare che una mia frase si prestava a due interpretazioni, e io ho risposto che alla luce del contesto una sola era quella attendibile.

111

Il secondo caso si dà quando l'autore originario ha davvero commesso un peccato di non voluta ambiguità, magari per sventatezza. Allora il traduttore non solo risolve il punto nel testo di arrivo, ma illumina l'autore (se è ancora vivente e se è capace di rileggersi in traduzione) e può indurlo, in una edizione successiva dell'opera originale, a chiarire meglio quanto intendeva dire, poiché non aveva alcuna volontà (e il testo non aveva alcuna necessità) di apparire ambiguo.

Il terzo caso si dà quando l'autore non voleva essere ambiguo, lo è stato per sventatezza, ma il lettore (ovvero il traduttore) ritiene che quell'ambiguità sia testualmente interessante. Allora il traduttore farà del suo meglio per renderla, e l'autore non dovrebbe ribellarsi, perché avrebbe scoperto che l'*intentio operis* appare (felicemente) più maliziosa dell'*intentio auctoris*.

Il quarto caso si dà quando l'autore (e il testo) *volevano* rimanere ambigui, proprio per suscitare un'interpretazione oscillante tra due alternative. In questi casi ritengo che il traduttore *debba* riconoscere e rispettare l'ambiguità, e se chiarisce fa male.

Nella sua postfazione alla traduzione italiana di *Moby Dick* Bernardo Draghi spende tre pagine a proposito del famoso inizio *Call me Ishmael*. La classica traduzione di Pavese recitava *Chiamatemi Ismaele*. Draghi osserva che questo inizio suggerisce almeno tre letture diverse: (i) "il mio vero nome non è Ismaele, ma chiamatemi così, e sta a voi decidere perché faccio questa scelta (si potrebbe pensare al destino di Ismaele figlio di Abramo e Agar)"; (ii) "il mio nome non è importante, io sono soltanto il testimone della tragedia di cui vi racconto"; (iii) "chiamatemi col mio nome di battesimo (il che in inglese equivale all'invito a darsi del tu), consideratemi un amico, fidatevi di quello che vi racconto".

Supponiamo pure che Melville volesse lasciare in sospeso la decisione dei suoi lettori, e che ci sia stata una ragione per cui non ha scritto *My name is Ishmael* (che in italiano potrebbe benissimo tradursi con *Mi chiamo Ismaele*). Draghi ha deciso di tradurre *Diciamo che mi chiamo Ismaele*. Anche se trovo apprezzabile il resto della sua traduzione, direi che la scelta di Draghi non solo rende il testo italiano meno lapidario di quello inglese (e vedremo più avanti quanto in letteratura conti anche la quantità delle parole), ma incoraggia la lettura (i). In ogni caso, con quel *diciamo*, insiste nell'avvertire il lettore italiano che quella autopresentazione allude a qualcosa di sottaciuto. Mi pare che il testo originale lasciasse più libero il lettore di annusare o meno qualcosa di inusuale. In ogni caso, con la sua scelta, Draghi ha escluso la lettura (iii). Pertanto questa traduzione dice da un lato di meno e dall'altro di più di quanto non facesse il testo originale. Da un lato introduce un'ambiguità e dall'altro la elimina.

Ecco un caso di chiarimento su cui ho dovuto concordare ma che suscita qualche dubbio. In uno dei suoi diari di traduzione Weaver (1990) ricorda il capitolo 107 del *Pendolo*: in breve, in un suo dannatissimo viaggio per l'Appennino ligure con Lorenza, Belbo investe un cane, ed entrambi passano un pomeriggio davanti a quell'animale sofferente senza sapere cosa fare. A un certo punto il testo dice:

Uggiola, aveva detto Belbo, cruscante...

A me il termine *uggiola* sembrava corretto e comprensibile a tutti (forse più di *cruscante*), ma certamente avevo ormai preso l'abitudine di far parlare Belbo in termini volutamente letterari, ed è chiaro che, nella perplessità del momento, il suo enunciato più che una constatazione è una citazione, se non altro dal vocabolario. Weaver si è reso conto del tono raffinato di quel verbo, e ha osservato che l'inglese *whimpers* non sarebbe stato altrettanto "arcane" (né sarebbe stato perspicuo un riferimento alla Crusca). Pertanto mi ha chiesto il permesso di premere il pedale sul gusto citazionistico e tradurre:

He's whimpering, Belbo said, and then, with Eliotlike detachment: He's ending with a whimper.

Non potevo che approvare la sua scelta, che rendeva certo evidente il vezzo citazionistico del personaggio. Però ora, riflettendoci, e proprio dopo aver letto le osservazioni di Weaver su questo episodio, mi pare che nell'originale la citazione fosse data per ammiccamento (il lettore può anche ignorarla), mentre nella traduzione è "spiegata". Weaver ha forse chiarito troppo? Se dovessi scegliere ora lo consiglierei di tradurre *tout court*:

He's ending with a whimper, Belbo said...

Il lettore colga quello che riesce a cogliere, e se non ha presente Eliot, pazienza. Ma di situazioni del genere parlerò nel capitolo 9, a proposito della citazione intertestuale.

5.5 Migliorare il testo?

Si potrebbero menzionare vari casi in cui pensiamo che una traduzione abbia migliorato il testo. Vorrei però escludere i casi di rifacimento poetico, in cui un grande autore riprende un'opera precedente e la ridice a modo proprio: si tratta di procedimento antichissimo, in cui entrano in gioco il dialogo talora inconscio tra testi lontani tra loro, l'omaggio ai padri (e la cosiddetta "angoscia dell'influenza"), la *mislettura* feconda, e talora persino l'errore di traduzione, dovuto a scarsa dimestichezza con la lingua fonte accompagnato da intenso amore per il modello, da cui possono nascere reinvenzioni poeticissime.

Ci sono "miglioramenti" preterintenzionali, che non risultano da una modificazione voluta bensì da una scelta letterale praticamente obbligatoria. Per esempio, sono sempre stato convinto che il *Cyrano de Bergerac* nella traduzione italiana di Mario Giobbe sia spesso migliore dell'originale di Rostand. Veniamo all'ultima scena. Cyrano muore, la sua voce si affievolisce, ha un ultimo sussulto di energia:

> CYRANO
> Oui, vous m'arrachez tout, le laurier et la rose!
> Arrachez! Il y a malgré vous quelque chose
> Que j'emporte, et ce soir, quand j'entrerai chez Dieu,
> Mon salut balaiera largement le seuil bleu,
> Quelque chose que sans un pli, sans une tache,
> J'emporte malgré vous....
> (*Il se lance l'epée haute*)... et c'est...

(*L'epée s'échappe de ses mains, il chancelle, tombe dans les bras de Le Bret et Ragueneau*)

ROXANE
(*se penchant sur lui et lui baisant le front*)
C'est?...

CYRANO
(*rouvre les yeux, la reconnaît et dit souriant*)
Mon panache.

La traduzione di Mario Giobbe è:

CYRANO
Voi mi strappate tutto, tutto: il lauro e la rosa!
Strappate pur! Malgrado vostro c'è qualche cosa
ch'io porto meco, senza piega né macchia, a Dio,
vostro malgrado....
(*Si lancia, la spada levata*)
Ed è...
(*la spada gli cade di mano, egli barcolla e cade nelle braccia di Le Bret e Raguenau*)

ROSSANA, *piegandosi sopra di lui e baciandogli la fronte.*
Ed è?...

CYRANO, *riapre gli occhi, la riconosce, e sorridendo dice.*
Il pennacchio mio!

Il *mon panache* francese, a causa dell'accento, cade, e si affievolisce in un sussurro. Rostand lo sapeva a tal punto che pone alla fine un punto fermo e non un punto esclamativo. Il *pennacchio mio* italiano è un acuto melodrammatico (e infatti Giobbe pone il punto esclamativo). Alla lettura è meglio il francese. Ma sul palcoscenico quel sussurro francese è la cosa più difficile da recitare perché, mentre lo pronuncia, il morente dovrebbe in qualche modo risollevarsi in un ultimo sussulto d'orgoglio, ma la voce gli manca. In italiano, se il *pennacchio* non è gridato, ma sussurrato, la lingua suggerisce il gesto e si ha l'impressione che il morente si risollevi mentre tuttavia la voce gli si spegne.

Mi è capitato di vedere dei Cyrano francesi che sono riusciti a levarsi leggermente dicendo *mon panache* (per esempio Belmondo), così come ho visto dei Cyrano italiani lasciarsi troppo trascinare dal loro *pennacchio*, ma continuo a preferire Giobbe a Rostand, almeno dal punto di vista teatrale.

Non so se classificare come arricchimento più o meno lecito o rifacimento parziale (vedi più avanti) i casi di traduzione femminista detta *translation by accretion* "in cui non si privilegia un solo significato di un termine o di un gioco di parole, ma si cerca di rendere l'effetto di senso complessivo esplicitando i diversi percorsi semantici in essi racchiusi: *coupable* diventa *culpable* e *cuttable*, *voler* diventa *to fly* e *to steal*, *dépenser* diventa *to spend* and *to unthink*.... La riscrittura femminile ri o trans-contestualizza le opere che traduce, attuando *mises en abyme*, affidandosi allo sguardo volutamente ambiguo e distorcente dell'interprete traduttrice, che sottolinea i meccanismi della finzione, e al tempo stesso ne rende possibile un riutilizzo per nuovi scopi".[12] Non si può porre una discriminante astratta, ma ritengo che in molti di questi casi si possa parlare di rifacimento o di nuova opera. Comunque, se il gioco è scoperto, il lettore sa di trovarsi di fronte a una operazione di reinterpretazione e probabilmente apprezza più la sfida traduttiva che non l'originale. Se il gioco invece è coperto, allora – a parte ogni considerazione sull'importanza del fenomeno e i suoi esiti – in termini legali si potrebbe parlare di arbitrio nei confronti del lettore ingenuo.

Ci sono infine casi in cui il traduttore perde qualcosa, per una svista, e tuttavia, per serendipità, perdendo guadagna

---

[12] Demaria (2003, §3.2.2 e 3.2.3) che cita in proposito Wing (1991) e le sue traduzioni da Helène Cixous, affermando che la traduttrice deve "prestare molta attenzione al testo e lasciare che la sua lingua lo attraversi (...) La traduzione deve lavorare seguendo il corpo e i suoi ritmi" (pp. 7-9). Sempre in Demaria (2003, §3.4) si vedano le pagine sulle traduzioni "coloniali" e quelle (certamente trasversali rispetto al problema della traduzione) dedicate al problema delle letterature post-coloniali.

qualcosa d'altro. Un caso curioso è stato quello segnalatomi da Masaki Fujimura, il traduttore giapponese dell'*Isola del giorno prima* il quale (come dovrebbe fare ogni buon traduttore) aveva consultato le traduzioni in altre lingue, e aveva maliziosamente individuato un errore di Bill Weaver nella traduzione inglese.

Parlando, all'inizio del sesto capitolo, di una sorta di visione che il protagonista aveva avuto del sorgere del sole nei mari del sud, il mio testo diceva:

Gli apparve subito come un frastagliato profilo turchese che, nel trascorrere di pochi minuti, già si stava dividendo in due strisce orizzontali: una spazzola di verzura e palme chiare già sfolgorava sotto la zona cupa delle montagne, su cui dominavano ancora ostinate le nubi della notte. Ma lentamente queste, nerissime ancora al centro, stavano sfaldandosi ai bordi in una mistura bianco e rosa.

Era come se il sole, anziché colpirle di fronte stesse ingegnandosi di nascervi da dentro ed esse, pur sfinendosi di luce ai margini, s'inturgidissero gravide di caligine, ribelli a liquefarsi nel cielo per farlo divenire specchio fedele del mare, ora prodigiosamente chiaro, abbagliato da chiazze scintillanti, come se vi transitassero banchi di pesci dotati di una lampada interna. In breve però le nuvole avevano ceduto all'invito della luce, e si erano sgravate di sé abbandonandosi sopra le vette, e da un lato aderivano alle falde condensandosi e depositandosi come panna, soffice là dove colava verso il basso, più compatta al sommo, formando un nevaio, e dall'altro, facendosi il nevaio al vertice una sola lava di ghiaccio, esplodevano nell'aria in forma di fungo, prelibate eruzioni in un paese di Cuccagna.

Poco più avanti, colpito da nuove strabilianti esperienze, il personaggio si chiede se non stia sognando:

Non avrebbe potuto, pertanto, essere sogno anche il gran teatro di celesti ciurmerie che egli credeva di vedere ora all'orizzonte?

Dopo aver tradotto assai bene il primo brano, di fronte alle

117

mie *ciurmerie* (e ricordo che il termine significa inganno, imbroglio, impostura), Weaver le ha intese come "cosa da ciurma" (visto che si è su una nave) e ha tradotto *celestial crews*. Letteralmente parlando, si tratta di un errore, o per lo meno di una svista. Tuttavia è poi così male che in quel cielo si aggirino equipaggi celesti? Debbo dire che, leggendo la traduzione manoscritta, non avevo rilevato nulla che mi disturbasse. Nel mio brano (che riguarda gli inganni della visione e l'illusionismo barocco) c'era una isotopia del raggiro, e nel testo d'arrivo questa si perde lasciando spazio a una isotopia navale, peraltro egualmente presente. Che in quel cielo (teatro d'inganni visivi) apparissero fantasmatici marinai danzanti forse aggiunge un tocco surreale a quella visione (e illusione).

Tuttavia, in linea di principio, direi che il traduttore non deve proporsi di migliorare il testo. Se crede che quella storia, o quella descrizione, avrebbe potuto essere migliore, si eserciti nel rifacimento d'autore, così come Sartre aveva riscritto il *Kean* di Dumas. Se si traduce un'opera modesta mal scritta, che rimanga tale, e che il lettore di destinazione sappia che cosa aveva fatto l'autore. A meno che non si traduca per collane d'intrattenimento, che offrono storie poliziesche d'infimo rango, romanzetti d'amore o allegra pornografia. In tali casi il lettore non sa chi sia l'autore, spesso ne dimentica subito il nome e se, per ragioni di cassetta, traduttore o editore vogliono che una scena di sesso e violenza risulti ancora più saporosa, premano sul pedale a volontà, così come il bravo pianista di piano bar può trasformare, alle due di notte, un motivetto allegro in una elegia strappalacrime. Ma licenze del genere, e senza mirare a strappare la lacrima, bensì per ottenere effetti prodigiosi, se le prendevano i grandi del jazz, che da un tema qualsiasi traevano una *jam session* che, se si è salvata in qualche registrazione, si ascolta ancora con commozione e reverenza.

Però in casi del genere si è passati o al rifacimento radicale (di cui parlerò nel capitolo 12) o all'adattamento o trasmutazione, di cui parlerò nel capitolo 13.

Voglio però considerare ora un caso limite, in cui la tentazione del miglioramento è assai forte, e racconterò di una esperienza personale.[13] Anni fa, quando Einaudi stava iniziando quella collana dalla copertina blu, di testi tradotti da scrittori (dove poi avrei tradotto *Sylvie*), avevo risposto a un invito di Calvino proponendo di tradurre *Il conte di Monte-Cristo* di Dumas. Ho sempre considerato questo romanzo un capolavoro della narratività, ma sostenere la forza narrativa di un'opera non significa necessariamente dire che si tratti di opera d'arte perfetta. Di solito si apprezzano libri di questo genere affermando che si tratta di capolavori della "paraletteratura", per cui si può concedere che Souvestre e Allain non fossero *grandi* scrittori e tuttavia, come è accaduto ai surrealisti, celebrare la forza quasi mitologica di un personaggio come Fantomas.

Certamente la paraletteratura esiste, e si tratta di tanta merce seriale, romanzi gialli o rosa da leggere in spiaggia, che hanno il fine esplicito di divertire e non si pongono alcun problema di stile o di invenzione (anzi ottengono successo in quanto sono ripetitivi e seguono uno schema ormai caro ai lettori). La paraletteratura è lecita tanto quanto il *chewing gum*, che ha le sue funzioni, persino in termini di igiene dentaria, senza che appaia mai in un menu di alta cucina. Ma con figure come quella di Dumas è lecito chiedersi se, malgrado scrivesse per danaro, e a puntate, certamente per eccitare e compiacere il proprio pubblico, egli facesse soltanto (e sempre) della paraletteratura.

Che cosa siano i romanzi di Dumas appare chiaro quando cerchiamo di rileggere il suo contemporaneo Sue, allora più famoso di lui, e da cui Dumas ha tratto non pochi suggerimenti. Per esempio, il *Monte-Cristo*, con la sua celebrazione del giustiziere vendicatore, è stato scritto sulla scia del successo dei *Misteri di Parigi* di Sue.[14] Ma, appunto, se rileggiamo *I misteri di Parigi* (che pure ha prodotto isterie collettive, identificazioni coi personaggi, e addirittura risposte politico-sociali) ci accorgiamo che le lungaggini rendono di piombo quel libro, e riusciamo ormai a leg-

---

[13] Non posso che riprendere ciò che avevo raccontato (in Eco 1985) a proposito del mio tentativo, fallito, di nuova traduzione de *Il conte di Monte-Cristo*.
[14] Vedi le mie riflessioni su Sue, e anche su Dumas (in Eco 1978), dove peraltro riprendo scritti pubblicati in date precedenti.

gerlo solo come documento. Invece *I tre moschettieri* sono un libro ancora scattante, che fila come un brano jazz, e persino quando produce quelli che ho definito dialoghi "a cottimo", due o tre pagine di brevi e inessenziali battute, moltiplicate perché l'autore era pagato un tanto a riga, lo fa con grazia teatrale.

Potremmo allora dire che Dumas possedeva uno stile migliore di quello di Sue, e quindi produceva *bene* quella che per Croce era "letteratura", mentre Sue non aveva questo dono. Ma queste indulgenti concessioni non funzionano col *Monte-Cristo* il quale, come vedremo, ci appare scritto assai *male*.

Il fatto è che esistono virtù di scrittura che non necessariamente si identificano né con il lessico né con la sintassi, ma piuttosto con tecniche di ritmo e accorto dosaggio narrativo, che fanno passare, anche infinitesimalmente, il confine tra letteratura e paraletteratura e producono figure e situazioni mitiche che conquistano l'immaginario collettivo. In fondo noi conosciamo quelle che sono state definite "forme semplici", come le fiabe di cui sovente ignoriamo l'autore originario (o colui che ha ripreso in forma letteraria un racconto popolare) e che fanno circolare nella tradizione intertestuale personaggi indimenticabili, come Cappuccetto Rosso, Cenerentola o il Gatto con gli stivali, le cui storie sopravvivono indipendentemente da chi le racconta e da come lo fa, sia che si tratti di un divulgatore per ragazzi, della mamma accanto al letto dei suoi bambini, o di chi poi le adatta a balletto o a cartone animato. Della stessa natura sono i miti, Edipo esisteva prima di Sofocle, Circe prima di Omero, uno stesso modello mitico si è incarnato nei *picaros* spagnoli, in Gil Blas, in Simplizissimus o in Till Eulenspiegel. Se esistono tali forme semplici, perché non dovremmo riconoscere che la "semplicità" non si identifica necessariamente con la brevità, e che possono esserci forme semplici che danno origine a un romanzo di quattrocento pagine?

Potremmo parlare di forme semplici anche per opere che, talora per caso, per frettolosa disinvoltura, per cinico calcolo commerciale, mettono in scena schiere di archetipi, e danno origine per esempio a film di culto come *Casablanca*.[15] Il *Mon-*

---

[15] Vedi il mio "Casablanca o la rinascita degli dei" (Eco 1977b: 138-146).

te-Cristo apparterrebbe allora a questa categoria di *forme semplici lutulente*, o complicatissime, se mi è concesso l'ossimoro.

Dimentichiamo per un istante il linguaggio e pensiamo soltanto alla fabula e all'intreccio che il *Monte-Cristo* racconta. Sotto l'addensarsi di vicende infinite e infiniti colpi di scena emergono alcune strutture archetipe che non esito a definire "cristologiche". C'è l'innocente tradito dai suoi stessi compagni, una terribile discesa agli inferi del castello d'If, l'incontro con la figura paterna dell'abate Faria, che con la sua morte, e avvolgendolo nel suo stesso sudario, salva Dantès; Dantès che dal drappo funebre, come da un utero salvifico, esce (risuscita) nel profondo del mare e ascende a una ricchezza e potenza inaudita; c'è il mito del Giustiziere quasi onnipotente, che torna a giudicare i vivi e i morti e a soddisfare i più inconfessati desideri di rivalsa di ogni lettore; questo Cristo Vendicatore soffre più volte le debolezze di un Orto degli Ulivi, perché è al postutto figlio dell'uomo e si chiede se davvero gli competa di convocare a giudizio spietato i peccatori. E non basta: c'è l'Oriente delle Mille e una Notte, il Mediterraneo coi suoi traditori e i suoi briganti, la società francese del primo capitalismo con i suoi intrighi e le sue mondanità, e anche se la troviamo meglio rappresentata in Balzac, anche se Dantès, trascinato per errore nel sogno bonapartista, non ha la complessità e l'ambiguità né di Julien Sorel né di Fabrizio del Dongo, l'affresco è tuttavia possente, e Monte-Cristo (beneficando i piccolo borghesi e i proletari come lui – e come i lettori) si batte, opponendosi ai suoi tre nemici, contro la finanza, la magistratura e l'esercito, non solo, ma sconfigge il banchiere giocando sulla fragilità della borsa, il magistrato scoprendone un antico crimine e il generale svelandone la slealtà militare. E poi il *Monte-Cristo* ci offre la vertigine dell'agnizione, molla narrativa fondamentale sin dai tragici greci, ma non si accontenta di una sola, come bastava ad Aristotele, ce ne provvede a catena. Monte-Cristo si svela a tutti, più volte, e non importa che ogni volta noi apprendiamo la stessa verità; è che (godendo del suo potere) siamo continuamente soddisfatti per la sorpresa altrui e vorremmo che egli non cessasse mai di rivelare ancora "io sono Edmond Dantès!"

Ci sono dunque tutte le migliori ragioni per cui il *Monte-Cristo* sia un romanzo mozzafiato. Eppure, eppure... *Casablanca* diventa film di culto perché nella sua energia selvaggia procede svelto come *I tre moschettieri*, mentre il *Conte di Monte-Cristo* (e qui torniamo al linguaggio, che pare ingolfarsi a ogni piè sospinto) è fangoso e ansimante. Denso di ridondanze, ripete senza pudore lo stesso aggettivo a una riga di distanza, s'impantana in digressioni sentenziose inciampando nella *consecutio temporum*, non riesce più a chiudere periodi di venti linee, mentre i suoi personaggi senza sosta impallidiscono, asciugano sudori diacci che gli colano sulla fronte, balbettano con una voce che più nulla ha d'umano, raccontano ai cani quello che hanno già raccontato ai porci alcune pagine prima – e basta calcolare nei primi tre capitoli quante volte Edmond ripeta a tutti che vuole sposarsi ed è felice, per ammettere che quattordici anni al castello d'If sono appena la giusta punizione per un logorroico di quella forza. Quanto alle più sgraziate incontinenze metaforiche, basti citare il capitolo 40, dove la vecchia torre del telegrafo ottico è così descritta:

> On n'eût pas dit, à la voir ainsi ridée et fleurie comme une aïeule à qui ses petits-enfants viennent de souhaiter la fête, qu'elle pourrait raconter bien de drames terribles, si elle joignait une voix aux oreilles menaçantes qu'un vieux proverbe donne aux murailles.

Per cui non si può che fremere d'ammirato orrore a leggere una anonima e vetusta traduzione italiana nelle indimenticabili edizioni Sonzogno:

> Si sarebbe detto, vedendola così ornata e fiorita come una bisavola di cui i suoi nipotini celebrano il giorno natalizio, che essa avrebbe potuto raccogliere drammi assai terribili, se avesse aggiunto la voce alle orecchie minaccevoli che un vecchio proverbio attribuisce alle muraglie.

Perché Dumas spudoratamente allunghi lo si sa benissimo e lo si è già detto, era pagato un tanto a riga, e molte volte ripeteva perché il racconto appariva a puntate e occorreva ricordare al lettore smemorato quello che era accaduto la puntata precedente. Ma si debbono ancora tenere in considerazione le stesse esigenze in una traduzione fatta oggi? Non si potrebbe lavorare come Dumas stesso avrebbe fatto, se fosse stato pagato nella misura in cui avesse saputo risparmiare piombo? Non avrebbe proceduto egli stesso con maggior speditezza se avesse saputo che i suoi lettori si erano già educati su Hemingway o su Dashiell Hammett? Non si aiuterebbe il *Monte-Cristo* sveltendolo là dove la ridondanza è inutile?

Avevo cominciato a calcolare. Dumas dice sempre che qualcuno si alza dalla sedia ove era seduto. Da quale sedia avrebbe dovuto alzarsi? E dunque non è sufficiente tradurre che si alzava dalla sedia, o addirittura che si alzava, e basta, se era già sottinteso che si trovasse a tavola o alla propria scrivania? Dumas scrive:

> Danglars arracha machinalement, et l'une après l'autre, les fleurs d'un magnifique oranger; quand il eut fini avec l'orange, il s'adressa à un cactus, mais alors le cactus, d'un caractère moins facile que l'oranger, le piqua outrageusement.

Perché non si deve tradurre cosi?

> Strappò macchinalmente, uno dopo l'altro, i fiori di un magnifico arancio; quando ebbe finito si rivolse a un cactus il quale, di carattere più difficile, lo punse oltraggiosamente.

Lo si vede a prima vista, tre righe invece di quattro, ventinove parole italiane contro le quarantadue francesi: un risparmio di oltre il venticinque per cento. Sulla lunghezza dell'intero romanzo, che nell'edizione Pléiade conta 1400 fittissime pagine, si guadagnano 350 pagine! E basta, di fronte a espressioni quali

> comme pour le prier de le tirer de l'embarras où se trouvait

usare la metà delle parole:

> come per pregarlo di trarlo d'imbarazzo.

Per non dire della tentazione di eliminare tutti i *Monsieur*. Il francese usa *monsieur* più di quanto l'italiano usi *signore*. Ancora oggi accade in Francia che due vicini di casa, entrando in ascensore, possano salutarsi con *bonjour, monsieur*, mentre in italiano basta *buongiorno*, per non introdurre elementi di formalità esagerata. Non parliamo di quanti *monsieurs* ci sono in un romanzo del XIX secolo. Davvero occorre tradurli anche quando parlano tra loro due persone di pari condizione? Quante pagine avrei risparmiato abolendo tutti i *monsieurs*?

Tuttavia sono entrato in crisi proprio a questo proposito. La presenza di tutti quei *monsieur* non solo manteneva alla storia il suo tono francese e XIX secolo, ma metteva in scena delle strategie conversazionali di rispetto che erano essenziali per capire i rapporti tra i personaggi. È proprio a quel punto che mi sono chiesto se fosse lecito tradurre *je vous en prie* come Dio comanda, e cioè *vi prego*, oppure se non avessero ragione i vecchi traduttori Sonzogno a scrivere *ve ne prego*.[16]

È a quel punto che mi sono detto che tutte le lungaggini che volevo evitare, e quelle trecentocinquanta pagine apparentemente inutili, avevano una funzione strategica fondamentale, creavano attesa, ritardando gli eventi risolutori, erano fondamentali per quel capolavoro della vendetta come piatto che si consuma freddo. Ed è a quel punto che ho rinunciato alla mia impresa decidendo che il *Monte-Cristo* è, per la strategia narrativa che mette in gioco, se non *ben scritto* certamente scritto *come si deve*, e non potrebbe essere scritto diversamente. Dumas, sia pure sotto la pressione di preoccupazioni meno nobili, in fin dei conti l'aveva capito: se *I tre moschettieri* deve filare svelto perché tutti siamo interessati a sapere come *gli altri* se la cavano, il *Monte-Cristo* deve procedere adagio e a fatica perché è del *nostro* spasimo che racconta. Poche pagine per sapere che Jussac viene sconfitto a duello, tanto al lettore non accadrà mai di sguainare la spada ai Carmelitani Scalzi, e molte per rappresentare il tempo lungo delle nostre fantasticherie di tutta una vita di frustrazioni.

Non escludo che un giorno torni sulle mie idee e mi decida a fare questa pseudo-traduzione. Ma dovrebbe essere presentata

---

[16] Ricordo una lamentela conviviale di Carlo Fruttero, che si arrendeva ammirato e sgomento di fronte a un'espressione tipica del migliore *feuilleton* francese, *s'écria-t-il*. E infatti, quale perdita di enfasi e drammaticità se la si traduce semplicemente *gridò* o *esclamò*.

come un *adattamento*, un lavoro a due mani. Snellendo il libro dovrei presupporre che i lettori conoscano già l'opera originale ma si trovino in situazione storica e culturale diversa, non siano più partecipi delle passioni di Edmond Dantès, guardino alle sue vicende con l'occhio estraniato e benevolmente ironico di un nostro contemporaneo e vogliano gaiamente scoprire, senza più piangere con quegli eroi, in quante rapide mosse Monte-Cristo arrivi ad architettare la sua vendetta.

5.6 Compensare rifacendo

In tal caso ci troveremmo di fronte a un lavoro che chiamerò rifacimento radicale o assoluto, di cui parlerò nel capitolo 12. Ora però vorrei esaminare situazioni in cui, per rispettare l'effetto che il testo voleva ottenere, si è autorizzati a tentare *rifacimenti parziali*, o *locali*.

Nel mio *Nome della rosa* appare un personaggio, Salvatore, che parla una lingua composta con pezzi di lingue diverse. Naturalmente nel testo italiano l'introduzione di termini stranieri otteneva effetti di straniamento, ma se un personaggio dicesse *Ich aime spaghetti* e un traduttore inglese rendesse questa espressione multilingue con *I like noodles*, l'effetto "babelico" sarebbe perduto. Ecco quindi il mio testo originale e come tre traduttori sono riusciti a rifare, nelle reciproche lingue e culture, le frasi del mio personaggio.

"Penitenziagite! Vide quando draco venturus est a rodegarla l'anima tua! La mortz est super nos! Prega che vene lo papa santo a liberar nos a malo de todas le peccata! Ah ah, ve piase ista negromanzia de Domini Nostri Iesu Christi! Et anco jois m'es dols e plazer m'es dolors... Cave el diabolo! Semper m'aguaita in qualche canto per adentarme le carcagna. Ma Salvatore non est insipiens! Bonum monasterium, et aqui se magna et se priega dominum nostrum. Et el resto valet un figo seco. Et amen. No?"

"Penitenziagite! Watch out for the draco who cometh in futurum to gnaw your anima! Death is super nos! Pray the Santo Pater come to liberar nos a malo and all our sin! Ha ha, you like this negromanzia de Domini Nostri Jesu Christi! Et anco jois m'es dols e plazer m'es dolors.... Cave el diabolo! Semper lying in wait for me in some angulum to snap at my heels. But Salvatore is not stupidus! Bonum monasterium, and aquí refectorium and pray to dominum nostrum. And the resto is not worth merda. Amen. No?" (*Weaver*)

"Penitenziagite! Voye quand dracon venturus est pour la ronger ton âme! La mortz est super nos! Prie que vient le pape saint pour libérer nos a malo de todas les péchés! Ah ah, vous plait ista nécromancie de Domini Nostri Iesu Christi! Et anco jois m'es dols e plazer m'es dolors... Cave el diabolo! Semper il me guette en quelque coin pour me planter les dents dans les talons. Mais Salvatore non est insipiens! Bonum monasterium, et aqui on baffre et on prie dominum nostrum. Et el reste valet une queue de cerise. Et amen. No?" (*Schifano*)

"Penitenziagite! Siehe, draco venturus est am Fressen anima tua! La mortz est super nos! Prego, daß Vater unser komm, a liberar nos vom Übel de todas le peccata. Ah, ah, hihhi, Euch gfallt wohl ista negromanzia de Domini Nostri Jesu Christi! Et anco jois m'es dols e plazer m'es dolors ... Cave el diabolo! Semper m'aguaita, immer piekster und stichter, el diabolo, per adentarme le carcagna. Aber Salvatore non est insipiens, no no, Salvatore weiß Bescheid. Et aqui bonum monasterium, hier lebstu gut, se tu priega dominum nostrum. Et el resto valet un figo secco. Amen. Oder?" (*Kroeber*)

Nel *Pendolo di Foucault* ho messo in scena un personaggio, Pierre, che parla un italiano molto "francesizzato". Nessuna difficoltà per gli altri traduttori, i quali dovevano pensare a come qualcuno parlerebbe con accento e lessico francese nella propria lingua, ma seri problemi si sono invece presentati al traduttore francese. Egli poteva scegliere di mettere in scena un personaggio con lessico e accento (poniamo) tedesco o spagnolo, ma si è reso conto che il mio personaggio si rifaceva a situazioni tipiche dell'occultismo francese *fin de siècle*. Ha deciso pertanto di accentuare non il fatto che fosse un francese, ma che fosse in ogni caso un personaggio caricaturale, e lo ha fatto parlare con espressioni che tradiscono una origine marsigliese.

Un bell'esempio di rifacimento parziale è dato dalla traduzione spagnola dell'*Isola del giorno prima*. Avevo avvisato i traduttori che il testo usava un lessico barocco e molte volte i personaggi impiegavano brani della poesia barocca italiana dell'epoca.

Si prenda un brano come questo, dove io impiegavo versi di Giovan Battista Marino (e anche qui le sbarre che dividono i versi sono inserite da me ora):

Da quel momento la Signora fu per lui Lilia, e come Lilia le dedicava amorosi versi, che poi subito distruggeva temendo che fossero impari omaggio: *Oh dolcissima Lilia, / a pena colsi un fior, che ti perdei! / Sdegni ch'io ti riveggi? / Io ti seguo e tu fuggi, / io ti parlo e tu taci...* Ma non le parlava se non con lo sguardo, pieno di litigioso amore, poiché più si ama e più si è inclini al rancore, provando brividi di fuoco freddo, eccitato d'egra salute, con l'animo ilare come una piuma di piombo, travolto da quei cari effetti d'amore senza affetto; e continuava a scrivere lettere che inviava senza firma alla Signora, e versi per Lilia, che tratteneva gelosamente per sé e rileggeva ogni giorno.
Scrivendo (e non inviando), *Lilia, Lilia, ove sei? ove t'ascondi? / Lilia fulgor del cielo / venisti in un baleno / a ferire, a sparire*, moltiplicava le sue presenze. Seguendola di notte mentre rincasava con la sua cameriera (*per le più cupe selve, / per le più cupe calli, / godrò pur di seguire, ancorché invano / del leggiadretto piè l'orme fugaci...*), aveva scoperto dove abitava.

La traduzione inglese di Weaver sceglie un lessico e una ortografia del XVII secolo, ma cerca di tradurre quasi letteralmente i versi dell'originale. La distanza tra il "concettismo" del barocco italiano e la poesia inglese dell'epoca era forse tale da non incoraggiare contaminazioni:

From that moment on the Lady was for him Lilia, and it was to Lilia that he dedicated amorous verses, which he promptly destroyed, fearing they were an inadequate tribute: *Ah sweetest Lilia / hardly had I plucked a flower when I lost it! / Do you scorn to see me? / I pursue you and you flee / I speak to you and you are mute* (....)
Lilia, Lilia, were are thou? Where dost you hide? Lilia, splendor of

127

Heaven, an instant in thy presence / and I was wounded, as thou didst vanish....

Diversa è stata la decisione della traduttrice spagnola, Helena Lozano, che aveva a che fare con una letteratura come quella spagnola del Siglo de Oro, per tanti versi affine al "concettismo" italiano. Come dice la stessa traduttrice in un saggio in cui racconta la sua esperienza (Lozano 2001), "il Lettore modello dell'*Isola,* e di Eco in generale, è un lettore che ha il gusto della scoperta e per il quale costituisce immensa fonte di piacere il riconoscimento delle fonti. La costruzione del lettore modello della traduzione non sarebbe stata possibile senza l'introduzione di testi del Secolo d'Oro".

Lozano ha pertanto optato per un rifacimento. In un brano che esprime, come questo, ardori amorosi incontrollati, poco contava cosa effettivamente dicesse l'amante e importava piuttosto che lo dicesse nei modi del discorso amoroso del Siglo de Oro. "La scelta dei testi è stata fatta tenendo presente il carattere fondamentalmente ricreativo delle traduzioni che all'epoca si facevano: si identificava un nucleo funzionale (fosse un contenuto o una forma) e lo si sviluppava a modo proprio. Nel nostro caso, le isotopie che contavano erano l'identificazione Lilia/fiore, l'amata che si sottrae e l'inseguimento angoscioso. E con l'aiuto di Herrera e di un Góngora minore, con qualche contaminazione di Garcilaso, ho messo in opera il mio disegno."

La traduzione Lozano pertanto suona:

Desde ese momento, la Señora fue para él Lilia, y como Lilia dedicábale amorosos versos, que luego destruía inmediatamente temiendo que fueran desiguales homenajes: ¡*Huyendo vas Lilia de mí, / oh tú, cuyo nombre ahora / y siempre es hermosa flor / fragrantísimo esplendor / del cabello de la Aurora!*... Pero no le hablaba, sino con la mirada, lleno de litigioso amor, pues que más se ama y más se es propenso al rencor, experimentando calofríos de fuego frío excitado por flaca salud, con el ánimo jovial como pluma de plomo, arrollado por aquellos queridos efectos de amor sin afecto; y seguía escribiendo cartas que enviaba sin firma a la Señora, y versos para Lilia, que guardaba celosamente para sí y releía cada día.

Escribiendo (y no enviando) *Lilia, Lilia, vida mía / ¿adónde estás? ¿A dó ascondes / de mi vista tu belleza? / ¿O por qué no, di, respondes / a la voz de mi tristeza?*, multiplicaba sus presencias. Siguiéndola de noche, mientras volvía a casa con su doncella (*Voy siguiendo la fuerza de mi hado / por este campo estéril y ascondido...*), había descubierto dónde vivía.

In questo caso il rifacimento appare come un atto di fedeltà: ritengo che il testo tradotto da Lozano produca esattamente l'effetto che voleva produrre quello originale. È vero che un lettore sofisticato potrebbe avvertire che i riferimenti sono alla poesia spagnola e non a quella italiana. Ma da un lato la vicenda si svolge in un periodo di dominazione spagnola in quella parte d'Italia in cui si svolgono le vicende, e dall'altro la traduttrice avverte che la "condizione d'uso di questo materiale era che fosse *poco conosciuto*". Infine, anche Lozano ha messo in opera una tecnica di collage. Era dunque difficile per i lettori spagnoli identificare fonti precise: essi erano piuttosto condotti a "respirare" un clima. Che era poi quello che volevo fare io in italiano.

Il caso più interessante di rifacimento parziale, e per me il più sorprendente, è stata la traduzione del primo capitolo del mio *Baudolino*. Lì avevo inventato una lingua pseudo-piemontese, scritta da un ragazzo quasi analfabeta del XII secolo, in un'epoca per la quale non abbiamo documenti di lingua italiana, almeno per quell'area.

I miei intenti non erano filologici – anche se, dopo aver scritto quasi di getto il testo, seguendo certi echi della mia infanzia e certe espressioni dialettali del mio luogo di nascita, avevo per almeno tre anni consultato tutti i dizionari storici ed etimologici che potevo, per evitare almeno vistosi anacronismi, e mi ero addirittura accorto che certe espressioni dialettali oscene, in uso ancor oggi, avevano radici longobarde, e quindi potevo presumere che in qualche modo fossero passate all'incerto dialetto padano di quell'epoca. Naturalmente avevo segnalato ai traduttori che essi dovevano ricreare una situazione linguistica analoga, ma mi rendevo conto che il problema sarebbe cambiato da paese a paese. Nello stesso periodo in Inghilterra si parlava il Middle English, che sarebbe però incomprensibile a un anglofono odierno, la Francia aveva già poesia in *langue d'oc* e *langue d'oil*, la Spagna aveva già prodotto il *Cid*...

È un peccato che qui non si possano riprodurre tutte le varie traduzioni, perché si vedrebbe come ciascuno abbia cercato di adattare quel linguaggio inesistente al genio della propria lingua, con effetti diversissimi. Mi limito solo a pochi esempi.

Baudolino teme che nella cancelleria imperiale si accorgano che ha "grattato" e ridotto a palinsesto l'opera fondamentale del vescovo Ottone, per scrivervi le sue incerte memorie; ma poi si consola pensando che da quelle parti nessuno se ne accorgerà, e azzarda anche un'espressione oscena che poi cancella e sostituisce con altra espressione dialettale. Si noti che l'espressione cancellata è tipicamente piemontese mentre quella sostitutiva è più lombarda (ma assumevo che Baudolino avesse disordinatamente assorbito vari dialetti padani):

> ma forse non li importa a nessuno in chanceleria scrivono tutto anca quando non serve et ki li trova (questi folii) ~~si li infila nel büs del kü~~ non se ne fa negott.

Chi si è posta problemi filologici più precisi è stata Helena Lozano, che aveva deciso di rendere il mio testo in uno spagnolo inventato che ricordasse *El Cantar de mio Cid* e la *Fazienda de Ultramar*, testo quest'ultimo ricco di forestierismi (Lozano 2003). Però di fronte a questo brano la traduttrice si pone anche il problema di preservare alcune sonorità originali senza tentare di rifarle a tutti i costi in spagnolo medievale. Pertanto, per l'espressione cassata, conserva quasi la dizione originale, semplicemente arcaicizzando l'espressione volgare *ojete* e rafforzandola con il troncamento di *kulo* ("dando libertà al lettore di decidere se si abbia una doppia censura... o se si tratti di un'apocope fonica, così abituale nel linguaggio colloquiale"). Quindi:

> Pero quiçab non le importa a nadie en chancellería eschrivont tot incluso quando non sirve et kien los encuentra [isti folii] ~~se los mete en el ollete del ku~~ non se faz negotium.

Per un'altra espressione, quale *Fistiorbo che fatica skrivere mi fa già male tuti i diti*, avendo appurato che *fistiorbo* è imprecazione dialettale che significa "che tu potessi diventare cieco", Lozano decide di latinizzare in *fistiorbus ke cansedad eskrevir* – ammettendo che il significato del neologismo adottato è certamente opaco per il lettore spagnolo ma che era già originariamente opaco per ogni lettore italiano che non avesse familiarità con il dialetto alessandrino di Baudolino.

È interessante vedere come hanno reagito altri traduttori. Mi pare che considerazioni analoghe abbiano orientato Arenas Noguera per la traduzione catalana, almeno per il primo brano:

> mes potser no.l interessa negu a cancelleria scriuen tot ancar quan no val e qu.ils trova (ests folii) ~~se.ls fica forat del cul~~ no.n fa res.

Per il secondo, la traduttrice ha tentato una traduzione quasi letterale che, per mio difetto di competenza linguistica, non so cosa possa dire al lettore d'arrivo: *eu tornare orb*.

Schifano come al solito tenta un adattamento molto francesizzante, a mio parere con buoni risultati:

> mais il se peut k'a nulk importe en la cancellerie ils escrivent tout mesme quanto point ne sert et ke ki les trouve (les feuilles) ~~kil se les enfile dans le pertuis du kü~~ n'en fasse goute.

Parimenti per *fistiorbo* si rifà a una equivalente espressione popolare francese, *morsoeil*. Weaver (come vedremo anche nel capitolo seguente) *domestica* e *modernizza* (il *fistiorbo* diventa un *Jesù*, che certamente funziona come esclamazione di disappunto, ma rinuncia a ogni rinvio a un linguaggio "altro") e ricorre a un inglese volgare quasi contemporaneo, con qualche reticenza dovuta a pudore:

> but may be nobody cares in the chancellery thay write and write even when theres no need and whoever finds them (these pages) ~~can shove them up his~~... wont do anything about them.

131

Più interessante è il comportamento di Kroeber. Il *fistiorbo* diventa (germanizzato) un *verflixt swêr* (qualcosa come "è maledettamente difficile"), ma sembra che per esigenza filologica il traduttore voglia mantenere l'originale nell'altro brano:

> aber villeicht merkets ja kainer in der kanzlei wo sie allweil irgentwas schreiben auch wanns niëmandem nutzen tuot und wer diese bögen findet ~~si li infila nel büs del kü~~ denkt sie villeicht weitewr darbei.

Apparentemente si tratta di un tentativo di restituire il sapore del dialetto originale, ma non credo sia così. Entra qui in gioco un problema molto delicato, che è quello delle oscenità, che non solo abbondano nelle pagine introduttive in lingua "baudolinesca", ma appaiono anche qua e là nel resto del testo, quando i personaggi popolari parlano tra loro e usano modi di dire e imprecazioni dialettali.

L'italiano (e le lingue latine in genere) sono ricche di bestemmie ed espressioni oscene, mentre il tedesco è assai più contenuto. Così una esclamazione che in italiano apparirebbe forse sconveniente, ma non inusuale, e connoterebbe origine e livello sociale del parlante, in tedesco suonerebbe come intollerabilmente blasfema o in ogni caso esageratamente volgare. Chi ha visto *Deconstructing Harry* di Woody Allen sa che vi appare una signora newyorkese che ripete l'espressione *fucking* ogni dieci secondi, come un intercalare, ma una signora di Monaco non potrebbe pronunciare un termine equivalente con tanta disinvoltura.

All'inizio del secondo capitolo del mio romanzo, Baudolino entra caracollando nella chiesa di Santa Sophia in Costantinopoli e, per esprimere la sua indignazione verso i crociati che stanno saccheggiando gli arredi sacri e profanano il tempio con il loro comportamento da predoni avvinazzati, pronuncia alcune bestemmie. L'effetto vuole essere comico: Baudolino, per accusare gli invasori di comportamento blasfemo, bestemmia a sua volta – sia pure trascinato da sacro fuoco e virtuosi propositi. Per il lettore italiano Baudolino non appare affatto come un seguace dell'Anticristo ma come un buon cristiano sinceramente scandalizzato, anche se avrebbe dovuto controllare meglio il suo linguaggio.

Pertanto Baudolino, precipitandosi a spada levata contro i profanatori, grida:

> Ventrediddio, madonna lupa, mortediddio, schifosi bestemmiatori, maiali simoniaci, è questo il modo di trattare le cose di nostrosignore?

Bill Weaver ha cercato di essere in inglese tanto blasfemo quanto un inglese può essere e ha tradotto:

> God's belly! By the Virgin! 'sdeath! Filthy blasphemers, simonist pigs! Is this any way to treat the things of our lord?

Certamente ha perduto l'effetto popolare di quel *Madonna lupa* che io, durante il mio servizio militare, da giovane avevo sentito ripetere tante volte dal mio caporale istruttore, ma è noto che gli anglosassoni – e i protestanti americani – non hanno la stessa confidenza con le cose sacre che esibiscono invece le popolazioni cattoliche (gli spagnoli, per esempio, conoscono bestemmie più tremende delle nostre).

I traduttori in spagnolo, brasiliano, francese e catalano non hanno avuto molti problemi nel rendere la santa indignazione di Baudolino:

> Ventredieu, viergelouve, mordiou, répugnante sacrilèges, porcs de simoniaques, c'est la manière de traiter les choses de nostre-seigneur? (*Schifano*)

> Ventredediós, virgenloba, muertedediós, asquerosos blasfemadores, cerdos simoníacos, es ésta la manera de tratar las cosa de nuestroseñor? (*Lozano*)

> Ventre de deus, mäe de deus, morte de deus, nojentos blasfemadores, porcos simoníacos, é este o modo de tratar las coisas de Nosso Senhor? (*Lucchesi*)

> Pelventre dedéu, maredédeudellsops, perlamortededèu, blasfe-

madores fastigosos, porcos simoníacs, aquesta és manera de tractar les coses de nostre Senyor? (*Arenas Noguera*)

Estremamente prudente e *prude* si è mostrato invece il traduttore tedesco:

Gottverfluchte Saubande, Lumpenpack, Hurenböcke, Himmelsakra, ist das die Art, wie man mit den Dingen unseres Herrn umgeht? (*Kroeber*)

Come si vede, Kroeber non menziona direttamente né Dio né la Vergine, e insulta i crociati dicendo che sono maiali maledetti dal Signore, straccioni, caproni figli di troia, e la sola pseudo-bestemmia che Baudolino pronuncia è la sola che il più irato e screanzato dei tedeschi potrebbe lasciarsi sfuggire, *Himmelsakra*, che è poi "Cielo e Sacramento" – molto poco per un contadino piemontese su di giri.

Nel primo capitolo (quello in linguaggio baudolinesco) si descrive l'assedio di Tortona, come la città sia alla fine invasa e come i più feroci di tutti siano stati i pavesi. Il testo italiano recita:

et poi vedevo i derthonesi ke usivano tutti da la Città homini donne bambini et vetuli et si plangevano adosso mentre i alamanni li portavano via come se erano beeeccie o vero berbices et universa pecora et quelli di Papìa ke alé alé entravano a Turtona come matti con fasine et martelli et masse et piconi ke a loro sbatere giù una città dai fundament li faceva sborare.

L'espressione finale è certamente popolare, poco educata, certo, ma abbastanza comune. Jean-Noel Schifano non ha avuto esitazioni a renderla in francese:

et puis je veoie li Derthonois ki sortoient toz de la Citet homes femes enfans et vielz et ploroient en lor nombril endementre que li alemans les emmenoient com se fussent breeebies oltrement dict des berbices et universa pecora et cil de Papiia ki aIe ale entroient a Turtona com fols aveques fagots et masses et mails et pics qu 'a eulx abatre une citet jouske dedens li fondacion les faisoient deschargier les coilles.

Helena Lozano mi ha spiegato come avesse a disposizione una equivalente espressione spagnola, *correrse*, che però letteralmente significa proprio *correre*, e in quel contesto, dove ciascuno stava movendosi qua e là, si rischiava di perdere la connotazione sessuale e di far pensare che, ai pavesi, l'idea di distruggere una città li facesse muovere con sollecitudine. Perciò ha adottato un latinismo che non lascia perplessità al lettore:

et dende veia 1os derthonesi ke eixian todos da la Cibtat, hornini donne ninnos et vetuli de 1os sos oios tan fuerterniientre 1orando et los alamanos ge los lleuauan como si fueran beejas o sea berbices et universa ovicula et aquellotros de Papia ke arre arre entrauan en Turtona como enaxenados con faxinas et martillos et mazas et picos ca a ellos derriuar una cibtat desde los fundamenta los fazia eiaculare.

Bill Weaver non ha tentato rifacimenti arcaici e ha usato l'espressione che la signora di Woody Allen avrebbe usato. A me pare che sia stato eccessivamente educato perché lo *slang* gli offriva forse qualcosa di meglio. Ma forse altre espressioni gli sono apparse troppo moderne, o troppo americane:

And then I saw the Dhertonesi who were all coming out of the city men women and children and oldsters too and they were crying while the Alamans carried them away like they were becciee that is berbices and sheep everywhere and the people of Pavia who cheered and entered Turtona like lunnatics with faggots and hammers and clubs and picks because for them tearing down a city to the foundations was enough to make them come.

Come sempre il massimo del pudore è raggiunto da Burkhart Kroeber:

und dann sah ich die Tortonesen die aus der stadt herauskamen männer frauen kinder und greise und alle weinten und klagten indes die alemannen sie wegfürten als wärens schafe und andres schlachtvieh und die aus Pavia schrien Alé Alé und stürmten nach Tortona hinein mit äxten und hämmern und

keulen und piken denn eine stadt dem erdboden gleichzuma-
chen daz war ihnen eine grôsze lust.

Eine grôsze lust, sia pure letto come espressione arcaica, può
significare al massimo *una gran goduria*. Forse esprime egualmente l'enfasi quasi sessuale con cui i pavesi distruggevano una
città, e in ogni caso in tedesco non si poteva dire di più.

Anche nel resto del testo, quando ho adottato l'italiano corrente, Baudolino e i suoi concittadini si esprimono sovente con
rimandi al loro dialetto. Sapevo benissimo che la cosa sarebbe
stata apprezzata solo dai "parlanti nativi", ma confidavo che anche i lettori estranei al dialetto piemontese potessero cogliere
uno stile, delle cadenze dialettali (così come accade a un lom-
bardo che ascolta un comico napoletano come Troisi). A ogni
buon conto (seguendo un'abitudine dialettale tipica, quella di
far seguire l'espressione gergale dalla traduzione in italiano,
quando si vuole rafforzare l'affermazione), provvedevo per così
dire la traduzione delle espressioni opache. Una severa sfida per
i traduttori che, se volevano mantenere il gioco tra espressione
dialettale e traduzione, avrebbero dovuto trovare una espressione dialettale corrispondente, ma in tal caso avrebbero de-pada-
nizzato il linguaggio di Baudolino. Questi sono casi in cui la
perdita è fatale, tranne tentare operazioni acrobatiche.

Ecco un brano del capitolo 13 dove inserivo (italianizzando-
la, e anche questo è vezzo dialettale) l'espressione *squatagnè
cmé'n babi*, molto icastica, perché evoca l'azione di chi col piede
spiaccica un rospo riducendolo a una silhouette piatta che poi
sotto il sole si dissecca come una foglia:

Sì, ma poi arriva il Barbarossa e vi squatagna come un babio,
ovverosia vi spiaccica come un rospo.

Alcuni traduttori hanno rinunciato a rendere il gioco dialet-
to-traduzione e hanno semplicemente usato un modo di dire
popolare nella loro lingua, limitandosi a rendere con efficacia il
senso dell'azione:

Siì, peró després arribarà Barba-roja i us esclafarà com si res. (*Noguera*)

Yes, but then Barbarossa comes along and squashes you like a bug. (*Weaver*)

Ja, aber dann kommt der Barbarossa und zertritt euch wie eine Kröte. (*Kroeber*)

Lozano, approfittando del fatto che in ogni caso l'espressione viene poi tradotta, cerca di mantenerla come bizzarria neologizzante, adattandola alle caratteristiche fonetiche del castigliano; Schifano ha rafforzato la gergalità dell'accenno, ma trasportando il tutto in area francese:

Sí, pero luego llega el Barbarroja y os escuataña como a un babio, o hablando propiamente, os revienta como a un sapo.

Oui, mais ensuite arrive le Barberousse et il vous réduit à une vesse de conil, autrement dit il vous souffle comme un pet de lapin. (*Schifano*)

Non è un caso che, eliminando il gioco tra espressione dialettale e traduzione, i testi catalano, inglese e tedesco appaiano più brevi degli altri due (e dell'originale).

Nota Nergaard (2000: 289) che talora il rifacimento è l'unico modo per realizzare una traduzione che diremmo "fedele", e cita la sua versione norvegese del mio "Frammenti" apparso in *Diario Minimo*, dove immagino che una società del futuro riscopra, dopo una catastrofe atomica, una raccolta di canzonette e le intenda come culmini della poesia italiana del XX secolo. Il gioco comico nasce dal fatto che gli scopritori applicano complesse analisi critiche a testi come *Pippo non lo sa* o a canzoni di San Remo. Nergaard, che si è trovata a volgere questo testo in norvegese, si è resa conto che se avesse citato, tradotti alla lettera, i versi della canzoni italiane, ignote ai lettori norvegesi, nessuno avrebbe colto la comicità del gioco. Ha dunque deciso di sostituire le canzoni italiane con canzoni norvegesi equivalenti. Di fatto è accaduto lo stesso con la traduzione italiana di Bill Weaver, che naturalmente riesco ad apprezzare di più perché riconosco popolari ritornelli di Broadway.[17]

Naturalmente questi sono esempi di rifacimento *parziale*, ovvero *locale*. Viene sostituita la canzone ma non il resto della storia, anzi viene sostituita la canzone proprio perché in altra lingua si possa comprendere il resto della storia (ottenendo lo stesso effetto globale). Come vedremo nel capitolo 12, diversi sono i casi che chiamo rifacimento totale o radicale.

In tutti questi esempi certamente i traduttori producono (sia pure in misura diversa) lo stesso effetto che il testo italiano voleva produrre. Il giudizio di correttezza può essere pronunciato assumendo per congettura che l'effetto da produrre fosse X_n mentre il testo di destinazione produce al massimo l'effetto X_{n-1}. Ma siamo sul piano del giudizio di gusto, e non vi è regola discriminante. L'unico criterio per poter dire che si tratti ancora di traduzione è che venga rispettata la condizione di reversibilità.

Naturalmente, e ancora una volta, la reversibilità va negoziata. Credo che a ritradurre in italiano la versione Lozano del brano dell'*Isola* sia riconoscibile il testo fonte, anche se cambiano i versi scritti dall'innamorato Roberto. Anzi, il traduttore sensibile sarebbe portato a rifare a propria volta, trovando degli equivalenti nella poesia barocca italiana (magari non gli stessi, ma capaci di produrre lo stesso effetto). Lo stesso accade nel caso citato da Nergaard: credo che un ipotetico ritraduttore del mio testo dal norvegese capirebbe che al posto di quelle canzonette scandinave occorrerebbe porre, se proprio non *Pippo non lo sa,* almeno *I pompieri di Viggiù.*

---

[17] Diversamente si sono comportati i traduttori francese, catalano, castigliano e portoghese, che hanno conservato i testi italiani. Evidentemente le affinità tra culture permettevano di riconoscere il tipo di canzone, probabilmente nota anche in quei paesi. Ma hanno aggiunto delle note esplicative a piè di pagina. Interessante notare come l'editore tedesco abbia deciso di espungere quel brano, sostituendolo con altri.

6.
RIFERIMENTO E SENSO PROFONDO

In semantica si è discusso e ampiamente si discute se le proprietà espresse da un dato termine sono essenziali, diagnostiche o accidentali. Senza riprendere questa vasta discussione (cfr. per es. Violi 1997) suggerirei che queste differenze sono sempre dipendenti dal contesto. Nel caso di *chaumière* la proprietà di essere una sorta di abitazione è certamente essenziale, ma abbiamo visto come due diversi traduttori abbiano considerato più o meno accidentale quella di avere un tetto di stoppia. Negoziare il Contenuto Nucleare di un termine vuole dire decidere quali proprietà debbano essere considerate contestualmente accidentali e si possano, per così dire, narcotizzare.

Ma ora vorrei proporre un esempio di negoziazione, che apparentemente è del tutto corretta, e che tuttavia pone un problema inquietante.

6.1 Violare il riferimento

Nel mio *Lector in fabula* (Eco 1979) analizzo un racconto di Alphonse Allais, *Un drame bien parisien,* e per l'edizione inglese di quel lavoro il mio amico Fred Jameson aveva fatto espressamente una traduzione di quel racconto. Nel secondo capitolo del racconto i due protagonisti, Raoul e Marguerite, uscendo una sera da teatro tornano a casa in un coupé e iniziano a litigare. Si noti che il tono e il soggetto di quel litigio saranno essenziali per il seguito del racconto.

Jameson traduce che ritornavano a casa in un *hansom cab*. È stata una buona traduzione per *coupé*? I dizionari ci dicono che

139

un *coupé* è una piccola vettura chiusa, a quattro ruote, con due posti interni, e il cocchiere all'esterno, di fronte. Un *coupé* è spesso confuso con un *brougham*, che però può avere sia due che quattro ruote, due o quattro posti interni, e dove il cocchiere siede all'esterno ma sul retro. Un *hansom* è praticamente simile a un *brougham* e ha ugualmente il cocchiere sul retro (salvo che ha sempre due ruote). Quando dunque si paragonino un *coupé* e un *hansom*, la posizione del cocchiere diventa elemento diagnostico, e una differenza del genere potrebbe diventare cruciale in un contesto adeguato. Era cruciale in *Un drame*, e possiamo dire che la traduzione di Jameson fosse infedele?

Non so perché Jameson non abbia usato il termine *coupé*, che esiste ormai nel lessico inglese. Forse lo ha fatto perché ha ritenuto che *hansom* fosse parola più comprensibile al suo lettore, e soprattutto perché al parlante normale la parola *coupé* evoca ormai un tipo di automobile e non una carrozza. Se è così ha fatto benissimo, e il suo è un ottimo esempio di negoziazione.[1]

Infatti, in quel brano, anche la peggiore delle traduzioni renderebbe esplicito che i due tornano a casa in un veicolo a cavalli, ma ciò che è particolarmente rilevante è che essi stanno litigando e che, essendo una coppia di borghesi per bene, intendono risolvere il loro problema *in modo privato*. Ciò di cui essi avevano bisogno era una carrozza *chiusa* di carattere borghese, non certo un volgarissimo omnibus con una folla di passeggeri. In quella situazione la posizione del cocchiere era irrilevante.

---

[1] La storia dello *hansom cab* non finisce qui. Nell'agosto 2002 *l'Unità* ha offerto come libro ai lettori del quotidiano un vecchio poliziesco del 1886, *Il mistero del calesse* di Fergus Hume. Il titolo originale era *The Mistery of a Hansom Cab* e sulla copertina dell'edizione ottocentesca appariva un *hansom*. Forse per influenza di quella, un *hansom* è disegnato anche sull'edizione italiana del 2002, col cocchiere dovutamente sul retro (oppure il disegnatore ha letto il libro e consultato un dizionario). Un calesse invece ha il guidatore sul davanti, non è di regola coperto, e soprattutto non è una vettura di piazza e viene condotto di solito dal proprietario. Perché questa scelta? Certamente per la difficoltà di tradurre *hansom cab*. Certo che il delitto sarebbe apparso più misterioso se fosse stato compiuto all'interno, che so, di un *fiacre* – e si sarebbe evocato un altro libro pieno di misteri, *Il fiacre n.13* di Xavier de Montepin –, ma purtroppo la vicenda si svolge in Australia dove nessuno parlava di *fiacres*.

Un *coupé*, un *brougham* o un *hansom* avrebbero fatto indifferentemente al caso loro. Se per la comprensione della vicenda la posizione del cocchiere non era essenziale, il traduttore poteva benissimo considerarla accidentale, e narcotizzarla.

Tuttavia nasce un problema. Il testo originale diceva che i due avevano preso un *coupé* e il testo tradotto dice che avevano preso un *hansom*. Cerchiamo di visualizzare la scena. Nel caso del testo francese (ammesso che conosciamo bene il significato delle parole) i nostri due protagonisti viaggiano su una carrozza col cocchiere seduto davanti; nel caso del testo inglese il lettore visualizza una carrozza col cocchiere seduto di dietro. Abbiamo detto che la differenza è irrilevante, ma dal punto di vista di un criterio di verità i due testi costruiscono due scene diverse, ovvero due diversi mondi possibili in cui due individui (le due rispettive carrozze) sono differenti. Se un quotidiano dicesse che il primo ministro è arrivato sul luogo del disastro in elicottero, mentre vi è arrivato in automobile, qualora la notizia veramente rilevante fosse che il primo ministro è veramente andato in quel luogo, probabilmente nessun lettore si lamenterebbe. Ma se la differenza rilevante fosse se vi è andato in modo sollecito oppure prendendosela comoda? In tal caso il quotidiano avrebbe dato una falsa notizia.

Quello che qui è in gioco è il problema del riferimento e di come una traduzione debba rispettare gli atti di riferimento del testo originale. Intendo riferimento nel suo senso più ristretto (vedi Eco 1997, §5), e cioè come un atto linguistico mediante il quale, dato per riconoscibile il significato dei termini che si usano, si punta su individui e situazioni di un mondo possibile (che può essere quello in cui viviamo ma anche quello descritto da un racconto) e diciamo che in una data situazione spazio-temporale si dà il caso che ci siano determinate cose o si verifichino determinate situazioni. *I gatti sono mammiferi* non costituisce, da questo mio punto di vista, un atto di riferimento, ma semplicemente stabilisce quali siano le proprietà che dobbiamo assegnare ai gatti in generale per potere usare in modo intersoggettivamente ragionevole la parola *gatto*, e per potere usare questa parola in eventuali atti di riferimento (e lo stesso accadrebbe con l'affermazione *gli unicorni sono bianchi*). Se mi vengono proposte espressioni come *i gatti sono anfibi* o *gli unicorni sono a strisce*, è probabile che le condanni come "false", ma in effetti intendo dire che sono "sbagliate", almeno se si tengono per buoni i manuali di zoologia e le descrizioni di unicorni tramandateci dai bestiari antichi. Per decidere che *i gatti sono anfibi* è espressione giusta bisogna ristrutturare l'intero sistema delle nostre conoscenze, così come è avvenuto quando si è deciso che era sbagliata l'asserzione *i delfini sono pesci*.

Invece espressioni come *in cucina c'è un gatto, il mio gatto Felix è ammalato, Marco Polo nel* Milione *dice di aver visto degli unicorni*, si riferiscono a situazioni del mondo reale. Queste affermazioni possono essere empiricamente controllate e giudicate vere o false. Naturalmente aggiungo che per elaborare definizioni generali come *i delfini sono mammiferi* sono occorsi numerosi atti di riferimento a esperienze concrete, ma è certo che nella vita quotidiana noi usiamo *i gatti sono mammiferi* e *c'è un gatto sul tappeto* in modo diverso. Nel secondo caso siamo portati (se non prestiamo fiducia al parlante) a controllare *de visu*, nel primo andiamo ad aprire l'enciclopedia per vedere se l'asserzione sia corretta.

Ora, ci possono essere testi che non comprendono atti di riferimento (per esempio un dizionario, o una grammatica, o un manuale di geometria piana), ma nella maggior parte dei casi i testi (che sono resoconti, narrazioni, poemi epici o altro) mettono in gioco degli atti di riferimento. Il testo di un articolo di giornale, che asserisce che il tale personaggio politico è morto, richiede (se non prestiamo fiducia al giornale) che si controlli in qualche modo se ciò che ha detto è vero. Un testo narrativo che dica che il principe Andreij è morto ci impegna ad accettare l'idea che (nel mondo possibile di *Guerra e Pace*) il principe Andreij sia davvero morto, così che il lettore protesterebbe se lo vedesse riapparire nel seguito del romanzo, e giudicherebbe mendace l'asserzione di un altro personaggio che asserisse che il principe Andreij è vivo.

Il traduttore non dovrebbe permettersi di cambiare i riferimenti del testo narrativo, e infatti nessun traduttore si permetterebbe di dire, nella sua versione, che David Copperfield viveva a Madrid o che Don Chisciotte viveva in un castello della Guascogna.

6.2 Riferimento e stile

Tuttavia vi sono casi in cui il riferimento può essere disatteso per poter rendere l'intenzione stilistica del testo originale.

Il mio *L'isola del giorno prima* si basa essenzialmente su rifacimenti dello stile barocco, con molte e implicite citazioni di poeti e prosatori dell'epoca. Naturale che abbia incitato i traduttori non a tradurre letteralmente dal mio testo ma – quando possibile – a trovare equivalenti nella poesia secentesca della loro tradizione letteraria. Nel capitolo 32 il protagonista descrive i coralli dell'oceano Pacifico. Siccome li vede per la prima volta, deve ricorrere a metafore e similitudini, traendole dall'universo vegetale o minerale che gli è noto. Un particolare stilistico che mi aveva posto notevoli problemi lessicali è che, dovendo nominare diverse sfumature dello stesso colore, egli non poteva ripetere più volte termini come rosso o carminio, o color geranio, ma doveva variare attraverso l'uso di sinonimi. E questo non solo per ragioni di stile, ma anche per l'esigenza retorica di creare delle ipotiposi, ovvero per dare al lettore l'impressione "visiva" di una immensa quantità di colori diversi. C'era dunque un doppio problema per il traduttore: trovare adeguati riferimenti cromatici nella propria lingua e altrettanti termini più o meno sinonimi per lo stesso colore.

Per esempio Lozano (2001: 591) si era già trovata di fronte a un problema analogo nel capitolo 22. Padre Caspar tenta di descrivere a Roberto il colore della misteriosa Colomba di Fiamma, trova che rosso non sia il termine adatto e Roberto tenta di suggerire:

Rubbio, rubeo, rossetto, rubeolo, rubescente, rubecchio, rossino, rubefacente, suggeriva Roberto. *Nein, Nein*, si irritava padre Caspar. E Roberto: come una fragola, un geranio, un lampone, una marasca, un ravanello.

Lozano osserva che, oltre al fatto che nel testo italiano si usano otto termini per il rosso, mentre lo spagnolo deve limitarsi a sette, il problema era costituito dal fatto che il geranio nel Seicento veniva denominato in spagnolo *pico de cigüeña* (becco di cicogna) e "ciò creava due conseguenze poco gradite: da una parte la difficoltà di comprensione di un termine non specializzato e di uso comune in italiano contro un termine in disuso in spagnolo (infatti esso è stato sostituito dal non seicentesco *geranio*); dall'altra, l'intrusione di un termine che nella forma richiama elementi di natura animale in una serie di elementi tutti vegetali". Pertanto Lozano ha sostituito il geranio con una *clavellina*:

> Rojo, rubro, rubicundo, rubio, rufo, rojeante, rosicler, sugería Roberto. *Nein, nein,* irritábase el padre Caspar. Y Roberto: como una fresa, una **clavellina**, una frambuesa, una guinda, un rabanillo.

E commenta: "così facendo si è ottenuta una indiretta assonanza da affiancare all'inevitabile fresa/frambuesa: clavellina/rabanillo".

Tornando ai coralli, anche lì non era detto che l'operazione potesse riuscire facilmente in qualsiasi lingua. Pertanto ho invitato i traduttori, quando non avessero avuto sinonimi per lo stesso colore, a cambiare liberamente di tinta. Non era importante che un dato corallo fosse rosso o giallo (nei mari del Pacifico si possono trovare coralli di tutti i colori), ma che lo stesso termine non occorresse due volte nello stesso contesto, e che il lettore (come il personaggio) fosse coinvolto nell'esperienza di una straordinaria varietà cromatica (suggerita da una varietà lessicale). Questo è un caso in cui l'invenzione linguistica, al di là della superficie testuale dell'originale, e sia pure a scapito del significato immediato dei termini, deve corroborare a ricreare il senso del testo, l'impressione che il testo originale voleva produrre sul lettore.

Ecco il mio testo originale e le soluzioni di quattro traduttori:

> Forse, a furia di trattenere il fiato, si era obnubilato, l'acqua che gli stava invadendo la maschera gli confondeva le forme e le sfumature. Aveva messo fuori la testa per dare aria ai polmoni, e aveva ripreso a galleggiare ai bordi dell'argine, seguendone anfratti e spezzature, là dove si aprivano corridoi di cretone in cui si infilavano arlecchini avvinati, mentre su di un balzo vedeva riposare, mosso da lento respiro e agitare di chele, un

gambero crestato di fior di latte, sopra una rete di coralli (questi simili a quelli che conosceva, ma disposti come il cacio di fra' Stefano, che non finisce mai).

Quello che vedeva ora non era un pesce, ma neppure una foglia, certo era cosa vivente, come due larghe fette di materia albicante, bordate di chermisi, e un ventaglio di piume; e là dove ci si sarebbero attesi degli occhi, due corna di ceralacca agitata.

Polipi soriani, che nel loro vermicolare lubrico rivelavano l'incarnatino di un grande labbro centrale, sfioravano piantagioni di mentule albine con il glande d'amaranto; pesciolini rosati e picchiettati di ulivigno sfioravano cavolfiori cenerognoli spruzzolati di scarlattino, tuberi tigrati di ramature negricanti... E poi si vedeva il fegato poroso color colchico di un grande animale, oppure un fuoco artificiale di rabeschi argento vivo, ispidumi di spine gocciolate di sanguigno e infine una sorta di calice di flaccida madreperla...

Perhaps, holding his breath so long, he had grown befuddled, and the water entering his mask blurred shapes and hues. He thrust his head up to let air into his lungs, and resumed floating along the edge of the barrier, following its rifts and anfracts, past corridors of chalk in which vinous harlequins were stuck, while on a promontory he saw reposing, stirred by slow respiration and a waving of claws, a lobster crested with whey over a coral net (this coral looked like the coral he knew, but was spread out like the legendary cheese of Fra Stefano, which never ends).

What he saw now was not a fish, nor was it a leaf; certainly it was a living thing, like two broad slices of whitish matter edged in crimson and with a feather fan; and where you would have expected eyes there were two horns of whipped sealing-wax.

Cypress-polyps, which in their vermicular writhin revealed the rosy color of a great central lip, stroked plantations of albino phalli with amaranth glandes; pink minnows dotted with olive grazed ashen cauliflowers sprayed with scarlet striped tubers of blackening copper... And, then he could see the porous, saffron liver of a great animal, or else an artificial fire of mercury arabesques, wisps of thorns dripping sanguine and finally a kind of chalice of flaccid mother-of-pearl... (*Weaver*)

Peut-être, à force de retenir son souffle, s'était-il obnubilé, l'eau qui envahissait son masque lui brouillait-elle les formes et les nuances. Il avait mis sa tête à l'air pour emplir ses poumons, et avait recommencé de flotter sur les bords de la barrière, à suivre les anfractuosités et les trouées où s'ouvraient des couloirs de cretonne dans lesquels se faufilaient des arlequins ivres, tandis qu'au-dessus d'un escarpement il voyait se reposer, animé de lente respiration et remuement de pinces, un homard crêté de mozzarella, surplombant un lacis de coraux (ceux-ci semblables à ceux-là qu'il connaissait, mais disposés comme le fromage de Frère Etienne, qui ne finit jamais).

Ce qu'il voyait maintenant n'était pas un poisson, mais pas non plus une feuille, à coup sûr une chose vive, telles deux larges tranches de matière blanchâtre, bordées de rouge de kermès, et un éventail de plumes; et là où l'on aurait attendu des yeux, s'agitaient deux cornes de cire à cacheter.

Des polypes ocellés, qui dans leur grouillement vermiculaire et lubrifié révélaient l'incarnadin d'une grande lèvre centrale, effleuraient des plantations d'olothuries albuginées au gland de passe-velours; de petits poissons rosés et piquetés d'olivette effleuraient des choux-fleurs cendreux éclaboussés d'écarlate, des tubercules tigrés de ramures fuligineuses... Et puis on voyait le foie poreux couleur colchique d'un grand animal, ou encore un feu d'artifice d'arabesques vif-argent, des hispidités d'épines dégouttantes de rouge sang et enfin une sorte de calice de nacre flasque... (*Schifano*)

Vielleicht hatte sich infolge des langen Atemanhaltens sein Blick getrübt, oder das in die Maske eindringende Wasser ließ die Formen und Farbtöne vor seinen Augen verschwimmen. Er hob den Kopf und reckte ihn hoch, um sich die Lunge mit frischer Luft zu füllen, und schwamm dann weiter am Rand des unterseeischen Abgrunds entlang, vorbei an Schluchten und Schründen und Spalten, in denen sich weinselige Harlekine tummelten, während reglos auf einem Felsvorsprung, bewegt nur durch langsames Atmen und Scherenschwenken, ein Hummer hockte mit einem Kamm wie aus Sahne, lauernd über einem Netzgeflecht von Korallen (diese gleich denen, die Roberto schon kannte, aber angeordnet wie Bruder Stephans Hefepilz, der nie endet).

Was er jetzt sah, war kein Fisch, aber auch kein Blatt, es war gewiß etwas Lebendiges: zwei große Scheiben weißlicher Ma-

terie, karmesinrot gerändert, mit einem fächerförmigen Feder-
busch; und wo man Augen erwartet hätte, zwei umhertastende
Hörner aus Siegellack.
Getigerte Polypen, die im glitschigen Wurmgeschlinge ihrer
Tentakel das Fleischrot einer großen zentralen Lippe enthüll-
ten, streiften Plantagen albinoweißer Phalli mit amarantroter
Eichel; rosarot und olivbraun gefleckte Fischchen streiften
aschgraue Blumenkohlköpfe mit scharlachroten Pünktchen
und gelblich geflammte Knollen schwärzlichen Astwerks...
Und weiter sah man die lilarote poröse Leber eines großen
Tiers oder auch ein Feuerwerk von quecksilbrigen Arabesken,
Nadelkissen voll bluttriefender Dornen und schließlich eine
Art Kelch aus mattem Perlmutt... (*Kroeber*)

Quizá, a fuer de contener la respiración, habíase obnubilado,
el agua le estaba invadiendo la máscara, confundíale formas y
matices. Había sacado la cabeza para dar aire a los pulmones, y
había vuelto a sobrenadar al borde del dique, siguiendo anfrac-
tos y quebradas, allá donde se abrían pasillos de greda en los
que introducíanse arlequines envinados, mientras sobre un
peñasco veía descansar, movido por una lenta respiración y
agitar de pinzas, un cangrejo con cresta nacarada, encima de
una red de corales (éstos similares a los que conocía, pero dis-
puestos como panes y peces, que no se acaban nunca).
Lo que veía ahora no era un pez, mas ni siquiera una hoja, sin
duda era algo vivo, corno dos anchas rebanadas de materia albicante, bordadas de carmesí, y un abanico de plumas; y allá donde
nos habríamos esperado los ojos, dos cuernos de lacre agitado.
Pólipos sirios, que en su vermicular lúbrico manifestaban el
encarnadino de un gran labio central, acariciaban planteles de
méntulas albinas con el glande de amaranto; pececillos rosados
y jaspeados de aceituní acariciaban coliflores cenicientas sem-
bradas de escarlata, raigones listados de cobre negreante... Y
luego veíase el hígado poroso color cólquico de un gran animal, o un fuego artificial de arabescos de plata viva, hispidumbres de espinas salpicadas de sangriento y, por fin, una suerte
de cáliz de fláccida madreperla... (*Lozano*)

Anche se i traduttori hanno fatto del loro meglio per rispettare i miei suggerimenti cromatici, va notato che, quando io dico che *si vedeva il fegato poroso color colchico di un grande anima-*

le, avevo lasciato indeterminato il colore, perché il colchico può essere giallo, o lilla, o altro. Weaver ha scelto invece *saffron*, Kroeber *lilarote*. Weaver parla di *cypress-polyps*, Schifano di *polypes ocellés*, Lozano di *pólipos sirios*, mentre l'originale parlava di polipi soriani (evocando un manto tigrato). Dal punto di vista del buon senso questo significa raccontare storie diverse e tradurre a scuola *soriano* con *ocellé* meriterebbe la matita blu.

Il traduttore tedesco ha trovato, per i miei polipi soriani, l'espressione *getigerte Polypen*. Probabilmente questa espressione gli permetteva di mantenere bene il suo ritmo discorsivo, mentre Weaver, Lozano e Schifano si sarebbero sentiti disturbati da un equivalente altrettanto letterale – anche perché una esplicita menzione di strisce si trova poco più avanti dove si parla di *tuberi tigrati*, che appunto diventano *striped tubers*, *tubercules tigrées*, *raigones listados*, mentre a questo punto Kroeber, che aveva già speso il suo *getigerte*, cambia decisamente e la forma e il colore, parlando di *gelblich geflammte Knollen schwärzlichen Astwerks*, e cioè di ramificazioni nerastre che mostrano protuberanze fiammate di giallo.

Una riga sotto io menziono *mentule albine con il glande di amaranto*. *Mentula* è termine latino per il pene, e sia Weaver che Kroeber hanno tradotto *phalli*, mentre Lozano ha creato un neologismo dall'apparenza molto castigliana (come ha fatto anche con *hispidumbres*). Forse per Schifano il termine francese non si prestava a mantenere il ritmo che aveva adottato, o quelli che a lui parevano valori fonosimbolici da preservare. Quindi traduce *olothuries*, termine che suggerisce una forma falliforme, sapendo che il suggerimento anatomico era rinforzato subito dopo dall'accenno al glande.

Nel primo paragrafo io parlo di corridoi di *cretone*, usando un termine arcaico per un terreno ricco di creta. Weaver traduce *chalk* e Lozano *greda*, mentre Kroeber evita il termine parlando più in generale di *Schluchten und Schründen und Spalten*, ed evocando quindi fessure rocciose. Schifano pare invece intendere *cretone* come *cretonne* (che è una stoffa). Ma forse voleva mantenere il suono della parola italiana e, in quella pagina piena di similitudini e metafore, anche un corridoio sottomarino simile a un tessuto non ci sta male.

Un'altra evidente licenza nasce dal mio *avvinati*, termine che suggerisce un colore vinoso, ma che esisteva solo nell'italiano barocco – e che a prima vista può essere inteso come avvinazzati. Weaver esce d'impaccio con *vinous*, che può al tempo stesso significare sia colore del vino che ubriaco; e Lozano suggerisce il colore ricorrendo a un termine raro come *envinados*. Kroeber e Schifano scelgono invece l'isotopia etilica, e traducono sia *weinselige* che *ivres*. Non sono sicuro che si tratti di semplice malinteso: forse i due traduttori non avevano un termine altrettanto prezioso nella loro lingua e hanno preferito spostare la connotazione "vinosa" dal colore al movimento ondeggiante di quei pesci arlecchinati. Quello che mi preme notare è che, quando ho letto la loro traduzione in manoscritto, non sono stato colpito da questo cambiamento, segno che il ritmo e la vivacità della scena mi sembravano funzionare benissimo.

I traduttori dovevano insomma elaborare questa decisione interpretativa: la fabula è che Roberto vede dei coralli così e così, ma è evidente che l'effetto che il testo intende raggiungere (la *intentio operis*) è che il lettore abbia una impressione cromatica sempre variata; il tratto stilistico adottato per rendere questa impressione cromatica si basa sull'evitare ogni ripetizione dello stesso termine di colore; pertanto il proposito della traduzione è di ottenere lo stesso rapporto tra quantità di termini e quantità di colori.

6.3 Riferimento e storia "profonda"

Nella traduzione inglese del *Pendolo di Foucault* mi sono trovato di fronte a un problema posto dal seguente dialogo (e per facilitare la comprensione lo trascrivo in termini teatrali, senza gli "egli disse" del caso):

Diotallevi – Dio ha creato il mondo parlando, mica ha mandato un telegramma.
Belbo – Fiat lux, stop. Segue lettera.
Casaubon – Ai Tessalonicesi, immagino.

È un semplice scambio di battute goliardiche, tuttavia importanti per caratterizzare lo stile mentale dei personaggi. I traduttori francese e tedesco non hanno avuto problemi e hanno tradotto:

Diotallevi – Dieu a créé le monde en parlant, que l'on sache il n'a pas envoyé un télégramme.
Belbo – Fiat Lux, stop. Lettre suit.
Casaubon – Aux Thessaloniciens, j'imagine. (*Schifano*)

Diotallevi – Gott schuft die Welt, indem er sprach. Er hat kein Telegramm geschickt.
Belbo – Fiat lux. Stop. Brief folgt.
Casaubon – Vermutlich an die Thessalonicher. (*Kroeber*)

Non così facile è stato per il traduttore inglese. Le battute si basavano sul fatto che in italiano (come del resto in francese e in tedesco) si usa la stessa parola, *lettera*, sia per indicare le missive postali che per i messaggi di san Paolo. Ma in inglese quelle di san Paolo non sono dette *letters* bensì *epistles*. Pertanto se Belbo parlasse di *letter* non si capirebbe il riferimento paolino, e se invece parlasse di *epistle* non si capirebbe il riferimento al telegramma. Ed ecco che col traduttore si è deciso di alterare il dialogo come segue, distribuendo diversamente le responsabilità dell'arguzia:

Diotallevi – God created the world by speaking. He din't send a telegram.
Belbo – Fiat Lux, stop.
Casaubon – Epistle follows.

Qui è Casaubon che si assume la duplice funzione del gioco lettera-telegramma e del riferimento paolino, mentre al lettore si richiede di integrare un passaggio che rimane implicito ed ellittico. In italiano il gioco era basato su una identità lessicale, o di significanti, in inglese si basa su una identità di significato, da inferire, tra due lessemi diversi.

In questo esempio ho invitato il traduttore a trascurare il significato letterale dell'originale per preservarne il "senso profondo". Si potrebbe obiettare che io, l'autore, stavo imponendo una interpretazione autorizzata del mio testo, tradendo il principio che l'autore non debba proporre interpretazioni privilegiate. Ma il traduttore era stato il primo a comprendere che una traduzione letterale non avrebbe funzionato, e il mio contributo si è limitato a suggerire una soluzione. Di solito non è tanto l'autore che influenza il traduttore, quanto il traduttore che, chiedendo conforto all'autore circa una modifica che avverte come ardita, gli permette di capire quale era il vero senso di quello che egli, l'autore, aveva scritto. Debbo dire che la soluzione inglese mi pare più fulminea di quella originale, e forse – se dovessi riscrivere il romanzo – l'adotterei.

Sempre nel mio *Pendolo di Foucault* metto in bocca ai personaggi molte citazioni letterarie. La funzione di queste citazioni è di mostrare l'incapacità di questi personaggi di guardare al mondo se non per interposta citazione. Ora, nel capitolo 57, descrivendo un viaggio in macchina tra le colline, il testo italiano recita:

... man mano che procedevamo, l'orizzonte si faceva più vasto, benché a ogni curva aumentassero i picchi, su cui si arroccava qualche villaggio. Ma tra picco e picco si aprivano orizzonti interminati – al di là della siepe, come osservava Diotallevi...

Se quell'*al di là della siepe* fosse stato tradotto letteralmente, si sarebbe perduto qualche cosa. Infatti quell'espressione rinvia all'*Infinito* di Leopardi, e la citazione appare in quel testo non perché io volessi far sapere al lettore che vi fosse una siepe, ma perché volevo mostrargli che Diotallevi riusciva ad avere una esperienza del paesaggio solo riconducendola alla sua esperienza della poesia.

Ho avvertito i vari traduttori che la siepe non era importante, e neppure il richiamo a Leopardi, ma che ci doveva essere a tutti i costi un richiamo letterario. Ed ecco come alcuni traduttori hanno risolto il problema (e come la citazione muta anche tra due lingue affini come castigliano e catalano):

Mais entre un pic et l'autre s'ouvraient des horizons infinis – au-dessus des étangs, au-dessus des vallées, comme observait Diotallevi... (*Schifano*)

151

... at every curve the peaks grew, some crowned by little villages; we glimpsed endless vista. Like Darién, Diotallevi remarked... (*Weaver*)

Doch zwischen den Gipfeln taten sich endlose Horizonte auf – jenseits des Heckenzaunes, wie Diotallevi bemerkte... (*Kroeber*)

Pero entre pico y pico se abrián horizontes illimitados: el sublime espacioso llano, como observaba Diotallevi... (*Pochtar/ Lozano*)

Però entre pic i pic s'obrien horitzons interminables: tot era prop i lluny, i tot tenia com una resplendor d'eternitat, com ho observava Diotallevi... (*Vicens*)

Al di là di altre evidenti scelte o licenze stilistiche, ciascun traduttore ha inserito un richiamo a un passo della propria letteratura, riconoscibile dal lettore a cui la traduzione mirava.

Una soluzione uguale si è adottata per un esempio analogo. Nel capitolo 29 si dice che

La sera era dolce ma, come avrebbe scritto Belbo nei suoi files, esausto di letteratura, non spirava un alito di vento.

Ho ricordato ai miei traduttori *che non spirava un alito di vento* era citazione manzoniana, con una funzione pari a quella della siepe leopardiana. Ed ecco tre traduzioni:

It was a mild evening; as Belbo, exhausted with literature, might have put in one of his files, there was nought but a lovely sighing of the wind. (*Weaver*)

Le soir était doux mais, comme l'aurait écrit Belbo dans ses *files*, harassè de littérature, les souffles de la nuit ne flottaient pas sur Galgala. (*Schifano*)

Es war ein schöner Abend, aber, wie Belbo bekifft von Literatur in seinen *files* geschreiben hätte, kein Lufthauch regte sich, über alle Gipfeln war Ruh. (*Kroeber*)

Mi piace la soluzione tedesca (anche se arricchisce un poco il testo) perché, dopo aver detto che non vi era vento, aggiunge una riconoscibile citazione goethiana (la quale dice che sulla vetta delle montagne vi era silenzio). Aggiungendo quelle montagne, che non hanno nulla a che fare col contesto, dato che la scena si svolge in una camera d'albergo a Bahia, la "letterarietà" – e l'ironia con cui il narratore se ne dimostra consapevole – diventa ancor più evidente.

Il problema però, come nel caso dello *hansom cab*, non è tanto quello di domandarci se tutte le traduzioni citate sopra siano "fedeli" e a che cosa. È che sono *referenzialmente false*.

L'originale diceva che Casaubon aveva detto *p* mentre il testo inglese dice che aveva detto *q*, Diotallevi vede una siepe mentre in altre lingue vede altre cose, Casaubon in italiano nega che vi sia vento e in tedesco nomina delle montagne che con gli avvenimenti del romanzo non c'entrano affatto… Si può avere una traduzione che preserva il senso del testo cambiando il suo riferimento, visto che il riferimento a mondi è una delle caratteristiche del testo narrativo?

Si obietterà che gli atti di riferimento in un mondo fittizio sono soggetti a minori controlli che gli atti di riferimento, poniamo, in un giornale. Ma che cosa si direbbe se un traduttore francese ci mostrasse Amleto che, invece di *to be or not to be*, dica *vivre ou bien mourir*? Prevedo l'obiezione: un testo celebre come *Amleto* non può essere cambiato, neppure per favorire la comprensione di un gioco di parole, mentre con *Il pendolo di Foucault* chiunque può fare ciò che vuole e nessuno se ne preoccuperà. Eppure abbiamo visto che pare lecito, in una traduzione italiana, dire che Amleto asserisce di aver avvertito, dietro l'arazzo, un topo, e cioè un *mouse*, piuttosto che un *rat*. Perché questa variazione è irrilevante nella traduzione di Shakespeare mentre diventa rilevantissima nella traduzione de *La peste* di Camus?

Per lo scherzo tra Casaubon, Diotallevi e Belbo io e il traduttore ci siamo concessi una licenza circa il gioco di parole, ma non avremmo mai osato cambiare la frase iniziale *Dio ha creato il mondo* in *Il diavolo ha creato il mondo* o *Dio non ha creato il mondo*. Perché una licenza è accettabile e l'altra non lo potrebbe mai essere?

Eppure è chiaro che solo attraverso questa "infedeltà" letterale il traduttore poteva suggerire il senso degli episodi, ovvero il motivo per cui venivano raccontati e assumevano rilievo nel corso del racconto. Per prendere questa decisione (ma credo che i miei traduttori avrebbero fatto lo stesso anche senza il mio suggerimento), il traduttore doveva interpretare l'intero testo, per decidere in che modo i personaggi erano usi pensare e comportarsi.

Interpretare significa fare una scommessa sul senso di un testo. Questo senso – che un traduttore può decidere di individuare – non sta celato in qualche iperuranio, né è palesato in modo vincolante dalla Manifestazione Lineare. È solo il risultato di una serie di inferenze che possono essere condivise o meno da altri lettori. Nel caso della siepe il traduttore deve fare una abduzione testuale: (i) il riferimento a una siepe sembra un curioso caso di possibile abitudine alla citazione intertestuale, ma è anche possibile che io sovra-interpretassi un semplice accidente lessicale; (ii) se però ipotizzo una Regola secondo la quale Diotallevi e i suoi amici parlano sempre per allusioni letterarie, e la menzione della siepe fosse un Caso di questa Regola, (iii) allora il Risultato a cui mi trovo di fronte non sarebbe affatto accidentale. Il traduttore controlla su altre parti del romanzo e ne trae la conclusione che i tre personaggi fanno frequentemente allusioni letterarie (la storia delle lettere di san Paolo e la citazione manzoniana ne sono un esempio), e decide di prendere in seria considerazione l'allusione alla siepe.

Senza dubbio c'è l'intera storia di una cultura ad assistere il traduttore nel fare le sue scommesse, così come una intera teoria delle probabilità assiste il giocatore davanti alla roulette. Tuttavia ogni interpretazione rimane una scommessa. Si poteva anche dire che i lettori stranieri non avrebbero prestato attenzione a Darien, agli *horizons infinis* o al *sublime espacioso llano*. Forse avrebbero accettato quella siepe che veniva dalla cultura italiana senza chiedersi se fosse stata nominata prima. Ma i miei traduttori e io abbiamo scommesso sull'importanza di quel dettaglio.

6.4 Livelli di fabula

Dunque, per essere fedele al senso profondo di un testo, una traduzione può cambiare il riferimento. Ma sino a che punto? Per chiarire questo problema non posso che tornare alle distinzioni tra fabula e intreccio e alla possibilità di trasformare il testo in proposizioni riassuntive su cui mi sono intrattenuto nel secondo capitolo.

Rispettare la fabula vuole dire rispettare il riferimento di un testo a mondi possibili narrativi. Se un romanzo racconta che il maggiordomo scopre il cadavere del conte nella sala da pranzo, con un pugnale nella schiena, non si può tradurre che lo scopre impiccato a una trave del granaio, è ovvio. Il principio contempla tuttavia delle eccezioni. Se torniamo all'esempio di Diotallevi e della siepe, vediamo che i traduttori hanno cambiato fabula. Nel mondo possibile dell'originale c'era una siepe e nel mondo possibile della traduzione spagnola c'è una pianura sublime e spaziosa.

Ma quale era la vera fabula raccontata in quella pagina del mio romanzo? Il fatto che Diotallevi avesse visto una siepe o il fatto che egli fosse ammalato di letteratura e non sapesse percepire la natura se non attraverso la cultura? In un romanzo il livello del contenuto non è fatto solo di eventi bruti (il personaggio Tale fa così e così), ma anche di sfumature psicologiche, di valori ideologici dipendenti da ruoli attanziali, e così via.

Il traduttore deve decidere quale sia il livello (o i livelli) di contenuto che la traduzione deve trasmettere, ovvero, se per trasmettere una fabula "profonda" si possa alterare la fabula "di superficie".

Si è detto che ogni frase (o sequenza di frasi) che appare nella Manifestazione Lineare può essere riassunta (o interpretata) da una microproposizione. Per esempio, le poche linee citate dal capitolo 57 del *Pendolo di Foucault* possono essere riassunte come

(i) Essi stanno guidando attraverso le colline,
(ii) Diotallevi fa una riflessione letteraria sul paesaggio.

Queste microproposizioni vengono, nel corso della lettura, incassate in macroproposizioni più ampie. Per esempio, l'intero capitolo 57 potrà essere riassunto come

(i) I personaggi guidano attraverso le colline langhigiane,
(ii) Visitano un curioso castello dove appaiono vari simboli alchemici,
(iii) Ivi incontrano alcuni occultisti che già conoscevano.

L'intero romanzo potrebbe essere riassunto dalla iper-macroproposizione

Tre amici, per gioco, inventano un complotto cosmico e la storia che hanno immaginato si avvera.

Se le storie sono così incassate (o incassabili), a quale livello il traduttore è autorizzato a cambiare una storia superficiale per preservarne una profonda? Credo che ogni testo consenta risposte diverse. Il senso comune suggerisce che nell'*Isola del giorno prima* i traduttori possono cambiare "Roberto vede un polipo soriano" in "Roberto vede un polipo ocellato", ma certamente non possono cambiare la iper-macroproposizione "Roberto fa naufragio su un vascello deserto di fronte a un'isola che si trova al di là del 180° meridiano".

Quindi possiamo dire che si può cambiare il significato (e il riferimento) di una singola frase per preservare il senso della microproposizione che immediatamente la riassume, e non il senso delle macroproposizioni a più alto livello. Ma che dire di tante macroproposizioni di livello intermedio? Non c'è regola, e la soluzione va negoziata caso per caso. Si è detto che, se un personaggio racconta una storiella insipida basata su un banale gioco di parole, che nessuna traduzione riesce a rendere, il traduttore è autorizzato a sostituire la storiella con un'altra che mostri efficacemente, nella lingua di arrivo, l'insipienza del personaggio. È proprio quello che Weaver e io abbiamo deciso per il dialogo goliardico tra Belbo, Diotallevi e Casaubon.

È sulla base di tali decisioni interpretative che si gioca la partita della "fedeltà".

6.5 I riferimenti dei rebus e il rebus del riferimento

Per capire a che cosa si riferisca effettivamente un testo (e quindi quale sia la fabula profonda che bisogna individuarvi) credo che non sia inutile una analogia con un gioco enigmistico come il rebus. Quello che segue è un rebus pubblicato sulla *Settimana Enigmistica* del 31 agosto 2002.

75144.   **REBUS (10, 1, 6, 4, 2, 13)**   *(E. Vivanet)*

Figura 7

Come è noto, nel rebus vengono raffigurati personaggi, eventi e oggetti, alcuni contrassegnati da lettere alfabetiche e altri no. Il neofita può commettere due errori: o pensare che contano (e debbono essere interpretati) solo le immagini contrassegnate da lettere, o che la soluzione dipenda dalla scena generale. Non è vero, l'insieme della scena è ricco di elementi puramente decorativi, talora con effetti surreali, eppure talora contano anche immagini non contrassegnate. Veniamo al nostro rebus. È essenziale che tutta la scena si svolga in Africa? In prima istanza meglio supporre di no, ma non si sa mai. Si veda per esempio l'ultima figura a destra. Fa cenno di no e si tocca la pancia. Visto che gli viene offerto del cibo, sembra essere qualcuno che declina l'offerta perché ha mangiato abbastanza. Pertanto è pertinente anche il fatto che un cameriere (non contrassegnato) gli offra del cibo: se gli presentasse una bottiglia di liquore, il gesto del personaggio potrebbe mutare di senso, e voler dire che egli non vuole bere alcool perché ha male al ventre. Se conta il cameriere, conta anche che sia un africano, oppure questo dipende dalla messa in scena escogitata dal disegnatore per ambientare il tutto in un contesto coloniale?

E se conta l'offerta del cameriere, conta anche il fatto che le due donne a sinistra si stiano rivolgendo a un gruppo di indigeni apparentemente riottosi e di cattivo umore? Inoltre che cosa fanno le due donne? Protestano, incitano, insultano, appellano, sobillano, si arrabbiano o si adirano con i maschi? E conta che chi fa questa azione sia femmina e che chi le ascolta sia maschio? E se sono africane, le due donne dovranno essere designate come nere, more, negre, afre? E conta davvero che siano nere o il fatto che siano donne e siano due? Ancora, chi sono i tre personaggi che passano sullo sfondo? Conta che siano esploratori, coloni, turisti, bianchi (in opposizione ai neri) e che passino indifferenti mentre a sinistra accade qualcosa di agitato ed eccitante?

Il solutore si pone tutte queste domande. Comunque decida di definire le due donne e il loro gesto, non gli viene in mente alcuna parola di dieci lettere che possa essere unita a *VI*. Inoltre può accadergli, come è accaduto a me, di individuare una falsa pista per l'ultima figura a destra. Tredici lettere sono molte, e non riuscivo a concepire alcuna parola altrettanto lunga che contenesse *sazio* o *satollo*. Ho pensato che se dalle figure precedenti potevo ricavare un *IN* avrei avuto (di tredici lettere) *INsoddisfatto*. Ma prima di insoddisfatto doveva esserci un articolo o un avverbio di due lettere (*ma* o *da*) e non sapevo come farlo venire fuori dal gruppo di esploratori. Bloccato da questa falsa ipotesi ho perduto tempo prima di accorgermi che l'ultima figura poteva dare *sazio N è*. Con quell'ipotesi la parola di tredici lettere poteva essere *conversazione*, preceduta da un *La*. A quel punto era chiaro che i tre esploratori potevano benissimo essere anche un re con due paggi o un maresciallo con due carabinieri, dato che si poteva ottenere, focalizzando la loro azione, astraendo dalle loro altre caratteristiche, e agganciandosi al *VI* delle due africane, *VI va LA con V e R*. Era intuitivo che una conversazione viene "tenuta viva", e pertanto la frase doveva terminare come *te nere VI va La con V e R sazio N è*, tenere viva la conversazione.

Quindi le due donne erano "nere" e facevano qualcosa che

terminava con *te*. Ma quale soluzione poteva darmi e una parola di dieci lettere e una preposizione come *a* (che altro non poteva essere la parola di una lettera)? Ci si ingegna a tenere viva, ci si sforza a tenere viva, si riesce a tenere viva, ma nessuna di queste soluzioni dava una parola di dieci lettere accettabile. In questi casi il solutore o continua a cercare di capire cosa fanno le due nere o inizia una esplorazione del lessico per trovare che cosa si può fare per tenere viva una conversazione. Scegliendo la seconda strada ho trovato che si "contribuisce" a tenere viva una conversazione, e così mi sono accorto che la fabula vera raccontata dalle figure del primo gruppo a sinistra è che le due nere sono adirate contro i membri della loro tribù. Risultato: *con tribù irate nere VI* eccetera. La soluzione del rebus è: *contribuir a tenere viva la conversazione*.

Come si vede, per la figura a sinistra ho dovuto "tradurre" in parole tutto quello che si vede nell'immagine, anzi di più, inferendo che la "vera storia" fosse che le nere insultano gli uomini della propria tribù. Al contrario, col gruppo dei bianchi la vera storia non era che ci fossero degli esploratori, che fossero in Africa o altro, ma solo che una di essi andasse con gli altri due.

Perché vedo una analogia col processo traduttivo, specie per quanto riguarda la preservazione di riferimenti essenziali e la disinvoltura nel trattare riferimenti marginali? Perché il rebus mi dice che non c'è una fabula profonda isotopicamente coerente per tutta la scena, ma che, a seconda delle sezioni, in un caso la fabula profonda va inferita (e tale rimarrebbe anche se ci fossero due indiane che parlano a un gruppo di pellerossa), mentre per il gruppo centrale non bisogna perdersi a cercare fabule profonde ma basta individuare (e preservare a ogni costo!) la più superficiale delle storie (una tizia, non importa chi sia, va con altri due individui, e non importa chi siano). Una fabula di profondità intermedia riguarda il bianco sazio, dove peraltro importa che sia sazio, e che qualcuno gli offra cibo, ma non che lui sia bianco e il cameriere nero (a offrigli un pollo, del caviale o delle mele potrebbe essere una cameriera in abito tirolese); e non conta che la scena avvenga in ambiente coloniale – visto che l'incoerenza onirica propria del rebus avrebbe anche permesso che lì si ergesse un albergo di lusso o un castello medievale.

Tutti gli esempi forniti nei paragrafi precedenti mostrano il traduttore impegnato in una serie di scelte consimili (se sia pertinente che Diotallevi veda una siepe, che i coralli siano rossi o gialli, o se sia essenziale che si tratti di coralli e non di siepi, e così via).

Tra l'altro, scegliendo la soluzione di un rebus come *modello* dell'interpretazione testuale, scatta il suggerimento che il lettore (e il traduttore con lui) non siano autorizzati a fare *qualsiasi* ipotesi: l'ipotesi che il bianco fosse *soddisfatto* non trovava riscontro nel contesto, mentre quella che fosse *sazio* permetteva di reperire un senso talmente coerente col resto da permettere (partendo dalla fine) la ricostruzione dell'intera frase.

I modelli sono soltanto dei modelli – altrimenti sarebbero la cosa stessa. Ammetto che un rebus non sia la *Divina Commedia*, e che la lettura di quest'ultima permetta maggiori licenze interpretative. Ma meno di quelle che si crede, o si spera.

7.
FONTI, FOCI, DELTA, ESTUARI

Nel suo saggio su "Miseria e splendore della traduzione" Ortega y Gasset (1937, tr. it.: 193) dice che, contrariamente a una opinione espressa da Meillet, non è vero che ogni linguaggio possa esprimere qualsiasi cosa (e ricordiamo che Quine 1960 ha detto che in una lingua della giungla non si può tradurre l'asserto *neutrinos lack mass*). Ortega portava come prova:

La lingua basca sarà pure perfetta quanto Meillet voglia, ma si dà il caso che essa dimenticò di includere nel suo vocabolario un segno per indicare Dio e fu necessario ricorrere a quello che significava 'Signore di ciò che sta in alto': Jaungoikua. E siccome da diversi secoli l'autorità dei signori era scomparsa, Jaungoikua significa oggi direttamente Dio; dobbiamo però pensare a cosa succedeva nell'epoca in cui ci si vedeva obbligati a pensare Dio come un'autorità politica di questo mondo, e pensare Dio come un governatore civile o qualcosa del genere. Proprio questo caso ci rivela che, mancando di un nome per indicare Dio, pensare Dio costava per i baschi un grosso sforzo; per questo ci misero tanto a convertirsi al cristianesimo...

Sono sempre scettico di fronte a questo tipo di ipotesi alla Sapir-Whorf. Se Ortega avesse ragione i latini avrebbero fatto fatica a convertirsi perché chiamavano Dio come *dominus*, che era appellativo civile e politico, e gli inglesi proverebbero difficoltà a concepire una idea di Dio, dato che lo chiamano ancor oggi *Lord*, come se fosse un membro della camera alta. Schleiermacher nel suo "Sui diversi modi del tradurre" (1813) aveva notato che ovviamente "il singolo individuo è in balìa della lingua da lui parlata; egli stesso e il suo pensiero ne sono un prodotto. Egli non può pensare con piena determinatezza nulla che stia al di fuori dei confini della lingua". Ma poche righe dopo aggiungeva che "d'altra parte, però, ogni individuo liberamente pensante e intellettualmente autonomo, è a sua volta in grado di plasmare la lingua". Humboldt (1816) è stato il primo a dire come le traduzioni possano arricchire il linguaggio di arrivo in termini di senso ed espressività.

7.1 Tradurre da cultura a cultura

Si è già detto, ed è idea ormai accettata, che una traduzione non riguarda solo un passaggio tra due lingue, ma tra due culture, o due enciclopedie. Un traduttore non deve solo tenere conto di regole strettamente linguistiche, ma anche di elementi culturali, nel senso più ampio del termine.[1]

In verità, lo stesso accade quando leggiamo un testo scritto secoli fa. Steiner (1975) nel primo capitolo mostra molto bene come alcuni testi di Shakespeare e di Jane Austen non siano pienamente comprensibili al lettore contemporaneo il quale non solo non conosca il lessico dell'epoca, ma anche il background culturale degli autori.

Partendo dal principio che la lingua italiana si sia trasformata, nel corso dei secoli, meno di altre lingue europee, ogni studente italiano è convinto di comprendere benissimo il senso di questo sonetto dantesco

> Tanto **gentile** e tanto **onesta pare**
> la **donna** mia, quand'ella altrui saluta,
> ch'ogne lingua deven tremando muta,
> e li occhi no l'ardiscon di guardare.
> Ella si va, sentendosi laudare,
> **benignamente d'umiltà vestuta**;
> e par che sia una cosa venuta
> da cielo in terra a **miracol** mostrare.

[1] Snell-Hornby (1988) parlava, in traduttologia, di un *cultural turn*, come in filosofia si è parlato di un *linguistic turn*. Lefevere (1992: XIV) afferma che "il linguaggio è forse il meno importante". Cfr. anche Bassnett e Lefevere (1990) e Pym (1992).

E infatti lo studente direbbe che Dante sta lodando quelli che gli sembrano la gentilezza o cortesia e i buoni costumi della propria donna, che sa come mostrarsi umile in modo benigno, eccetera...

Come invece ha spiegato bene Contini (1979: 166), a parte tante variazioni grammaticali e sintattiche rispetto all'italiano odierno, sul piano lessicale tutte le parole che ho posto in grassetto avevano, ai tempi di Dante, un significato diverso da quello che gli attribuiamo noi. *Gentile* non voleva dire bene educata e di bei modi, ma era termine del linguaggio cortese e significava di nobili natali. *Onesta* si riferiva al decoro esterno, *pare* non voleva dire *sembra* e neppure *appare*, bensì *si manifesta nella sua evidenza* (Beatrice è la manifestazione visibile della potenza divina). *Donna* voleva dire *Domina*, nel senso feudale del termine (in questo contesto Beatrice è la Signora del cuore di Dante) e *cosa* significava piuttosto *essere* (anche superiore). Pertanto questo inizio del sonetto, teste Contini, andrebbe letto come: "Tale è l'evidenza della nobiltà e del decoro di colei ch'è mia signora, nel suo salutare, che ogni lingua trema tanto da ammutolirne, e gli occhi non osano guardarla [...]. Essa procede, mentre sente le parole di lode, esternamente atteggiata alla sua interna benevolenza, e si fa evidente la sua natura di essere venuto di cielo in terra per rappresentare in concreto la potenza divina".

È curioso che, in epoche diverse, nel tentare tre traduzioni inglesi del sonetto, si commettano alcuni degli errori del lettore ingenuo italiano, ma si ricuperino anche alcuni elementi del vero significato, forse più che per esercizio filologico per rimembranze della tradizione poetica della lingua di arrivo. Ecco le tre traduzioni. La prima è tardo ottocentesca, ed è dovuta a Dante Gabriele Rossetti:

My lady looks so gentle and so pure
When yielding salutation by the way,
That the tongue tremble and has nought to say,
And the eyes, which fain would see, may not endure.
And still, amid the praise she hears secure,
She walks with humbleness for her array;
Seeming a creature sent from Heaven to stay
On earth, and show a miracle made sure.

Le altre due sono contemporanee. Una è di Mark Musa e l'altra di Marion Shore:

> Such sweet decorum and such gentle grace
> attend my lady's greetings as she moves
> that lips can only tremble in silence
> and eyes dare not attempt to gaze at her.
> Moving, benignly clothed in humility,
> untouched by all the praise along her way,
> she seems to be a creature come from Heaven
> to earth, to manifest a miracle.
>
> My lady seems so fine and full of grace
> When she greets others, passing on her way,
> That trembling tongues can find no words to say,
> And eyes, bedazzled, dare not meet her gaze.
> Modestly she goes amid the praise,
> Serene and sweet, with virtue her array;
> And seems a wonder sent here to display
> A glimpse of heaven in an earthly place.

Come si vede, se non *pare* o altre sottigliezze, almeno il senso originario di *donna* e di *gentile* è stato in parte ricuperato. In qualche modo il lettore delle traduzioni inglesi è parzialmente favorito rispetto al frettoloso lettore moderno italiano, il quale rischierebbe di tradurre il sonetto in inglese come, per intenzionale provocazione e tenendo in gran spregio i criteri filologici, ha fatto Tony Oldcorn (2001):

> When she says he, my baby looks so neat,
> yhe fellas all clam up and check their feet.
> She hears their whistles but she's such a cutie,
> she walks on by, and no, she isn't snooty.
> You'd think she'd been sent down from the skies
> to lay a little magic on us guys.

7.2 La ricerca di Averroè

L'esempio più vistoso di fraintendimento culturale, che produce una catena di fraintendimenti linguistici, è quello della *Poetica* e della *Retorica* di Aristotele, come fu tradotta la prima volta da Averroè, che non conosceva il greco, a mala pena conosceva il siriaco, e leggeva Aristotele in una traduzione araba del X secolo che proveniva a sua volta da una versione siriaca di qualche originale greco. Per complicare le cose, il Commento di Averroè alla *Poetica*, che è del 1175, viene tradotto dall'arabo in latino da Ermanno il Tedesco, che non sapeva nulla di greco, nel 1256. Solo più tardi Guglielmo di Moerbeke traduce la *Poetica* dal greco, nel 1278. Quanto alla *Retorica*, nel 1256 Ermanno il Tedesco ne aveva fatto una traduzione dall'arabo, ma mescolando il testo aristotelico con altri commenti arabi. Segue, in periodo posteriore, una *translatio vetus* dal greco, dovuta probabilmente a Bartolomeo da Messina. Finalmente verso il 1269 o 1270 appare una traduzione dal greco fatta da Guglielmo di Moerbeke.

Il testo aristotelico è pieno di riferimenti alla drammaturgia greca e di esempi poetici, che Averroè o i traduttori che lo avevano preceduto tentano di adattare alla tradizione letteraria araba. Immaginiamoci allora che cosa il traduttore latino potesse capire di Aristotele, e delle sue sottilissime analisi. Siamo molto vicini alla situazione della Bibbia e delle "sabbiatrici del Charles" che ho già citato. Ma c'è di più.

Molti ricorderanno quella novella di Borges, intitolata "La ricerca di Averroè" (*L'Aleph*) in cui lo scrittore argentino immagina Abulgualid Mohammed Ibn-Ahmed Ibn-Mohammed Ibn-Rusd (e cioè il nostro Averroè) mentre cerca di commentare la *Poetica* aristotelica. Ciò che lo affanna è che egli non conosce il significato delle parole *tragedia* e *commedia*, perché si trattava di forme artistiche ignote alla tradizione araba. Mentre Averroè si tormenta sul significato di quei termini oscuri, sotto le sue finestre dei fanciulli giocano a impersonare un muezzin, un minareto e i fedeli, e dunque fanno teatro, ma né essi né Averroè lo sanno. Più tardi qualcuno racconta al filosofo di una strana cerimonia vista in Cina, e dalla descrizione il lettore (ma non i personaggi della novella) comprende che si trattava di una azione teatrale. Alla fine di questa commedia degli equivoci, Averroè riprende a meditare su Aristotele e conclude che "Aristù chiama tragedia i panegirici e commedia le satire e gli anatemi. Mirabili tragedie e commedie abbondano nelle pagine del Corano e nelle iscrizioni del santuario".

I lettori sono portati ad attribuire questa situazione paradossale alla fantasia di Borges, ma ciò che egli racconta è esattamente quello che era accaduto ad Averroè. Tutto quello che Aristotele riferisce alla tragedia, nel Commentario di Averroè viene riferito alla poesia, e a quella forma poetica che è la *vituperatio* o la *laudatio*. Questa poesia epidittica si avvale di rappresentazioni, ma si tratta di rappresentazioni verbali. Tali rappresentazioni intendono *instigare ad azioni virtuose*, e perciò il loro intento è moralizzante. Naturalmente questa idea moralizzante della poesia impedisce ad Averroè di capire la concezione di Aristotele della fondamentale funzione catartica (non didascalica) dell'azione tragica.

Averroè deve commentare *Poetica* 1450a sgg., dove Aristotele elenca le componenti della tragedia: *mûthos, êthê, léxis, diánoia, ópsis* e *melopoiía* (che oggi vengono tradotte in genere come racconto, carattere, elocuzione, pensiero, spettacolo e musica). Averroè intende il primo termine come "affermazione mitica", il secondo come "carattere", il terzo come "metro", il quarto come "credenze", il sesto come "melodia" (ma evidentemente Averroè pensa a una melodia poetica, non alla presenza di musici in scena). Il dramma avviene con la quinta componente, *ópsis*. Averroè non può pensare che vi sia rappresentazione spettacolare di azioni, e traduce parlando di un tipo di argomentazione che dimostra la bontà delle credenze rappresentate (sempre a fini morali). A questa traduzione si atterrà anche Ermanno nella sua versione latina (traducendo *consideratio, scilicet argumentatio seu probatio rectitudinis credulitatis aut operationis*).

Non solo, ma – fraintendendo un fraintendimento di Averroè – Ermanno spiega ai lettori latini che quel *carmen laudativum* non usa l'arte della gesticolazione. Pertanto esclude l'unico aspetto veramente teatrale della tragedia.

Nella sua traduzione dal greco Guglielmo di Moerbeke

parla di *tragodia* e di *komodia* e si rende conto che sono azioni teatrali. È vero che per vari autori medievali la commedia era una storia che, malgrado contenesse passaggi elegiaci che parlano dei dolori degli amanti, si risolveva in lieto fine, e pertanto poteva essere definito come "commedia" anche il poema dantesco, mentre nella *Poetria Nova* Giovanni di Garlandia definisce la tragedia come un *carmen quod incipit a gaudio et terminat in luctu*. Ma in definitiva il Medioevo aveva presenti e i ludi di giullari e *histriones*, e il mistero sacro, e quindi aveva una idea del teatro. Pertanto, per Moerbeke, la *ópsis* aristotelica diventa giustamente *visus*, e si capisce che riguarda l'azione mimica dello *ypocrita* e cioè dell'istrione. Ci si avvicina dunque a una giusta traduzione lessicale perché si è identificato un genere artistico che, malgrado molte diversità, era presente sia nella cultura greca classica che in quella latina del Medioevo.

7.3 Alcuni casi

Sono stato sempre intrigato dalle possibili traduzioni dell'inizio di *Le cimitière marin* di Valéry, che suona:

> Ce toit tranquille, où marchent des colombes,
> entre les pins palpite, entre les tombes;
> midi le juste y compose de feux
> la mer, la mer, toujours recommencée!

È evidente che quel tetto su cui passeggiano delle colombe è il mare, cosparso delle bianche vele dei battelli, e se anche il lettore non avesse colto la metafora del primo verso, il quarto per così dire gliene offrirebbe una traduzione. Il problema è piuttosto che, nel processo di disambiguazione di una metafora, il lettore parte dal veicolo (il metaforizzante) non solo come realtà verbale, ma anche attivando le immagini che esso gli suggerisce, e l'immagine più ovvia è quella di un mare azzurro. Perché una superficie azzurra deve apparire come un tetto? La cosa risulta ostica al lettore italiano e ai lettori di quei paesi (Provenza compresa) dove i tetti sono per definizione rossi. Il fatto è che Valéry, benché parlasse di un cimitero in Provenza, e in Provenza fosse nato, pensava (a parer mio) da parigino. E a Parigi i tetti sono d'ardesia, e sotto il sole possono dare riflessi metallici. Dunque *midi le juste* crea sulla superficie marina riverberi argentei che a Valéry suggeriscono la distesa dei tetti parigini. Non vedo altra spiegazione per la scelta di questa metafora, ma mi rendo conto che essa è resistente a qualsiasi tentativo di traduzione chiarificante (a meno di perdersi in parafrasi esplicative che ucciderebbero il ritmo e snaturerebbero la poesia).

Queste differenze culturali si fanno sentire anche con espressioni che consideriamo tranquillamente traducibili da lingua a lingua.

Le parole *coffee*, *café*, *caffè*, possono essere considerate ragionevoli sinonimi solo se si riferiscono a una certa pianta. Ma le espressioni *donnez moi un café*, *give me a coffee*, *mi dia un caffè* (certamente equivalenti da un punto di vista linguistico, buoni esempi di enunciati che veicolano la stessa proposizione) non sono culturalmente equivalenti. Enunciate in diversi paesi, producono diversi effetti e si riferiscono a usi diversi. Essi producono storie diverse. Si considerino questi due testi, uno che potrebbe apparire in un racconto italiano, l'altro in un racconto americano:

Ordinai un caffè, lo buttai giù in un secondo ed uscii dal bar.

He spent half an hour with the cup in his hands, sipping his coffee and thinking of Mary.

Il primo si può solo riferire a un caffè e a un bar italiano, perché un caffè americano non potrebbe essere ingoiato in un secondo, sia a causa della quantità che della temperatura. Il secondo non potrebbe riferirsi a un personaggio che vive in Italia e beve un espresso, perché presuppone l'esistenza di una tazza alta e profonda che contiene una quantità di bevanda dieci volte superiore.

Il primo capitolo di *Guerra e pace*, naturalmente scritto in russo, inizia con un lungo dialogo in francese. Non so quanti lettori russi del tempo di Tolstoj capissero il francese; forse Tolstoj dava per scontato che, ai suoi tempi, chi non capiva il francese non fosse neppure in grado di leggere il russo. Più verosimilmente voleva che anche il lettore che non capiva il francese comprendesse che gli aristocratici del periodo napoleonico erano così distanti dalla vita nazionale russa da parlare in quella che era allora la lingua internazionale della cultura, della diplomazia e della raffinatezza – anche se era la lingua del nemico.

Se vi rileggete quelle pagine, vedrete che non è importante capire che cosa quei personaggi dicano; è importante capire che lo dicono in francese. Anzi Tolstoj fa del proprio meglio per avvertire i suoi lettori che quello che i personaggi dicono in francese è materia di conversazione brillante, educata, ma di scarso rilievo per lo sviluppo della vicenda. Per esempio, a un certo punto Anna Pavlovna dice al principe Basilio che egli non apprezza i suoi figli, il principe risponde "Lavater aurait dit que je n'ai pas la bosse de la paternité" e Anna Pavlovna ribatte: "Non celiate. Volevo parlarvi seriamente". Il lettore è autorizzato a ignorare quello che ha detto Basilio, basta capire che stava dicendo, in francese, qualcosa di fatuo e spiritoso.

Tuttavia mi pare che i lettori, di qualsiasi lingua essi siano, debbano comprendere che quei personaggi parlano francese. Mi chiedo come si possa tradurre *Guerra e pace* in cinese, traslitterando suoni di una lingua ignota priva di particolari connotazioni storiche e stilistiche. Per realizzare un effetto analogo (i personaggi parlano snobisticamente la lingua dell'avversario) si dovrebbe parlare inglese. Ma si tradirebbe il riferimento a un preciso momento storico: i russi all'epoca erano in guerra coi francesi, non con gli inglesi.

Uno dei problemi che mi ha sempre affascinato è come il lettore francese possa gustare il primo capitolo di *Guerra e pace* tradotto in francese. Il lettore legge un libro in francese dove dei personaggi parlano francese, e si perde l'effetto di straniamento. Se non fosse che dei francofoni mi hanno assicurato che *si sente* che il francese di quei personaggi (forse per colpa dello stesso Tolstoj) è un francese chiaramente parlato da stranieri.

7.4 Fonte e destinazione

Il caso estremo di *Guerra e pace* ci ricorda che una traduzione può essere sia *target* che *source oriented,* vale a dire che può essere orientata al testo fonte (o di partenza) o al testo (e al lettore) di destinazione o di arrivo. Questi sono i termini ormai in uso nella teoria della traduzione, e sembrano riguardare l'annoso problema se una traduzione debba condurre i lettori a immedesimarsi in una certa epoca e in un certo ambiente culturale – quello del testo originale – o se debba rendere l'epoca e l'ambiente accessibili al lettore della lingua e della cultura di arrivo.

Sulla base di questa problematica possono persino essere condotte delle indagini che a parer mio esulano dalla traduttologia propriamente detta e riguardano la storia della cultura e la letteratura comparata. Per esempio, disinteressandosi completamente dei rapporti di maggiore o minore fedeltà rispetto al testo fonte, si può studiare quanto una traduzione abbia potuto influenzare la cultura in cui è apparsa. In tal senso non ci sarebbe differenza testuale rilevante tra una traduzione piena di errori lessicali, e scritta in una pessima lingua, ma che ha circolato e ampiamente influenzato generazioni di lettori, e un'altra che la voce pubblica sarebbe portata a definire come più corretta, ma che ha circolato dopo, e in poche centinaia di copie. Se quella che ha mutato il modo di scrivere o di pensare della cultura ospite è la traduzione "cattiva", sarà essa a dover essere presa in più seria considerazione.

Certamente sarebbe interessante (non so se sia stato fatto) studiare l'influenza che hanno avuto sulla cultura italiana i romanzi russi pubblicati a inizio secolo XX da Barion, commissionati a signore aristocratiche con due nomi, che traducevano dal francese e trascrivevano tutti i nomi russi con la desinenza in *ine*. In ogni caso, basterebbe citare come esempio principe la traduzione in tedesco della Bibbia fatta da Lutero. Lutero (1530, tr. it.: 101) che aveva usato in modo interscambiabile i verbi *übersetzen* (tradurre) e *verdeutschen* (germanizzare), evidenziando così l'importanza attribuita alla traduzione come *assimilazione culturale*, rispondeva ai critici della sua versione tedesca della Bibbia dicendo: "Essi imparano a parlare e scrivere tedesco dal mio modo di tradurre, e così mi rubano la lingua, della quale prima sapevano ben poco".

Certe traduzioni hanno obbligato una data lingua a confrontarsi con nuove possibilità espressive (addirittura con nuove terminologie). Non è necessario conoscere l'ebraico per valutare l'impatto della traduzione di Lutero sulla lingua tedesca, come non è necessario conoscere il greco classico per apprezzare la traduzione dell'*Iliade* fatta da Vincenzo Monti – e tra l'altro non era neppure necessario conoscere il greco per farla, visto che Monti era stato il "traduttor dei traduttor d'Omero". Le traduzioni di Heidegger hanno radicalmente cambiato lo stile di molti filosofi francesi, come le traduzioni italiane degli idealisti tedeschi hanno largamente pesato sul nostro stile filosofico per quasi un secolo. Sempre da noi, le traduzioni da narratori americani fatte da Vittorini (per quanto sovente libere e scarsamente fedeli) hanno contribuito alla nascita di uno stile narrativo nell'Italia post-bellica.

È molto importante studiare la funzione che esercita una traduzione nella cultura d'arrivo. Ma, da questo punto di vista, la traduzione diventa un problema interno alla storia di questa cultura e tutti i problemi linguistici e culturali posti dall'originale diventano irrilevanti.

Quindi non intendo occuparmi di questi problemi. Quello che mi interessa è il processo che intercorre tra testo fonte e testo di arrivo. A questo proposito il problema è quello già posto da autori del XIX secolo come Humboldt e Schleiermacher (vedi anche Berman 1984): una traduzione deve condurre il lettore a comprendere l'universo linguistico e culturale del testo di origine, o deve trasformare il testo originale per renderlo accettabile al lettore della lingua e della cultura di destinazione? In altre parole, data una traduzione da Omero, il traduttore dovrebbe trasformare i propri lettori in lettori greci dei tempi omerici, o costringere Omero a scrivere come se fosse un autore dei tempi nostri?

Posta in questi termini, la questione potrebbe parere paradossale. Ma si consideri il fatto, acclarato, che le traduzioni *invecchiano*. L'inglese di Shakespeare rimane sempre lo stesso, ma l'italiano delle traduzioni shakespeariane di un secolo fa denuncia la propria età. Questo significa che i traduttori, anche quando non ne avevano l'intenzione, anche quando cercavano di restituirci il sapore della lingua e del periodo storico di origine, in realtà modernizzavano in qualche modo l'originale.

7.5 Addomesticare e straniare

Le teorie della traduzione propongono una alternativa tra *modernizzare* e *arcaicizzare* il testo. Ma non si tratta della stessa opposizione che si pone tra *foreignizing* e *domesticating* (cfr. Venuti 1998), ovvero *straniamento* e *addomesticamento* (o, se preferite, xenofilizzazione e localizzazione). Anche se si possono trovare varie traduzioni in cui si fa una scelta netta tra uno dei poli di entrambe le coppie, consideriamo dapprima l'opposizione straniamento/addomesticamento.

Forse l'esempio più provocatorio di addomesticamento è stata la traduzione biblica di Lutero. Per esempio, discutendo del modo migliore di tradurre Matteo 12,34 *Ex abundantia cordis os loquitur*, egli scriveva:

> Se dovessi seguire questi asini, essi mi porrebbero dinnanzi delle lettere da tradurre così: "Dall'abbondanza del cuore parla la bocca". Dimmi, è questo un parlare tedesco? Quale tedesco capirebbe? Che cos'è questa abbondanza del cuore?… Ma la madre in casa e il popolano parlano così: "Esce dalla bocca ciò di cui il cuore è pieno".

A proposito delle espressioni *Ut quid perditio haec?* (Matteo 26,8) e *Ut quid perditio ista unguenti facta est?* (Marco 14,4), diceva:

> Se seguo gli asini e i letteralisti, devo tradurre in tedesco nel modo seguente: "Perché è avvenuta questa perdita d'unguento?" Ma che tedesco è questo? E quale tedesco potrebbe parlare così? È stata fatta una perdita di unguento? E chi lo intende bene, pensa che si sia perso l'unguento e lo si debba di nuovo cercare, sebbene anche in questo senso rimanga oscuro e incerto… Ma un tedesco parla così: "A che serve questo sperpero?" Oppure: "Che peccato!" E non "Peccato per l'unguento!" Questo è buon tedesco e permette di capire come Maddalena

abbia agito in modo sconsiderato e provocato un danno. Era il parere di Giuda, che pensava di poterne fare un uso migliore. (Luther 1530, tr. it.: 106-107)

A proposito di *foreignizing*, Venuti (1998: 243) cita il dibattito tra Matthew Arnold e Francis Newman (nel XIX secolo) sulle traduzioni omeriche. Arnold diceva che Omero andava reso in esametri e in inglese moderno, per mantenere la traduzione in accordo con la ricezione corrente di Omero negli ambienti accademici. Newman, al contrario, non solo aveva costruito apposta un lessico arcaico, ma aveva usato un verso da ballata, in modo da rendere evidente che Omero era poeta popolare e non di élite. Venuti osserva che, paradossalmente, Newman stava straniando e arcaicizzando per ragioni populistiche, mentre Arnold stava addomesticando e modernizzando per ragioni accademiche.

Humboldt (1816, tr. it.: 137) aveva proposto una differenza tra *Fremdheit* (che potremmo tradurre come "stranezza") e *Das Fremde* (da tradurre come "l'estraneo"). Forse non aveva scelto bene i suoi termini, ma il suo pensiero mi pare chiaro: il lettore sente la stranezza quando la scelta del traduttore appare incomprensibile, come se si trattasse di un errore, e sente invece l'*estraneo* quando si trova di fronte a un modo poco familiare di presentargli qualcosa che potrebbe riconoscere, ma che ha l'impressione di vedere veramente per la prima volta. Credo che questa idea dell'estraneo non sia così lontana da quella dell'"effetto di straniamento" dei formalisti russi, un artificio grazie al quale l'artista conduce il lettore a percepire la cosa descritta sotto un profilo e una luce differente, così da comprenderla meglio di quanto non gli fosse accaduto sino ad allora. L'esempio dato da Humboldt sostiene, mi pare, la mia lettura:

Una traduzione non può e non deve essere un commentario… L'oscurità che talora si trova negli scritti degli antichi, e in particolare nell'*Agamennone*, deriva dalla concisione e arditezza con le quali, sprezzando proposizioni coordinative, vengono allineati i pensieri, le immagini, i sentimenti, i ricordi, i presentimenti così come essi sgorgano dalla profonda emozione dell'animo. E se ci immedesimiamo nell'atmosfera del poeta, della sua epoca e dei personaggi rappresentati, a poco a poco sparisce l'oscurità e subentra un'alta chiarezza. (Tr. it.: 138)

Questi problemi sono cruciali per la traduzione di testi lontani nel tempo o nello spazio. Ma per testi moderni? Una traduzione da romanzo francese deve dire Riva Sinistra o Rive Gauche? Short (2000: 78) fa il divertente esempio dell'espressione francese *mon petit chou*, e rileva che a tradurla *my little cabbage*, ovvero *mio cavoletto* si otterrebbe solo un effetto comico e tutto sommato offensivo. Egli propone in cambio *sweetheart*, che corrisponderebbe al nostro *tesoro*, ma riconosce che così facendo si perderebbe il contrasto affettuoso-umoristico, e lo stesso suono di *chou* (che non solo è dolce, ma suggerisce il movimento delle labbra che danno un bacio). *Sweetheart* o *tesoro* sarebbero buoni esempi di addomesticamento, ma ritengo che meglio sarebbe, visto che l'azione si svolge in Francia, straniare un poco e lasciare l'espressione originale. Forse alcuni lettori non capirebbero il significato dei singoli termini, ma coglierebbero una connotazione di gallicità, e avvertirebbero un dolce sussurro.

Jane, I find you very attractive: ecco una frase che, specie nelle traduzioni dei romanzi gialli, viene resa in italiano come *Jane, vi trovo molto attraente*. È una traduzione che anglicizza troppo, e per due ragioni. Anzitutto, anche se i dizionari autorizzano a tradurre *attractive* con *attraente*, in casi simili un italiano direbbe *bella*, *carina*, o *affascinante*. Probabilmente i traduttori trovano che *attraente* suoni molto inglese. In secondo luogo, se un parlante inglese chiama Jane per nome di battesimo, questo significa che si trova con essa in un rapporto amichevole o familiare, e in italiano dovrebbe usare il *tu*. Il *voi* (ma perché non il *lei*?) andrebbe usato se l'originale dicesse *Miss Jane, I find you very attractive*. Così, nel tentativo di anglicizzare, la traduzione non esprime propriamente né i sentimenti del parlante né i rapporti che intercorrono tra gli interlocutori.

I traduttori italiani sono sempre d'accordo nell'addomesticare quando traducono Londra per London e Parigi per Paris (e così si fa anche in altri paesi), ma come comportarsi con Bolzano/Bozen, o Kaliningrad/Königsberg? Diventa, io credo, materia di negoziazione: se in un romanzo russo contemporaneo si parla di Kaliningrad ed è importante l'atmosfera "sovietica" della storia, sarebbe una perdita secca parlare di Königsberg. Aira Buffa (1987), raccontando le difficoltà incontrate nel tradurre in finlandese il *Nome della rosa*, ricorda non solo del suo imbarazzo nel rendere molti termini e riferimenti di sapore medievale per una cultura che storicamente non è passata attraverso il nostro Medioevo, ma addirittura nel decidere se nazionalizzare i nomi (come in italiano si dice *Federico* di un imperatore tedesco), dato che chiamare qualcuno *Kaarle* suonava troppo finlandese e faceva perdere la distanza culturale, e a chiamare Guglielmo da Barskerville come *Vilhelm* (anche se Guglielmo di Occam si dice laggiù Vilhelm Okkamilainen), gli avrebbe fatto di colpo assumere "la cittadinanza finlandese". Per cui si è attenuta, per sottolineare il fatto che era inglese, a William.

Gli stessi problemi ha avuto il traduttore ungherese Imre Barna (1993), se si considera oltretutto che, a tradurre i nomi propri al modo ungherese, prima viene il cognome e poi il nome (in effetti Imre Barna si firma così fuori casa, ma a casa propria è Barna Imre). E dunque doveva tradurre non Ubertino da Casale ma Casalei Hubertinus? Ma cosa fare allora con Berengario Talloni o Roger Bacon? Confessa Barna che l'unica soluzione è stata l'inconseguenza, e credo che reagisse a orecchio, oppure tenendo presente se un personaggio fosse storico, e già presumibilmente noto al lettore, o fittizio: "Dunque: Baskerville-i Vilmos, Melki Adso, Burgosi Jorge, Bernard Gui, Berengario Talloni…".

Torop (1995) lamenta che in certi romanzi in cui è essenziale la componente dialettale locale, la traduzione lasci fatalmente in ombra questo elemento. In fondo è il problema a cui si è trovato di fronte (vedi capitolo 5) il mio *Baudolino*, che in traduzione ha perso il sapore del dialetto e degli idiotismi piemontesi. Non che i traduttori si siano sottratti al compito immane di trovare equivalenti nella propria lingua, ma questa soluzione al massimo dice che i personaggi parlano un linguaggio popolare, senza che però questo linguaggio rinvii a un'epoca, a un'area geografica precisa che invece sono più familiari ai lettori italiani – e anche nel caso dell'originale è ovvio che i lettori piemontesi assaporino meglio l'atmosfera dialettale che non i lettori siciliani.

A questo proposito cito un'obiezione che mi è stata fatta quando raccontavo che, nell'episodio della siepe del *Pendolo*, avevo autorizzato i miei traduttori a inserire in luogo del rinvio leopardiano un riferimento alla loro letteratura. Il lettore straniero non avrebbe trovato bizzarro che tre personaggi italiani (e la vicenda si svolge chiaramente in Italia) citassero opere letterarie straniere, cogliendo bene il riferimento? La mia risposta è stata che in quel caso la variazione era ammissibile, perché i miei tre personaggi erano redattori editoriali e nel corso di tutto il romanzo si dimostravano sin troppo a giorno di letterature comparate.

In altri casi certamente non si potrebbero cambiare le carte in tavola in tal modo. Nella traduzione gidiana di *Tifone* di Conrad, nel secondo capitolo di un personaggio si dice che *He didn't care a tinker curse*, che letteralmente vorrebbe dire "non gli importava meno dell'imprecazione di un calderaio", ma è una espressione idiomatica che significa che non gli importava proprio nulla. Gide traduce *Il s'en fichait comme du juron d'un étameur* (gli importava meno della bestemmia di uno stagnino, che non è espressione gergale francese, e quindi dovrebbe avere un effetto straniante). Ancor più, nel sesto capitolo qualcuno esclama *Damne, if this ship isn't worse than Bedlam!* (e Bedlam è un manicomio), e Gide, coerentemente col suo progetto anglicizzante, traduce *Que le diable m'emporte si l'on se croyait pas à Bedlam!*

Berman (1999: 65) cita una obiezione[2] secondo la quale si sarebbe potuto dire *il s'en fichait comme d'une guigne*, tipica espressione gergale francese che esprime lo stesso concetto, e sostituire Bedlam con Charenton (manicomio anch'esso, però più noto al lettore francese), ma osserva che sarebbe strano che i personaggi di *Tifone* si esprimessero come dei francesi.

Certamente dei personaggi inglesi non possono esprimersi come dei francesi, *Charenton* sarebbe un caso di addomesticamento eccessivo, mentre non so quanto il lettore francese senta

[2] Cfr. Van der Meercschen (1986: 80).

come molto "nazionale" il riferimento alla *guigne*. Sta di fatto che Ugo Mursia e Bruno Oddera hanno scelto *Non gli importava un cavolo* e *Non gli importava un fico secco* – e mi pare che il lettore italiano avverta la gergalità dell'espressione senza peraltro sentirla come troppo "italiana"; mentre nel secondo caso hanno reso rispettivamente *Maledizione, se questa nave non è peggio del manicomio di Bedlam* e *Il diavolo mi porti se questa nave non è peggio di un manicomio* – conservando l'espressione popolaresca e realizzando al tempo stesso quel tanto di addomesticamento che rende il testo scorrevole.

Tra i casi più risibili di addomesticamento citerò la versione italiana del film *Going my way* del 1944 (in italiano *La mia via*, con Bing Crosby come father O'Malley, un prete di New York la cui origine irlandese, tradita dal nome, era importante, perché almeno a quell'epoca gli irlandesi erano i cattolici per eccellenza). Si trattava di uno dei primi film americani esportati in Europa dopo la Liberazione, doppiato ancora negli Stati Uniti da italo-americani con un accento inevitabilmente comico, che ricordava i dialoghi di Stanlio e Ollio. I distributori avevano probabilmente pensato che, ignari com'erano di cose americane, gli spettatori italiani non avrebbero capito i nomi stranieri, e avevano assegnato a tutti i protagonisti nomi italiani. Così father O'Malley era diventato Padre Bonelli e via di seguito. Ricordo che, spettatore quattordicenne, mi ero stupito del fatto che in America tutti avessero nomi italiani. Ma mi stupivo anche che un prete secolare (che in Italia sarebbe stato chiamato *Don*) fosse chiamato *Padre*, come un frate.[3] Quindi se *Bonelli* addomesticava, *Padre* estraniava.

Talora i casi di addomesticamento sono indispensabili, proprio perché si deve rendere il testo consono al genio della lingua

---

[3] A proposito dell'influenza delle traduzioni, si noti che, dopo molti film americani in cui i preti venivano chiamati *Padre* come i frati, l'uso ha preso piede anche da noi. Nella serie televisiva *Don Matteo*, quando ci si rivolge al prete senza chiamarlo per nome, gli si dice *padre* e non *reverendo* come si usava un tempo.

di destinazione. Bill Weaver ha scritto due diari (veramente quasi giorno per giorno) delle due traduzioni del *Pendolo di Foucault* e dell'*Isola del giorno prima*.[4] Uno dei problemi che si è trovato di fronte è quello dei tempi verbali. Egli osserva a più riprese che i miei trapassati prossimi rischiano di apparire fastidiosi in inglese, e invece di tradurre *he had gone* preferisce scegliere *he went*. Osserva che questo problema gli si presenta spesso con la narrativa italiana, cosa che lo obbliga a ripensare i vari livelli del passato, specie quando, come nel *Pendolo*, si trova ad avere a che fare con un personaggio che ricorda diverse "fasi temporali" in un gioco incassato di *flash back*. Ovviamente per me l'uso dei tempi era stato essenziale, ma si vede che su questo punto l'italiano ha una sensibilità diversa da quella dell'inglese. Peraltro questi sono problemi che si pongono sempre a un buon traduttore, e sui quali non deve chiedere l'assenso dell'autore.

Uno dei casi più difficili di adattamento a una lingua diversa è quello del capitolo 66 del *Pendolo* dove, per ironizzare sulla propensione degli occultisti a "pensare che ogni parvenza del mondo, ogni voce, ogni parola scritta o detta non abbia il senso che appare, ma ci parli di un Segreto", Belbo mostra che si possono trovare simboli misterici persino nella struttura dell'automobile, o almeno del sistema legato all'albero di trasmissione, che alluderebbe all'albero delle Sephirot della Cabala. Per il traduttore inglese il caso si presentava difficile sin dall'inizio, perché quello che in italiano è *albero*, e il termine vale sia per l'auto che per le Sephirot, in inglese è *axle*, e solo rovistando tra dizionari Weaver è riuscito a trovare come espressione autorizzata anche *axle-three*. Su quella base ha potuto tradurre abbastanza esattamente molte allusioni parodistiche, ma si è trovato in un impiccio quando ha incontrato la battuta *Per questo i figli della Gnosi dicono che non bisogna fidarsi degli Ilici ma degli Pneumatici.*

Per puro accidente lessicale (ferma restando la comune etimologia) gli pneumatici delle macchine si chiamano come gli Spirituali che nel pensiero gnostico si oppongono agli Ilici o

---

[4] Uno è Weaver (1990). L'altro "In other words: A translator's journal", *The New York Times,* di cui non sono riuscito a ritrovare la data.

Materiali. Ma in inglese le gomme delle automobili sono soltanto *tires*. Che fare? Come racconta Weaver nel suo diario di traduzione, mentre entrambi discutevamo su una possibile soluzione, egli ha menzionato una celebre marca di pneumatici, Firestone, e io ho reagito ricordando la *philosopher's stone*, e cioè la pietra filosofale di alchemica memoria. Soluzione trovata. La battuta è diventata: *They never saw the connection between the philosopher's stone and Firestone*.

La battuta non sarà argutissima ma va d'accordo col tono parodistico e allegramente dissennato di quel falso esercizio ermeneutico (o vero esercizio di falsa ermeneutica).

Un caso interessante di addomesticamento per poter estraniare al massimo viene raccontato dalla traduttrice croata, Morana Cale Knezević (1993).[5] Essa si avvedeva del fatto che *Il nome della rosa* era ricco (anche troppo) di rimandi intertestuali, ma in pari tempo era conscia del fatto che di molti testi da cui sono tratte le citazioni non esiste traduzione croata. Per molte opere ha dunque tradotto la citazione così come appariva in italiano ("abbiamo dunque contato, per forza, sulla capacità del lettore colto di scoprirvi i riflessi di letture anteriori in lingue straniere"). Per altri casi la traduttrice ha scoperto che, fossi io risalito o meno alla fonte originale, citazioni analoghe apparivano in opere tradotte in croato, e si è rifatta al modo in cui quelle opere formulavano la citazione, anche se essa non appariva come nel testo italiano. Per esempio si è resa conto che nel Prologo io sviluppavo il tema del mondo alla rovescia con citazioni che provenivano dai *Carmina Burana*, ma in prosa, così come le citava Curtius nella *Letteratura europea e il medioevo latino*. Dico subito che avevo sott'occhio i *Carmina Burana* ma certamente ero stato ispirato dalle pagine di Curtius su quel tema, quindi Morana Cale aveva visto giusto. C'era però il fatto che la traduzione croata di Curtius, per altri versi ben fatta, "contiene il passo in questione alquanto alterato rispetto sia all'originale tedesco sia a quello latino, e perciò in disaccordo anche col te-

[5] Il caso potrebbe essere discusso anche nel capitolo 9 dove parlo di come si possono fare sentire le ironie intertestuali.

sto quale appare ne *Il nome della rosa*. Ciononostante abbiamo copiato, con tutti gli errori, la trovata del traduttore croato del Curtius, per fare scatenare, nel lettore colto, il sospetto che lo avrebbero indotto a cimentarsi nella decifrazione testuale".

Non posso che approvare questa e altre scelte. Se l'effetto del brano era (anche o soprattutto) quello di far cogliere un rimando ad altri testi, e quindi fare avvertire il sapore estraneo e arcaico, si doveva premere sul pedale dell'addomesticamento. D'altra parte nel mio romanzo non si dice che Adso citasse direttamente i *Carmina Burana*: come in tanti altri casi, e da buon medievale, echeggiava a memoria cose lette e udite tempo prima, senza alcuna preoccupazione filologica. Per cui l'Adso croato dovrebbe apparire persino più autentico dell'Adso italiano.

Forse, di tutti i miei traduttori, Kroeber è quello che si è posto più chiaramente il problema dell'addomesticamento o, da buon discendente di Lutero, della germanizzazione.[6] Egli si è posto sovente il problema non solo della diversità sintattica tra le due lingue, ma del fatto che certe espressioni italiane, ancora usate, appaiono troppo arcaicizzanti al lettore tedesco: "Quando si traduce letteralmente dall'italiano in tedesco si ottiene spesso un effetto un po' solenne o *altmodisch*, a causa dell'uso frequente, in italiano, di costruzioni participiali o gerundive – o addirittura con ablativo assoluto – che nel tedesco moderno sembrano costruzioni antiche, quasi latine". Ma nel caso de *Il nome della rosa*, questo tono da vecchia cronaca medievale doveva essere preservato, e Kroeber pensava allo stile di Thomas Mann nel *Giuseppe*. Ma non solo Adso era supposto scrivere da medievale, era anche un tedesco, e se in italiano questo può anche non sentirsi, per Kroeber diventava invece un tratto da sottolineare. Kroeber si è dunque posto il problema di "ricostruire questa maschera alla maniera tedesca" e, proprio per tradurre in modo "fedele", era portato a inserire qua e là nel testo elementi tipici tedeschi. "Per esempio, nei dialoghi non scrivere sempre *dissi* o *disse*, ma usare tutta la venerabile gamma dei classici *turn ancillaries* tedeschi co-

---

[6] Gli esempi che seguono sono tratti da Kroeber (1993), ma vedi anche Kroeber-Eco (1991), Kroeber (2000 e 2002).

me *versetze ich, erwirdert er, gab er zu bedenken,* eccetera, perché così faceva il tradizionale narratore tedesco."

Evidentemente, annota Kroeber, quando si comincia a inserire qualcosa nel testo originale, si rischia sempre di far troppo. Così, traducendo l'episodio del sogno di Adso (di cui ho già parlato nel capitolo 5), Kroeber ha colto non solo le citazioni della *Coena Cypriani* e di vari episodi della storia dell'arte e della letteratura, ma anche (dice) miei ricordi letterari personali. Pertanto si è sentito autorizzato (per giocare quel gioco così come lo avevo impostato io) a inserire anche qualcosa di suo, per esempio una vaga reminiscenza del *Giuseppe* di Mann o una citazione ancora più vaga di Brecht. Visto che, se non proprio in quel capitolo, altrove mettevo in bocca a Guglielmo, debitamente ritradotta in altotedesco, una citazione di Wittgenstein, non vedo perché non si potesse giocare, tra i vari ammiccamenti al lettore avveduto, anche con Brecht. Kroeber pare, nel raccontare l'esperienza, scusarsi di avere fatto una "belle infidèle", ma alla luce di quanto ho sinora detto sulla necessità di rendere, oltre alla lettera, l'effetto che il testo voleva ottenere, ritengo che Kroeber si sia attenuto a un concetto non superficiale di fedeltà.

7.6 Modernizzare e arcaicizzare

Per l'opposizione modernizzare/arcaicizzare, vediamo varie traduzioni di quel libro della Bibbia intitolato *Ecclesiaste*. Il titolo originale ebraico è *Qohèlèt*, e gli interpreti sono incerti su chi esso fosse. Qohèlèt potrebbe essere un nome proprio, ma richiama l'etimo *qahal* che significa "Assemblea". Così Qohèlèt potrebbe essere colui che parla nell'Assemblea dei fedeli. Siccome il termine greco per Assemblea è *Ekklesia*, allora *Ecclesiaste* non è una cattiva traduzione. Ora si veda come diverse traduzioni cercano o di rendere la natura di questa figura accessibile alla cultura dei destinatari, oppure cercano di condurre i destinatari a capire il mondo ebraico in cui egli parlava.

Verba Ecclesiastae, filii David, regis Jerusalem.
Vanitas vanitatum, dixit Ecclesiastes. Vanitas vanitatum et omnia vanitas.

181

Quid habet amplius homo de universo labore suo, quo laborat sub sole?
Generatio praeterit, et generatio advenit; terra autem in aeternum stat.
Oritur sol, et occidit, et ad locum suum revertitur: ibique renascens.
  (*Vulgata*)

The words of the Preacher, the son of David, king in Jerusalem.
Vanity of vanities, saith the Preacher, vanity of vanities; all is vanity.
What profit hath a man of all hi. labour which he taketh under the sun?
One generation passeth away, and another generation cometh; but the
  earth abideth for ever.
The sun also ariseth, and the Sun goeth down, and hasteth to his place
  where he arose. (*King James*)

Dies sind die Reden des Predigter, des Sohnes Davids, des Königs zu
  Jerusalem.
Es ist ganz eitel, sprach der Predigter, es ist alles ganz eitel.
Was hat der Mensch fü Gewinn von all seiner Mühe, die er hat unter
  der Sonne?
Ein Geschecht vergeht, das andere kommt; die Erde bleibt aber ewiglich.
Die Sonne geth auf und geth unter und läuft an ihren Ort, dass sie wieder
  dasselbst aufgehe. (*Lutero*)

Parole di Kohelet, figlio di David, re in Gerusalemme.
"Vanità delle vanità! – dice Kohelet –
Vanità delle vanità! Tutto è vanità!"
Quale utilità ricava da tutto il suo affaticarsi
l'uomo nella penosa esistenza sotto il sole?
Una generazione parte, una generazione arriva;
ma la terra resta sempre la stessa.
Il sole sorge e il sole tramonta;
si affretta verso il luogo
donde sorge di nuovo.   (*Galbiati*)

Paroles de Qohèlèt, le fils de David, roi de Jeroushalhaîm.
Fumée de fumée, dit Qhoèlèt: fumée de fumée, tout est fumée.
Quel avantage pour l'humain, en tout son labeur,
dont il a labeur sous le soleil?
Un cycle va, un cycle vient: en perennité la terre se dresse.
Le soleil brille, le soleil décline: à son lieu il aspire et brille là.
                                                          (*Chouraqui*)

Parole di Kohèlet, figlio di Davide, re in Gerusalemme.
Spreco di sprechi ha detto Kohèlet, spreco di sprechi il tutto è spreco.
Cos'è di avanzo per l'Adàm: in tutto il suo affanno per cui si affannerà
    sotto il sole?
Una generazione va e una generazione viene e la terra per sempre sta ferma.
E è spuntato il sole e se n'è venuto il sole: e al suo luogo ansima, spunta
    lui là. (*De Luca*)

Parole di Qohélet
Figlio di David
Re di Ierushalèm

Un infinito vuoto
    Dice Qohélet
Un infinito niente

Tutto è vuoto niente

Tanto soffrire d'uomo sotto il sole
Che cosa vale?

Venire andare di generazioni
E la terra che dura

Levarsi il sole e tramontare il sole

Corre in un altro punto
In un altro riappare   (*Ceronetti 1970*)

I detti di Qohélet
Figlio di David
Re in Ierushalem

Fumo di fumi
    Dice Qohélet
Fumo di fumi

Tutto non è che fumo

È un guadagno per l'uomo
In tutto lo sforzo suo che fa
Penando sotto il sole?

Vengono al nascere
I nati e vanno via
E da sempre la terra è là

E il sole che si leva
È il sole tramontato
Per levarsi di nuovo
Dal suo luogo   (*Ceronetti 2001*)

La Vulgata, certamente influenzata dalla precedente versione greca dei Settanta, tiene conto che i lettori del suo tempo sapevano che *Ekklesia* significa Assemblea. Invece le versioni di King James e di Lutero modernizzano e parlano di un Predicatore. Forse tradiscono il significato originario, ma presentano ai loro lettori una figura riconoscibile.

Nella versione Galbiati, il traduttore italiano contemporaneo tenta di introdurre il lettore al mondo ebraico. Trattandosi di traduzione autorizzata pubblicata in ambito cattolico, essa cerca tuttavia di orientare l'interpretazione del testo sacro e quindi, pur scegliendo di non tradurre *Kohelet*, deve porre delle note esplicative.

Le ultime quattro traduzioni hanno evidentemente intenti arcaicizzanti ed ebraicizzanti al tempo stesso, e tentano di ricreare l'atmosfera poetica del testo semitico.

Le prime quattro traduzioni rendono *habèl* con *vanità* (*vanitas, vanity, Eitel*) sapendo che all'epoca il termine non si riferiva, come oggi, a una cura esagerata del proprio aspetto, ma alle vane parvenze in senso metafisico, all'inconsistenza del tutto. Ceronetti, in un commento alla sua ultima edizione, ricorda che il senso letterale sarebbe *vapore umido*, e ricorda la traduzione di Buber (*Dunst der Dünste*) e di Meschonnic (*buée des buées*) e sottolinea che la *vanitas* cristiana è legata alla nostra esistenza terrena, destinata un giorno a scomparire, mentre quello di cui parla l'*Ecclesiaste* è un dissolversi, un declinare, un fluire senza fine, senza tempo e senza rimedio. Ecco perché, se ancora nella versione 1970 si era attenuto alla lettura di san Gerolamo e aveva tradotto *vuoto* e *niente*, nella versione 2001 sceglie *fumo di fumi*.

Anche Chouraqui ritiene che il termine *vanité* abbia perduto il senso originario, e inoltre vi vede una connotazione di valore, mentre l'*Ecclesiaste* esprime appunto uno scetticismo filosofico, non un atteggiamento moralistico. Pertanto traduce *fumée*. De Luca osserva nella introduzione che *hèvel* è *vanitas* da milleseicento anni e "nessuno può correggere questa traduzione che è fatta dal nonno dei traduttori che è san Girolamo". Tuttavia rinuncia alla versione tradizionale a causa "della coincidenza di *hèvel* e *Abele*", e ritiene che questa coincidenza, benché sfuggita a tutti i traduttori, non sia da sottovalutare. Così egli riesce a spiegare perché al verso successivo l'uomo (così intendono tutti gli altri traduttori) sia indicato come *Adàm*: Abele è il primo spreco di Adamo. In tal senso l'arcaicizzazione sarebbe perfetta, salvo che, usando la parola *spreco*, e non potendo rendere evidente il riferimento ad Abele, essa rimane a metà e sfugge completamente al lettore.

Quanto all'ultimo verso, sia Chouraqui che De Luca scelgono una sintassi contorta (che non è né italiana né francese) proprio, e ancora una volta, per suggerire il profumo dello stile originario. Come ha detto in altra sede De Luca,[7] si vuole suscitare nel lettore "la nostalgia per l'originale". Che è poi, credo, quel sentimento del *Das Fremde* di cui parlava Humboldt.

Dopo la Bibbia, Dante. I tentativi di rendere e la metrica e la terza rima e il lessico dantesco sono stati infiniti (e rinvio in proposito alle osservazioni che appariranno nel capitolo 11). Vorrei soltanto esaminare qui tre incipit francesi, messi in ordine di arcaicizzazione decrescente. Il primo, ottocentesco, è di Littré:

En mi chemin de ceste nostre vie
Me retrouvais par une selve obscure
Et vis perdue la droiturière voie.

Ha, comme à la décrire est dure chose
Cette forêt sauvage et âpre et forte,
Qui, en pensant, renouvelle ma peur!

[7] Vedi la traduzione di *Esodo/Nomi*. Milano: Feltrinelli 1994: 6.

Il secondo è quello classico di Pézard:

> Au milieu du chemin de notre vie
> je me trouvai par une selve obscure
> et vis perdue la droiturière voie.
>
> Ha, comme à la décrire est dure chose
> cette forêt sauvage et âpre et forte,
> qui, en pensant, renouvelle ma peur!

Il terzo è quello abbastanza recente di Jacqueline Risset:

> Au milieu du chemin de notre vie
> Je me retrouvai par une forêt obscure
> Car la voie droite était perdue
>
> Ah dire ce qu'elle était est chose dure
> Cette forêt féroce et âpre et forte
> Qui ranime la peur dans la pensée!

È sempre Dante, ma a mano a mano che si procedesse nel confronto si scorgerebbero vistose differenze. Jacqueline Risset rappresenta un caso confesso in cui il traduttore ha deciso che, per quanto i valori di sostanza (metro, rima, lessico coi suoi effetti fonosimbolici) siano fondamentali nell'originale, non possono essere recuperati in una traduzione. Risset nell'introduzione al suo lavoro ("Traduire Dante") parte dalla dichiarazione del *Convivio*, dove si afferma che nessun testo poetico può essere trasposto in altro idioma senza perdere dolcezza e armonia. Se è così, e se la traduzione sarà sempre una "riduzione", inutile cercare di salvare in un'altra lingua (e moderna) la terza rima senza creare una ripetizione eccessiva e una impressione di meccanicità, il che tradirebbe un altro aspetto di Dante, "forse ancora più essenziale, quello dell'invenzione sovrana, che colpisce e sconcerta il lettore a ciascun passo sulle vie sconosciute dell'altro mondo". Ecco una scelta dichiarata di quello che la traduttrice considera fondamentale nel poema, e d'altra parte le pagine precedenti dell'introduzione avevano insistito sui valori iniziatici e su altri aspetti di contenuto della *Commedia*, vista nei suoi rapporti con la nostra letteratura moderna, il rapporto di Dante con la propria soggettività, col proprio corpo, gli elementi onirici, la relazione stessa, quasi proustiana, che il poeta instaura col libro che dovrà scrivere, raccontando cosa ha visto.

Risset ricorda il primo traduttore francese della *Commedia*, Rivarol, che trovava la lingua francese troppo casta e timorata per potersi misurare con gli enigmi e gli orrori danteschi e, per quanto ammetta che oggi il francese sia meno casto, ritiene che ancora il plurilinguismo dantesco, il suo gusto per il "basso" e il "disgustoso", siano fondamentalmente estranei alla tradizione francese. Cercare di rifare, come Pézard, gli arcaismi del poema rinvierebbe a un Medioevo italiano e non francese; e inoltre riprodurre in altra lingua l'arcaismo darebbe al testo un sapore nostalgico mentre Dante è un poeta tutto teso verso il futuro. In conclusione Risset accetta l'idea che la traduzione sia un "processo decisionale" (il che certo non è estraneo alla nostra idea di negoziazione), sceglie di puntare a ogni passo sulla rapidità febbrile del racconto dantesco, decide che per farlo occorre essere il più letterale possibile.

> Poiché la terza rima, e la rima stessa, producono effetti di simmetrie ripetitive e immobilizzanti, bisogna cercare di sostituire alla sua marcia forzata, alla fine del verso, un tessuto di omofonie generalizzate – che trasmettono direttamente la nozione di uno spazio dove tutto si risponde all'interno di un ritmo quanto più possibile serrato e libero. Non si tratta, peraltro, di sopprimere tutti gli alessandrini e decasillabi che affiorano sotto la penna – essi fanno parte della nostra memoria linguistica più profonda, la più immediata; sono essi che lasciano venire alla luce la lettera, la violenza della lettera, e la capacità che ha un testo, talora, di tradursi "da solo"... Si tratta, di fatto, di partire da una prosodia moderna, quella di cui disponiamo. (p. 21)

Risset continua con altre considerazioni, ma possiamo arrestarci qui. Comunque si voglia giudicare la sua traduzione, essa è un esempio non di addomesticamento ma certamente di modernizzazione, e come tale è stata accettata.

Per cogliere i propositi della traduttrice, basta individuare alcuni versi in cui Dante esibisce tutte le sue asprezze di medievale toscano, e vedere come esse siano state adattate alla comprensione del lettore francese moderno:

> Diverse lingue, orribili favelle
> parole di dolore, accenti d'ira,
> voci alte e fioche, e suon di man con elle
>
> facevano un tumulto, il qual s'aggira
> sempre in quell'aura sanza tempo tinta
> come la rena quando turbo spira.

> Diverses langues, et orribles jargons,
> mots de douleur, accents de rage,
> voix foirtes, rauques, bruits de mains avec elles,
>
> faisaient un fracas tournoyant
> toujours, dans cet air éternellement sombre
> comme le sable où souffle un tourbillon.

> S'io avessi le rime aspre e chiocce,
> come si converrebbe al tristo buco
> sovra 'l qual pontan tutte l'altre rocce,
>
> io premerei di mio concetto il suco
> più pienamente; ma perch'io non l'abbo,
> non sanza tema a dicer mi conduco;
>
> ché non è impresa da pigliare a gabbo
> discriver fondo a tutto l'universo
> né da lingua che chiami mamma o babbo.

> Si j'avais les rimes âpres et rauques
> comme il conviendrait à ce lugubre trou
> sur lequel s'appuient tous les autres rocs,
>
> j'exprimerais le suc de ma pensée
> plus pleinement; mais je ne les ai point,
> et non sans frayeur je m'apprête à parler:

car ce n'est pas affaire à prendre à la légère
que de décrire le fond de l'univers entier
ni celle d'une langue disant "papa, maman".

7.7 Situazioni miste

Per mostrare come la doppia opposizione straniare/addomesticare e arcaicizzare/modernizzare possa produrre varie combinazioni, citerò la traduzione russa de *Il nome della rosa*.

Io non avevo cercato di modernizzare i miei personaggi, e anzi chiedevo al mio lettore di diventare quanto più medievale possibile. Per esempio, lo mettevo in presenza di qualcosa che sarebbe parso strano ai suoi occhi, ma mostravo che i personaggi non se ne stupivano, e così si comprendeva che quella data cosa o comportamento erano normali nel mondo medievale. Oppure, al contrario, accennavo a qualcosa che il lettore contemporaneo avrebbe dovuto avvertire come normale, e mostravo che i personaggi se ne stupivano – così da rendere evidente che si trattava di qualcosa di inusuale a quei tempi (per esempio William si poneva sul naso un paio di occhiali, gli altri monaci s'incuriosivano, e diventava evidente come gli occhiali, in quel secolo, fossero ancora poco comuni).

Queste soluzioni narrative non hanno creato problemi ai traduttori, ma problemi sono sorti con le frequenti citazioni latine – anche queste intese a restituire l'aria del tempo. Io volevo che il mio Lettore Modello, per entrare nell'atmosfera di una abbazia medievale, s'immedesimasse non solo coi suoi costumi e i suoi rituali, ma anche col suo linguaggio. Ovviamente pensavo a un lettore occidentale che, anche se non aveva studiato il latino, lo avesse per così dire nell'orecchio, e questo valeva certo per lettori italiani, francesi, spagnoli, tedeschi. In fondo anche lettori di lingua inglese che non abbiano fatto studi classici hanno udito espressioni latine per esempio in campo giuridico, e magari in un telefilm, come *affidavit* o *subpoena*.

Tuttavia l'editore americano temeva che molti termini latini risultassero incomprensibili per i suoi lettori e Weaver, con la mia approvazione, ha talora abbreviato citazioni troppo lunghe inserendovi parafrasi in inglese. Si trattava di un processo di addomesticamento e modernizzazione al tempo stesso, che ha reso più fluidi certi passaggi, senza tradire lo spirito dell'originale.

L'opposto è accaduto con la traduttrice russa, Elena Kostioukovitch. Abbiamo pensato che anche un lettore americano che non ha studiato il latino sa tuttavia che si tratta della lingua del mondo ecclesiastico medievale e inoltre, se legge *De pentagono Salomonis*, può riconoscere qualcosa di simile a *pentagon* e a *Solomon*. Ma per un lettore slavo queste frasi e titoli in latino, traslitterati in alfabeto cirillico, non avrebbero suggerito nulla, anche perché il latino, per un lettore russo, non evoca né Medioevo né ambiente ecclesiastico. Così la traduttrice ha suggerito di usare, in luogo del latino, l'antico slavonico ecclesiastico della chiesa ortodossa medievale. In quel modo il lettore poteva cogliere lo stesso senso di lontananza, la stessa atmosfera di religiosità, ma comprendendo almeno vagamente di che cosa si stesse parlando.

Così, se Weaver modernizzava per addomesticare, Kostioukovitch addomesticava per arcaicizzare.[8]

Il problema non esiste soltanto per le traduzioni da lingua a lingua ma anche per le esecuzioni musicali.[9] Vorrei citare una discussione di Marconi (2000, che peraltro si rifà a tutta la letteratura in argomento) circa quelle che vengono talora chiamate esecuzioni "autentiche" di un brano classico. In principio si ritiene autentica l'esecuzione di uno spartito che riproduca non solo suoni, ma anche timbri, durate quali si sarebbero potute ascoltare all'epoca della prima esecuzione. Di qui le esecuzioni filologiche della musica rinascimentale con strumenti d'epoca, l'evitare che i brani pensati per clavicembalo siano eseguiti su pianoforte, o quelli per fortepiano su un pianoforte a coda contemporaneo.

Pare tuttavia che una esecuzione filologica possa non rispettare le intenzioni dell'autore (o del testo) per il fatto che non produce nell'ascoltatore contemporaneo lo stesso effetto che produceva su quello coevo. Dato un brano con complessa strut-

[8] Si vedano comunque le riflessioni in merito di Kostioukovitch (1993).
[9] Del problema dell'esecuzione mi occuperò più a fondo nel capitolo 10.

tura polifonica concepito per clavicembalo, si è detto che gli ascoltatori del XVIII secolo avevano una diversa capacità, rispetto a noi, di cogliere tutte le linee di un tessuto polifonico. Di qui la decisione di alcuni esecutori di usare anche strumenti moderni, spesso appositamente arrangiati, proprio per rendere percepibile quell'effetto a un ascoltatore d'oggi, ritenendo che così facendo lo si ponga (sia pure usando soluzioni tecniche che il compositore non conosceva) nelle condizioni ideali d'ascolto.

È curioso che in tali casi sia molto difficile dire se si tratti di "traduzioni" arcaicizzanti o modernizzanti, se si faccia tutto il possibile per condurre l'ascoltatore a vivere l'atmosfera del testo e della cultura d'origine o non si lavori piuttosto per rendere quella cultura accettabile e comprensibile dai destinatari d'oggi. E questo ci dice che, nel continuum delle soluzioni possibili, anche le dicotomie troppo rigide tra traduzioni *target* e *source oriented* devono essere sciolte in una pluralità di soluzioni negoziate volta per volta.

Ecco ora un esempio tragicamente divertente di un tentativo mal riuscito di modernizzare e addomesticare a un tempo. Si tratta della prima traduzione di uno dei capitoli del mio *La ricerca della lingua perfetta* (Eco 1984b – fortunatamente la traduzione è stata corretta in tempo).

Il mio testo parlava dell'*Ars Magna* di Raimundo Lullo, argomento certamente difficile, ed esponeva una serie di sillogismi su materie teologiche usati da Lullo, tra i quali *tutto quello che è magnificato dalla grandezza è grande – ma la bontà è ciò che è magnificato dalla grandezza – dunque la bontà è grande*.

Per rifarci a quanto ho detto nel capitolo 4, il traduttore deve sforzarsi, per molti termini, di impadronirsi del Contenuto Molare a disposizione dell'autore, e cioè di una competenza enciclopedica abbastanza vasta. Ma in questo caso il traduttore ha probabilmente pensato che il ragionamento di Lullo era troppo astratto e che bisognava, per così dire, andare incontro al lettore. Ha dunque tradotto: *all cats are mammals, Suzy is a cat, therefore Suzy is a mammal*.

È ovvio che la traduzione non è letterale. Ma essa non rispetta neppure i riferimenti dell'originale. Dire che un personaggio storico ha detto *tutto ciò che è magnificato dalla grandezza è grande* è molto diverso dal dire che ha parlato della gatta Suzy (inoltre un catalano medievale, che non ha mai viaggiato in paesi di lingua inglese, non avrebbe mai chiamato Suzy una gatta). Non rispettare i riferimenti del testo originale nel caso di opera storica è molto diverso dal dire che, in un mondo narrativo e fittizio, Diotallevi ha visto un *sublime espacioso llano* anziché una siepe. Che cosa abbia visto Diotallevi dipende da un patto intercorso tra autore e traduttore, che non debbono rispondere a nessuno di come hanno "arredato" il mondo possibile di un'opera di finzione – se l'alterazione non cambia il senso profondo della storia. Invece, dire che Lullo ha detto qualcosa che non ha detto è un falso storico.

Infine, l'immane sforzo didascalico del traduttore ha tradito anche il senso profondo dell'intero mio discorso su Lullo, non è stato fedele all'impegno implicito del rispetto giuridico delle intenzioni dell'autore, perché un conto è dire che Lullo elaborava un sistema di sillogismi per potere fare affermazioni corrette su Dio e un conto è dire che metteva in opera tutta la sua *Ars Magna* per poter fare asserzioni corrette sui gatti.

Si potrebbe semplicemente concludere che quel traduttore aveva una curiosa idea dei propri doveri ed esagerava nel tentare di mettere il lettore inglese moderno a proprio agio. Ma l'errore nasceva da una mancanza di interpretazione del senso profondo del testo. Altrimenti il traduttore si sarebbe accorto che il testo originale faceva il possibile per iniziare il lettore al mondo mentale di Raimondo Lullo e questa richiesta di buona volontà non poteva e non doveva essere eliminata.

7.8 Ancora sulla negoziazione

Schleiermacher (1813, tr. it.: 153) aveva detto: "O il traduttore lascia il più possibile in pace lo scrittore, e gli muove incontro il lettore, o lascia il più possibile in pace il lettore, e gli muove incontro lo scrittore. Le due vie sono talmente diverse che, imboccatane una, si deve percorrerla sino in fondo con il maggior rigore possibile; dal tentativo di percorrerle entrambe contemporaneamente non ci si possono attendere che risultati estremamente incerti, con il rischio di smarrire completamente sia lo scrittore che il lettore". Ripeto che un criterio così severo vale solo per testi remoti per antichità o assoluta diversità culturale. È certo che, se nel tradurre la Bibbia si è scelto *fumo* invece di *vanità*, allora non converrà tradurre *Deus Sabaoth* come "Dio degli eserciti". Ma il criterio dovrebbe essere più flessibile per testi moderni. Scegliere di orientarsi alla fonte o alla destinazione rimane in questi casi un criterio da negoziare frase per frase.

Leggendo le traduzioni italiane dei romanzi gialli americani si trova sempre un detective che dice al tassista di portarlo alla Città Alta o alla Città Bassa.[10] Evidentemente il testo originale stava dicendo *Uptown* e *Downtown*, ma per una sorta di patto scellerato i traduttori si sono tacitamente accordati e usano queste bizzarre espressioni – così che i lettori ingenui sono convinti che ogni città americana sia come Bergamo, Budapest o Tbilisi, con una parte sulle colline, talora oltre un fiume, e una parte in pianura.

Certamente tradurre Downtown e Uptown è una faccenda difficile. Se controllate sul Webster, alla voce *downtown* (come avverbio, come aggettivo e come sostantivo) questo insigne dizionario dirà che si tratta del quartiere degli affari oppure della zona sud. Non aggiunge, e fa male, che talora è il quartiere del vizio. Come deve fare il traduttore, visto che è diverso chiedere al taxista di portarci in una banca o in un bordello? Il fatto è che il traduttore non deve solo conoscere la lingua, ma anche la storia e la topografia di ogni singola città.

I pionieri costruivano la città lungo il fiume, o sul mare, poi la espandevano lungo il fiume o lungo la costa. La "città bassa" era il primo nucleo. Naturalmente, come ci insegnano i film western, per prima cosa si costruivano la banca e il *saloon*. Quando la città si espandeva, o si spostava la banca o si spostava il *saloon*. Quando è rimasto fisso il quartiere degli affari, allora Downtown è un luogo che di notte sembra un canyon sotto la luna; quando gli affari si sono spostati, la Downtown notturna è diventata un luogo gaio, losco e pericoloso. A New York,

[10] Ho già discusso questo esempio nel mio *Sei passeggiate nei boschi narrativi*, ma in questa sede era indispensabile tornarvi sopra.

infine, Uptown e Downtown sono concetti relativi: il Central Park è Downtown per chi viene da Harlem e Uptown per chi viene da Wall Street (anche se Downtown genericamente designa la zona di Wall Street, ma a complicare la faccenda i quartieri a luci rosse sono Midtown).

La soluzione formalmente più perfetta ("il centro storico") non funziona, perché in Europa questo termine evoca assonnate piazze dominate da vetuste cattedrali. Stefano Bartezzaghi una volta, in un articolo su *La stampa*, aveva proposto che si lasciasse tranquillamente *downtown* e *uptown* (come di solito, aggiungo, si lascia Rive Gauche o Rive Droite), perché quando c'è scritto *Colt* non si traduce *Beretta*. Eppure rimane importante sapere se il detective va a misurarsi con un pezzo grosso o ad afferrare per il bavero un alcoolizzato.

Il traduttore dovrebbe lavorare tenendo sott'occhio una pianta e una guida della città americana in questione e, a seconda della città, il detective dovrebbe chiedere di essere portato in centro, al porto, ai vecchi mercati, alla Borsa. Si potrebbe lasciare *downtown* solo se il tassista impallidisse e rispondesse che lui, a quell'ora, laggiù non s'arrischia.

Però ammetto che, se in un romanzo spagnolo che si svolge a Barcellona il detective chiede al tassista di essere portato nel Barrio Chino, sarebbe meglio mantenere l'espressione originale (anche se il lettore non conosce la differenza, notevole, tra Barrio Gotico e Barrio Chino) e far avvertire un profumo di Barcellona piuttosto che tradurre *portami a Chinatown*. Troppo addomesticamento può produrre eccessiva oscurità.

E non è che questi siano problemi che si pongano al solo traduttore italiano. Ecco un caso (raccontato nel "Pendulum Diary") in cui Bill Weaver si trova di fronte a un problema analogo traducendo dall'italiano in inglese.

Pensiero del giorno. *Periferia. Outskirts.* In molte città italiane la *periferia* sono gli *slums*. Nelle città americane, oggi, gli *slums* sono *downtown*, dentro alla città. Così quando si dice che qualcuno vive *in periferia*, bisogna stare attenti a non tradurre *in the suburbs*, trasformando uno *slum* italiano in qualcosa come Larchmont. Casaubon vive in una ex-fabbrica *in periferia*. Ho aggirato il problema, penso, traducendo *outlying*.

In realtà si può vivere alla periferia di una piccola città, e abitare in una graziosa casetta con giardino. Ma Casaubon viveva a Milano e Weaver ha fatto bene a evitare *suburbs*. Casaubon non era ricco abbastanza.

Per concludere, Montanari (2000: 175) propone di tradurre *source/target* come *testo fonte/ testo foce*. Può sembrare un suggerimento come un altro, dove *foce* forse sta meglio dell'inglese *target*, troppo *business-like*, e che evoca una idea, spesso o quasi sempre impossibile, di vittoria, di risultato col massimo dei punti. Ma il termine *foce* ci introduce a un interessante reticolo semantico, e apre una riflessione sulla distinzione tra *delta* ed *estuario*. Forse ci sono testi fonte che nella traduzione si allargano a imbuto (e dove il testo d'arrivo arricchisce il testo sorgivo facendolo entrare nel mare di una nuova intertestualità) e testi delta, che si ramificano in molte traduzioni ciascuna delle quali ne impoverisce la portata, ma tutte insieme creano un nuovo territorio, un giardino dai sentieri che si biforcano.

testo sorgivo
testo d'arrivo

8.
FAR VEDERE

Dopo la traduzione francese del *Pendolo di Foucault* una intervistatrice mi ha chiesto (bontà sua) come mai riuscivo a descrivere così bene gli spazi. Ne sono stato lusingato, e al tempo stesso stupito, perché non avevo mai riflettuto su quel punto. Poi ho risposto che probabilmente questo accadeva perché, prima di iniziare a scrivere, per impadronirmi del "mondo" dove la mia vicenda doveva svolgersi, facevo molti disegni, e mappe, in modo che i miei personaggi si muovessero sempre in uno spazio che io avessi sotto gli occhi. Tuttavia mi rendevo conto che la risposta non era sufficiente. Si può vedere o immaginare benissimo uno spazio, ma questo non vuole ancora dire che si sappia come rendere in parole questa immagine.

È stato dopo questa provocazione che ho iniziato a riflettere sulla *ipotiposi*.[1]

8.1 Ipotiposi

L'ipotiposi è l'effetto retorico per cui le parole possono appunto rendere evidenti fenomeni visivi. Sfortunatamente tutte le definizioni dell'ipotiposi sono circolari, vale a dire che definiscono come ipotiposi quella figura mediante la quale si rappresentano o si evocano esperienze visive attraverso procedimenti verbali (e questo in tutta la tradizione retorica). Negli ultimi anni mi è capitato di analizzare vari testi verbali per individuare le tecniche diverse con cui uno scrittore realizza ipotiposi, e rin-

[1] Grazie anche a suggerimenti di Magli (2000) e Parret (2000).

vio per questo a un altro mio scritto.[2] Basti ricordare che si possono produrre ipotiposi *per denotazione* (come quando si afferma che tra un luogo e l'altro ci sono venti chilometri di distanza), *per descrizione minuta* (come quando si dice di una piazza che ha una chiesa a destra e un palazzo antico a sinistra – ma la tecnica può raggiungere stadi di estrema minuzia e raffinatezza, come accade in certi brani di Robbe-Grillet), *per elenco* (e si pensi al catalogo degli eserciti davanti alle mura di Troia offerto da Omero nell'*Iliade* o al catalogo veramente bulimico degli oggetti contenuti nella cucina di Leopold Bloom nel penultimo capitolo dello *Ulysses*), *per accumulo di eventi o di personaggi*, che fanno nascere la visione dello spazio dove accadono queste cose (e si possono trovare eccellenti esempi in Rabelais).

In questa sede basta osservare che queste tecniche non presentano particolari problemi per il traduttore. Un problema si pone invece quando una descrizione verbale, per poter sollecitare una immagine visiva, rinvia a una esperienza precedente del lettore. Talora il rinvio è esplicito, come quando in un romanzo si legga, per esempio, *ella aveva la purezza di lineamenti di una vergine preraffaellita di Burne-Jones*. Francamente questa a me pare una pigrizia descrittiva. Altre volte si invita direttamente il lettore a fare l'esperienza a cui si rinvia. Si veda per esempio una delle tante pagine di *Flatland* di Abbott, in cui l'autore invita il lettore a immaginare che cosa voglia dire vivere, e percepire i nostri compagni di avventura, su una superficie bidimensionale, del tutto euclidea, in cui è ignota la terza dimensione:

> Posate una monetina nel mezzo di uno dei vostri tavolini nello Spazio, e chinatevi a guardarla dall'alto. Essa vi apparirà come un cerchio.
> Ma ora, ritraendovi verso il bordo del tavolo, abbassate gradatamente l'occhio (avvicinandovi così sempre più alle condizioni degli abitanti della Flatlandia), e vedrete che la monetina diverrà sempre più ovale; finché da ultimo, quando avrete l'occhio precisamente all'altezza del piano del tavolino (cioè, come se foste un autentico abitante della Flatlandia), la moneta avrà

---

[2] "Les semaphores sous la pluie" in Eco (2002).

cessato di apparire ovale, e sarà divenuta, per quanto potrete vederla, una linea retta.[3]

Talora il richiamo è più sottile, a tal punto che il traduttore può addirittura perdere il senso reale del richiamo. Ho citato in proposito (vedi Eco 2002) due versi di Blaise Cendrars dalla *Prose du transsiberien* (e si tratta di un testo che, dovendo parlare di un viaggio lunghissimo, usa molte delle tecniche che ho già definito, dall'elenco alla descrizione minuta). A un certo punto Cendrars ricorda che

Toutes les femmes que j'ai rencontrées se dressent aux horizons
Avec les gestes piteux et les regards tristes des sémaphores sous la pluie...

La traduzione di Rino Cortiana recita:

Tutte le donne che ho incontrato si erigono agli orizzonti
Come i pietosi gesti e gli sguardi tristi dei semafori sotto la pioggia.

Soluzione quasi obbligata, che hanno seguito, per quel che ricordo, anche altri traduttori. Tuttavia in francese i *sémaphores* non sono i nostri semafori urbani (che per i francesi sono *feux rouges*) bensì segnali lungo la via ferrata, e chi ha avuto esperienza di treni che procedono lentamente nelle notti di nebbia, potrà evocare queste forme fantasmatiche che scompaiono lentamente nel piovischio, quasi in dissolvenza, mentre si guarda da un finestrino la campagna immersa nel buio, seguendo il ritmo ansimante del convoglio (la cadenza di carioca evocata da Montale in "Addio, fischi nel buio").

Un primo problema è quanto possa apprezzare questi versi (anche se è un lettore francese) chi è nato nell'epoca di treni rapidi coi finestrini ermeticamente chiusi. Ricordo che recentemente, per definire ad alcuni studenti com'era una sperduta città nel deserto che avevo appena visitato, avevo detto che sembrava Hiroshima nell'agosto 1945. Ma come apparisse Hiroshima dopo il

---

[3] Traduzione di Masolino d'Amico (*Flatlandia*. Milano: Adelphi 1966).

lancio della prima bomba atomica io lo ricordavo benissimo, per averne visto su tutti i giornali le fotografie, e rimane una delle immagini più cariche di emozione della mia adolescenza; invece mi ero reso subito conto che per dei ventenni il richiamo non era così evidente. Come si reagisce a un'ipotiposi che sollecita il ricordo di qualcosa che non si è mai visto?

Nel mio scritto citato suggerivo che si reagisce *facendo finta* di aver visto qualcosa, proprio in base agli elementi che l'espressione ipotipotica ci provvede. I due versi di Cendrars appaiono in un contesto in cui si parla di un treno che va, per giorni e giorni e per pianure sterminate, i semafori (nominati) in qualche modo ci rinviano a sagome che in qualche modo emergono dal buio, e l'accenno agli orizzonti ce li fa immaginare perduti in una lontananza che il moto del treno non può ingrandire, momento per momento... D'altra parte anche chi conosca solo i rapidi di oggi, ha scorto dal finestrino luci che scomparivano nella notte. Ed ecco che l'esperienza da ricordare tentativamente si profila: l'ipotiposi può anche *creare* il ricordo di cui necessita per potersi realizzare.

Ma il secondo problema è come possano reagire alla sollecitazione di Cendrars i lettori italiani, visto che la parola *semafori* evoca fatalmente i semafori dei crocicchi urbani. I nostri semafori sono luminosi (e persino gai, nei loro tre colori), mentre i *gestes piteux* menzionati da Cendrars evocano forme scure nella notte che agitano tristemente i loro arti meccanici, muovendosi come un inquietante e lontano marinaio che nell'oscurità agiti delle bandiere segnaletiche (e naturalmente la stessa nozione di orizzonte illimitato cambia, se si vede una strada di città invece che uno sconfinato paesaggio). Ricordo che come giovane lettore di Cendrars, e a lungo, ho visto in questi versi un baluginare – sia pure triste e obnubilato dalla nebbia – di rossi e di verdi, non il gesto disperato di pietose marionette. Non credo che ci sia soluzione a questo problema come probabilmente non ve n'è per il *toit tranquille* di Valéry.

8.2 La stanza della zia

Traducendo Nerval, non si può ignorare che egli (uomo di teatro come era stato) descrive molte scene come se si trattasse di realizzarle su un palcoscenico, specie per quanto riguarda l'illuminazione. L'attrice amata dal narratore appare nel primo capitolo rischiarata dalle luci della ribalta, poi da quelle della lumiera, ma tecniche di illuminazione teatrale sono messe in opera nel primo ballo sul prato, dove gli ultimi raggi del sole arrivano attraverso il fogliame degli alberi che fanno da quinta; e mentre Adrienne canta rimane come isolata dal riflettore della luna (e tra l'altro esce da quello che oggi chiameremmo un "occhio di bue", con un grazioso saluto d'attrice che si congeda dal pubblico). Nel quarto capitolo, nel "viaggio a Citera" (che oltretutto è rappresentazione verbale di una rappresentazione visiva, perché è ispirato a un quadro di Watteau), di nuovo la scena è illuminata dall'alto dai raggi vermigli della sera. Nel settimo, quando il narratore entra al ballo di Loisy, assistiamo a un capolavoro di regia in cui a poco a poco si lascia in ombra la base dei tigli, tingendoli al sommo di bluastro, sino a che, in questa lotta tra i lumi artificiali e il giorno che sorge, la scena viene lentamente pervasa della luce pallida del mattino.

Tutti questi sono casi in cui un traduttore attento, seguendo per così dire le "indicazioni di regia" fornite dal testo originale, può ottenere gli stessi effetti. Ma vi sono casi in cui, per far vedere qualcosa, Nerval usa dei termini che dovevano essere familiari ai lettori del suo tempo, ma che possono risultare oscuri al lettore contemporaneo, e persino allo stesso lettore francese d'oggi. È come se un testo contemporaneo, che dice *Avviò il computer nella stanza buia, e rimase come ipnotizzato*, fosse letto da un lettore appena arrivato dal passato, che non ha mai visto un computer. Questo lettore non avrebbe l'immediata impressione di uno schermo luminoso che si anima nell'oscurità, né riuscirebbe a capire perché si realizzi un effetto ipnotico.

Vorrei ora analizzare minutamente il capitolo in cui Sylvie e il narratore visitano la vecchia zia a Othys, perché sembra un esempio da laboratorio. Si tratta di un ritorno incantato al secolo precedente: la zia permette alla fanciulla di andare a frugare, nella camera da letto, tra i cimeli della sua giovinezza, quando aveva sposato lo zio (ormai scomparso), e si ha come l'epifania di un gentile Kitsch campagnolo del tardo XVIII secolo. Ma per capire che cosa Sylvie e il suo compagno riscoprono bisognerebbe comprendere termini desueti, legati alla moda di quei tempi antichi (che certamente i contemporanei di Nerval ancora comprendevano). Ho posto questi termini in grassetto.

Je la suivis, montant rapidement l'escalier de bois qui conduisait à la chambre. – Ô jeunesse, ô vieillesse saintes! – qui donc eût songé à ternir la pureté d'un premier amour dans ce sanctuaire des souvenirs fidèles? Le portrait d'un jeune homme du bon vieux temps souriait avec ses yeux noirs et sa bouche rose, dans un ovale au cadre doré, suspendu à la tête du lit rustique. Il portait l'uniforme des gardes-chasse de la maison de Condé; son attitude à demi martiale, sa figure rose et bienveillante, son front pur sous ses cheveux poudrés, relevaient ce pastel, médiocre peut-être, des grâces de la jeunesse et de la simplicité. Quelque artiste modeste invité aux chasses princières s'était appliqué à le *pourtraire* de son mieux, ainsi que sa jeune épouse, qu'on voyait dans un autre médaillon, attrayante, maligne, **élancée dans son corsage ouvert à échelle de rubans**, agaçant de sa mine retroussée un oiseau posé sur son doigt. C'était pourtant la même bonne vieille qui cuisinait en ce moment, courbée sur le feu de l'âtre. Cela me fit penser aux fées des Funambules qui cachent, sous leur masque ridé, un visage attrayant, qu'elles révèlent au dénouement, lorsque apparaît le temple de l'Amour et son soleil tournant qui rayonne de feux magiques. "O bonne tante, m'écriai-je, que vous étiez jolie! – Et moi donc?" dit Sylvie, qui était parvenue à ouvrir le fameux tiroir. Elle y avait trouvé **une grande robe en taffetas flambé, qui criait du froissement de ses plis.** "Je veux essayer si cela m'ira, dit-elle. Ah! Je vais avoir l'air d'une vieille fée."
"La fée des légendes éternellement jeune!..." dis-je en moi-même. – Et déjà Sylvie **avait dégrafé sa robe d'indienne** et la laissait tomber à ses pieds. La robe étoffée de la vieille tante s'ajusta parfaitement sur la taille mince de Sylvie, qui me dit de l'agrafer. "Oh! les manches plates, que c'est ridicule!" dit-elle. Et cependant **les sabots garnis de dentelles découvraient admirablement ses bras nus**, la gorge s'encadrait dans le pur corsage aux tulles jaunis, aux rubans passés, qui n'avait serré que bien peu les charmes évanouis de la tante. "Mais finissez-en!

Vous ne savez donc agrafer une robe?" me disait Sylvie. Elle avait l'air de l'accordée de village de Greuze. "Il faudrait de la poudre, dis-je. – Nous allons en trouver." Elle fureta de nouveau dans les tiroirs. Oh! que de richesses! que cela sentait bon, comme cela brillait, comme cela chatoyait de vives couleurs et de modeste clinquant! deux éventails de nacre un peu cassés, des boites de pâte à sujets chinois, un collier d'ambre et mille fanfreluches, parmi lesquelles éclataient **deux petits souliers de droguet blanc avec des boucles incrustées de diamants d'Irlande!** "Oh! Je veux les mettre, dit Sylvie, si je trouve les bas brodés!"

Un instant après, nous déroulions **des bas de soie rose tendre à coins verts;** mais la voix de la tante, accompagnée du frémissement de la poêle, nous rappela soudain à la réalité. "Descendez vite!" dit Sylvie, et quoi que je pusse dire, elle ne me permit pas de l'aider à se chausser.

Ecco qui il modo in cui ho tradotto la pagina (e pongo di nuovo in grassetto i punti degni di discussione):

La seguii, salendo rapido la scala di legno che portava alla camera. – O beata giovinezza, o vecchiezza benedetta! – chi avrebbe dunque pensato a offuscare la purezza di un primo amore in quel santuario di ricordi fedeli? Il ritratto di un giovane del buon tempo antico sorrideva con gli occhi neri e la bocca rosea, in una cornice ovale dorata, appesa al capezzale del letto di campagna. Portava l'uniforme di guardiacaccia della casa dei Condé: il suo atteggiamento piuttosto marziale, il volto roseo e affabile, la fronte pura sotto i capelli incipriati, ravvivavano quel pastello, forse mediocre, con tutte le grazie della giovinezza e della semplicità. Qualche modesto artista invitato alle cacce principesche s'era ingegnato a ritrattarlo come meglio poteva, insieme alla sua giovane sposa, che appariva in un altro medaglione, maliziosa e incantevole, **slanciata nel suo corsetto dalla vasta scollatura serrato a vespa da grandi nastri,** col visetto proteso come a provocare un uccellino che teneva sul dito. Ed era bene la stessa buona vecchia che stava cucinando laggiù, curva sul focolare. Il che mi faceva pensare alle fate dei Funamboli quando nascondono, sotto la loro maschera grinzosa, un volto seducente, che mostrano solo all'ultimo atto, all'apparire del tempio dell'Amore con il sole che ruota irradiando i suoi magici fuochi. "O cara zia, esclamai, come era-

vate carina! – E io allora?" disse Sylvie, che era riuscita ad apri-re l'agognato cassetto. **Vi aveva trovato una gran veste in taf-fettà fiammato, che cangiava colore a ogni fruscio delle sue pieghe.** "Voglio vedere se mi va bene, disse. Ah, avrò certo l'a-spetto di una vecchia fata!"
"La fata eternamente giovane delle leggende!..." mi dissi. – **E già Sylvie aveva slacciato il suo abito di cotonina sfilandolo sino ai piedi.** La veste sontuosa della vecchia zia si adattò per-fettamente alla figura sottile di Sylvie, che mi chiese di allac-ciargliela. "**Oh, come cadono male, le spalle senza sbuffo!**" E **tuttavia la corta merlettatura svasata di quelle maniche met-teva mirabilmente in mostra le sue braccia nude, il seno risal-tava nel casto corsetto dai tulle ingialliti, dai nastri sbiaditi,** che aveva fasciato ben poche volte le grazie ormai svanite della zia. "Ma andiamo! Non sapete allacciare una veste?" mi diceva Syl-vie. Sembrava la fidanzata di paese di Greuze. "Ci vorrebbe della cipria, dissi. – La troveremo." Curiosò di nuovo nei cas-setti. Che meraviglie! Come tutto sapeva di buono, come bril-lava e gatteggiava di colori vivaci quella cianfrusaglia! Due ven-tagli di madreperla un poco rovinati, delle scatole di porcellana dai motivi cinesi, una collana d'ambra e mille fronzoli, tra cui brillavano **due scarpini di lana bianca con fibbie incrostate di diamantini d'Irlanda.** "Voglio proprio metterli, disse Sylvie, se appena trovo le calze ricamate!"
Un istante dopo srotolammo delle calze di un color rosa te-nero, trapunte di verde alla caviglia, ma la voce della zia, ac-compagnata dallo sfrigolio della padella, ci ricondusse subito alla realtà. "Scendete subito!" disse Sylvie, e per quanto insi-stessi, non mi permise di aiutarla a calzarsi.

Di fronte a un testo del genere il traduttore dovrebbe com-portarsi come se fosse un regista che intende trasporre il raccon-to in film. Però non può usare né immagini né precisazioni mi-nute, e deve rispettare il ritmo del racconto, perché gli indugi descrittivi sarebbero letali.

Che cosa significa dire che, in un ritratto, la zia giovanetta appare *élancée dans son corsage ouvert a échelle de rubans*? I vari traduttori italiani scelgono tra *corpetto aperto sul davanti a nastri incrociati, corpetto dai nastri a zig-zag, corpetto aperto coi nastri incrociati sul davanti, camicetta aperta a scala di nastri, corpetto aperto a scala di nastri, corsetto aperto sotto la scala dei nastri, cor-*

setto aperto a nastri scalati, corpetto aperto in volantini di nastri, corsetto aperto a scala di nastri, corpetto aperto ed allacciato dai nastri incrociati sul davanti; Halévy traduceva *attractive and lissom in her open corsage crossed with ribbons*, Aldington rende con *slender in her open corset with its crossed ribbons* e Sieburth traduce come *slender in her open bodice laced with ribbons*. Ma letteralmente non si tratta né di camicetta né di corpetto, e forse neppure l'inglese *bodice* è del tutto soddisfacente. In ogni caso non è chiaro come questo indumento si apra e nessuno sa che cosa sia una scala di nastri o come i nastri s'incrocino.

Ora, un *corsage à echelle de rubans* è un corsetto dall'ampia scollatura, sino almeno al primo turgore dei seni, che si rinserra a vita di vespa grazie a una serie di nodi di grandezza decrescente. Lo si vede per esempio nel ritratto di Madame de Pompadour di Boucher. Questo corsetto è certamente civettuolo ed elegante, mostra con generosità il petto e si affusola a formare un vitino seducente – e questo è quello che conta. E dunque ho preferito parlare di *corsetto dalla vasta scollatura serrato a vespa da grandi nastri* (e che siano in scala dovrebbe essere suggerito dal fatto che l'apertura del corsetto si restringe progressivamente verso la vita).

Uno dei punti che ha imbarazzato i traduttori è quella *grande robe en taffetas flambé, qui criait du froissement de ses plis*, che i due giovani trovano in un cassetto. Sieburth parla di *a flowing gown of shot silk whose every fold rustled at her touch*. Anzitutto, che cosa significa *flambé*? Certamente non va tradotto, come fanno vari traduttori italiani, come *squillante*, *luccicante*, *color bruciato* o addirittura *sciupato* (come fa un traduttore, sedotto da un uso familiare del termine *flambé*, per indicare chi si è rovinato). Una traccia è data dal fatto che in francese esiste *flammé*, che i dizionari italiani traducono tutti come *fiammato*, termine tecnico per indicare una tessitura a striature vivaci, con matasse di colori diversi, così che una tinta sfumi nell'altra creando un effetto di fiamma. Se è così hanno ragione alcuni a definirlo come un taffettà cangiante, e questa mi sembra la soluzione di Sieburth, visto che *shot* significa anche (se detto di tessuto) "woven with threads of different colors so as to appear iridescent" (Webster). Sfortunatamente la direttrice del Musée de la Mode di Parigi, che in un primo momento avrebbe istintivamente optato per *cangiante*, ha fatto qualche controllo e alla fine mi ha comunicato che *flambé* significa "orné de fleurs dont les teintes se fondent", specificando che si userebbe l'espressione per un damasco.

Un tessuto damascato fa venire in mente la gonna di Madame de Pompadour di Boucher con il *corset en echelle de rubans*. Ma se una gran dama di corte aveva una gonna di damasco, la zia di Sylvie si accontentava d'averla di taffettà, sia pure *flambé*. Qualsiasi traduzione che accennasse a un tessuto dai riflessi damascati suggerirebbe più di quel che deve. Che fare? Tanto più che questo taffettà non si limita a *to rustle*, come traduce Sieburth, bensì (come dice Nerval) *criait*. Nel tentativo di rendere questo "grido" gli altri traduttori italiani (in un crescendo di decibel), dicono che *si sentiva leggermente fruscire, frusciava con le sue pieghe, frusciava da ogni piega, era tutto frusciante nelle sue pieghe, faceva con le pieghe un gran fruscio, strideva dalle pieghe gualcite, strideva frusciante dalle sue pieghe, faceva un gran chiasso con il fruscio delle sue pieghe, rumoreggiava allegramente nello scuotersi delle sue pieghe*. Questo tessuto in alcune traduzioni sussurra, e in altre fa troppo rumore. Inoltre questo "grido" non è solo auditivo, ma anche visivo.

Al lettore non si può propinare una voce enciclopedica sull'industria tessile. Qui si parla dell'effetto entusiasmante che fa ai due giovani il gioco di sfumature multiple, che si sprigiona dal tessuto, e la freschezza (oserei dire, ma non dico, "crocchiante") delle sue pieghe. Mi sono deciso a intendere quel taffettà come *flammé* piuttosto che *flambé*, ho usato il termine italiano corrispondente, che da un lato appare arcaico (o per lo meno misterioso), dall'altro metaforico, e trasferisce il "grido" sulle connotazioni visive e auditive della fiamma. Infine ho salvato il complessivo effetto cangiante. Forse il tessuto era qualcosa di diverso, ma confido che il lettore lo "veda" e lo "tocchi" come Sylvie e il suo compagno, e che risulti evidente il fascino di quell'abito, in opposizione con quello che Sylvie si sfila quasi di colpo, molle e pochissimo maestoso.

Infatti Nerval parla di *robe d'indienne*. Il dizionario autorizza a tradurre come *indiana* questa tela di cotone stampata. Di vestito, veste o abito d'indiana parlano molti traduttori italiani, ma temo che così Sylvie appaia al lettore lessicalmente sprovveduto come una giovane pellerossa. Qualcuno traduce *il vestitino di tela stampata* o *la sua veste di tela indiana*. La parafrasi esplicativa è corretta, ma a scapito del ritmo. Sylvie si spoglia di un colpo, e bisogna rispettare la rapidità del suo gesto grazioso e innocentemente provocatorio. Sieburth traduce, secondo me giustamente, *Sylvie had already underdone her calico dressing and let it slip to her feet*. Io ho scelto il termine *cotonina*, che indica appunto una tela stampata di poco prezzo.

Sylvie, dopo aver indossato la veste della zia, si lamenta delle sue *manches plates* e i traduttori italiani scelgono in genere *maniche lisce* o *maniche piatte*, ma allora non si capisce perché il narratore noti per contrasto come quei *sabots garnis* mettevano ammirabilmente in mostra le sue braccia nude, ovvero, come traduce Sieburth, *the lace-trimmed puffs showed off her bare arms*. Insomma, queste maniche sono lisce o ornate, lunghe o corte? Di fronte all'imbarazzo prodotto dal testo, Sieburth rinuncia a parlare di maniche piatte e fa dire a Sylvie, soltanto: *These sleeves are ridiculous*.

Il fatto è che le *manches plates* (dette anche *manches à sabots* o *sabots*) erano maniche corte svasate, coperte da file di merletti, in uso nel XVIII secolo (alcune storie del costume parlano di stile Watteau), ma non avevano le spalle gonfie come voleva la moda ottocentesca. Quindi Sylvie le trova troppo cascanti sulle spalle, perché non avevano lo "sboffo" o lo "sbuffo", come si diceva anche da noi. Per far capire al lettore come sono le maniche, e di che cosa Sylvie si lamenti, faccio violenza alla lettera del testo e faccio dire alla fanciulla: *Oh, come cadono male, le spalle senza sbuffo!* Subito dopo, invece di tentare di tradurre *sabots garnis de dentelles*, dico che *la corta merlettatura svasata di quelle maniche metteva mirabilmente in mostra le sue braccia nude*. I lettori dovrebbero al tempo stesso "vedere" quelle maniche stile Watteau e, al tempo stesso, comprendere che Sylvie sta trovando l'acconciatura fuori moda – e forse sorridere sul suo concetto di modernità. Un altro modo per farli sentire in un tempo lontano.

Non continuo a raccontare come ho tradotto altri termini che per Nerval dovevano farci vedere altri oggetti trovati nel cassetto. In tutti questi casi ho sempre dovuto evitare una traduzione letterale e, senza perdere il ritmo descrivendo troppo questi oggetti, lasciare capire con un aggettivo come essi apparissero. Terminerò con quel paio di calze, che alla fine Sylvie indossa, e che sono indicate come *des bas de soie rose tendre à coins verts*. Quasi tutti i traduttori le intendono come calze rosa con la punta e il tallone verde, e ho persino visto una edizione illustrata del racconto dove il disegnatore (nel nostro secolo) così le raffigura.

Ma Sylvie aveva detto che cercava (e aveva trovato) dei *bas brodés*, e dunque delle calze ricamate, e di seta, non calze di lana a *patchwork*. Trovo sulla edizione Pléiade dell'opera omnia di Nerval una nota (evidentemente indispensabile anche per il lettore francese d'oggi) secondo cui i *coins* sono "ornements en pointe à la partie inferieure des bas" e credo che si voglia alludere a certe decorazioni laterali, dalla caviglia a metà polpaccio, talora ricamate a spina, che in italiano sono chiamate *freccia* o *baghetta*. Sempre dal Musée de la Mode mi è stato detto che "les coins sont des ornements – souvent des fils tirés comme les jours des draps – à la cheville, parfois agrémentés de fils de couleurs différentes". Mi pare che Sieburth abbia compreso qualcosa del genere, visto che parla di *pale pink stockings with green figure-work about the ankles*. Per evitare di esibire tutto quello che avevo appreso sui *coins verts*, e di fare concorrenza a una rivista per ricamatrici, mi è parso appropriato parlare semplicemente di *calze di un color rosa tenero, trapunte di verde alla caviglia*. Penso che questo sia sufficiente a far balenare agli occhi del lettore la natura di quel commovente orrore.

8.3 Ekfrasi

A proposito di come un testo verbale faccia vedere qualcosa, non si può ignorare il problema dell'ekfrasi, intesa come descrizione di un'opera visiva, quadro o scultura che sia. Di solito siamo abituati a dover discutere della accettabilità del tipo opposto di traduzione intersemiotica, quella cioè per cui si traduce un testo scritto in un testo visivo (da libro a film, da libro a fumetto, eccetera). Con l'ekfrasi si traduce invece un testo visivo in un testo scritto. L'esercizio godeva di grande prestigio nell'antichità, e molte volte sappiamo ancora qualcosa di opere d'arte scomparse grazie alle ekfrasi che ne erano state fatte. Esempi insigni di ekfrasi sono le *Imagines* di Filostrato e le *Descriptiones* di Callistrato.[4] Oggi non si pratica più l'ekfrasi come esercizio retorico ma come strumento che, per così dire, tende ad attrarre l'attenzione non tanto su di sé come dispositivo verbale, bensì sulla immagine che intende evocare. In tal senso sono eccellenti esempi di ekfrasi molte analisi minute di quadri fatte da critici d'arte, e ne è esempio insigne la descrizione delle *Meninas* di Velázquez che apre *Les mots et les choses* di Foucault.

In effetti, a leggere bene vari poeti o narratori, si potrebbe scoprire che il loro testo nasce come descrizione di un quadro; tuttavia, quando ciò avviene, l'autore cela la fonte o non si preoccupa di renderla palese – mentre l'ekfrasi come esercizio retorico chiedeva invece di essere riconosciuta in quanto tale. Distinguerò pertanto tra ekfrasi classica (*palese*) ed ekfrasi *occulta*.

Se l'ekfrasi palese voleva essere giudicata come traduzione verbale di un'opera visiva già nota (o che si intendeva rendere nota), l'ekfrasi occulta si presenta come dispositivo verbale che vuole evocare nella mente di chi legge una visione, quanto più possibile precisa. Basti pensare alle descrizioni proustiane dei quadri di Elstir, per vedere come l'autore, fingendo di descrivere l'opera di un pittore immaginario, s'ispirasse di fatto all'opera (o alle opere) di pittori del suo tempo.

Nelle mie opere narrative mi sono dilettato di molte ekfrasi occulte. Sono ekfrasi le descrizioni dei due portali (quello di Moissac e quello di Vezelay) e di varie pagine di codici miniati ne *Il nome della rosa,* lo è tutta la descrizione della sala d'ingresso del Conservatoire des Arts et Metiers che appare ne *Il pendolo di Foucault* (a tal segno, mi lusingo, che – ora che l'ambiente è stato malauguratamente rammodernato – in futuro si potrà usare il mio testo per stabilire quanto fosse inquietantemente seducente prima).

Vorrei considerare due ekfrasi occulte dall'*Isola del giorno prima*, ispirate una a Georges de la Tour e l'altra a Vermeer. Scrivendo, mi ispiravo al quadro e m'ingegnavo di descriverlo

---

[4] Philostratus, *Imagines*. The Loeb Classical Library. London: Heinemann e Cambridge: Harvard U.P. 1969.

nel modo più vivido possibile, ma di fatto non presentavo l'esercizio come ekfrasi, bensì invitavo il lettore a pensare che stessi descrivendo una scena reale. Questo mi permetteva delle piccole licenze, per cui aggiungevo o modificavo certi particolari. Tuttavia confidavo anche nella reazione di un lettore colto, capace di riconoscere la pittura ispiratrice, e di apprezzare che, se facevo delle ekfrasi, esse erano di opere d'arte del periodo di cui parlavo, e che quindi il mio non era puro esercizio retorico, ma esercizio di *arredamento filologico*.

Di solito segnalo queste fonti ai miei traduttori, ma non pretendo che essi traducano guardando l'opera ispiratrice. Se la mia descrizione verbale è buona, essa dovrebbe funzionare anche in traduzione. Tuttavia, come dicevo, in un'ekfrasi occulta si parte dal duplice principio che (i) se il lettore ingenuo non conosce l'opera visiva a cui l'autore si ispira, possa in un certo senso scoprirla con la propria immaginazione, come se la vedesse per la prima volta, ma anche che (ii) se il lettore colto aveva già visto l'opera visiva ispiratrice, il discorso verbale sia in grado di fargliela riconoscere.

Ora si veda questa immagine dal capitolo 31, ispirata a Georges de la Tour:

> Roberto ora vedeva Ferrante seduto nel buio davanti allo specchio che, per chi vi stava a lato, rifletteva solo la candela posta di fronte. A contemplare due luminelli, l'uno scimmia dell'altro, l'occhio si fissa, la mente ne è infatuata, sorgono visioni. Spostando di poco il capo Ferrante vedeva Lilia, il viso di cera vergine, così madido di luce da assorbire ogni altro raggio, e da lasciarle fluire i capelli biondi come una massa scura raccolta a fuso dietro le spalle, il petto appena visibile sotto una leggera veste a mezzo scollo...

Si veda come l'ekfrasi rimanga vivace nelle traduzioni, ed esemplifico solo con quelle di Schifano e di Weaver:

> Roberto voyait maintenant Ferrante assis dans l'obscurité devant le miroir qui, vu de côté, reflétait seulement la chandelle placée en face. A contempler deux lumignons, l'un singe de l'autre, l'œil se fixe, l'esprit s'en engoue, surgissent des visions. En déplaçant à peine la tête, Ferrante voyait Lilia, le minois de cire vierge, si moite de lumière qu'il s'en absorbe tout autre

rayon, et laisse fluer ses cheveux blonds telle une masse sombre recueillie en fuseau entre ses épaules, la poitrine à peine visible sous une légère robe à demi écranchée.

Roberto now saw Ferrante in the darkness at the mirror that reflected only the candle set before it. Contemplating two little flames, one aping the other, the eye stares, the mind is infatuated, visions rise. Shifting his head slightly, Ferrante sees Lilia, her face of virgin wax, so bathed in light that it absorbs every other ray and causes her blond hair to flow like a dark mass wound in a spindle behind her back, her bosom just visible beneath a delicate dress, its neck cut low.

Si veda ora la descrizione di questa figura femminile, dal capitolo 12, ispirata a Vermeer:

Qualche sera dopo, passando davanti a una casa, la scorse in una stanza buia al piano terra. Era seduta alla finestra per cogliere un venticello che mitigava appena l'afa monferrina, fatta chiara da una lampada, invisibile dall'esterno, posata presso al davanzale. A tutta prima non l'aveva riconosciuta perché le belle chiome erano avvolte sul capo, e ne pendevano solo due ciocche sopra le orecchie. Si scorgeva solo il viso un poco chinato, un solo purissimo ovale, imperlato da qualche goccia di sudore, che pareva l'unica vera lampada in quella penombra. Stava lavorando di cucito su di un tavolinetto basso, su cui posava lo sguardo intento [...] Roberto ne vedeva il labbro, ombreggiato da una caluggine bionda. A un tratto ella aveva levato una mano più luminosa ancor del viso, per portare alla bocca un filo scuro: lo aveva introdotto tra le labbra rosse scoprendo i denti bianchi e lo aveva reciso di un sol colpo, con mossa di fiera gentile, sorridendo lieta della sua mansueta crudeltà.

Le varie traduzioni su cui posso esprimere un giudizio permettono di visualizzare bene l'immagine a chi non conosca il quadro di Vermeer. Ma vorrei soffermarmi, forse con una eccessiva pignoleria, sulla mia espressione *fatta chiara da una lampada*.

Weaver traduce che la fanciulla era *in the light of an unseen lamp*, Schifano ha tradotto che era *éclairée par une lampe invisibile*, Lozano che era *aclarada por una lámpara*, Kroeber dice *das Gesicht im Schein einer Lampe*. Come bella descrizione basta e avanza, ma per un'ekfrasi mi sento un poco più esigente: dire che si è illuminati da una lampada non è lo stesso che dire che la fanciulla era "fatta chiara" dalla lampada. La mia espressione trasferisce la sorgente di luce dalla lampada al volto, rende il volto sorgente attiva di luce e non ricettacolo passivo. E questo dovrebbe essere un suggerimento per il lettore colto che sa come nella pittura secentesca la luce spesso promani dal volto, dalle mani, dalle dita, come se i corpi diventassero *accesi*.

Perché insisto tanto sul modo di rendere percepibile al lettore la citazione visiva? Perché questo ha a che vedere con la questione del dialogismo, dell'ironia e degli echi intertestuali.

9.
FAR SENTIRE IL RINVIO
INTERTESTUALE

Secondo vari autori la citazione intertestuale, ovvero il costellare un racconto o una poesia di richiami ad altre opere e situazioni letterarie (o artistiche in genere), è fondamentale di molta arte detta post-moderna e in particolare di quella che Linda Hutcheon (1988, §7) ha chiamato *metafiction*.

Che i testi dialoghino tra loro, che in ogni opera si senta l'influenza dei predecessori (e l'angoscia che ne deriva) è, direi, una costante della letteratura e dell'arte. Quella di cui sto parlando è invece una precisa strategia grazie alla quale l'autore fa allusioni *non esplicite* a opere precedenti, accettando una doppia lettura: (i) il lettore ingenuo, che non individua la citazione, segue lo stesso lo svolgersi del discorso e dell'intreccio come se ciò che gli viene raccontato fosse nuovo e inaspettato (e pertanto, dicendogli che un personaggio trafigge un arazzo gridando *un topo!*, anche senza individuare il rinvio shakespeariano, può godere di una situazione drammatica ed eccezionale); (ii) il lettore colto e competente individua il rinvio, e lo sente come citazione maliziosa.[1]

In questi casi i teorici del post-moderno parlano di *ironia ipertestuale*, suscitando qualche obiezione presso i cultori di retorica, perché propriamente si ha ironia quando maliziosamente si dice il contrario di quello che il destinatario crede o sa essere il vero. Ma il termine è nato in ambiente anglosassone, dove espressioni come "ironically" sono usate in senso più ampio che da noi, per

---

[1] Su questo tema mi sono intrattenuto già nel saggio "Ironia intertestuale e livelli di lettura" (in Eco 2000). Qui ne riprendo solo i punti rilevanti per il problema della traduzione.

213

esempio per intendere "paradossalmente" o "in modo inatteso, contro ogni aspettativa", come quando si dice che un viaggio di nozze sul *Titanic* si doveva trasformare "ironically" in un funerale (d'altra parte anche noi parliamo di ironia del destino).

Direi che quando un testo ne cita un altro senza darlo a vedere, abbiamo quella che chiameremmo una strizzata d'occhio al possibile lettore competente, un parlare "tongue-in-cheek". Caso mai, se ironia c'è, non è perché si voglia intendere il contrario di quello che si dice, bensì certe volte il contrario di quello che il testo implicitamente citato diceva. Così accade quando, nel contesto nuovo in cui vengono inseriti, la situazione o la frase cambiano di senso, si ha un salto di registro, una strategia di abbassamento (come se *un topo!* lo gridasse un eroe indeciso che, dopo aver pronunciato un monologo sul senso della vita, se ne fuggisse di scena vedendo un sorcio uscire da dietro una tenda).

Fatte queste precisazioni, diciamo che se nelle pagine che seguono parlerò talora per questi fenomeni di *ironia intertestuale*, sarà per attenermi all'uso corrente.

Tuttavia queste riflessioni sulla improprietà del termine ironia intertestuale non ci esimono da alcune considerazioni retorico-semiotiche. Talora l'accenno intertestuale è così impercettibile che, se atteggiamento malizioso c'è, sta tutto dalla parte dell'autore empirico, mentre si potrebbe dire che il testo di per se stesso non fa nulla affinché possa essere colto (anche se si appella alla malizia del lettore modello, che dovrebbe sapere individuare il richiamo a un luogo topico della letteratura precedente). Questi casi hanno qualcosa a che fare col problema della traduzione, dove chi traduce dovrebbe fare del proprio meglio per esprimere quello che il testo fonte dice, senza dover tenere conto delle intenzioni dell'autore empirico, che tra l'altro potrebbe essere morto da millenni.

Consideriamo due casi. Nel primo il rinvio è testualmente trasparente, come quando un personaggio comico iniziasse a riflettere su "essere o non essere" – o addirittura – e so di esagerare per amor di esempio – in un *music hall* sui primi luddisti, uno sfasciatore di telai meccanici si domandasse se convenga "tessere o non tessere". In tal caso, se i traduttori prendono da soli la decisione di usare nella loro lingua la traduzione corrente di *to be or not to be*, è segno che qualcosa nel testo rendeva il rinvio quasi obbligato, visto che essi se ne sono accorti.

Il secondo caso è quello in cui il rinvio non è trasparente o non è trasparente per la cultura del traduttore. È recentissimo il caso in cui una mia traduttrice in una lingua assai marginale, nella quale non erano stati tradotti i grandi capolavori della letteratura contemporanea, mi domandava che cosa fossero le donne che vanno e vengono per la stanza parlando di Michelangelo, senza cogliere il rinvio a Eliot. Ma può anche accadere che il traduttore in una lingua assai diffusa non colga il richiamo italiano a un "meriggiare pallido e assorto presso un rovente muro d'orto" (e questi sono ovviamente i casi già citati in cui l'autore invita il traduttore a cercare un rinvio equivalente nella propria letteratura). In ogni caso, se i traduttori non colgono il rinvio ed è l'autore che li invita a sottolinearlo, allora si potrebbe dire che (i) o l'autore ritiene che alcuni lettori possano essere più competenti dei traduttori, e invita questi ultimi a indirizzarli nel modo giusto, (ii) o l'autore sta giocando una partita disperata, in cui il testo è più ottuso di lui, e tuttavia non si vede perché i suoi affezionati traduttori non debbano compiacerlo, lasciandogli l'illusione che almeno un lettore tra un milione sia disposto a cogliere la sua strizzata d'occhio.

Questo è quello che intendo discutere nelle pagine che seguono circa il tradurre le ironie intertestuali.

Un'opera può abbondare in citazioni di testi altrui senza per questo essere un esempio di cosiddetta *ironia intertestuale* o di *rinvio interstestuale*. *The Waste Land* di Eliot richiede pagine e pagine di note per individuare tutti i suoi rinvii al tesoro della letteratura, ma Eliot ha posto le note come parte dell'opera perché gli riusciva difficile ipotizzare un lettore ingenuo che non cogliesse tutti i riferimenti. Ovvero, i lettori incolti possono apprezzare il testo per il ritmo, per il suono, per quel tanto di inquietante evocato da nomi come Stetson, Madame Sosostris, Filomela, o citazioni in tedesco e in francese, ma si trovano a godere del testo come chi origli da una porta socchiusa, cogliendo solo parte di una promettente rivelazione.

Il rinvio ironico all'intertestualità non ha a che fare col fatto che di un testo possono darsi non solo due ma anche quattro diversi livelli di lettura, vale a dire letterale, morale, allegorico e anagogico, come insegna tutta l'ermeneutica biblica. Vari testi hanno un doppio livello di senso, e basti pensare al senso morale delle parabole evangeliche o delle favole: un lettore ingenuo può leggere la favola del lupo e dell'agnello di Fedro come il semplice resoconto di una disputa tra animali, ma risulterebbe molto difficile non avvertire tra le righe una lezione di carattere universale, e chi proprio non ne fosse capace avrebbe perduto il senso più importante dell'apologo.

I casi di rinvio intertestuale sono invece ben diversi, e proprio per questo caratterizzano forme di letteratura che, per quanto dotta, può ottenere anche un successo popolare: il testo può venire letto e goduto in modo ingenuo, senza cogliere i rinvii intertestuali, o può venire letto nella piena coscienza di – e col gusto della caccia a – questi rinvii.

Per cercare un esempio limite, supponiamo di dover leggere il *Don Quijote* riscritto da Pierre Menard. Come immagina Borges, Menard riesce, senza copiare, a reinventare il testo di Cervantes parola per parola, ma solo il lettore avvertito è in grado di capire come le espressioni di Menard, scritte oggi, acquistino un significato diverso da quello che avevano nel XVII secolo, e solo in tal modo scatta l'ironia del testo menardiano. Tuttavia, chi non avesse mai sentito parlare di Cervantes godrebbe di una storia tutto sommato appassionante, di una serie di avventure eroicomiche il cui sapore sopravvive alla lingua non modernissima in cui sono scritte.

Che cosa dovrebbe fare un traduttore, nel caso bizzarro in cui dovesse tradurre il *Don Quijote* di Menard in qualche altra lingua? Paradosso per paradosso, dovrebbe individuare nella propria lingua la versione più nota del romanzo di Cervantes e copiarla pari pari.

Ed ecco che la pratica della traduzione offre una buona pietra di paragone per riconoscere la presenza di rinvio intertestuale in un testo: esso c'è quando il traduttore si sente obbligato a rendere percepibile, nella propria lingua, la fonte del testo originale.

Ricordiamo che cos'era accaduto quando Diotallevi menzionava la siepe leopardiana. I traduttori dovevano identificare una citazione intertestuale e decidere come renderla evidente ai loro lettori (in quel caso cambiando addirittura la fonte). Altrimenti il rinvio intertestuale si sarebbe perduto. È un impegno che non riguarda i traduttori di Fedro, i quali debbono semplicemente tradurre (magari alla lettera) la storia, e poi sarà faccenda del lettore cogliere o non cogliere il suo senso morale.

9.1 Suggerire l'intertesto al traduttore

Come autore di romanzi che sugli echi intertestuali giocano moltissimo, sono sempre stato lieto quando il lettore ha colto il rinvio, la strizzata d'occhio; ma, al di là della chiamata in causa del lettore empirico, chiunque abbia colto, poniamo, nell'*Isola del giorno prima* degli ammiccamenti all'*Isola misteriosa* di Verne (per esempio la domanda iniziale se si tratti di isola o di continente) deve desiderare che anche gli altri lettori si accorgano di questo ammiccamento del testo. Qui il problema del traduttore è capire che, se alludo all'alternativa "isola o continente?", sto citando la domanda che appare nel titolo-sommario del capitolo 9 dell'*Isola misteriosa*, e quindi dovrebbe usare gli stessi termini usati nella traduzione verniana nella sua lingua. Quanto al lettore che non coglie il rinvio, rimarrà egualmente soddisfatto nel sapere che un naufrago si pone una domanda così drammatica.

Occorre però informare il più possibile i propri traduttori di allusioni che, per un motivo o per l'altro, potrebbero sfuggire, e quindi di solito invio loro pagine e pagine di note che rendono espliciti i vari riferimenti. Non solo, ma quando posso suggerisco persino il modo in cui possono essere resi percepibili nella loro lingua. Il problema è stato particolarmente urgente per un romanzo come *Il pendolo di Foucault*, dove il problema del rinvio intertestuale si pone al quadrato, perché non solo faccio citazioni occulte io come autore, ma ne fanno continuamente, con intenti esplicitamente ironici, e ben più palesi, i tre personaggi Belbo, Casaubon e Diotallevi.

Per esempio, nel capitolo 11, uno dei *files* scritti al computer da Jacopo Belbo (che costruisce mondi immaginari, ampiamente intertestuali, per superare il proprio complesso di redattore editoriale incapace di vedere la vita, come Diotallevi, se non per interposta letteratura) è dedicato a un personaggio che in italiano si chiama Jim della Canapa, e che vive un collage di stereotipi avventurosi (dove vengono allegramente mescolati nomi di luoghi della Polinesia, dei mari della Sonda e di altre zone del mondo dove la letteratura ha situato vicende di passione e morte sotto le palme). L'istruzione ai traduttori diceva che Jim della Canapa doveva avere un nome che evocasse mari del Sud e altri paradisi (o inferni) letterari, ma che non era certo che il nome italiano potesse essere letteralmente tradotto (e in inglese mi pare che *Hemp Jim* suoni male). Il problema non era di riferirsi alla canapa. Jim poteva vendere, anziché canapa, anche noci di cocco e chiamarsi Coconut Jim. Oppure Jim dei Sette Mari. Doveva essere chiaro che il personaggio era un misto tra Lord Jim, Corto Maltese, Gauguin, Stevenson e Sanders of the River.

E infatti Jim è diventato *Jim de la Papaye* in francese, *Seven Seas Jim* in inglese, *Jim el del Cáñam* in spagnolo, *O Tzim tes kànnabes* in greco e, con bellissimo richiamo a Kurt Weill, *Surabaya-Jim* in tedesco.

Nel capitolo 22 un commissario di polizia dice *La vita non è semplice come nei libri gialli* e Belbo risponde *Lo supponevo*. Ho comunicato ai traduttori che questa espressione era tipica di un personaggio di fumetto italiano (riconoscibile almeno dai lettori della mia generazione, e forse da quelli più colti della successiva), il poliziotto Cip di Jacovitti, che così rispondeva quando gli rivelavano qualcosa di molto ovvio. Belbo sta citando Jacovitti. Suggerivo al traduttore inglese che poteva cambiare riferimento e far dire per esempio *Elementary, my dear Watson*. Non so perché Bill Weaver non abbia accettato il suggerimento (forse trovava il richiamo holmesiano troppo usurato) e si limita a fargli dire *I guess not*. Non riesco a cogliere alcun riferimento alla letteratura inglese o americana, ma forse è colpa mia.

Nell'*Isola del giorno prima* ogni capitolo ha un titolo che suggerisce solo vagamente quello che vi sta avvenendo. In realtà mi ero divertito a dare a ciascun capitolo il titolo di un libro del XVII secolo. È stato da parte mia un *tour de force*, pochissimo remunerativo, perché il gioco è stato compreso solo da specialisti di quell'epoca (e neppure da tutti), e soprattutto da librai antiquari e bibliofili. A me bastava ed ero ugualmente contento: certe volte mi chiedo se forse non scrivo romanzi soltanto per permettermi questi riferimenti comprensibili solo a me stesso, ma mi sento come un pittore che ritragga una stoffa damascata e tra le volute, i fiori e i corimbi, ponga – quasi invisibili – le iniziali della propria amata. Non importa se neppure lei le individuerà, gli atti d'amore sono gratuiti.

Però volevo che i traduttori rendessero il gioco riconoscibile nelle varie lingue. Per certe opere esisteva il titolo originale e quello di alcune traduzioni. Per esempio, il capitolo intitolato *La dottrina curiosa dei begli spiriti di quel tempo* diventava automaticamente in francese *La doctrine curieuse des beaux esprit de ce temps*, visto che così lo aveva intitolato Garasse, e del pari per *L'Arte di Prudenza*, che è l'*Oraculo Manual y Arte de Prudencia* di Gracián. Per *Curiosità Inaudite* di Gaffarel avevo sia il titolo originale francese, *Curiositez inouyes*, che quello della prima traduzione inglese, *Unheard-of Curiosities*.

In altri casi ho approfittato delle mie conoscenze bibliofile, e dei cataloghi che avevo a disposizione, per suggerire titoli di altri libri su argomenti analoghi. Ed ecco che per *La Desiderata Scienza delle Longitudini* (che rimanda a un libro in latino di Morin, *Longitudinum Optata Scientia*) ho suggerito che in inglese si poteva ricorrere al titolo di un'opera di Dampier, *A New Voyage Round the World* e in spagnolo si poteva prendere dal *Dialogo de los perros* di Cervantes una allusione alla ricerca del *Punto Fijo*.

Avevo poi un bel titolo italiano (di tale Rosa), *La Nautica Rilucente*, e capivo che, oltre che quasi ignoto, era difficile da tradurre. Ho suggerito come alternative: *Arte del Navegar* (di Medina), e *General and Rare Memorial Pertaining to the Perfect Art of Navigation* (che è di John Dee) e in tedesco, ovviamente, *Narrenschiff*. Per il *Diverse e artificiose Macchine* di Ramelli ho segnalato una traduzione tedesca del 1620, e per il francese ho proposto in cambio il *Thêatre des Instruments Mathematiques et Mechaniques* di Besson. Per il *Teatro d'Imprese* del Ferro avevo come alternative molti libri di emblematica, e ho proposto per esempio *Philosophie des images enigmatiques*, *Empresas Morales*, *Declaración magistral sobre los emblemas*, *Delights for the Ingenious*, *A Collection of Emblems*, *Emblematisches Lust Cabinet*, *Emblematische Schatz-Kammer*.

Per *La Consolazione dei Naviganti* che è la *Consolatio Navigantium* di Glauber, ho citato la traduzione francese *La consola-*

tion des navigants, e per le altre lingue titoli altrettanto affascinanti come *Joyfull Newes out of the Newfound Worlde, A Collection of Original Voyages, Rélation de divers Voyages Curieux, Nueva descripción de la tierra*.

Tra l'altro in quel capitolo ho segnalato che la descrizione dell'antro dell'eunuco con le varie sostanze naturali cita in parte la *Celestina* di de Rojas, atto primo. Potevo sperare che il richiamo valesse almeno per il lettore spagnolo, e quanto agli altri, peggio per loro, non si sarebbero trovati in una situazione più opaca di quella del lettore italiano.

Riporto anche un'altra istruzione: "In tutto il viaggio dell'*Amarilli* vi sono riferimenti a varie isole e personaggi celebri. Ve li comunico perché non perdiate l'allusione, anche se di fatto non deve essere così esplicita. Mas Afuera è l'isola dell'arcipelago Juan Fernandez dove naufraga Robinson Crusoe (quello storico, e cioè Selkirck). Il cavaliere di Malta con l'orecchino è un'allusione a Corto Maltese, che cercava Escondida. L'isola senza nome a cui arrivano dopo le Galapagos è Pitcairn, e il cavaliere evoca l'ammutinamento del Bounty. L'isola successiva è quella di Gauguin. Quando il cavaliere arriva su un'isola dove racconta storie e lo chiamano Tusitala, c'è un chiaro accenno a R.L. Stevenson. Quando il cavaliere propone a Roberto di lasciarsi annegare in mare, il richiamo è al suicidio di Martin Eden. La frase di Roberto, *ma appena lo sapessimo, cesseremmo di saperlo*, richiama l'ultima frase del romanzo omonimo di Jack London (*and at the instant he knew, he ceased to know*)". Ovviamente Weaver ha colto il rinvio e ha tradotto "*Yes, but at the instant we knew it, we would cease to know*".

9.2 Difficoltà

Ecco però un caso dove i miei traduttori (per mia colpa) hanno perduto il rinvio intertestuale, per rispetto alla lettera dell'originale. Ne *Il pendolo di Foucault* Jacopo Belbo scrive, in una delle sue fantasie onirico-computeristiche:

Come colpire quell'ultimo nemico? Mi sovviene l'intuizione inattesa, che solo sa nutrire colui per cui l'animo umano, da secoli, non ha penetrali inviolati.
– Guardami, dico, anch'io sono una Tigre.

La frase serve a connotare il gusto del personaggio per l'universo del romanzo d'appendice. Il riferimento, evidente al lettore italiano, è salgariano. Si tratta della sfida lanciata da Sandokan, la Tigre della Malesia, quando affronta una tigre indiana. La traduzione inglese, letterale, suona:

How to strike this last enemy? To my aid comes an unexpected intuition... an intuition that can come only to one for whom the human soul, for centuries, has kept no inviolable secret place.
"Look at me," I say. "I, too, am a Tiger."

Così si sono comportati gli altri traduttori (*Regarde-moi, moi aussi je suis un Tigre*; *Auch ich bin ein Tiger*). Nessuno ha colto l'allusione (veramente molto "nazionale" e generazionale), e io mi sono dimenticato di segnalare loro il punto. Visto che l'effetto che il testo voleva creare era manifestare come Belbo cercasse nel romanzo d'appendice ottocentesco caricature della propria Volontà di Potenza, si sarebbe potuto trovare qualcosa di analogo nelle varie letterature. In francese non mi sarebbe spiaciuto avere *Regarde moi, je suis Edmond Dantès!*.

Quando però un testo scatena la meccanica del rinvio intertestuale, deve attendersi che la possibilità di avere la doppia lettura dipenda dall'ampiezza dell'enciclopedia del lettore, e questa ampiezza può variare secondo i casi.

È difficile resistere alla fascinazione dei rapporti, anche se alcuni possono essere del tutto casuali. Linda Hutcheon (1998: 166) trova a pagina 378 dell'edizione americana del *Pendolo*: *The Rule is simple: suspect, only suspect*, e individua un richiamo intertestuale a *Connect, only connect* di E.M. Forster. Acuta com'è, ha la prudenza di dire che questo "ironic play" si pone in inglese; il testo italiano (e non è chiaro se nello scrivere l'avesse

221

presente) non contiene questo rinvio intertestuale perché recita *sospettare, sospettare sempre*. Il riferimento, certamente consapevole, è stato inserito da Bill Weaver. Niente da dire, il testo inglese contiene il riferimento, il che significa non solo che la traduzione può alterare il gioco dell'ironia intertestuale, ma anche arricchirlo.

In una pagina del capitolo 30 del *Pendolo*, dove i protagonisti immaginano che anche l'intera storia raccontata dai Vangeli sia effetto di una invenzione come quella del Piano che essi stanno costruendo, Casaubon (pensando che un vangelo falso è un vangelo apocrifo) commenta goliardicamente, con evidente parodia baudelairiana: *Toi, apochryphe lecteur, mon semblable, mon frère*. Mi sarei accontentato del rapporto intertestuale con Baudelaire, ma Linda Hutcheon (1998: 168) definisce il sintagma come "parody of Baudelaire by Eliot" (infatti, se vi ricordate, Eliot cita Baudelaire in *The Waste Land*), ed è certo che così la cosa diventa ancora più saporosa. In ogni caso, se Linda Hutcheon avesse dovuto tradurre il mio libro, la sua sottilissima interpretazione non le avrebbe posto problemi aggiuntivi (ovviamente sarebbe stato obbligatorio, come hanno fatto in genere i miei traduttori, mantenere la citazione in francese). Il suo suggerimento pone però un interessante problema a proposito dell'ironia intertestuale. Divideremo i lettori tra quelli che arrivano sino a Baudelaire e quelli che pervengono sino a Eliot? E se ci fosse un lettore che ha trovato l'ipocrita lettore in Eliot, e se ne ricorda, ma non sa che Eliot citava Baudelaire? Considereremo illegittima la sua appartenenza al club dell'intertestualità?

Nell'*Isola del giorno prima* ci sono alcuni colpi di scena che sono nettamente dumasiani, e la citazione è talora letterale, ma il lettore che non coglie il rinvio può dilettarsi, sia pure ingenuamente, del colpo di scena. Nel capitolo 17, quando si racconta che Mazarino congeda Roberto de la Grive dopo avergli assegnato una missione spionistica, si dice:

Piegò un ginocchio e disse: "Eminenza, sono vostro." O almeno così vorrei, visto che non mi pare costumato fargli dare un salvacondotto che reciti: "C'est par mon ordre et pour le bien de l'état que le porteur du présent a fait ce qu'il a fait."

Qui il gioco testuale è duplice. Da un lato c'è l'intrusione del Narratore che in prima persona si scusa per non aver ceduto alla tentazione feuilletonistica di ripetere un episodio celebre (bell'esempio di preterizione, perché dicendo che non cita, in effetti il Narratore cita); dall'altro c'è la citazione testuale del testo del salvacondotto che ne *I tre moschettieri* Richelieu dà a Milady, e che alla fine gli viene esibito da d'Artagnan. Qui il lettore ingenuo sembra abbandonato a se stesso: se non sa il francese, non capisce su cosa verta il salvacondotto, e in ogni caso non dovrebbe capire perché la voce narrante senta il bisogno di dirgli che Mazarino *non* ha fatto qualcosa che non c'era alcuna ragione di attendersi da lui. Ma siccome il testo del salvacondotto appare in un'altra lingua, è portato almeno a sospettare che si tratti di una citazione. Bene dunque ha fatto Bill Weaver a lasciare il testo del salvacondotto in francese. Ha rispettato il rinvio intertestuale anche a scapito della comprensibilità (come del resto avevo fatto io).

Si noti che come Weaver si sono comportati i traduttori slovacco, finlandese, svedese, romeno, ceco, serbo, polacco, turco, spagnolo, portoghese (nelle due versioni portoghese e brasiliana), catalano, danese, olandese, lituano, norvegese e greco. Invece hanno tradotto il testo del salvacondotto nella loro lingua i traduttori tedesco, russo, cinese, giapponese, macedone e ungherese. Nel caso del tedesco e dell'ungherese direi che i traduttori erano sicuri che il testo sarebbe stato riconosciuto, perché le traduzioni di Dumas nel loro paese circolano e sono note. Si potrebbe dire che il traduttore giapponese e cinese non speravano che il loro lettore cogliesse un'allusione così distante dalle sue conoscenze (e forse risultava imbarazzante inserire una citazione in caratteri latini). Ma il problema dell'alfabeto pare secondario, altrimenti il greco e il serbo non avrebbero fatto ricorso alla citazione originale. Dunque si tratta di decisioni per me imponderabili, in cui il traduttore ha *negoziato* se gli conveniva sacrificare il rinvio intertestuale per favorire la comprensibilità o sacrificare la comprensibilità per mettere in evidenza il rinvio intertestuale.

Non intendere un rinvio colto e ironico significa impoverire il testo fonte. Aggiungervi un rinvio in più può voler dire arricchire troppo. L'ideale di una traduzione sarebbe rendere in un'altra lingua niente di meno ma anche niente di più di quello che insinua il testo fonte. Non è problema da poco, e ce ne accorgeremo parlando della cosiddetta traduzione inter-semiotica.[2]

---

[2] Un problema interessante per il traduttore è anche quello della citazione non "ironica" ma comunque non esplicita, dove il prestito e la ricontestualizzazione possono mutare il senso dell'originale. Vedi, per questo gesto interpretativo che appare come operazione di *editing*, La Matina (2001, § 4). D'altra parte un problema analogo si è posto per la traduzione dell'incipit de *Il nome della rosa*, e ne discuto in § 10.7.

10.
INTERPRETARE NON È TRADURRE

Nel suo saggio sugli aspetti linguistici della traduzione Jakobson (1959) aveva suggerito che vi fossero tre tipi di traduzione: *intralinguistica, interlinguistica* e *intersemiotica*. La traduzione interlinguistica è quella che si verifica quando si traduce un testo da una lingua a un'altra, ovvero quando si ha "una interpretazione di segni verbali per mezzo di segni di qualche altra lingua" (e sarebbe la traduzione propriamente detta). La traduzione intersemiotica (e qui stava il tratto più innovativo di quella proposta) è quella in cui si ha "una interpretazione di segni verbali per mezzo di un sistema di segni non verbali", e quindi quando ad esempio si "traduce" un romanzo in film, o una favola in balletto. Si noti che Jakobson proponeva anche di chiamare questa traduzione *trasmutazione* (*transmutation*), e il termine deve darci da pensare – ritorneremo dopo su questo punto. Ma prima Jakobson citava la traduzione intralinguistica, detta anche *riformulazione* (*rewording*), che sarebbe "una interpretazione di segni verbali per mezzo di altri segni della stessa lingua".

Questa triplice suddivisione apre la strada a molte altre distinzioni. Come esiste la riformulazione all'interno di una stessa lingua, così esistono forme di riformulazione (e *rewording* sarebbe metafora) all'interno di altri sistemi semiotici, per esempio quando si traspone di tonalità una composizione musicale. Parlando di trasmutazione Jakobson pensava alla versione di un testo verbale in altro sistema semiotico (anche in Jakobson 1960, gli esempi proposti sono la traduzione di *Cime tempestose* in film, di una leggenda medievale in affresco, dell'*Après midi d'un faune* di Mallarmé in balletto e persino dell'*Odissea* a fumetti); ma non considerava trasmutazioni tra sistemi altri dalla lingua verbale, come per esempio, la versione in balletto dell'*Après midi* di Debussy, la interpretazione di alcuni quadri di un'esposizione per mezzo della composizione musicale *Quadri di un'esposizione*, o addirittura la versione di una pittura in parole (ekfrasi).

Però il problema più importante è un altro. Jakobson usava per tre volte, per definire i tre tipi di traduzione, la parola *interpretazione*, e non poteva essere diversamente per un linguista che, pur ponendosi nella tradizione strutturalista, aveva per primo scoperto la fecondità dei concetti peirciani. Questa sua definizione dei tre tipi di traduzione lasciava così vivere una ambiguità. Se tutti e tre i tipi di traduzione sono delle interpretazioni, non avrà Jakobson voluto dire che i tre tipi di traduzione sono tre tipi di interpretazione, e che quindi la traduzione è una specie del genere interpretazione? Questa sembra la soluzione più ovvia, e che egli abbia insistito sul termine *traduzione* potrebbe essere dovuto al fatto che scriveva quelle sue riflessioni per una raccolta di scritti *On translation* (Brower 1959), in cui gli interessava distinguere tra vari tipi di traduzione, dando per implicito che fossero tutte forme dell'interpretazione. Ma nel prosieguo della discussione è parso a molti che Jakobson suggerisse un diagramma di questo tipo:

	intralinguistica riformulazione
Traduzione	**interlinguistica** traduzione in senso proprio
	intersemiotica trasmutazione

Siccome, come vedremo, sotto la rubrica della riformulazione sta una immensa varietà di tipi di interpretazione, a questo punto è facile incorrere nella tentazione di identificare la totalità della semiosi con una continua operazione di traduzione, ovvero di identificare il concetto di traduzione con quello di interpretazione.

10.1 Jakobson e Peirce

Jakobson, come molti altri dopo di lui, era stato affascinato dal fatto che Peirce, per definire la nozione di interpretazione, era ricorso più volte all'idea di traduzione. Che Peirce parli a più riprese di interpretazione come traduzione è innegabile. Basti citare C.P. 4.127, proprio in un contesto in cui ribadisce la sua idea centrale che il significato di un segno viene espresso interpretandolo attraverso un altro segno (nel senso più ampio in cui Peirce intende il termine segno, per cui il significato del segno *gelosia* potrebbe essere interpretato dall'intero *Otello* shakespeariano – e viceversa). Qui Peirce sta mettendo in chiaro per l'ennesima volta che il significato di una espressione è (o non può essere esplicitato che da) "una seconda asserzione tale che tutto ciò che segue dalla prima asserzione ne segue egualmente, e viceversa".

Il punto centrale della sua argomentazione è questo: in accordo con la massima pragmatica, il principio d'interpretanza stabilisce che ogni più o meno inafferrabile "equivalenza" di significato tra due espressioni può essere data solo dall'identità di conseguenze che esse implicano o implicitano. Per rendere più chiaro quello che intende dire, Peirce, nello stesso contesto, afferma che il significato (*meaning*), nella sua accezione primaria, è una "traduzione di un segno in un altro sistema di segni".

È noto come il lessico peirciano sia mutevole e non di rado impressionistico, ed è facile accorgersi che in questo, come in altri contesti, Peirce usi *translation* in senso figurato: non come una metafora, bensì come *pars pro toto* (nel senso che assume *traduzione* come sineddoche di *interpretazione*).[1] In questo contesto Peirce sta argomentando contro certi logici ("those people") a proposito del significato di *immediate neighborhood* usato nella definizione della velocità di una particella. Non c'interessa la natura del dibattito, ma il fatto che Peirce contesta che

---

[1] Si veda per esempio come in C.P. 2.89 *translation* sia usato insieme a *transaction, transfusion, transcendental*, come ciò che può venire "suggested" dal termine *Transuasion* che indica la Thirdness come mediazione, in quanto diversa dalla *Originality* (o Firstness, "being such as that being is, regardless of aught else") e dalla *Obstinence* (come Secondness).

immediate neighborhood sia una semplice espressione convenzionale non altrimenti definibile. Essa va *interpretata* (magari
attraverso una icona, nella fattispecie un diagramma, come infatti egli fa in quello stesso paragrafo) e solo così si conoscereb-
be il suo "meaning". Egli vuole spiegare che cosa significhi interpretare, e pertanto è come se svolgesse, in modo ellittico, la
seguente argomentazione:

(i) Il significato è dato quando una espressione viene sostituita da un'altra da cui seguono tutte le conseguenze illative che
seguono dalla prima;

(ii) Se non capite cosa voglio dire, pensate che cosa accade in
un processo la cui laboriosità è evidente a chiunque, e cioè la
traduzione (ideale) di una frase da lingua a lingua, in cui si pre-
sume o si esige che dall'espressione della lingua di arrivo segua-
no tutte le conseguenze illative che seguono dall'espressione
nella lingua d'origine;

(iii) La traduzione da lingua a lingua è l'esempio più evidente di come si cerchi di dire con sistemi di segni diversi la stessa
cosa;

(iv) Questa capacità, e questa laboriosità interpretativa, non
è propria soltanto della traduzione da lingua a lingua, ma di
ogni tentativo di chiarire il significato di una espressione.

Peirce, anche se non si è occupato mai di traduzione da lingua a lingua *ex professo*, non era così sprovveduto da non rilevare la specificità di questo fenomeno rispetto ad altri e molteplici modi di interpretazione, e che sappia fare delle distinzioni è
mostrato da Gorlée (1993, in particolare p. 168). Ma questa
sua sineddoche aveva affascinato Jakobson che (1977: 1029)
aveva affermato entusiasticamente: "Una delle idee più felici e
brillanti che la linguistica generale e la semiotica hanno ricevuto dal pensatore americano è la definizione di significato come
'traduzione di un segno in un altro sistema di segni' (4.127).
Quante discussioni inutili su mentalismo e antimentalismo si
sarebbero evitate se si fosse affrontata la nozione di significato
in termini di traduzione. Il problema della traduzione è fondamentale dal punto di vista di Peirce e può (e deve) essere utiliz-
zato sistematicamente".

Jakobson stava semplicemente dicendo che la nozione di interpretazione come traduzione da segno a segno permette di su-

perare la diatriba su dove stia il significato, se nella mente o nel comportamento, e non dice che l'interpretare e tradurre siano sempre e comunque la stessa operazione, ma che è utile affrontare la nozione di significato in termini di traduzione (vorrei chiosare: *come* se fosse una traduzione). Nell'esporre queste posizioni di Jakobson (in Eco 1978: 24) scrivevo: "Jakobson dimostra che interpretare un elemento semiotico significa 'tradurlo' in un altro elemento (che può pure essere un intero discorso) e che da tale traduzione l'elemento da interpretare risulta sempre creativamente arricchito". Come si vede ponevo "tradurlo" tra virgolette, per indicare che si trattava di una espressione figurata. La mia lettura potrebbe essere contestabile, ma vorrei ricordare che avevo sottoposto a Jakobson il mio saggio, prima di pubblicarlo, e che lui ne aveva discusso vari punti, certamente mai per impormi conclusioni diverse da quelle a cui pervenivo (il che non era nel suo stile), ma comunque per precisare, chiarire sino allo scrupolo, suggerire riferimenti ad altri suoi scritti che confermassero la mia lettura. In tale sede non c'erano state obiezioni alla mia virgolettatura. Se Jakobson l'avesse ritenuta fuorviante, visto che lo stavo citando quasi *verbatim*, mi avrebbe cortesemente avvertito che lui intendeva usare *to translate* in senso tecnico.

Caso mai quello che può essere discutibile nel brano jakobsoniano citato è la conclusione che il richiamo alla traduzione, essendo fondamentale per il pensiero di Peirce, dovrebbe essere usato "sistematicamente". Ma mi pare che Jakobson volesse dire che occorreva *sempre* tenere presente quell'aspetto del problema del significato, non che occorresse porre l'equivalenza assoluta tra traduzione e interpretazione.[2]

10.2 La linea ermeneutica

L'idea che ogni attività d'interpretazione sia da ritenere traduzione ha radici profonde nella tradizione ermeneutica. Le ragioni sono ovvie: dal punto di vista ermeneutico ogni processo

---

[2] Sul fatto che per Peirce se ogni traduzione è interpretazione tuttavia non vale l'opposto, cfr. Nergaard (2001).

interpretativo è un tentativo di *comprensione* della parola altrui, e pertanto si è posto l'accento sulla sostanziale unità di tutti i tentativi di comprensione di quanto detto dall'Altro. In tal senso la traduzione è, come diceva Gadamer, una forma del *dialogo ermeneutico*.

Già Heidegger nel 1943 (nell'ambito di un corso universitario su Eraclito) aveva proclamato l'identità di traduzione e interpretazione.[3] Nella sua introduzione ai saggi di Ricoeur sulla traduzione Jervolino (2001: 17) riporta un testo di Gerhard Ebeling nella sua voce enciclopedica *Hermeneutik*:

> L'origine etimologica di *hermenéuo* e dei suoi derivati è controversa ma rinvia a radici col significato di "parlare", "dire" (in connessione col latino *verbum* o *sermo*). Il significato del vocabolo va cercato in tre direzioni: asserire (esprimere), interpretare (spiegare) e tradurre (fare da interprete) (...) Si tratta di modificazioni del significato fondamentale di "portare alla comprensione", di "mediare la comprensione" rispetto a differenti modi di porsi del problema del comprendere: sia che venga "interpretato" (verbo equivalente in latino) un fatto mediante parole, un discorso mediante una spiegazione, un enunciato in una lingua straniera mediante una traduzione. Già da qui si intravede l'intricata ramificazione del problema ermeneutico, al quale rinvia non uno solo di questi significati, ma la loro interconnessione strutturale.[4]

Ma interconnessione non vuole dire identità, e giustamente Jervolino osserva che il problema non pare tanto quello di appiattire l'idea di interpretazione su quella di traduzione, ma piuttosto di vedere quanto possa giovare all'ermeneutica filosofica ospitare entro il suo discorso i risultati delle discussioni antiche e nuove sulla traduzione (e l'inverso).

Gadamer (1960) procede in modo molto cauto, e non senza il rischio di qualche contraddizione. Da un lato afferma che "ogni traduzione è sempre una interpretazione" (1960, tr. it.: 342) e anzi sottolinea che ogni traduzione giunge come compi-

[3] Cfr. Heidegger (1987).
[4] In *Die Religion in Geschichte und Gegenwart*. Mohr: Tubingen 1959, III col. 243.

mento di una interpretazione che il traduttore ha dato della parola a cui si trova di fronte. Come vedremo, sostenere che per tradurre bisogna avere previamente interpretato il testo è idea del tutto condivisibile. Dall'altro (tr. it.: 346-347) cerca di mostrar la profonda identità strutturale tra interpretazione e traduzione, che pone entrambe sotto il segno (positivo) del compromesso, vale a dire di ciò che io chiamo negoziazione:

> Come nel dialogo... il moto alterno della discussione può portare alla fine a un compromesso, così il traduttore cerca, in un moto alterno di prove e tentativi, la migliore soluzione, che può essere sempre e soltanto un compromesso. Come nel dialogo, per raggiungere questo scopo, ci si sforza di collocarsi nella posizione dell'altro, per capire il suo punto di vista, così il traduttore si sforza di trasporsi completamente nel suo autore. Ma questa trasposizione non equivale ancora, nel dialogo, alla piena comprensione, né, nella traduzione, si identifica senz'altro con la riuscita della riproduzione... [Pertanto] La condizione del traduttore e quella dell'interprete sono quindi sostanzialmente identiche.

Però subito dopo riafferma che ogni traduttore è un interprete, il che non significa che ogni interprete sia un traduttore, e infine ammette che "il compito del traduttore non si distingue qualitativamente, ma solo per diverso grado di intensità, dal compito ermeneutico generale che ogni testo ci propone". Mi pare fondamentale questa affermazione di differenza *in grado di intensità*. Nelle pagine che seguono tenterò infatti di distinguere dei gradi d'intensità.

Gadamer (cit.; tr. it.: 349) afferma, sì, che "comprensione e interpretazione siano in definitiva la stessa cosa" (e questo nella sua prospettiva, per cui nella riattualizzazione del senso di un testo l'orizzonte proprio dell'interprete risulta determinante – aspetto che nessuno mette in dubbio). Ma poche pagine dopo (cit.; tr. it.: 353) fa un esempio da tenere in gran conto: "Il processo della comprensione si muove tutto nella sfera del senso che ci è trasmessa attraverso la mediazione del linguaggio. Di fronte a una iscrizione, il compito ermeneutico comincia perciò solo quando la decifrazione di esso è già stata compiuta (si intende correttamente)".

Ora, questa decifrazione corretta dell'iscrizione per Peirce sarebbe già interpretazione (come è stata interpretazione quella che ha portato Champollion, comparando tre testi in geroglifico, demotico e greco a decifrare la Stele di Rosetta). Dove si vede che l'interpretazione di Peirce è concetto più vasto dell'interpretazione ermeneutica. Si dovrebbe dunque concluderne che la decifrazione della Stele di Rosetta, per Peirce certamente interpretazione, e appoggiata a una comparazione tra tre versioni dello stesso testo (o tra due traduzioni e un testo archetipo), non sarebbe ancora, dal punto di vista ermeneutico, comprensione, e pertanto interpretazione.

Steiner (1975), in un capitolo che si intitola "La comprensione come traduzione", afferma che la traduzione in senso stretto è solo un caso particolare del rapporto di comunicazione che ogni atto linguistico riuscito traccia all'interno di un dato linguaggio. Più avanti (1975, IV, 3) ammette che una teoria della traduzione interlinguistica può prendere due strade: o è il modo di designare il modello operativo di *tutti* gli scambi significativi (compresa la traduzione intersemiotica o trasmutazione di Jakobson), o una sottosezione di tale modello. Steiner conclude che la definizione totalizzante è più istruttiva, come tale egli la assume. Ma, dopo avere messo in chiaro la sua preferenza, Steiner è abbastanza avveduto da ammettere che la scelta non può che dipendere da una teoria del linguaggio (io direi una semiotica) soggiacente. Come vedremo, nel seguito di questo mio scritto, io parto evidentemente da un'altra teoria del linguaggio, e lo metto in chiaro, sostenendo che la mia scelta è più fedele a quella di Peirce e – malgrado le apparenze – a quella di Jakobson.

Ricoeur (1999) è certamente tentato dall'impostazione di Steiner, e dal fatto che nell'interpretazione (anche nel senso peirceano) e nella traduzione si dice "la stessa cosa in un altro modo", come fanno i dizionari, o come accade qundo riformuliamo un'argomentazione che non è stata capita, e conclude che dire una cosa in altri termini è appunto ciò che fa il traduttore. Curiosamente, e senza che ci sia stata influenza diretta, lo stesso argomento ritorna in Petrilli (2000). Petrilli aveva avuto l'idea, che ho citato in nota nell'introduzione, di identificare la traduzione come un discorso diretto mascherato da discorso indiretto. Ma dall'idea che in una traduzione propriamente detta valga l'implicito avviso metalinguistico "l'Autore tale dice nella propria lingua quanto segue", arriva, come Ricoeur, alla conclusione che questo processo sia identico alla riformulazione, la quale sottintende un "questo termine o questa frase vogliono dire che" oppure "io intendevo dire che".

Per anticipare alcune mie obiezioni che seguiranno, ricordo che nell'ambiente francese dell'Oulipo, nella scia del magistero di Queneau, era stato suggerito che l'incipit della *Recherche* di Proust (*Longtemps je me suis couché de bonne heure*) poteva essere benissimo riformulato in termini di inferenza: *Mi è costata una gran fatica convincere i miei genitori a lasciarmi andare a letto dopo le nove*. Si tratta certamente di un caso estremo di "volevo dire che", ma non può essere ridotto all'avviso metatestuale "Proust ha detto in francese quanto segue".

Pertanto, di fronte all'appello che ci proviene dalla linea ermeneutica, di individuare un nucleo comune in tutti i processi di interpretazione, pare ugualmente urgente cercare di individuare le differenze profonde che intercorrono tra vari tipi di interpretazione. Una buona traduzione di Schleiermacher ci aiuta a comprendere il suo pensiero, ma ha funzione e modalità diverse dalle pagine che Gadamer dedica a questo autore, assumendo certamente di interpretarlo, di chiarirne il pensiero (talora di criticarlo), prendendoci per così dire per mano affinché dal testo del filosofo (originale o traduzione che sia) si traggano anche le inferenze che esso non esplicita.

Rifacendosi a Peirce piuttosto che all'ermeneutica, Paolo Fabbri (1998: 115-116) pare porsi sulla stessa posizione di Steiner. Egli dice che, "se si legge con attenzione Peirce, ci si accorge che secondo questo autore il segno, nella relazione con l'altro segno, non è un semplice rinvio; secondo Peirce, infatti, il significato di un segno è il segno in cui esso deve venir tradotto" e questo è naturalmente indiscutibile. Fabbri ammette subito che forse si tratta di una metafora, ma si propone di "prenderla sul serio". Pertanto, dopo un rimando a Lotman, afferma decisamente che *l'atto di traduzione è il primo atto di significazione*, e che le cose significano grazie a un atto di traduzione a esse interno. Fabbri vuole evidentemente dire che il principio di traduzione è la molla fondamentale della semiosi, e quindi che ogni interpretazione è in primo luogo traduzione. Ma questo è appunto il modo di prendere alla lettera la metafora peirciana.

Prendere sul serio una metafora vuole dire farne scaturire tutti i suggerimenti possibili, non trasformare il veicolo metaforico in termine tecnico. Ed è proprio cercando di far funzionare la metafora a pieno regime che Fabbri, alla pagina seguente, è felicemente costretto a limitarne la portata. Di quello che egli dice parlerò più avanti, ma basti dire che si avvede (come moltissimi non fanno) che c'è un limite della traduzione, quando si ha "diversità nella materia dell'espressione". Individuato questo limite, si sarà costretti a dire che, *almeno in un caso*, vi sono forme di interpretazione che non sono totalmente assimilabili alla traduzione tra lingue naturali.

L'universo delle interpretazioni è più vasto di quello della traduzione propriamente detta. Qualcuno potrebbe dire che insistere su questo punto non è solo questione di parole, e se si intendesse usare sempre e comunque *traduzione* come sinonimo di *interpretazione*, basterebbe mettersi d'accordo. Ma anzitutto, almeno dal punto di vista etimologico, le questioni di parole non sono irrilevanti.[5]

In latino il termine *translatio* appare inizialmente nel senso di "cambiamento", ma anche di "trasporto", passaggio bancario di denaro, innesto botanico, metafora.[6] Solo in Seneca appare come versione da una lingua all'altra. Parimenti *traducere* significava "condurre oltre". Ma si ricordi che anche nel Medioevo si

---

[5] Nota Montanari (2000: 203) che porre ogni interpretazione sotto l'egida della traduzione "non trova pressoché riscontro nella autoqualificazione di opere artistiche". Questo forse non è un argomento perché gli artisti non vedrebbero dei nodi comuni là dove il semiologo li vede, ma è interessante che il regista che traduce un film non si firmi come traduttore bensì come autore del nuovo film, citando il testo fonte nei titoli di testa (tratto da, liberamente ispirato a). Siccome si ritiene che per fare della buona estetica bisogna considerare le poetiche degli artisti, questa loro autocoscienza non può essere trascurata.

[6] Fa sempre impressione vedere circolare in Grecia, oggi, enormi camion che portano scritto *metaphorà* sulla fiancata: si tratta di autotrasporti per traslochi, come da noi i camion della Gondrand.

parlava di *translatio imperii* come appunto di trasporto, passaggio dell'autorità imperiale da Roma al mondo germanico.

Il passaggio da "trasportare da un luogo all'altro" a "tradurre da una lingua a un'altra" pare sia dovuto a un errore di Leonardo Bruni che aveva male interpretato Aulo Gellio (*Noctes* I, 18): "*Vocabulum graecum vetus traductum in linguam romanam*", dove si voleva dire che la parola greca era stata trasportata o trapiantata nella lingua latina. Comunque *tradurre* si diffonde nel Quattrocento nel significato che ha oggi, e soppianta (almeno in italiano e francese) *translatare* – che invece viene *traductus*, nel senso antico del termine, ovvero trapiantato come *to translate* nella lingua inglese (cfr. Folena 1991). Quindi tradurre ci arriva nel significato primario nel senso di versione da una lingua a un'altra.

Niente vieta di allargare lo spazio semantico del termine per includervi fenomeni affini o analoghi (per qualche verso o sotto un certo profilo). Tuttavia nella varietà della semiosi si danno fenomeni di cui, se è spesso utile sottolinearne l'affinità, è parimenti utile sottolinearne la differenza, almeno dal punto di vista di una teoria semiotica. Per il "laico" basterebbe accorgersi che gli esseri umani comunicano, si capiscono, si fraintendono, e che talora le cose vanno bene e talora vanno male. Ma se si fa della semiotica è proprio per capire queste differenze e vedere quanto esse contino nei processi semiosici. Che poi, malgrado e al di là delle differenze, si possano trovare analogie, e forse qualcosa di più, e si possa per esempio affermare che volgendo la *Divina Commedia* a fumetto si possa renderne meglio i significati profondi che non con una sua maldestra traduzione in swahili, questo è un problema che viene dopo, quando ci si sia accorti che diverso è riassumere in italiano la *Divina Commedia*, diverso tradurla in swahili e diverso renderla a fumetti.

10.3 Tipi di interpretazione

Ci sono, oltre a quella jakobsoniana, altre tipologie della traduzione, per esempio Toury (1986), Torop (1995, che però propone una lista di *parametri* traduttivi), e Petrilli (2000). Non vorrei proporne un'altra, per non rischiare di ingabbiare in tipi definiti una attività che, proprio perché procede per continue negoziazioni, testo per testo (e parte di un testo per parte di un testo), si dispone lungo un continuum di equivalenze, reversibilità o fedeltà che dir si voglia – ed è proprio la ricchezza e imprevedibilità di questo continuum che va rispettata.

Trovo invece più utile, per porre delle distinzioni, una classificazione delle diverse forme di interpretazione dove le infinite modalità di traduzione propriamente detta si riuniscono sotto un item molto comprensivo – e così accade per le infinite possibilità di traduzione intersemiotica.

1. **Interpretazione per trascrizione**

2. **Interpretazione intrasistemica**
   2.1. Intrasemiotica, all'interno di altri sistemi semiotici
   2.2. Intralinguistica, all'interno della stessa lingua naturale
   2.3. Esecuzione

3. **Interpretazione intersistemica**
   3.1. Con sensibili variazioni nella sostanza
      3.1.1. Interpretazione intersemiotica
      3.1.2. Interpretazione interlinguistica, o traduzione tra lingue naturali[7]
      3.1.3. Rifacimento
   3.2. Con mutazione di materia
      3.2.1. Parasinonimia
      3.2.2. Adattamento o trasmutazione

Possiamo liberarci dalla interpretazione per trascrizione ovvero per sostituzione automatica, come accade con l'alfabeto

---

[7] Ogni traduzione, essendone una sottospecie, è interpretazione. Con una svista, Dusi (2000: 9) riferendosi a Eco (2000) dice che per me l'universo delle interpretazioni è più vasto di quello delle traduzioni, ed è vero, ma aggiunge "anche se ammette l'esistenza di traduzioni che riescono a decidere quale effetto o scopo principale del testo di partenza seguire, per esempio quello poetico, divenendo in tal modo delle ottime interpretazioni delle intenzioni del testo". La mia non è una concessione, io dicevo in quel saggio (e ripeto qui) che *ogni* traduzione, anche la traduzione di *piove* in *it rains* è una interpretazione.

Morse. La trascrizione ubbidisce a stretta codifica, e pertanto può essere attuata anche da una macchina. L'assenza di decisione interpretativa e di ogni ricorso al contesto o alla circostanza di enunciazione rende il caso poco interessante ai fini del nostro discorso.

Al massimo si può notare che fenomeno di trascrizione è anche il rapporto tra un alfabeto, espresso graficamente, e i suoni corrispondenti. L'alfabeto italiano ha una struttura quasi simile all'alfabeto Morse: tranne poche eccezioni (come *c* e *g* dure o dolci, *gn* o *sc*) in genere a ogni lettera corrisponde un suono preciso, specie se si usano accenti e si distinguono per esempio la *è* aperta dalla *é* chiusa – e in ogni caso sarebbe codice di trascrizione l'alfabeto speciale dei fonologi espresso con segni diacritici. Tutto il resto sono variazioni sovrasegmentali (forme di pronuncia, intonazioni, eccetera) che non incidono sul sistema della lingua. Sarebbe possibile fornire a un computer un testo italiano scritto e ottenere automaticamente una resa fonica per lo meno riconoscibile da ogni parlante. Le variazioni sovrasegmentali avrebbero valore solo in enunciazioni di tipo teatrale, dove conta la dinamica, l'enfasi, il timbro, ma questi sono appunto fenomeni di sostanza che, come vedremo, diventano rilevanti solo in testi a funzione estetica.

All'estremo opposto sta la lingua inglese. George Bernard Shaw, per mostrarne le difficoltà, chiedeva come si debba pronunciare la parola *ghoti* e rispondeva *fish*: *gh* come in *laugh*, *i* come in *women* e *ti* come in *nation*. Ma si potrebbe parlare di una possibile trascrizione automatica non considerando il passaggio da suono a segno alfabetico (e viceversa) bensì quello tra suono e intera parola scritta (e viceversa), con un codice complesso in cui si prescrivesse come debbono essere diversamente pronunciati *laugh* e *Maugham*, *rush* e *bush*, *plow* e *row*, eccetera.

10.4 Interpretazione intrasemiotica

L'interpretazione intrasistemica avviene all'interno di uno stesso sistema semiotico, e sono questi i casi in cui Jakobson ha parlato genericamente di riformulazione. Ci sono interessanti casi di interpretazione intrasistemica, ovvero di interpretazione intrasemiotica, in sistemi non verbali. Potremmo parlare, con qualche licenza metaforica, di riformulazione per un brano musicale trascritto in una diversa tonalità, passando dal maggiore al minore o (anticamente) dal modo dorico al modo frigio. Oppure quando si pantografa un disegno, o quando si riduce di scala o si semplifica (o al contrario si definisce meglio) una mappa. Anche in questi casi il fatto che uno stesso contenuto venga espresso con segni diversi fa pensare che si voglia meglio delimitare la forma del contenuto (per esempio, semplificando una mappa, rendere più evidente il contorno di un certo paese o regione), ma si rimane sempre all'interno della stessa forma e continuum o materia dell'espressione (sonoro, visivo, eccetera). Ogni volta che si abbia proiezione su scala ridotta cambia la sostanza dell'espressione, ma essa cambia anche quando la stessa frase viene pronunciata da due parlanti diversi, gridata o sussurrata, e il cambiamento viene accettato come non pertinente per amore di interpretazione.

Supponiamo che in una scuola di architettura sia esposto un modello in scala ridotta del Colosseo. Purché il modello conservi immutate le proporzioni tra i suoi diversi elementi, la riduzione di scala non sarebbe pertinente. Purché la colorazione delle superfici riproducesse quella del monumento reale, si potrebbe ritenere non pertinente la scelta di costruire il modello in legno, in gesso o in bronzo (e persino, se si dispone di abilissimi artigiani, in cioccolato). Ma chi usa il modello dovrebbe sapere che sta usando appunto un modello, una sorta di "riassunto" o "parafrasi" del Colosseo, e non dovrebbe pensare di ammirare una curiosa opera di oreficeria romana, così come si ammirano le saliere di Cellini.

Nei negozi di Firenze si vendono riproduzioni in scala ridotta del David di Michelangelo. A fini di rimemorazione o di studio, se i rapporti proporzionali sono ben riprodotti, la materia diverrebbe irrilevante e si avrebbe un caso accettabile di interpretazione intrasistemica. Ma qualsiasi critico ci direbbe che se il David viene riprodotto con un'altezza di venti centimetri si perde una parte del godimento estetico, perché è essenziale al pieno godimento di un'opera d'arte anche la dimensione reale – e c'è differenza tra ammirare la Cappella Sistina dal vivo o su una riproduzione, ancorché quasi perfetta, sulle pagine di un libro o in una diapositiva. Potremmo metaforicamente parlare di "traduzione" in scultura se una statua viene riprodotta mediante calco, rispettando tutte le dimensioni e le proprietà che la materia originale esibisce alla vista e al tatto – tanto che i turisti possono trarre una soddisfacente esperienza estetica dal David riprodotto all'esterno di Palazzo Vecchio a Firenze, anche se sanno che l'originale si trova altrove. Ma se il David venisse riprodotto in bronzo dorato, in stagno o in plastica, anche se si rimane all'interno dello stesso continuum di materie tridimensionali in qualche modo manipolabili, il cambiamento di sostanza annullerebbe gran parte dell'effetto estetico dell'originale. Questo ci dice che, anche in sistemi semiotici non linguistici, quando si vuole ottenere un effetto estetico, il cambiamento di sostanza diventa rilevante.

10.5 Interpretazione intralinguistica o riformulazione

Più interessanti ai nostri fini sono però i casi di interpretazione intrasistemica all'interno della stessa lingua naturale. Qui si situano tutti i casi di interpretazione di una lingua naturale mediante se stessa, come la sinonimia secca, e spesso illusoria, come *padre=papà*, la definizione, che può essere molto schematica (come *gatto* = "mammifero felino") o estremamente diffusa (come una voce di enciclopedia sul gatto), la parafrasi, il riassunto, ma anche lo scolio, il commento, la volgarizzazione (che è appunto il modo di ridire una cosa difficile con parole più facili), sino alle inferenze più sviluppate e persino fino alla parodia – in quanto anche la parodia è una forma, sia pure estrema, ma in certi casi molto perspicua di interpretazione, e si pensi alle parodie del Proust di *Pastiches et mélanges*, che aiutano a identificare gli automatismi stilistici, i manierismi, i *tics* di un certo autore. In tutti questi casi il fatto che uno stesso contenuto venga espresso con sostanze diverse viene pienamente ammesso proprio per amore di interpretazione – per conoscere sempre qualche cosa di più dell'interpretato, come voleva Peirce.

Che la riformulazione non sia traduzione può essere facilmente mostrato da alcuni giochi che qui propongo. Se il più elementare caso di riformulazione è la definizione, immaginiamo di sostituire i termini di un testo con le definizioni equivalenti. Prendiamo, in ricordo dell'uccisione del topo o ratto che dir si voglia, la scena in cui Amleto uccide Polonio:

Queen Gertrude – What wilt thou do? thou wilt not murder me? Help, help, ho!
Lord Polonius – [Behind] What, ho! help, help, help!
Hamlet – [Drawing] How now! a rat? Dead, for a ducat, dead!
Makes a pass through the arras
Lord Polonius – [Behind] O, I am slain!
Falls and dies.

Visto che parliamo di riformulazione all'interno della stessa lingua, e per rendere il tutto più facile, partiamo da una traduzione italiana di questa scena, il più possibile letterale:

Regina – Che vuoi fare? Mi vuoi tu forse uccidere? Aiuto, aiuto, oh!
Polonio (da dietro) – Olà! Aiuto, aiuto, aiuto!
Amleto (sguainando) – Come! Un ratto? Morto, per un ducato, morto!
Tira un colpo di spada attraverso l'arazzo.
Polonio (da dietro) – Oh, m'hanno ammazzato!
Cade e muore.

Sostituisco con le *definizioni* più adatte al contesto che trovo in un comune vocabolario:

Regina – Che vuoi attuare? Mi vuoi tu senza certezza condurre più o meno rapidamente alla morte? Grido d'invocazione di chi è in pericolo, grido d'invocazione di chi è in pericolo, oh!
Polonio (di là da un oggetto) – Olà! Grido d'invocazione di chi è in pericolo, grido d'invocazione di chi è in pericolo, grido d'invocazione di chi è in pericolo!
Amleto (tirando fuori dal fodero) – In qual modo! Una delle varie specie di mammiferi roditori miomorfi muridi appartenente al genere *Rattus*, dalla coda lunga e dimensioni che variano tra 15 e 30 centimetri di lunghezza? Persona, animale, organismo vivente in cui siano venute meno le funzioni vitali, per una moneta d'oro o d'argento coniata sotto la giurisdizione di

un doge, persona, animale, organismo vivente in cui siano venute meno le funzioni vitali!

Vibra un urto o percossa di arma bianca non inastata, a lama per lo più lunga, diritta e appuntita, con uno o due tagli o anche senza, da una parte all'altra dello speciale tessuto eseguito a mano con telai, per mezzo di fili di lana, di seta colorata, talvolta anche d'oro e d'argento, avvolti nell'ordito e costituenti una trama che forma un disegno, destinato alla decorazione di pareti di palazzi nobili.

Polonio (di là da un oggetto) – Oh, m'hanno condotto alla morte con mezzi violenti!

Va a terra per mancanza d'equilibrio o sostegno e cessa di vivere.

In termini di reversibilità, da questo testo si potrebbe forse risalire alla ricomposizione dell'originale. Ma nessuna persona sensata direbbe che il testo sopra citato è una traduzione del testo shakespeariano.

Parimenti accadrebbe se sostituissimo i termini con quelli che un dizionario apposito riconosce come *sinonimi*:

Regina – Che vuoi operare? Mi vuoi probabilmente estinguere? Assistenza, assistenza, oh!

Polonio (nella parte posteriore) – Olà! Assistenza, assistenza, assistenza!

Amleto (estraendo) – In quale modo! Un topo? trapassato, per un napoleone, trapassato!

Spara una percossa di scimitarra attraverso il tendaggio.

Polonio (nella parte posteriore) – Oh, m'hanno accoppato!

Capitombola e crepa.

Siamo alla parodia, che qualcuno vuole tuttavia affine alla traduzione.

Ancora, non è traduzione la *parafrasi*. Guido Almansi e Guido Fink avevano un tempo pubblicato una antologia di parodie, *Quasi Come*[8] e uno dei capitoli era dedicato a "Il falso innocente" ovvero a parodie involontarie. Tra queste vi erano le versioni di grandi opere letterarie *ad usum Delphini*. Gli autori

[8] Milano: Bompiani 1976.

citavano, come esempio di parafrasi-sommario i *Tales from Shakespeare* scritti a inizio XIX secolo da Charles and Mary Lamb. Ecco come la nostra scena viene raccontata:

"Allora," disse la regina, "se mi mostri così poco rispetto, ti metterò innanzi a coloro che sanno parlare," e stava andando a chiamare il re o Polonio. Ma Amleto non voleva lasciarla andare, ora l'aveva da sola, e l'avrebbe trattenuta fintantoché non avesse verificato se le sue parole non potessero portarla a sentire la malvagità della sua vita; e, prendendola per il polso, la strinse saldamente e la fece sedere. Ella, impaurita dai suoi modi appassionati, e temendo che nella sua follia egli potesse farle danno, gridò; e una voce si udì da dietro gli arazzi, "Aiuto, aiuto, la regina!" e udendola Amleto e pensando che il re in persona fosse ivi nascosto, sguainò la spada e colpì nel punto da cui la voce era venuta, come avrebbe colpito un topo che vi corresse, finché, cessata la voce, egli concluse che la persona era morta. Ma quando egli trasse fuori il corpo, non era il re, ma Polonio, l'intrigante consigliere, che si era appostato a spiare dietro agli arazzi.

Ma ora preferisco proporre un altro esempio di parafrasi, questa volta mia. Eccola:

Un lonfo, che non vatercava mai, né gluiva, e barigattava assai di rado, soffiando un giorno il bego, si sdilencò archipattandosi gnagio. Dissero tutti che quel lonfo era frusco, ma il re rispose che era piuttosto lupignoso e sofolentava una malversa arrafferia. Ed ecco che il lonfo, vedendo il re che si cionfava, lo sbidugliò arripignandolo, e come quello tentò di lugrare, lo botallò sino a che quello fu tutto criventato.

Saremmo disposti a dire che questa non-storia, per quanto divertente, non ci pare una storia, e ci troveremmo piuttosto imbarazzati a leggere un intero romanzo, per non dire di un trattato filosofico, scritto in questi termini. In effetti ho parafrasato una delle *Fànfole* di Fosco Maraini, e il testo autentico dice invece così:

Il lonfo non vaterca né gluisce
e molto raramente barigatta,
ma quando soffia il bego a bisce bisce

sdilenca un poco, e gnagio s'archipatta.
È frusco il lonfo! È pieno di lupigna
arrafferia malversa e sofolenta.
Se cionfi ti sbiduglia e t'arripigna
se lugri ti botalla e ti criventa.

Ammetterete tutti che non solo questo gioco è migliore del precedente, ma che la mia parafrasi non potrebbe essere definita una adeguata traduzione del testo poetico. Nella parafrasi ci attendevamo che un qualche contenuto giustificasse l'espressione; ma siccome il contenuto rimaneva oscuro, non capivamo perché l'espressione si fosse disposta in quel modo. Nel secondo esempio, invece, non proviamo affatto questo disagio. Abbiamo l'impressione di leggere una poesia metricamente soddisfacente, anche se non comprendiamo che cosa vuol dire – anzi di leggere una poesia soddisfacente proprio perché porta all'estremo l'idea che in una poesia conti maggiormente l'espressione che non il contenuto. E dunque la parafrasi non era traduzione perché non produceva *lo stesso effetto*, ovvero il proposito dominante del brano originale.

Sino a ora ho scherzato, e sostenere che quelle citate siano traduzioni sarebbe arrampicarsi sugli specchi. Ma occorreva pur mostrare che, a sostenere che ogni interpretazione sia una traduzione, se l'idea viene condotta alle sue più rigorose conseguenze, si arriva ad arrampicarsi sugli specchi. A meno che, come sostengo, in questi casi *traduzione* sia una metafora, un *quasi come se*. Ma perché usare abitualmente una metafora, in sé lecita in qualche circostanza didattica, se si ha già un termine tecnico come *interpretazione* (e la sua sottospecie della riformulazione) che dice molto bene di che cosa si tratta?

Ho rilevato che queste pseudo-traduzioni non producono nel lettore lo stesso effetto del testo originale. Mi pare dubbio che, leggendo le mie riformulazioni della scena di *Amleto* si provino le stesse intense emozioni che ci colgono di fronte al colpo di scena di Amleto che trafigge Polonio. Perché, visto che, come esempi di riformulazione, si sforzano di comunicarne lo stesso contenuto? Quale dovrebbe essere quell'effetto *in più* che esse falliscono nello stimolare? Perché ci è parso lecito tradurre *how now! a rat?* in termini di *come! un topo?* mentre abbiamo considerato ridicolo *Una delle varie specie di mammiferi roditori miomorfi muridi appartenente al genere Rattus, dalla coda lunga e dimensioni che variano tra 15 e 30 centimetri di lunghezza?*

Riprenderò nel capitolo seguente questo problema, che riguarda la sostanza dell'espressione e non il contenuto. Per ora vorrei chiarire ancora meglio la differenza tra riformulare e tradurre.

10.6 Prima interpretare, poi tradurre

Vediamo (seguendo Lepschky 1981: 456-457) come si potrebbe tradurre la frase inglese *His friend could not see the window*. Lepschky osserva che per questa semplice frase sarebbero possibili ventiquattro diverse traduzioni italiane, che combinassero in modo diverso una serie di scelte quali (i) se il *friend* sia maschio o femmina, (ii) se *could not* sia da intendere come imperfetto o come passato remoto, (iii) se *window* vada inteso come *finestra*, *finestrino* (di un treno) o *sportello* (di una banca). Lepschky è il primo ad ammettere che le ventiquattro soluzioni esistono solo in astratto, perché all'interno del contesto solo una sarebbe appropriata. Ma allora i problemi sono tre, e molto diversi tra loro.

(i) Le ventiquattro possibilità esistono solo come potenzialità del sistema linguistico (e in tal senso un buon dizionario dovrebbe per esempio registrare tutti i sensi possibili, ovvero tutti i possibili interpretanti di *window*).

(ii) Di fronte a un *testo* che contiene questa frase, invece, un lettore – dico anche un lettore inglese – dovrebbe decidere, secondo il contesto, a quale storia essa si riferisca. Per esempio:

(a) c'è un X che è maschio; c'è un Y che è femmina; Y è amica di X; Y in un momento preciso del passato non riuscì a vedere la finestra (che X gli stava indicando dalla strada);

(b) c'è un X che è maschio; c'è un Y che è maschio; Y è amico di X; Y ogni volta che entrava in una banca non riusciva a identificare lo sportello (dove doveva ritirare il blocchetto degli assegni);

(c) c'è un X che è maschio; c'è un Y che è femmina; Y è amica di X; in un momento preciso del passato Y non riuscì a vedere il finestrino (del treno);

eccetera.

(iii) Quindi, per tradurre la frase, si deve prima compiere l'operazione (ii), la quale costituisce una riformulazione del testo fonte. Ma gli esempi di riformulazione (a)-(c) non sono esempi di traduzione. Il traduttore deve anzitutto riformulare la frase fonte sulla base di una sua congettura sul mondo possibile che essa descrive, e solo dopo potrà decidere di tradurre: (a1) *La sua amica non riuscì a vedere la finestra*; (b2) *Il suo amico non riusciva a vedere lo sportello*; (c1) *La sua amica non riuscì a vedere il finestrino*. Quindi alcune operazioni, tacite, di riformulazione sono certamente indispensabili per disambiguare i termini secondo contesto (e secondo mondo possibile), ma questo momento è ancillare rispetto a quello traduttivo.

Tim Parks (1997: 79 sgg.) analizza con finezza un brano di "The Dead" dai *Dubliners* di Joyce in cui si parla di una delicata relazione tra marito e moglie – il marito colto dal sospetto che la moglie abbia avuto un rapporto con un altro uomo. Preso dalla gelosia, il marito – mentre la moglie gli sta dormendo accanto – lascia vagare lo sguardo per la stanza:

A petticoat string dangled to the floor. One boot stood upright, its limp upper fallen down: the fellow of it lay upon its side.

La traduzione italiana di Papi e Tadini recita:

Il laccio di una sottoveste che penzolava a terra, uno stivale diritto, con il gambale afflosciato, accanto al compagno rovesciato su un fianco.

La critica di Parks si appunta particolarmente su *accanto* e *rovesciato*. La sua interpretazione del testo è che il marito veda se stesso nel primo stivale, diritto ma col gambale afflosciato e, per opposizione, la moglie nell'altro. L'uso del verbo *to lay* apparirebbe rivelatore perché nel paragrafo successivo questo verbo ritorna due volte proprio per descrivere le posizioni dell'uomo e della moglie. Pertanto il testo inglese oppone i due stivali (con i due verbi monosillabici *stood* e *lay* nettamente distinti), mentre la traduzione italiana "suggerisce un'unione assente nell'inglese". Inoltre *rovesciato* per *lay* "suggerisce l'idea di qualcuno messo al tappeto o capovolto" e suona inappropriata, perché potrebbe valere per lo stivale ma non si adatta alla moglie.

Parks è il primo a osservare che nell'insieme la traduzione di Papi e Tadini è piacevole e non conviene insistere troppo su questi particolari. Sono andato a controllare sulla traduzione di Franca Cancogni e ho trovato:

> Il laccio di una sottana pendeva sul pavimento, uno stivaletto stava in terra per ritto, il gambale floscio ripiegato, e il compagno gli giaceva accanto su un fianco.

Viene risolto il *lay*, ma rimane un particolare, comune alle due traduzioni: rendendo *fellow* con *compagno* si assegna in italiano fatalmente un genere allo stivale (già maschile di proprio), mentre sia *fellow* – specie se detto di oggetto inanimato – che *boot* non hanno genere, e quindi è più facile identificarli anche con la moglie. Però trovo interessante che nella traduzione Cancogni lo stivale diventi *stivaletto*: non solo perché aggiunge una connotazione di femminilità, che sottrae qualche mascolinità al primo stivale, che ricade mollemente sulla tomaia, ma anche perché uno stivaletto femminile, a differenza di un gambale militare, là nel proprio *upper* (e cioè l'imboccatura o "bocca", là dove il piede entra per primo) si apre naturalmente per dar luogo all'allacciatura, e quindi una volta slacciato può afflosciarsi. Quindi, per rendere la traduzione reversibile per quanto riguarda il senso "profondo" del testo, occorrerebbe forse rendere più sintetico il testo, puntando sull'essenziale, oppure aggiungere qualcosa. Quindi provo ad azzardare due soluzioni:

> Uno stivaletto stava ritto, con la gamba afflosciata: l'altro giaceva su un fianco.

Uno stivaletto stava ritto, ma aperto con la gamba afflosciata: l'altro giaceva su un fianco.

Non mi sto candidando come nuovo traduttore dei *Dubliners*. Faccio ipotesi. Voglio solo osservare che, per tentare queste e altre soluzioni, occorre avere accettato l'interpretazione di Parks, e cioè aver fatto precedere la traduzione da una lettura critica, interpretazione o analisi testuale che dir si voglia. Una interpretazione precede sempre la traduzione – se non si tratta di traduzioni dozzinali di testi dozzinali, fatte tirando al soldo senza perdere tempo. In effetti i bravi traduttori, prima di iniziare a tradurre, passano un gran tempo a leggere e rileggere il testo, e a consultare tutti i sussidi che possono consentire loro di intendere nel modo più appropriato passi oscuri, termini ambigui, riferimenti eruditi – o, come nell'ultimo esempio, allusioni quasi psicoanalitiche.

In tal senso una buona traduzione è sempre un contributo critico alla comprensione dell'opera tradotta. Una traduzione indirizza sempre a un certo tipo di lettura dell'opera, come fa la critica propriamente detta perché, se il traduttore ha negoziato scegliendo di porre attenzione a certi livelli del testo, ha in tal modo automaticamente focalizzato su quelli l'attenzione del lettore. Anche in questo senso le traduzioni della stessa opera si integrano tra loro, perché spesso ci portano a vedere l'originale sotto punti di vista diversi.[9]

Molte ipotesi potrebbero essere fatte a proposito dello stesso testo, e pertanto due o più traduzioni che si integrano tra loro non dovrebbero presentarci due opere fondamentalmente diverse. In fondo due lettori che abbiano letto due versioni dello stesso testo, possono confrontarsi a lungo tra loro parlando del testo originale (che non conoscono) avendo la sensazione di discutere dello stesso oggetto da due punti di vista diversi.[10]

[9] Marina Pignatti (1998) nella sua tesi di laurea sulle traduzioni italiane di *Sylvie* critica alcune mie soluzioni, ritenendo più vicine al testo quelle di altri. Dunque anche le traduzioni che io critico possono integrare la mia.
[10] In che senso una traduzione sia essa stessa una interpretazione ma preveda un altro atto interpretativo, che non è traduzione ma rende possibile la traduzione, sarà ancora discusso nel capitolo 10.

C'è una celebre terzina dalla *Divina Commedia* (*Inferno*, I, 103-105) che dice, parlando del mitico Veltro:

> Questi non ciberà terra né peltro,
> ma sapïenza, amore e virtute,
> e sua nazïon sarà tra feltro e feltro.

Tutti sanno quanti fiumi d'inchiostro l'ultimo endecasillabo ha fatto versare. Se s'intende per *feltro* del panno umile, Dante vuol dire che il Veltro sarà d'umili natali, se *feltro* viene scritto per due volte in maiuscolo, *Feltro e Feltro*, allora si accetta l'idea che il Veltro dovrà venire da una zona compresa tra Feltre (nel Veneto) e il Montefeltro. E vi è infine chi come me che, per privatissime ragioni affettive, condivide l'ipotesi che il Veltro fosse Uguccione della Faggiola, e che la Faggiola, teste Albertino Mussato, sia quella nel contado di Rimini e non la Faggiola toscana di Casteldeci, per cui tutto diventerebbe trasparente, dato che la Faggiola si trova di fronte al villaggio di Monte Cerignone, proprio al confine tra il vecchio e il nuovo Montefeltro (tra due *Feltri*).

Non si può tradurre Dante, in qualsiasi lingua, prima di aver preso una decisione interpretativa circa il testo italiano. Dorothy Sayers avverte in nota alla sua traduzione che *feltro* potrebbe non essere preso in senso geografico, nel qual caso la traduzione più ovvia sarebbe: *In cloth of frieze his people shall be found*, dove *frieze* significa "coarse cloth", "felt", "robe of poverty". Però si limita a suggerirlo in nota. La sua traduzione di fatto recita *His birthplace between Feltro and Feltro found*. Peraltro Sayers segue la classica traduzione di Longfellow, che appunto recita:. *Twixt Feltro and Feltro shall his nation be*.

Jacqueline Risset, per la sua traduzione francese, avverte che ci troviamo di fonte a un enigma, e suggerisce l'alternativa tra "entre feutre et feutre (...) donc, dans l'humilité" e "entre Feltre et Montefeltro". Però nella traduzione opta per *et sa nation sera entre feltre et feltre,* soluzione che per il lettore francese esclude una delle due letture possibili, come avviene con la traduzione inglese. È interessante vedere come la traduzione di Claude Perrus faccia la scelta opposta: *et il naîtra entre un feutre et un feutre*. Il risultato non cambia, il traduttore ha scelto solo una delle letture possibili.

Di fronte a una oggettiva impossibilità di riprodurre in altra lingua l'ambiguità del testo dantesco, i traduttori hanno fatto una scelta di cui evidentemente si assumono la responsabilità. Ma hanno scelto come tradurre solo dopo aver tentato una *interpretazione* del testo originale, decidendo poi di eliminare l'enigma. Una interpretazione ha preceduto la traduzione. Come diceva Gadamer, la traduzione presuppone sempre un *dialogo ermeneutico*.

Però qui si apre una riflessione che ci rimanda a questioni discusse nel capitolo 7. Torniamo alla traduzione Risset: per un lettore francese moderno questa versione lascia certamente pendere la decisione verso *Feltre* piuttosto che verso *feutre*. Eppure, se si va a consultare un dizionario storico della lingua francese si vede che il *feutre* attuale deriva, verso il XII secolo, da un più antico *feltre* o *fieltre*. Dunque l'enigma potrebbe permanere, visto che al lettore francese (almeno a quello colto) si suggerisce la possibilità della doppia lettura. Perché Risset non ha messo in rilievo questa possibilità? Per una ragione molto semplice, mi pare, e si vada a rileggere quanto cito nel capitolo 7 a proposito della sua intenzione di evitare il ricupero degli arcaismi. Perché l'ambiguità rimanga occorrerebbe che il lettore francese fosse stato "formato", invitato dall'intero contesto a porre attenzione a molti altri arcaismi, ciò che la traduzione Risset ha volontariamente evitato di fare. Per cui questo felicissimo incidente non può avere alcuna funzione nel quadro di una traduzione per definizione modernizzante.

10.7 *Lectio difficilior*

Giocare sulla doppia lettura di *feltre* avrebbe richiesto una interpretazione troppo complessa, che sfugge al primo approccio testuale, e sarebbe possibile solo a una indagine estremamente sofisticata.

Drumbl, nel suo saggio "Lectio difficilior" (1993), ha analizzato alcune traduzioni dell'incipit de *Il nome della rosa*, dove si inizia con una parafrasi dal Vangelo di san Giovanni (*In principio era il Verbo*) e si continua con una citazione indiretta della prima lettera ai Corinzi di san Paolo (*videmus nunc per speculum et in aenigmate*). L'analisi di Drumbl è così sottile che non posso riportarla per intero e mi limiterò a sintetizzare. Adso, che scrive questo testo nello stendere da vecchio le sue memorie, cita sia san Giovanni che san Paolo a memoria e, come non era inconsueto a quei tempi, citando corregge, o cita fuori contesto. In effetti io scrivendo quel testo citavo nello stesso modo, cercando di immedesimarmi nello stile del cronista medievale, e confesso che ero interessato più al ritmo del periodo che a sottili questioni filosofiche. Certamente mi ero già immerso nello spirito pessimistico del narratore, che nell'ultimo capitolo esprime esplicitamente i suoi dubbi sulla nostra possibilità di decifrare i segni del mondo, e si esprime con accenti che già preannunciano la mistica renana e la *devotio moderna*.

Sta di fatto che Drumbl ravvisa nel mio testo (ovvero in quello di Adso) elementi scettici che potrebbero, a una severa indagine dell'Inquisizione, rivelare una latente eresia, la convinzione di "una presenza ontologica del male del mondo". Questi sono i casi in cui il testo dice più di quello che l'autore empirico pensava, almeno agli occhi di un esegeta sensibile e attento. Non posso che concordare, e riconoscere che, anche se non ponevo un'attenzione teologica a quanto mettevo in bocca ad Adso, di fatto inconsciamente scrivevo un preambolo alla difficile inchiesta che scorre per tutto il romanzo, percorso indubbiamente da una tematica della fallibilità delle nostre indagini sulla verità.

Drumbl nota che i traduttori inglese e tedesco (e assolve in parte quello francese), per poter tradurre in modo fedele, sono andati a controllare sia la citazione giovannea che quella paolina, e nel riportarla in modo corretto mi hanno in qualche modo (sia pure inconsciamente) interpretato. Conclusione: il loro incipit potrebbe suonare più ortodosso del mio. Drumbl avverte subito che non sta cercando di fare le pulci ai traduttori, ai quali riconosce anzi un lodevole sforzo esegetico, ma intende piuttosto la loro lettura come "mezzo euristico per la lettura dell'originale".

Io cerco ora di ricostruire quello che può essere avvenuto. I traduttori erano, al pari di me, preoccupati dello stile di quell'incipit. Anche se avevano letto e interpretato tutto il libro prima di tradurre, non si sentivano impegnati a convalidare proprio dalle prime frasi la loro possibile interpretazione. Per correttezza filologica hanno riportato le due citazioni dal Nuovo Testamento attenendosi ai testi correnti nella loro lingua, ed è accaduto quello che è accaduto. Pretendere da loro (e persino da me mentre rileggevo le loro traduzioni e le trovavo tutto sommato adeguate) lo sforzo ermeneutico compiuto da Drumbl (e di cui Drumbl è stato capace, per sua esplicita ammissione, solo dopo avere puntigliosamente confrontato l'originale a tre traduzioni, e averci evidentemente riflettuto a lungo) è eccessivo. Ecco dunque un caso di interpretazione in qualche modo "disinvolta" che ha provocato una perdita rispetto al senso profondo del brano.

L'ha provocata rispetto all'intero romanzo? Non credo. Il lettore forse non coglie in tedesco e in inglese tutte le implicazioni di quell'incipit, ma i concetti, il sentimento generale del mondo che permea il romanzo, viene recepito dopo (spero) pagina per pagina, discussione per discussione. Ritengo che la perdita, a conti fatti, sia stata minima. Ma questo ci dice quanto possa contare, come intitolavo il paragrafo precedente, "prima interpretare e poi tradurre".

10.8 Esecuzione

Una particolare forma di interpretazione è l'esecuzione. L'esecuzione di una partitura musicale, la realizzazione di un progetto coreografico in balletto, la messa in scena di un'opera teatrale rappresentano uno dei casi più consueti di interpretazione, a tal punto che si parla correntemente di interpretazione musicale, e "interprete" viene chiamato un buon esecutore.[11] Si dovrebbe dire che in una esecuzione si passa dalla notazione di una partitura *scritta* (e possiamo chiamare partitura anche un testo teatrale) alla sua realizzazione in suoni, gesti, o parole pronunciate o cantate ad alta voce. Però una partitura è sempre un insieme di istruzioni per la realizzazione di opere d'arte *allogra-*

---

[11] Sulla esecuzione come interpretazione rimando alle pagine di Pareyson (1954).

fiche, come le chiama Goodman (1968), e quindi già prevede e prescrive la materia in cui deve essere realizzata, nel senso che la pagina musicale non prescrive solo melodia, ritmo, armonia ma anche il timbro, e un testo teatrale prescrive che le parole scritte debbano essere eventualmente realizzate in quanto suoni vocali. Per rifarmi a quanto detto in Eco (1997, §3.7.8), una partitura (come una sonata o un romanzo) è un tipo o *individuo formale* infinitamente duplicabile o "clonabile". Gli autori non escludono che una partitura possa essere letta senza realizzarla in suoni, immagini o gesti, ma anche in quel caso la partitura suggerisce come mentalmente si possano evocare quelle espressioni. Anche questa pagina è una partitura che indica come essa potrebbe essere letta ad alta voce. Si può parlare di interpretazione intrasemiotica perché ogni forma di scrittura è ancillare rispetto al sistema semiotico a cui rinvia. In fondo, in epoche in cui non era ancora sviluppata la nozione di "copione" teatrale, gli attori "clonavano" la sera successiva la rappresentazione della sera precedente, e ogni esecuzione rinviava a un tipo o individuo formale di cui solo dopo si sarebbe avuta quella stesura scritta che oggi consideriamo definitiva.[12]

Tuttavia l'esecuzione si pone come un anello di congiunzione tra interpretazioni intrasistemiche, di cui mi sono occupato sinora, e interpretazioni intersistemiche, di cui parlerò dopo. Tra due esecuzioni di una sonata per violino o due interpretazioni di un lavoro teatrale si seguono le indicazioni della "partitura" – e, a dirla in breve, la melodia e il timbro voluti dal musicista e le parole volute dal commediografo rimangono le stesse. Però non solo si possono avere variazioni timbriche (il secondo violinista ha uno Stradivari, il secondo attore una voce diversa dal precedente), ma sappiamo quante variazioni un

---

[12] Pareyson suggeriva che, se si ha esecuzione principalmente nell'ambito delle arti che dopo Goodman avrebbe chiamato *allografiche*, si può avere esecuzione anche nell'ambito delle arti che Goodman avrebbe poi chiamato *autografiche* (che sono insomma il tipo di se stesso, come un quadro o una statua). La nuova illuminazione di un quadro in una mostra o in un museo può cambiare il modo di interpretarlo da parte dei visitatori, e lo fa sulla base di una interpretazione dell'allestitore.

buon interprete possa introdurre in termini di dinamica, rallentando di poco un *allegro ma non troppo*, eccedendo in un rubato, oppure in teatro pronunciando la stessa battuta con rabbia o con sarcasmo, o in tono ambiguamente neutro. Interpretano una tragedia classica, con sensibili e apprezzabili variazioni, due registi che la mettono in scena con diverse scenografie, diversi costumi, diverso stile di recitazione. Si può addirittura giungere a mettere in scena il *Don Giovanni* di Mozart in abiti moderni, come hanno fatto recentemente Peter Brook e Martin Kušej. Un regista cinematografico "esegue", interpretandola, anche una sceneggiatura d'autore apparentemente "di ferro", nel senso che la sceneggiatura può dire che un personaggio *sorride*, ma il regista può rendere quel sorriso insensibilmente più amaro o più tenero, sia istruendo l'attore che illuminandolo da un lato piuttosto che dall'altro.

Pertanto l'esecuzione rende certamente riconoscibile il testo tipo, o identificabili due esecuzioni come interpretazioni della *stessa* "partitura", e se si usa una particolare esecuzione a puro titolo informativo, per identificare la tale sonata, o sapere che cosa dice Amleto nel monologo, le variazioni interpretative non sono pertinenti (una esecuzione vale l'altra). Ma quando ci poniamo di fronte a due esecuzioni facendo valere criteri di gusto, allora ci troviamo di fronte a due manifestazioni testuali per molti aspetti diverse, tanto che pronunciamo un giudizio di valore privilegiando l'una piuttosto che l'altra.

Di fatto tra due esecuzioni ci sono variazioni di *sostanza*. Ed è proprio sulla complessità della nozione di sostanza che dovremo intrattenerci, per vedere quale peso essa può avere per la nozione di traduzione.

11.
QUANDO CAMBIA LA SOSTANZA

Nelle interpretazioni intralinguistiche intervengono questioni di sostanza: qualsiasi tipo di riformulazione porta alla produzione di una sostanza diversa da quella del termine riformulato. Tuttavia, poiché in questi processi ciò che conta è il chiarimento, che ne consegue, di una data espressione, si tende a non considerare queste mutazioni come rilevanti. Ma consideriamo che cosa accade quando si passa ad altri sistemi semiotici.

11.1 Variazioni di sostanza in altri sistemi semiotici

Si pensi per esempio alla riproduzione a stampa di un un'opera pittorica, dove la tessitura continua della superficie dipinta viene tradotta in termini di retino tipografico. Il procedimento sembra essere regolato da criteri puramente meccanici, ma si sa di editori che, nel preparare libri o cataloghi d'arte, fanno delle scelte, talora arbitrarie, per rendere ad esempio più brillanti e attraenti i colori di un quadro riprodotto. Nel XIX secolo, in mancanza di processi tipografici più raffinati, un abile incisore "traduceva" *al tratto* un quadro a olio, un affresco o una miniatura in bianco e nero. Si veda in Argan (1970) una analisi delle diverse tecniche con cui un incisore decideva di rendere quello che considerava l'aspetto fondamentale del quadro da riprodurre, sia che privilegiasse il soggetto piuttosto che i rapporti tonali e chiaroscurali, o addirittura la percepibilità in piccole dimensioni di rappresentazioni realizzate su grande scala, dove talora si tendeva a compensare il fattore dimensionale attraverso un riaggiustamento delle proporzioni. Naturalmente gli utenti accettavano questa negoziazione di livelli pertinenti, sapendo benissimo che non si poteva avere di più.[1]

In tali casi non c'era mutazione di materia (di cui mi occuperò più tardi) perché testo fonte e testo di destinazione si manifestavano all'interno di un continuum comune che chiameremo grafico-pittorico (segni e tracce su di una superficie bidimensionale).

In genere questi sono casi in cui l'interpretante sembrerebbe dire "meno" dell'espressione interpretata (c'è per esempio la perdita del colore), ma si potrebbe anche decidere che in qualche modo, in certe litografie o incisioni ottocentesche, *diceva di più* perché adattava l'immagine originale ai gusti dei propri destinatari.

Si è parlato di interpretazione intrasistemica (all'interno dello stesso sistema semiotico) per le trascrizioni di un brano musicale in altra tonalità. Ma ecco un caso in cui una trascrizione implica un mutamento timbrico: è quello che accade con la trascrizione per flauto dolce contralto delle *Suites per violoncello solo* di Bach. Si tratta di un'ottima interpretazione che preserva, nel cambiamento della pastosità del suono, la maggior parte dei valori musicali del brano originario, per esempio "traducendo" in forma di arpeggio gli accordi che con il violoncello si ottengono facendo scorrere l'archetto su più corde contemporaneamente.

Tuttavia il mutamento timbrico non è fenomeno da poco. Dal punto di vista melodico e armonico sia la composizione originale che la trascrizione dovrebbero permettere di identificare la *stessa* opera, ma l'identificazione non è così pacifica. Io suono al flauto dolce le *Suites per violoncello* di Bach e, per male che le suoni, posso dire di conoscerle a memoria. Eppure mi è accaduto talora di ascoltare alla radio, mentre stavo facendo altro, una melodia suonata da un violoncello, di avere l'impressione di conoscerla ma di non riuscire a identificarla, e mi è occorso uno sforzo per realizzare che si trattava di una di quelle *Suites* che io suono al flauto. Cambiando il timbro l'effetto sul-

[1] Cfr. in proposito Marconi (2000: 220-223).

l'ascoltatore è diverso. Entra in gioco un sensibile mutamento di sostanza.[2]

Le variazioni di sostanza contano anche nella traduzione da lingua a lingua?

11.2 Il problema della sostanza nella traduzione tra due lingue naturali

Nel capitolo 2 mi sono occupato di come la traduzione deve fare sentire il ritmo di un testo. Mi riferivo al fatto che nella Manifestazione Lineare, e cioè sul piano dell'espressione, si manifestano diverse sostanze non specificamente linguistiche, a livello del ritmo, del metro, dei valori fonosimbolici di un testo, eccetera. Naturalmente parlare di fenomeni extralinguistici non significa che questi fenomeni non siano anch'essi semiotici. Il punto è importante perché ci dice che una linguistica, da sola, non può rendere ragione di tutti i fenomeni traduttivi, che debbono invece essere considerati da un punto di vista semiotico più generale.

Ho già ricordato come la metrica sia così indipendente da una data lingua naturale che lo schema dell'endecasillabo è realizzabile in lingue diverse. Aggiungerei che secondo questo schema posso produrre endecasillabi in una lingua inventata, usando suoni che non rinviano convenzionalmente ad alcun significato, come accadrebbe con *tapàti tapatà patò patìru*.

Il problema non riguarda solo testi a finalità estetica. Voliamo pure, ancora una volta, più basso. Supponiamo che qualcuno ci chieda di tradurci in altra lingua il senso dell'espressione italiana *buongiorno* (e lo stesso accadrebbe con *bonjour* e, entro certi limiti, con *guten Tag* e *good day*). Noi diremmo che *buongiorno* significa:

(1) letteralmente, la descrizione di una giornata gradevole;
(2) secondo certe convenzioni correnti, se pronunciato olo-

---

[2] Il problema della trascrizione musicale è vastissimo e rimando a Marconi (2000) e a Spaziante (2000) per una ricca fenomenologia di un continuum di soluzioni diverse, che si realizzano sia nella musica classica che, con maggiore frequenza e libertà, nella *popular music*.

frasticamente, è una espressione di cortesia la cui funzione è anzitutto *fatica* (la funzione fatica essendo così importante che *buongiorno* potrebbe essere rimpiazzato – quando si è in rapporti confidenziali – con *come va?*, senza rischio di compromettere l'interazione);

(3) in termini semantici *buongiorno* esprime convenzionalmente la speranza che la persona gratificata da questo saluto possa passare una giornata priva di inquietudini e preoccupazioni;

(4) in termini pragmatici, la sincerità dell'augurio è meno importante del proposito di mostrare cortesia e assenza di aggressività (eccetto per particolari versioni sovrasegmentali, in cui l'augurio viene pronunciato a denti stretti e con tono ostile);

(5) in italiano *buongiorno* può essere usato sia di mattina che di pomeriggio (a differenza, per esempio, dell'inglese);

(6) *buongiorno* può essere pronunciato sia all'inizio che alla fine di una interazione (anche se ora, credo per calco dal francese, si è diffusa l'abitudine di concludere l'interazione con *buona giornata*).

L'insieme di istruzioni (1-6) rappresenta un caso di buona interpretazione (e di *riformulazione*) ma non di traduzione, prova ne sia che, avendo interpretato in italiano il significato e le istruzioni di adeguatezza pragmatica di *buongiorno*, se incontrando qualcuno io dicessi *in accordo con l'uso fatico del linguaggio e per ragioni di cortesia, esprimo la speranza che Ella possa passare una giornata priva di inquietudini e preoccupazioni, anche se la sincerità dell'augurio è meno importante del mio proposito di mostrare cortesia e assenza di aggressività*, sarei come minimo riconosciuto come un essere bizzarro.

Perché bizzarro? Dal punto di vista dell'interpretazione non vi sarebbe nulla da obiettare, io avrei esattamente espresso tutto ciò che *buongiorno* dovrebbe esprimere. Il problema è che un aspetto fondamentale di ogni espressione di saluto (così come di ogni avviso di pericolo, come *attenti allo scalino!* o *caduta massi*) è la *brevità*. Ogni buona traduzione di queste espressioni deve salvaguardare anche la velocità di profferimento.

Ora, questa brevità non ha nulla a che fare con il contenuto veicolato dall'espressione, e non è imposta dalla forma dell'espressione di una data lingua, la quale ci mette a disposizione tutti i fonemi di cui abbiamo bisogno per produrre stringhe che possono essere sia *buongiorno* che *le auguro una giornata felice*. La brevità della formula è un tratto stilistico, e in definitiva dipende da una regola pragmatica (che potremmo formulare come "quando saluti sii breve").

Supponiamo che io produca una espressione e poi decida di riprodurla su questa pagina molte volte:

le mamme amano i loro bambini
le mamme amano i loro bambini
le mamme amano i loro bambini
le mamme amano i loro bambini
le mamme amano i loro bambini

Avremmo la stessa Manifestazione Lineare, dal punto di vista linguistico, e le variazioni fisiche delle cinque stringhe a stampa diventano di fatto assolutamente irrilevanti (solo al microscopio si potrebbero rilevare infinitesime variazioni di inchiostratura). Dunque abbiamo ripetuto cinque volte la *stessa* frase. Ma supponiamo ora di riprodurre la stessa frase in tre caratteri diversi:

le mamme amano i loro bambini
le mamme amano i loro bambini
`le mamme amano i loro bambini`

Diremmo che abbiamo realizzato la stessa frase in tre sostanze diverse, e parleremmo ancora di una stessa "forma" della Manifestazione Lineare? Dal punto di vista linguistico si tratta sempre della stessa forma realizzata in tre sostanze diverse. Dal punto di vista grafico, un carattere tipografico è, in quanto tipo replicabile all'infinito, un elemento di forma del sistema grafico. Ma nel nostro caso il cambio di forma ha anche prodotto tre sostanze grafiche diverse, e di queste dovremmo tener conto se nel testo in questione dovessimo apprezzare o condannare tre diverse preferenze tipografiche, tre diverse "estetiche" da parte dello stampatore.

Ora supponiamo che la stessa frase sia pronunciata da Pautasso, contadino piemontese, dall'avvocato napoletano Percuoco, e da Agramante, attore tragico un poco gigione. Saremmo di fronte a tre realizzazioni in termini di sostanza fonica, realizzazioni che avrebbero ciascuna grande rilievo ai fini di connotare origine regionale, livello culturale e, nel caso dell'attore, accenti che potrebbero andare dal dubbioso all'enfatico, dall'ironico al sentimentale. Questo ci dice che anche di fronte a una frase elementare intervengono tratti che non sono linguistici, e che vengono variamente chiamati soprasegmentali, tonemici, paralinguistici.

La sostanza della manifestazione puramente linguistica è insensibile alle variazioni soprasegmentali, almeno quando siamo interessati al senso di quello che Pautasso, Percuoco o Agramante vogliono dirci. Ma così non accade in altri casi.

Proviamo a immaginare una sorta di poesia pseudo-futurista:

Esplosiooone! Una boooOmba!

In una traduzione poetica in inglese dovremmo considerare sia la forma che la sostanza grafica come strettamente pertinente e dovremmo tradurre:

Explosiooon! A boooOmb!

Ma lo stesso accadrebbe se le frasi che abbiamo immaginato pronunciate da Pautasso, Percuoco e Agramante facessero parte di una commedia. In tal caso la pronuncia dialettale diventerebbe pertinente (se il contadino Pautasso parlasse come Agramante, o viceversa, avremmo un effetto comico non disprezzabile). Il guaio è che il dettaglio sarebbe pertinente anche in una traduzione, e lì nascerebbero i problemi, perché poco varrebbe far parlare Pautasso in *cockney* o con accento bretone, si sarebbe perduta la connotazione originaria – e sono questi i problemi che abbiamo visto sorgere con le traduzioni del mio *Baudolino*.

Dovremmo allora dire che in certi testi a cui riconosciamo finalità *estetiche* le differenze di sostanza diventano estremamente rilevanti. Ma solo in quelli?

11.3 Tre formule

Ho ricordato all'inizio che la sostanza linguistica muta anche nelle operazioni di riformulazione, come la definizione o la parafrasi, perché tra *c'è un topo in cucina* e *c'è un sorcio in cucina* si sono prodotte due diverse manifestazioni lineari. Le due sostanze linguistiche sono diverse perché, per così dire, hanno diversa consistenza materiale (la seconda, quando venga proferita ad alta voce, produce delle vibrazioni sonore diverse dalla prima, e lascia tracce diverse su un nastro magnetico). Si esige tuttavia, perché si abbia adeguata riformulazione, che in questo cambiamento di sostanza dell'espressione si intenda esprimere la stessa sostanza del contenuto (e diamo per scontato che in condizioni ideali di sinonimia assoluta *sorcio* e *topo* siano del tutto intercambiabili), così che la variazione di sostanza linguistica sia irrilevante. Invece in un processo di traduzione propriamente detta *c'è un sorcio in cucina* e *there is a mouse in the kitchen* individuano sì la stessa sostanza del contenuto, ma attraverso due manifestazioni lineari in cui la differenza di sostanza linguistica assume un rilievo maggiore (se non altro nel secondo caso si capisce che il parlante si esprime in un'altra lingua).

In casi di riformulazione, purché si individui la stessa sostanza del contenuto, si è estremamente indulgenti per quel che riguarda la sostanza linguistica. Interpretare *buongiorno* come "espressione a funzione fatica, con cui si auspica che l'interlocutore abbia una giornata priva di preoccupazioni e foriera di soddisfazioni; anche se la sincerità dell'augurio è meno importante dell'intento di manifestare cortesia e assenza di aggressività" è pienamente soddisfacente dal punto di vista della riformulazione perché il "peso" fisico della sostanza linguistica non è pertinente.

Quindi in casi di definizioni, parafrasi o inferenze, dove il contenuto viene interpretato in modo più "fine" e dettagliato, potremmo dire che il procedimento è espresso dalla formula (i):

(i)
$SL_1 / C_1 \rightarrow SL_2 / C_{1a}$ dove $C_{1a} > C_1$

Vale a dire che la Sostanza Linguistica$_1$ del testo fonte, che esprime il Contenuto$_1$, viene trasformata in una diversa Sostanza Linguistica$_2$ che esprime un Contenuto$_{1a}$, dove C$_{1a}$ (e mi si perdoni se uso il segno > in senso poco tecnico) è lo stesso Contenuto$_1$ ma più finemente interpretato, come quando invece di dire *Giuseppe sniffa cocaina* dicessi *Giuseppe assume per via nasale il principale degli alcaloidi contenuti nelle foglie della coca*.

Invece in un processo di traduzione elementare (per esempio quando si traduce sui treni *è pericoloso sporgersi* con *il est interdit de se pencher au dehors*) si transige sulle differenze notevoli di sostanza linguistica (l'espressione francese è più lunga di quella italiana, prende materialmente più spazio) pur di trasmettere quanto più possibile la stessa informazione. Quindi diremo che in una traduzione elementare una Sostanza Linguistica$_1$ (fonica o grafica), che veicola un Contenuto$_1$, viene trasformata in una Sostanza Linguistica$_2$ che (si spera) esprima lo stesso Contenuto$_1$:

(ii)
$$SL_1 / C_1 \rightarrow SL_2 / C_1$$

Ma sino a che punto dobbiamo considerare corretta questa formula? Davvero SL_2 può essere diversa (ad libitum) da SL_1? La formula (ii) risulterebbe insoddisfacente rispetto al modo di tradurre *mon petit chou*, dove si è visto che è consigliabile mantenere la stessa sostanza linguistica.

Voliamo più basso ancora. Sappiamo che quando un testo inglese viene tradotto in italiano, francese o tedesco, diventa fatalmente più lungo per ragioni sintattiche, perché l'inglese ha più parole monosillabiche delle altre tre lingue, e il tedesco usa molte parole composte. Queste differenze sono quantificabili al punto che i grafici di una casa editrice sono in grado di prevedere come debbano scorrere colonne parallele con le diverse versioni di un testo. Ora esaminiamo il primo paragrafo della seconda pagina dello *User's Guide of the Musical Instrument Casio CTK-671*. Il testo inglese recita:

384 tones, including 1000 'Advanced Tones'.
A total of 238 standard tones, including piano, organ, brass, and other presets provide you with the sounds you need, while

memory for 10 user tones lets you store your own original crea-
tions. 100 of the present tones are 'Advanced Tones', which are
variations of standard tones create by programming in effects
(DSP) and other settings.

Seguono le tre versioni italiana, francese e tedesca. Se si regi-
strano il numero di parole e di linee dei vari testi nelle diverse
lingue, si ha:

Inglese	Francese	Italiano	Tedesco
62, 5	63, 6	64, 6	60, 7

È evidente che il testo inglese è più breve, il tedesco usa meno parole, ma più lunghe, e il testo italiano è lungo più o meno
come il testo francese. Se ora consideriamo tutte le linee dell'intera seconda pagina del manuale, abbiamo:

Inglese	Francese	Italiano	Tedesco
27	30	31	34

Mentre il testo inglese occupa la sola seconda pagina, gli altri
tre debbono in parte slittare alla pagina seguente. Il fenomeno
non stupisce nessuno, ma supponiamo ora che nel manuale il
testo inglese fosse di 27 linee e il testo tedesco di 60: chiunque,
anche senza conoscere il tedesco, sarebbe pronto a scommettere
che si trova di fronte non a una traduzione ma a una parafrasi,
o ad altro testo.

Questo vuole dire che siamo istintivamente portati a considerare l'adeguatezza di una traduzione anche in termini di *rapporti quantitativi* tra sostanze linguistiche.[3]

3 Derrida (1967: 312) scriveva ne *L'écriture et la différence*: "Un corpo verbale non si lascia tradurre o trasportare in un'altra lingua. È proprio quello che
la traduzione lascia cadere. Lasciamo cadere il corpo, questa è l'energia essenziale della traduzione". Che il corpo (la sostanza) cambi è fatale. Ma il
traduttore, sapendo che il corpo cambia, non lo lascia cadere del tutto e fa
di tutto per ricrearlo. Perciò Derrida (2000: 29 sgg.), sia pure come premessa a osservazioni assai più fini, ci pone davanti al dovere che "la traduzione

Abbiamo visto che nel caso dei saluti è pertinente la brevità. Dunque in una traduzione (anche di testo privo di finalità poetiche) sono spesso rilevanti le questioni di sostanza stilistica. I saluti come *buongiorno* appartengono a uno stile etichettale che, in quanto molto regolato, ha qualcosa di liturgico. Ora, le formule etichettali e liturgiche in senso proprio (come *Ite missa est*) si pongono vicinissime al confine del linguaggio poetico, e debbono ubbidire a norme stilistiche. Pertanto potremmo dire che ogni traduzione, anche quella di un cartello stradale, ha in sé un aspetto estetico-stilistico.

11.4 La sostanza in poesia

Ora torniamo a un esempio che ho fatto dando ad Altavista da tradurre *Les chats* di Baudelaire e vediamo come questo testo viene tradotto non da un traduttore automatico ma da un traduttore umano, nella fattispecie Mario Bonfantini. Riporto di nuovo, per comodità di confronto, anche l'originale:

> Les amoureux fervents et les savants austères
> Aiment également, dans leurs mûre saison,
> Les chats puissants et doux, orgueil de la maison,
> Qui comme eux sont frileux et comme eux sédentaires.
>
> I fedeli d'amore, e gli austeri sapienti
> Prediligon, negli anni che li fanno indolenti,
> I gatti forti e miti, onor dei focolari
> Come lor freddolosi, come lor sedentari.

Il traduttore si è comportato con una certa disinvoltura rispetto ai valori semantici (letterali), per esempio con il discuti-

sia *quantitativamente equivalente* all'originale. [...] Nessuna traduzione ridurrà mai questa differenza quantitativa, cioè, nel senso kantiano della parola, estetica, perché essa concerne le forme spaziali e temporali della sensibilità. [...] Non si tratta di contare il numero dei segni, dei significanti e dei significati, ma di contare *il numero delle parole*. [...] Si dà per legge e per ideale, anche se resta inaccessibile, tradurre non *parola a parola*, certo, né *parola per parola*, ma restare tuttavia anche vicino il più possibile all'equivalenza di una parola *mediante* una parola".

bile rinvio ai "fedeli d'amore" (che apre una rosa di connotazioni estranee al testo, poiché i fedeli d'Amore suggeriscono l'idea della leggendaria setta a cui Dante avrebbe appartenuto – ma evidentemente Bonfantini sperava, non senza ragione, che questa connotazione erudita non scattasse per la maggioranza dei lettori). Ha reso la stagione della maturità con gli anni dell'indolenza (decisione non del tutto arbitraria, perché l'indolenza appartiene allo stesso campo associativo della sedentarietà), ha reso *doux* con *miti*, e *maison* con *focolare*.

Sul piano del contenuto sono avvenute alcune variazioni sensibili, perché per esempio il *focolare* restringe lo spettro semantico di *maison*, connota piuttosto l'intimità e il calore di una casa contadina e tradizionale, ed evoca la presenza di un caminetto o una stufa accesi, mentre con *maison* il testo baudelairiano potrebbe anche suggerire che i *savants austères* abitino in una magione ampia e gelida, dai saloni ricoperti di librerie. In tal senso pare che Bonfantini, invece di instanziare la formula (ii) che ci è parsa individuar processi di traduzione elementare, abbia piuttosto instanziato la formula (i), che doveva descrivere processi di parafrasi e inferenza, e cioè proprio di quella riformulazione che abbiamo cercato di escludere dal novero delle traduzioni propriamente dette.

Ma il traduttore è riuscito a volgere le due rime alternate (ABAB) in due rime baciate (AABB), e soprattutto ha rispettato il verso alessandrino usando settenari doppi. Se si vede il resto della traduzione, si può osservare come nel secondo verso Bonfantini rispetti fedelmente la variazione ABBA, sia pure ricorrendo a una assonanza anziché a una rima, e renda le restanti due terzine (AAB, CBC) con AAB, CDC, introducendo una licenza che forse avrebbe potuto essere evitata.

Dunque il traduttore ha deciso che, al di là del contenuto del testo francese, l'*effetto* o *scopo* principale da rispettare fosse quello poetico, e su quello ha giocato tutto. Al traduttore interessava anzitutto preservare la metrica e la rima, anche a scapito di un'ossequenza alla lettera.

Se siamo stati imbarazzati a tradurre l'episodio di *Amleto* in definizioni o sinonimi è perché evidentemente certi testi basano il loro effetto su caratteristiche ritmiche che pertengono alla sostanza extralinguistica e sono indipendenti dalla struttura della lingua. Queste caratteristiche, una volta identificate (come nel mio caso dei versi nascosti in *Sylvie*) debbono essere rispettate da un traduttore.

Diciamo allora che *vi sono testi a cui riconosciamo una qualità estetica perché rendono particolarmente pertinente non solo la sostanza linguistica ma anche quella extralinguistica* – e proprio perché esibiscono tali caratteristiche, come diceva Jakobson, sono *autoriflessivi*.

Se si deve preservare il più possibile l'effetto prodotto dalla sostanza dell'espressione del testo originale, allora le formule (i) e (ii) andrebbero riscritte come (iii):

(iii)
$$SL_1SE_1 \ / \ C_1 \rightarrow SL_{1a} \ SE_{1a} \ / \ C_{1a}$$

Dove la sostanza dell'espressione del testo di destinazione (molto più che nella traduzione di testi d'uso quotidiano) cerca in qualche modo di essere equivalente sia alla sostanza linguistica SL che alle sostanze extralinguistiche SE del testo fonte ai fini di produrre *quasi* lo stesso effetto.

In retorica si distinguono figure del contenuto (come la metafora o la sinonimia, o l'ossimoro) traducendo le quali la sostanza linguistica (e naturalmente quella extralinguistica) non sono pertinenti (*une forte faiblesse* traduce benissimo con suoni diversi *a strong weakness*); ma queste sostanze diventano rilevanti nella maggioranza delle figure dell'espressione, come paronomasia, assonanza, allitterazione o anagramma. Parimenti la sostanza extralinguistica diventa fondamentale in questioni di fonosimbolismo, e in generale di ritmo elocutivo.

Quanto ai valori metrici, la lunghezza delle vocali e la sillaba sono fenomeni di sistema, al pari dell'accento tonico (che nel sistema lessicale italiano, per esempio, stabilisce differenze di significato); ma l'articolare in sintagma una sequenza di suoni di diversa lunghezza secondo le leggi della metrica quantitativa, o secondo il numero delle sillabe e il loro accento, è fenomeno di organizzazione del processo di produzione testuale e queste soluzioni (se pure dipendono da particolari regole metriche e stilistiche) sono tuttavia percepibili solo come fenomeni di sostanza extralinguistica. Parimenti è percepibile come sostanza extralinguistica la rima (schemi strofici annessi), anche se sfrutta elementi già provvisti dal sistema lessicale.

Nel suo *Le ton beau de Marot* Douglas Hofstadter (1997: 17) esamina diverse traduzioni inglesi della *Divina Commedia,* partendo dal principio che la caratteristica stilistica e metrica del poema è quella di essere in terzine di endecasillabi con la rima ABA, BCB, CDC e così via. Hofstadter mostra molto bene come questa struttura non sia di natura linguistica, tanto che può essere espressa da un diagramma di tipo quasi musicale:

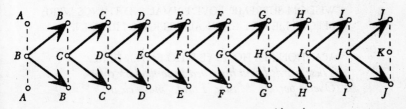

Figura 8

Hofstadter prende le prime terzine del Canto Terzo

> PER ME SI VA NE LA CITTÀ DOLENTE,
> PER ME SI VA NE L'ETTERNO DOLORE,
> PER ME SI VA TRA LA PERDUTA GENTE.
>
> GIUSTIZIA MOSSE IL MIO ALTO FATTORE:
> FECEMI LA DIVINA PODESTATE,
> LA SOMMA SAPIENZA E 'L PRIMO AMORE.
>
> DINANZI A ME NON FUOR COSE CREATE
> SE NON ETTERNE, E IO ETTERNO DURO.
> LASCIATE OGNE SPERANZA, VOI CH'INTRATE.
>
> Queste parole di colore oscuro
> vid'io scritte al sommo d'una porta;
> per ch'io: "Maestro, il senso lor m'è duro".

e procede esaminando alcune traduzioni inglesi, in cui si è rinunciato non solo alla rima, ma neppure si è rispettata la scansione del pensiero dantesco in terzine. Nell'originale l'avviso per il visitatore si distende per tre terzine, mentre solo nella quarta il poeta commenta quanto ha letto. Giustamente Hofstadter manifesta il suo malumore nei confronti della traduzione di Robert Pinsky

> THROUGH ME YOU ENTER INTO THE CITY OF WOES,
> THROUGH ME YOU ENTER INTO ETERNAL PAIN,
> THROUGH ME YOU ENTER THE POPULATION OF LOSS.
>
> JUSTICE MOVED MY HIGH MAKER, IN POWER DIVINE,
> WISDOM SUPREME, LOVE PRIMAL. NO THINGS WERE
> BEFORE ME NOT ETERNAL; ETERNAL I REMAIN.
>
> ABANDON ALL HOPE, YE WHO ENTER HERE.
> *These words I saw inscribed in some dark color*
> *Over a portal. "Master," I said, "make clear*
>
> *Their meaning, which I find too hard to gather."*
> *Then he, as one who understands: "All fear*
> *Must be left here, and cowardice die. Together, ...*

dove non solo non ci sono né endecasillabi né rime, ma non viene rispettata la distribuzione delle terzine. E nota tra l'altro che in questo canto Dante ha 45 terzine, mentre Pinsky ne ha solo 37. Commenta Hofstadter che le motivazioni estetiche di questa decisione gli sfuggono e lo sbalordiscono (p. 533).

Hofstadter esercita il suo sarcasmo critico sulla traduzione di un grande poeta come Seamus Heaney, che anch'esso non mantiene né metro né rima (Hofstadter trova versi che, se fossero stati scritti da un liceale, segnerebbe in blu). Salva la traduzione di Mark Musa, il quale confessa di aver rinunciato a usare la rima a causa dei pessimi risultati ottenuti da coloro che l'hanno usata, ma rispetta il metro.

È curioso che questa rassegna trascuri Dorothy Sayers che riesce a preservare quasi sempre il metro e salva in parte la rima, oltre che rispettare la giusta divisione delle terzine:

THROUGH ME THE ROAD TO THE CITY OF DESOLATION,
THROUGH ME THE ROAD TO SORROWS DIUTURNAL,
THROUGH ME THE ROAD AMONG THE LOST CREATION.

JUSTICE MOVED MY GREAT MAKER; GOD ETERNAL
WROUGHT ME: THE POWER, AND THE UNSEARCHABLY
HIGH WISDOM, AND THE PRIMAL LOVE SUPERNAL.

NOTHING ERE I WAS MADE WAS MADE TO BE
SAVE THINGS ETERNE, AND I ETERNE ABIDE;
LAY DOWN ALL HOPE, YOU THAT GO IN BY ME.

These words, of sombre colour, I descried
Writ on the lintel of a gateway; "Sir,
This sentence is right hard for me," I cried.

Vediamo ora un distico dal *Roman de la rose*, seguito da una parafrasi francese (tesa a rendere il testo accessibile al lettore contemporaneo) e da due traduzioni italiane:

Maintes genz cuident qu'en songe
N'ait se fable non et mençonge. (*Roman de la rose*)

Nombreux sont ceux qui s'imaginent que dans les rêves il n'y a que fables et mensonges. (*Strubel*)

Molti dicono che nei sogni
non v'è che favola e menzogna. (*Jevolella*)
.
Dice la gente: fiabe e menzogne
sono e saranno sempre i tuoi sogni. (*D'Angelo Matassa*)

Per non parlare della parafrasi francese, che si riduce a un'ovvietà, si noterà che la prima traduzione in versi italiana non si discosta dalla parafrasi francese in prosa, dato che non si salvano né metrica né rima. La seconda lascia cadere la rima e cerca di risolvere l'ottonario originale in un quinario doppio. Il che suggerisce al lettore che c'era nel testo originale una metrica, ma non ci dice quale e ce ne offre un'altra in cambio. Il contenuto (banalissimo) è salvo, ma l'espressione si è o perduta o trasformata.

È certo che Guillaume de Lorris voleva affermare, come farà nei versi seguenti, che esistono sogni veritieri. Ma avrebbe iniziato in tal modo, con la figura della *concessio*, dando voce a chi sosteneva una tesi diversa dalla sua, se la sua lingua non gli avesse suggerito un rapporto fonico tra *songe* e *mençonge*? Perché le due traduzioni italiane rinunciano a questa rima e si accontentano l'una di *sogni/menzogne* e l'altra di *menzogne/sogni* – specie se si pensa che la seconda traduzione, dopo il suo primo distico infedele, prosegue a rime baciate? Non si poteva iniziare con *Dice la gente che quei che sogna – sol concepisce fiaba e menzogna*?

Ma certe volte il rispetto della rima non è sufficiente a mantenere l'effetto del testo. Nel *The Love Song of J. Alfred Prufrock* di Eliot appare il famoso verso

> In the room the women come and go
> talking of Michelangelo.

È evidente che, come del resto in tutta la poesia, il testo gioca su rime o assonanze, anche interne, e talora ottenendo, come in questo caso, effetti ironici (prevedendo una pronuncia inglese del nome italiano). Un traduttore, per evitare soluzioni grottesche, può rinunciare sia alla metrica che all'assonanza. Così fanno Luigi Berti e Roberto Sanesi, che traducono entrambi:

> Nella stanza le donne vanno e vengono
> Parlando di Michelangelo.

Invece nella traduzione francese di Pierre Leyris si cerca di mantenere un effetto rima, accettando di mutare il significato dell'espressione fonte:

> Dans la pièce les femmes vont et viennent
> En parlant des maîtres de Sienne.

In questo caso, per salvare la rima, il traduttore ha violato il riferimento (le donne non parlano di Michelangelo ma, poniamo, di Duccio di Buoninsegna). Si ha però l'impressione che, pur salvando la rima, si sia perduta l'arguzia dell'assonanza originale, basata su quella /öl/ (le signore stanno dicendo, col dovuto birignao, *Maikelangiloo*). Ho inoltre il sospetto che parlare dei pittori senesi (per rispettabili signore britanniche – che in fin dei conti Eliot ci presenta come *bas bleu*) presupponga una certa competenza nella storia della pittura italiana, mentre Michelangelo (con Raffaello e Leonardo) pare più consono alla superficialità di quella conversazione. Visto che l'effetto birignao si perde in ogni caso, meglio rispettare la rima o rispettare il profumo Kitsch del riferimento?

Facevo osservazioni analoghe in Eco (1995a), e mi esercitavo scherzosamente a escogitare alcune alternative grottesche come *Nella stanza le donne cambian posto – parlando dell'Ariosto* o *Nella stanza le donne a vol d'augello – parlan di Raffaello*. Sanesi (1997), nel convenire con le mie analisi, cita la traduzione Bacigalupo che così rende quel distico fatale:

> Le donne vanno e vengono nei salotti
> Parlando di Michelangelo Buonarroti.

Lascio ogni giudizio al lettore, ma mi pare che, guadagnando appena una zoppicante assonanza, la versione abbia abbondantemente perduto tutto il resto.

A proposito del *Prufrock* debbo confessare che avendo avvicinato per la prima volta questo testo (forse la poesia contemporanea che amo maggiormente) in traduzione italiana, lo avevo inteso come in versi sciolti non rimati. Si veda infatti la traduzione Berti e la traduzione Sanesi:

> Allora andiamo, tu ed io,
> quando la sera si tende contro il cielo
> come il paziente in preda alla narcosi;
> andiamo, per certe semideserte strade,
> ritrovi mormoranti
> di chi passa notti agitate in dormitori pubblici.
> E *restaurants* pieni di segatura e gusci d'ostrica;

271

> Strade che ci seguono come un tedioso argomento
> D'ingannevole intento
> E c'inducono a una domanda opprimente...
> Oh, non chiedete "cos'è?"
> Andiamo a fare la nostra visita. (*Berti*)
>
> Allora andiamo, tu ed io,
> Quando la sera si stende contro il cielo
> Come un paziente eterizzato sopra una tavola;[4]
> Andiamo, per certe strade semideserte,
> Mormoranti ricoveri
> Di notti senza riposo in alberghi di passo a poco prezzo
> E ristoranti pieni di segatura e gusci d'ostriche;
> Strade che si succedono come un tedioso argomento
> Con l'insidioso proposito
> Di condurti a domande che opprimono...
> Oh, non chiedere "Cosa?"
> Andiamo a fare la nostra visita. (*Sanesi*)

Il fatto è che il *Prufrock* originale ha una metrica, delle rime (alcune interne) e delle assonanze (che giustificano quella finale tra *go* e *Michelangelo*), che vanno perdute nella traduzione italiana:

> Let us go, you and I,
> When the evening is spread out against the sky
> Like a patient etherised upon a table;
> Let us go, through certain half-deserted streets,
> The muttering retreats
> Of restless nights in one-night cheap hotels
> And sawdust restaurants with oyster-shells:
> Streets that follow like a tedious argument
> Of insidious intent
> To lead you to a overwhelming question...
> Oh, do not ask, "What is it?"
> Let us go and make our visit.
>
> In the room the women come and go
> Talking of Michelangelo.

---

[4] Nella versione 1966 Sanesi traduceva: *come un paziente eterizzato disteso su una tavola*.

Mi sono detto che, se Eliot aveva usato metri e rime, bisognava fare del proprio meglio per conservarle. Ho fatto un tentativo (che non presento come opera di grande impegno) e ho ottenuto:

> Tu ed io, è già l'ora, andiamo nella sera
> che nel cielo si spande in ombra nera
> come un malato già in anestesia.
> Andiam per certe strade desolate
> nel brusio polveroso
> di certi alberghi ad ore, in cui folate
> senti di notti insonni, e l'acre odore
> di ristoranti pregni di sudore...

Poi mi sono fermato. Ho avuto immediatamente l'impressione di trovarmi di fronte a una poesia italiana di fine XIX o inizio XX secolo. È vero che il *Prufrock* era stato scritto nel 1911, e dunque non era scorretto renderlo nello spirito della sua epoca, ma mi sono domandato se il contesto in cui scriveva Eliot in lingua inglese era lo stesso in cui poteva scrivere, che so, Lorenzo Stecchetti (*Sbadigliando languir solo e soletto – Lunghi e tediosi giorni, – Dormire e ricader disteso in letto – Finché il sonno ritorni, – Sentir la mente e il core in etisia, – Ecco la vita mia.*)

Ho deciso di non pormi minimamente il problema, perché non sono esperto di poesia in lingua inglese d'inizio Novecento e non ho mai tradotto poesia dall'inglese. Non si può cambiare mestiere da un momento all'altro. Il problema che mi sento di affrontare mi pare piuttosto di altro genere: la mia traduzione avrebbe anche potuto essere accettabile (concedetemelo per amor d'ipotesi) se l'avessi fatta e pubblicata nel primo decennio del secolo scorso. La traduzione di Berti è degli anni Quaranta e quelle di Sanesi iniziano ad apparire all'inizio degli anni Sessanta: la cultura italiana ha dunque ricevuto Eliot come poeta contemporaneo, dopo che aveva conosciuto l'ermetismo e altre correnti (e si pensi quanto Eliot ha influenzato molta poesia italiana poi sfociata nella neo-avanguardia), e di Eliot ha apprezzato la secchezza quasi prosastica, il gioco di idee, la densità dei simboli.

Entra qui in gioco la nozione di *orizzonte del traduttore*.[5] Ogni traduzione (e per questo le traduzioni invecchiano) si muove in un orizzonte di tradizioni e convenzioni letterarie che fatalmente influenzano le scelte di gusto. Berti e Sanesi si muovevano nell'orizzonte letterario italiano degli anni Quaranta-Sessanta. Per questo hanno fatto le scelte che hanno fatto. Non hanno evitato la rima perché non erano capaci di trovare equivalenti adatti, hanno negoziato scommettendo su una immagine della poesia di Eliot che era quella che poteva attendersi e desiderare il lettore italiano. Hanno deciso (e questa è stata scelta interpretativa) che la rima, in Eliot, era secondaria rispetto alla rappresentazione di una "terra desolata" e nessuna esigenza di rima poteva permettere di perdere il riferimento a ristoranti che fossero *sawdust* e *with oyster-shells* (che inoltre al lettore italiano evocano ossi di seppia!). La rima perseguita a tutti i costi rischiava di ingentilire e rendere "cantabile" un discorso che voleva essere pulverulento e acre (perché, si sa, la paura sarà mostrata in un pugno di polvere). E dunque la fedeltà alla desolazione eliotiana imponeva di non ricorrere a rime che nel contesto italiano sarebbero apparse esageratamente e consolatoriamente "piacevoli".

Le traduzioni italiane del *Prufrock* sono state determinate sia dal momento storico in cui sono state fatte che dalla tradizione traduttoria in cui si inserivano. Si possono definire fondamentalmente "fedeli" solo alla luce di certe regole interpretative che una cultura (e la critica che la ricostruisce e la giudica) hanno previamente – se pure implicitamente – concordato.[6]

Nel fare questo i due traduttori hanno certamente agito in senso *target-oriented*, e hanno scelto del testo la nuda e autoevidente sequenza delle immagini evocate, senza tentare di inserire la rima in casi sporadici (e facili). Ma non sono stati insensibili ai problemi della sostanza linguistica, e non hanno deciso di

[5] Vedi in proposito le posizioni della Polisystem Theory e i lavori di Even-Zohar, nonché la ripresa di questi temi in Berman (1995) e Cattrysse (2000).
[6] Sanesi (1997) conferma la mia interpretazione della sua decisione. L'unico appunto che gli si può fare è di aver tradotto *argument* con *argomento*. Berti aveva fatto lo stesso, ma al fine evidente di preservare l'unica rima del brano.

privilegiare soltanto il contenuto disinteressandosi ai valori della Manifestazione Lineare. Semplicemente hanno puntato su altri valori. Torniamo al distico finale: la metrica di Berti e Sanesi non è quella di Eliot, ma il passaggio da un ritmo novenario a un ritmo dodecasillabico mantiene al distico la sua indecidibile natura quasi gnomica: l'*exemplum* rimane memorabile, e a proprio modo cantabile, anche nella versione italiana.

Benché non abbia direttamente a che fare con problemi di sostanza, visto che si lega al tema dell'orizzonte del traduttore, cito uno strano caso incontrato nella versione del *Conte di Montecristo* fatta da Emilio Franceschini.[7] Noi tutti sappiamo che Edmond Dantès viene raggiunto nella sua cella da un personaggio che nel capitolo XIV era stato nominato dal governatore del castello d'If come *abbé Faria*, nel capitolo XVI si presenta a Edmond come *Je suis l'abbé Faria* e come tale viene sempre nominato. Oggi sappiamo che costui non era un personaggio fittizio ma un portoghese (che Dumas fa diventare italiano), professore di filosofia che aveva partecipato agli eventi della rivoluzione, adepto di Swedenborg e Mesmer, che anche Chateaubriand nomina in *Mémoires d'outre-tombe*.[8] A parte le fonti storiche, è comunque singolare che questo personaggio, filosofo illuminato e bonapartista, sia un ecclesiastico, sia perché era caratteristico dei tempi sia perché la funzione di mentore, padre e direttore spirituale che assume nei confronti di Edmond prende così un particolare rilievo.

Ora, nella traduzione Franceschini non si dice mai che Faria sia un *abbé*, al punto tale che il capitolo XVII, che in francese è intitolato "La chambre de l'abbé", nella versione italiana diventa "La cella dello scienziato". È evidente che la storia, sia pure di poco, cambia, e questo Faria perde le sue connotazioni originarie per assumere quelle più vaghe di un avventuriero-scienziato. Le ragioni per cui il traduttore ha introdotto questa censura sono

---

[7] Originalmente per Mondadori, ora ne *Il conte di Montecristo*, Milano: Bur 1998.
[8] Cfr. la prefazione di Gilbert Sigaux a *Le Comte de Monte-Cristo* (Paris: Bibliothèque de la Pléiade, 1981: XVII).

imperscrutabili. Sarebbe risibile pensare che lo abbia fatto per furore anticlericale, e non rimane che una spiegazione. Il titolo di *abbé* in Francia viene dato a ogni ecclesiastico secolare, e in italiano dovrebbe diventare *don* o *reverendo*, altrimenti si penserebbe a un abate, e cioè a un monaco regolare capo di un'abbazia. Può darsi che il traduttore abbia pensato che *don Faria* avrebbe ridotto la figura ieratica del prigioniero alle dimensioni di un curato di campagna e si sia sentito imbarazzato. Ma proprio qui dovrebbe funzionare la nozione di orizzonte del traduttore.

Sia come sia, nell'immaginario collettivo, l'abate Faria è abate Faria anche in Italia, e come tale è stato nominato nel corso di tante traduzioni precedenti; come abate il leggendario Faria riappare ne *I 4 Moschettieri* di Nizza e Morbelli,[9] e addirittura ne *I due orfanelli* con Totò e Carlo Campanini. Il suo nome appartiene alla leggenda intertestuale, come Cappuccetto Rosso o il Corsaro Nero. E dunque non ritengo si possa tradurre il *Montecristo* sottraendo a Faria la sua dignità ecclesiastica – e che poi il lettore possa crederlo monaco anziché prete è faccenda secondaria.

11.5 Il *quasi* della traduzione poetica

La rilevanza della sostanza extralinguistica è centrale nel discorso a funzione poetica – e in ogni arte, là dove non conta solo che si vedano, per esempio in un quadro, una bocca o un occhio su di un volto, ma che si valutino il tratto, la pennellata, sovente il grumo di materia in cui sono realizzati (appunto, *sostanziati*).

Nella comunicazione a fini pratici la presenza della sostanza linguistica ed extralinguistica è puramente funzionale, serve a colpire i sensi, e di lì si parte per interpretare il contenuto. Se dovessi chiedere a qualcuno dove si trova Prufrock, e mi si dicesse che è nella stanza in cui alcune signore parlano di Michelangelo, la pronuncia del nome, e il fatto che nel corso della frase appaia un'assonanza con *go* (ma anche che il penultimo verso italiano sia un dodecasillabo) sarebbero inessenziali: dimenticherei i problemi di sostanza, premurandomi di identificare

[9] Perugina: S.A. Perugina e Sansepolcro: S.A. Buitoni 1935, capitolo III.

quella stanza, scartandone un'altra in cui siedono dei sapienti austeri e freddolosi.

Invece, di fronte a un discorso a funzione poetica, certamente colgo sia il contenuto denotato che quello connotato (la condanna senza appello delle povere signore), ma dopo averlo colto ritorno a questioni di sostanza, e del rapporto tra sostanze e il contenuto mi diletto.

Ho posto queste mie riflessioni sul tradurre all'insegna di un *quasi*. Per bene che vada, traducendo si dice *quasi* la stessa cosa. Il problema del *quasi* diventa ovviamente centrale nella traduzione poetica, sino al limite della ricreazione così geniale che dal quasi si passa a una cosa assolutamente *altra*, un'altra cosa, che con l'originale ha solo un debito, vorrei dire, morale.

Però è interessante vedere dove talora il traduttore, sapendo che può dire solo un *quasi*, va a cercare *il nucleo della cosa* che vuole rendere (sia pure quasi) a ogni costo.

Inizio con un caso di cui non conosco (ma forse è limite mio) né traduzione adeguata né rifacimento radicale. È forse una delle più belle canzoni d'amore della poesia moderna, e appare nella *Prose du transsiberien* di Cendrars, dove a un certo punto il poeta, mentre in treno procede coi suoi ritmi e sussulti per pianure interminate, si rivolge alla sua donna, la piccola Jeanne de France, dolcissima prostituta malata:

> Jeanne Jeannette Ninette nini ninon nichon
> Mimi mamour ma poupoule mon Pérou
> Dodo dondon
> Carotte ma crotte
> Chouchou p'tit-coeur
> Cocotte
> Chérie p'tite chèvre
> Mon p'tit-péché mignon
> Concon
> Coucou
> Elle dort.

Mi spiace che la traduzione di Rino Cortiana, per mantenere il tono di dolcezza, vezzeggi in toni chiari che non rendono il rollio cupo dei vagoni:

Giovanna Giovannina Ninetta Ninettina tettina
Mimì mio amor mia gattina mio Perù
Nanna nannina
Patata mia patatina
Stella stellina
Paciocchina
Cara caprettina
Vizietto mio
Mona monella
Ciri ciritella
Dorme.

Ma non è colpa di Cortiana. Egli ha probabilmente intravisto in questi versi due nuclei: il rollio dei vagoni, lo si è detto, e la tenerezza amorosa. E ha dovuto scegliere. Il francese (ricordate il *mon petit chou* su cui si è già ragionato?) poteva riuscire a fondere, per così dire, coccole e scartamento ridotto, l'italiano forse no (avrebbe potuto Edith Piaf cantare nella lingua di Francesco Maria Piave?).

A proposito di ferrovie, una delle poesie che amo di più è questa, di Montale:

Addio, fischi nel buio, cenni, tosse
e sportelli abbassati: È l'ora. Forse
gli automi hanno ragione: Come appaiono
dai corridoi, murati!
…
— Presti anche tu alla fioca
litania del tuo rapido quest'orrida
e fedele cadenza di carioca?

Visto che la poesia è già in italiano, non potevo renderle l'omaggio di una traduzione, ma mi sono divertito a tentare undici esercizi "oulipiani", vale a dire cinque lipogrammi (ogni volta riscrivendola senza usare ciascuna delle cinque vocali), cinque testi monovocalici (usando sempre ogni volta una sola vocale) e un pangramma eteroletterale (usando una sola volta ciascuna lettera dell'alfabeto). Chi voglia controllare tutti i risultati del mio esercizio veda "Undici danze per Montale" (in Eco 1992b: 278-281).

Il problema che mi ero posto non era ovviamente "tradurre" il senso della poesia secondo le restrizioni che mi ponevo, ché altrimenti sarebbero bastate buone parafrasi; era cercare di salvare in questo adattamento *la cosa stessa*. Secondo la mia interpretazione c'erano in gioco cinque cose stesse: (i) cinque endecasillabi, di cui due sdruccioli, e due settenari; (ii) i primi quattro versi non rimati, gli ultimi tre con una rima; (iii) nella prima parte l'apparizione degli automi (e ho deciso che per ogni variazione essi dovevano assumere la forma di qualche essere meccanico, robot, computer, ingranaggio, eccetera); (iv) negli ultimi tre versi, il ritmo del treno; (v) infine la citazione finale di una danza, che nell'originale era una carioca e nelle mie variazioni metteva in gioco undici danze diverse (da cui il titolo del mio esercizio).

Ripropongo solo per intero il primo lipogramma (senza la A) e per il resto solo nove variazioni sugli ultimi tre versi, perché è su quelli che dovremo soffermarci. Inutile citare l'undicesima, il pangramma, perché per usare una sola volta tutte le lettere dell'alfabeto bisogna fare i salti mortali ed è già molto se si riesce nel *tour de force*, fatalmente quasi enigmistico, senza poter rispettare nessuna "cosa", salvo la presenza di una danza e di un automa:

> Congedi, fischi, buio, cenni, tosse
> e sportelli rinchiusi. È tempo. Forse
> son nel giusto i robot. Come si vedono
> nei corridoi, reclusi!
> ....
> – Odi pur tu il severo
> sussulto del diretto con quest'orrido.
> ossessivo ritorno di un bolero?
>
> – Dona pur tu, su, prova
> al litaniar di un rapido l'improvvido
> ostinato ritmar di bossa nova…
>
> – Do forse alla macumba
> che danza questo treno la tremenda
> ed ottusa cadenza di una rumba?

– Presti anche tu, chissà,
al litaniar dei rapidi quest'arida
cadenza di un demente cha-cha-cha?

– Non senti forse, a sera,
la litania del rapido nell'orrido
ancheggiare lascivo di habanera?

– Salta magra la gamba,
canta la fratta strada, pazza arranca,
assatanata d'asma l'atra samba?

– Del TEE presente
l'effervescenze fredde, le tremende
demenze meste d'ebete merenghe?

– Sì, ridi, ridi, insisti:
sibilin di sinistri ispidi brividi
misti ritmi scipiti, tristi twist.

– Colgo sol do-do-sol…
Fosco locomotor, con moto roco
mormoro l'ostrogoto rock 'n' roll.

– Ruhr, Turku… Tumbuctù?
Uh, fu sul bus, sul currus d'un Vudù
un murmur (zum, zum, zum) d'un blu zulù.[10]

Facendo giochi vocalici si fa quel che si può, ma quello che
volevo dimostrare era che si potevano rispettare le cinque caratteristiche fondamentali di questa poesia persino in uno stravol-
gimento ludico. Il problema è se una traduzione non dovrebbe
fare lo stesso. Ora ho sott'occhio due versioni, una inglese e l'altra francese che a mio parere, negli ultimi tre versi, perdono come minimo il ritmo del rapido.

La prima è di Katherine Jackson e la seconda di Patrice
Dyerval Angelini:

[10] Sapevo ovviamente che il blu non è una danza, ma provatevi a trovare
un'altra danza potendo usare solo la U.

Goodbyes, whistles in the dark, nods, coughing,
and train windows down. It's time. Perhaps
the robots are right. How they lean
from the corridors, walled in!

And do you too lend, to the dim
litany of your express train, this constant
fearful cadenza of a carioca?

Adieux, sifflets dans l'ombre, signes, toux
Et vitres fermées. C'est l'heure. Peut-être
Les automates ont-ils raison. Comme des couloirs
Il apparissent murés!
...
Toi aussi, prêtes-tu à la sourde
Litanie de ton rapide cette affreuse
Et fidèle cadence de carioca? –

Era possibile mantenere la metrica? Era possibile rendere il ritmo del treno? Perché si è sottovalutata quella lineetta che introduce l'ultima terzina, in cui è introdotta la voce del poeta (in presa diretta) dopo una descrizione apparentemente oggettiva? Perché la lineetta appare in fine della traduzione francese? Perché la traduzione inglese non rispetta quei punti di sospensione, indizio di frammento, o avviso di un qualche salto di registro, o che sorvolano sul proseguire di una triste e interminabile commedia degli addii prima della partenza? Non mi sento di rispondere, e ammetto che è più facile lipogrammare che tradurre. Ma mi pare che, in fin dei conti, queste due traduzioni abbiano puntato più sul contenuto, sui pallidi eventi narrati dalla poesia, che sulla sua struttura formale. Una scelta, certo, un *quasi*.

Continuo a pensare che l'esercizio dei lipogrammi serva molto a capire dove stia la cosa stessa. Prendiamo un'altra poesia montaliana:

Spesso il male di vivere ho incontrato:
era il rivo strozzato che gorgoglia,
era l'incartocciarsi della foglia
riarsa, era il cavallo stramazzato.

281

Bene non seppi, fuori del prodigio
che schiude la divina Indifferenza:
era la statua nella sonnolenza
del meriggio, e la nuvola, e il falco alto levato.

Nessuno può negare che questa poesia abbia un "contenuto", certamente più filosoficamente parafrasabile di quello della poesia precedente, e che questo contenuto debba salvarsi in qualsiasi traduzione, così come occorre lasciare emergere le immagini originali, tutte epifanie, correlativi oggettivi del male di vivere. Ma non è l'immagine di un corso d'acqua che si restringe quella che manifesta il male di vivere: è anche l'asprezza di quello *strozzato* e di quel *gorgoglia*; sono i due *enjambements*, suggello dello stile montaliano; è questo male che si mostra (avrebbe detto Eliot) in un pugno di polvere, ma si distende lungo la misura pacata dell'endecasillabo, tanto quanto le poche immagini del bene; ma è anche che i primi sette endecasillabi descrivono mali e beni terrestri mentre il verso finale spezza il ritmo endecasillabico e "trascina il fiato", per così dire, verso il cielo.

Quando ho tentato cinque variazioni lipogrammatiche su questa poesia (Eco 1991) ho tentato di rispettare queste caratteristiche. Le riporto tutte, per mostrare come si poteva sempre rispettare l'endecasillabo, i due *enjambements*, alcune sonorità aspre, e il lungo respiro dell'ultimo verso.

Senza A
Spesso il dolor di vivere l'ho intuito:
fosse il rivo insistito che gorgogli,
fosse il secco contorcersi di fogli
combusti, od il corsiero indebolito.
Bene non seppi, fuori del prodigio
che schiude un cielo che si mostri inerte:
forse l'idolo immoto su per l'erte
del meriggio, od il corvo che voli, e l'infinito.

Senza E
Talora il duolo cosmico ho incontrato:
dico il rivo strozzato qual gorgoglia
quando l'accartocciarsi di una foglia

l'ingolfa, od il cavallo stramazzato.
Bontà non vidi, fuori d'un prodigio
dischiuso da divina noncuranza:
dico la statua in una vuota stanza
abbagliata, o la nuvola, o il falco alto librato.

Senza I
S'è spesso un mal dell'essere mostrato:
era un botro strozzato, od un batrace
che nel padule è colto da un rapace
feroce, era il cavallo stramazzato.
Al ben non credo, fuor del lampo ebéte
che svela la celeste obsolescenza:
era la statua nella sonnolenza
dell'estate, o la nube, o un falco alto levato.

Senza O
Sempre nel mal di vivere t'imbatti:
vedi l'acqua in arsura che si sfibra,
i pistilli e gli stami d'una fibra
disfarsi, ed i cavalli che tu abbatti.
Bene? Che sappia, c'è la luce scialba
che schiude la divina indifferenza
Ed hai la statua nella stupescenza
Di quest'alba, e la nube, se l'aquila si libra.

Senza U
Spesso il male di vivere ho incontrato:
era il rivo strozzato che gorgoglia
era l'incartocciarsi della foglia
riarsa, era il cavallo stramazzato.

Bene non seppi, salvo che il prodigio
che ostenta la divina indifferenza:
era l'icona nella sonnolenza
del meriggio, ed il cirro, ed il falco alto levato.

Passo ora a tre traduzioni, una che onestamente non so di
chi sia perché l'ho trovata su un sito Internet come al solito trascurato nei riferimenti bibliografici (www.geocities.com/Pa-

ris/LeftBank/5739/eng-living.html), una sempre inglese di Antonino Mazza e una francese di Pierre Van Bever:

Often I have encountered the evil of living:
it was the strangled stream which gurgles,
it was the crumpling sound of the dried out
leaf, it was the horse weaty and exhausted.

The good I knew not, other than the miracle
revealed by divine Indifference:
it was the statue in the slumber
of the afternoon, and the cloud, and the high flying falcon.

Often the pain of living have I met:
it was the chocked stream that gurgles,
it was the curling up of the parched
leaf, it was the horse fallen off its feet.

Well-being I have not known, save the prodigy
that reveals divine Indifference:
it was the statue in the midday
somnolence, and the cloud, and the falcon high lifted.

Souvent j'ai rencontré le malheur de vivre:
c'était le ruisseau étranglé qui bouillonne,
c'était la feuille toute recoquillée
et acornie, c'était le cheval foudroyé.

Le bonheur je ne l'ai pas connu, hormis le prodige
qui dévoile la divine Indifférence:
c'était la statue dans la torpeur
méridienne, et le nuage
et le faucon qui plane haut dans le ciel.

I tre traduttori hanno rispettato i due *enjambments*, hanno fatto del loro meglio per rendere i suoni più aspri, e i due inglesi in qualche modo hanno dato all'ultimo verso un respiro più lungo dei precedenti. Nondimeno nessuno ha cercato di adottare una metrica uniforme, egualmente importante. Era impossibile? Era possibile, ma a costo di mutare immagini? Ancora una volta non mi pronuncio: ciascuno ha scelto il proprio *quasi*.

Vorrei ora esaminare una serie di *quasi* dove ciascun traduttore ha individuato con chiarezza ciò che voleva salvare e ciò che voleva perdere. Si trattava di una sfida altissima, perché l'autore stesso si era preoccupato di dirci quali fossero per lui le caratteristiche fondamentali del proprio testo. Parlo di *The Raven* di Poe, e di quella *Philosophy of Composition*, in cui il poeta racconta come ha concepito il suo poemetto.

Poe voleva dirci provocatoriamente come ne *Il corvo* "nessun particolare della sua composizione può spiegarsi con il caso o con l'intuizione" e che "l'opera si è sviluppata, passo per passo, verso il suo compimento con la precisione e il logico rigore di un problema di matematica".[11] Posizione davvero provocatoria, come è stato sempre osservato, perché introduceva un elemento di calcolo formale in un ambiente dominato dal concetto romantico della poesia come prodotto di subitanea ispirazione ("la maggior parte degli scrittori... preferisce lasciar intendere che essi compongono in una specie di splendida frenesia..."). Posizione di grande interesse per quanto detto nei capitoli precedenti di questo libro perché Poe è forse il primo, almeno tra i moderni,[12] a porsi il problema dell'*effetto* che un testo deve provocare in quello che io chiamerei il suo Lettore Modello.

Poe calcola la giusta durata che deve avere un componimento letterario, che deve essere abbastanza breve da poter essere letto in una sola seduta, e dunque tiene in conto la stessa psicologia del possibile lettore. Quindi ci dice come il suo "pensiero successivo" (pensiero, si badi, non folgorazione) sia stato quello di decidere quale fosse l'effetto da produrre, un effetto che si deve provare quando si contempla il bello. E qui, con apparente cinismo – ma meno cinico egli ci appare se non lo giudichiamo sul metro contemporaneo bensì nel quadro di una tradizione romantica – afferma che "la Bellezza di qualsiasi specie, nel suo sboccio supremo, in un'anima sensibile, eccita invariabilmente le lacrime," e che "la malinconia è dunque il più legittimo di tutti i toni poetici".

---

[11] Tutte le citazioni che seguono sono tratte da "La filosofia della composizione" in E.A. Poe, *Marginalia*. Tr. it. di Luigi Berti. Milano: Mondadori 1949.
[12] Tra gli antichi porrei l'Anonimo del *Sublime*, per il quale si vedano le mie osservazioni nel capitolo "Sullo stile" (in Eco 2002).

Quindi Poe passa a domandarsi quale inedita invenzione artistica, quale "cardine", potesse fare al caso suo per far girare l'intera struttura poetica, e decide che questo cardine deve essere il *refrain*, o ritornello, e cerca una formula che gli permetta di attenersi a una monotonia del suono alla quale si accompagni una continua variazione del pensiero. Il *refrain* avrebbe dovuto essere breve, possibilmente di una sola parola che rappresentasse la chiusura di ciascuna strofa.

Che una tale conclusione, per avere forza, dovesse essere sonora e sostenere uno sforzo prolungato della voce, non c'era dubbio alcuno, così che queste considerazioni mi condussero inevitabilmente ad adottare l'*o* lunga che è la vocale più sonora, e la *r*, consonante che prolunga di più la vocale.

Di qui l'idea che la parola dovesse essere *nevermore*, e la difficoltà di far pronunciare a più riprese tale parola, in una ostinazione irragionevole e irrazionale, da un essere umano. Dunque doveva essere un animale capace di parlare. Un Corvo, che è oltretutto uccello di cattivo augurio.

Ora, senza mai perdere di vista questo scopo... mi domandai: "Di tutti i temi malinconici, quale, secondo il concetto *universale* degli uomini, è il *più* malinconico?" La morte, fu l'ovvia risposta. "E quando" dicevo, "è più poetico questo tema fra tutti il più malinconico?" Secondo quel che ho già spiegato alquanto diffusamente, la risposta, anche qui, è ovvia. "Quando è più intimamente congiunto alla *Bellezza*: la morte di una bella donna è quindi, indiscutibilmente, l'argomento più poetico del mondo – ed è ugualmente fuori di dubbio che le labbra meglio adatte a sviluppare questo argomento sono quelle di un amante che ha perduto la sua amata." Avevo ora da combinare le due idee: un amante che piangeva la sua donna morta e un Corvo che continuamente ripeteva la parola Nevermore.

Posti questi e altri principi, Poe si propone di trovare il ritmo e il metro adatto e decide per un ritmo trocaico e per "un optametro catalettico ripetuto nel refrain del quinto verso, chiuso da un tetrametro catalettico". Ovvero, come poi si umilia a spiegare, "i piedi usati in tutto il componimento (trochei) consistono in una sillaba lunga seguita da una breve; il primo verso della strofe consiste in otto di questi piedi – il secondo di sette e mezzo (in effetto due terzi) – il terzo di otto – il quarto di sette e mezzo – il quinto lo stesso, il sesto di tre e mezzo", e si compiace del fatto che, sebbene questi versi, presi singolarmente, siano stati sovente usati in poesia, nessuno avesse mai pensato di combinarli in una sola strofa.

Non rimaneva che stabilire le modalità dell'incontro tra l'amante disperato e il Corvo: Poe sceglie come più acconcia una camera ancora piena dei ricordi dell'amata, in contrasto con una notte tempestosa all'esterno, la quale peraltro spiega perché il Corvo entri nella casa; e trova decisiva l'idea di far posare il Corvo sul busto di Pallade, per creare un contrasto tra bianco e nero, perché la dea della sapienza ben si addice all'erudizione dell'amante e infine (dove si vede che Poe "pensava" anche attraverso l'orecchio) per la sonorità della parola *Pallas*.

Si sa quanti fiumi d'inchiostro abbia fatto scorrere questa confessione a posteriori. Ripugnava, e ripugna ancora a molti, l'idea che ciò che chiamiamo ispirazione sia un pensiero rapido, che non cessa di essere calcolo anche se si sviluppa in un tempo brevissimo (ma talora richiede ripensamenti e correzioni infinite), e si è preferito ritenere che Poe si fosse preso gioco dei suoi critici, ricostruendo solo dopo, artificiosamente a tavolino, quanto aveva ideato di getto. Non si pensava che, comunque fossero andate le cose, la descrizione di Poe *ci dice esattamente che cosa si trova nel testo*, e che cosa un critico attento ai valori formali e alle strategie narrative ci troverebbe, anche se Poe non glielo avesse mai detto. Poe dunque stava semplicemente rifacendo in modo analitico e persino pedantesco il percorso che aveva fatto inventando, talora reagendo anche soltanto a una suggestione fonica. Forse il suono di *Pallas* viene prima dell'idea che la sua statua debba essere bianca, forse viene prima l'idea di un contrasto tra bianco e nero, forse Poe si è svegliato una mattina, o addormentato una notte, avendo nella testa per ragioni casuali la parola *nevermore*. Ma non importa da dove queste immagini siano entrate nel suo palazzo, il fatto è che il suo palazzo poetico è fatto così, e se lui è stato capace di rendersene conto dopo è perché in qualche modo se ne rendeva conto anche nel corso della sua costruzione.

In ogni caso, quale sfida per il traduttore! Tu, sembra dirgli Poe, non hai da arrovellarti per capire quale sia il meccanismo segreto dei miei versi, te lo dico io, prova a negare che sia questo, e prova a tradurre ignorandolo...

Ora, noi abbiamo la fortuna di avere sia il testo che le riflessioni critiche dei due primi grandi traduttori del *Corvo*, Baudelaire e Mallarmé, che oltretutto hanno fondato la fama europea di Poe, ancora oggi considerato maggior poeta da questa parte dell'Atlantico che dall'altra. Baudelaire e Mallarmé leggono sia *Il corvo* che la *Philosophy of Composition*, e sono oltretutto cultori della perfezione formale. Che cosa accade?

Baudelaire traduce *Le corbeau* nel 1856, più che altro come esempio per chiarire il saggio sulla filosofia della composizione e, corredando il tutto con sue osservazioni, lo presenta come "La genèse d'un poème" per inserirlo nelle *Histoires grotesques et curieuses*. Inizia parlando di poetica e ammette che di solito le poetiche sono modellate dopo le opere, ma annuncia che questa volta si trova un poeta che "pretende" che la sua poesia sia stata composta sulla base della sua poetica. Tuttavia dubita subito che così sia avvenuto e si chiede se per strana vanità Poe non abbia voluto apparire meno ispirato di quanto fosse. Comunque non si pronuncia: "Les amateurs du *délire* seront peut-être révoltés par ces *cyniques* maximes; mais chacun en peut prendre ce qu'il voudra". In fondo – ammette – non sarà male mostrare ai lettori quanto lavoro costi quell'oggetto di lusso che si chiama Poesia. E in fondo al genio si può concedere un poco di ciarlataneria.

Insomma, Baudelaire è attratto e respinto al tempo stesso dalla sfida di Poe. Trascinato dalle dichiarazioni di poetica (ma forse anche dalle sue istintive reazioni di lettore) trova che il testo intero si regge su una parola "misteriosa e profonda, terribile come l'infinito", ma – ahimè – questa parola subito la pensa in francese e in francese la recita: *Jamais plus*. Per quanto avesse letto le dichiarazioni di Poe sullo sforzo prolungato della voce, sulla *o* e sulla *r*, in effetti egli della parola coglie il contenuto, non l'espressione. La traduzione che ne seguirà non potrà che essere dominata da questo tradimento iniziale. *Jamais plus* non è un mormorio che si prolunga lugubremente nella notte, è un colpo di mannaia.

Baudelaire si avvede che sarebbe impossibile tentare una "singerie rimée" del testo fonte, e dà subito forfait: tradurrà in prosa. Dovendo tradurre in prosa punta l'occhio sui valori di contenuto, e cita l'insonnia e la disperazione, la febbre delle idee, la violenza dei colori, il terrore, il dolore. La scelta è fatta, a tal punto che per dare una idea del valore poetico dell'originale egli si piega a un invito sciagurato: cercate, dice, di immaginare le strofe più commoventi di Lamartine, i ritmi più magnifici di Hugo, fondeteli coi vostri ricordi delle terzine più sottili di Gautier, e avrete una idea approssimativa del talento poetico di Poe. Sarà allora una traduzione, quella che propone Baudelaire? Egli stesso lo ha già escluso, si tratta di una parafrasi poetica, o al massimo di una ricreazione a modo di piccolo poema in prosa. Un *quasi come*.

Ma a questo punto occorre pur fare qualche esempio, e *The Raven* è molto lungo. Sceglierò dunque tre strofe (dall'ottava alla decima) dove, dopo una serie di sestine che terminano in *nothing more* e *evermore* (facendo rima con *door*, *floor*, *before*, *implore*, *explore*, *Lenore*), il corvo inizia a ripetere ossessivamente, e con lui l'amante, *nevermore*:

Then this ebony bird beguiling my sad fancy into smiling,
By the grave and stern decorum of the countenance it wore,
"Though thy crest be shorn and shaven, thou," I said, "art sure no craven,
Ghastly grim and ancient Raven wandering from the Nightly shore –
Tell me what thy lordly name is on the Night's Plutonian shore!"
Quoth the Raven "Nevermore."

Much I marvelled this ungainly fowl to hear discourse so plainly,
Though its answer little meaning – little relevancy bore;
For we cannot help agreeing that no living human being
Ever yet was blessed with seeing bird above his chamber door –
Bird or beast upon the sculptured bust above his chamber door,
With such name as "Nevermore."

But the Raven, sitting lonely on the placid bust, spoke only
That one word, as if his soul in that one word he did outpour.
Nothing further then he uttered – not a feather then he fluttered –

Till I scarcely more than muttered "Other friends have flown before –
On the morrow he will leave me, as my Hopes have flown before."
Then the bird said "Nevermore."

Ecco come le rende Baudelaire:

Alors, cet oiseau d'ébène, par la gravité de son maintien et la
sévérité de sa physionomie, induisant ma triste imagination à
sourire: "Bien que ta tête, – lui dis-je, – soit sans huppe et sans
cimier, tu n'es certes pas un poltron, lugubre et ancien corbeau, voyageur parti des rivages de la nuit. Dis-moi quel est
ton nom seigneurial aux rivages de la nuit plutonienne! Le corbeau dit: "Jamais plus!"

Je fus émerveillé que ce disgracieux volatile entendît si facile-
ment la parole, bien que sa réponse n'eût pas un bien grand
sens et ne me fît pas d'un grand secours; car nous devons convenir que jamais il ne fut donné à un homme vivant de voir un
oiseau au-dessus de la porte de sa chambre, un oiseau ou une
bête sur un buste sculpté au-dessus de laporte de sa chambre,
se nommant d'un nom tel que *Jamais plus!*

Mais le corbeau, perché solitairement sur le buste placide, ne
proféra que ce mot unique, comme si dans ce mot unique il
répandait toute son âme. Il ne prononça rien de plus; il ne
remua pas une plume, – jusqu'à ce que je me prisse à mur-
murer faiblement: "D'autres amis se sont déjà envolés loin de
moi; vers le matin, lui aussi, il me quittera comme mes an-
ciennes espérances déjà envolées." L'oiseau dit alors: "Jamais
plus!"

Mallarmé avrebbe dovuto essere ancor più sensibile di Baudelaire alle strategie del *Verbe*. Ma, più di Baudelaire, egli so-
spetta (negli "Scolii" che dedica a *The Raven*) che le dichiarazioni di poetica di Poe siano soltanto un "gioco intellettuale", e
cita una lettera di Susan Achard Wirds a William Gill in cui si
dice: "Discutendo sul *Corvo* Mr. Poe mi ha assicurato che il
rapporto che ha pubblicato sul suo metodo di composizione
dell'opera non aveva niente di autentico… L'idea che la poesia
avrebbe potuto essere composta in tal modo gli era venuta, suggerita dai commenti e le investigazioni dei critici. Aveva quindi

prodotto questa relazione, solo a titolo d'esperienza ingegnosa. E lo aveva sorpreso e divertito che fosse stata accettata come dichiarazione fatta *bona fide*". Lo abbiamo già detto, poteva essere andata così, e poteva essere accaduto che Poe si fosse preso gioco non dei suoi critici, ma della signora Achard Wirds. La cosa conta poco. Ma pare contare per Mallarmé, perché, oserei dire, lo solleva dal dovere sacrale, che lui avrebbe dovuto sentire più di qualsiasi altro, di realizzare nella propria lingua tutte quelle supreme macchinazioni della Poesia. Eppure egli ammette che, per gioco che quello fosse, Poe aveva giustamente proclamato che "tout hasard doit être banni de l'oeuvre moderne et n'y peut être que feint: et que l'eternel coup d'aile n'exclut pas le regard lucide scrutant les espaces devorés par son vol". Ahimè, gioca in lui una sorta di sotterranea malafede e, per timore di misurarsi con un compito impossibile, anche lui traduce in prosa e, o per influenza di Baudelaire o perché la sua lingua non gli concedeva di meglio, opta per il *Jamais plus*.

È vero che all'inizio cerca di conservare alcune assonanze interne, ma insomma, per attenerci alle sestine in esame, la sua pseudo-traduzione, forse più ricca e seducente di quella di Baudelaire, si mantiene allo stesso livello di felice adattamento:

Alors cet oiseau d'ébène induisant ma triste imagination au sourire, par le grave et sévère décorum de la contenance qu'il eut: "Quoique ta crête soit cheue et rase, non! dis-je, tu n'es pas pour sûr un poltron, spectral, lugubre et ancien Corbeau, errant loin du rivage de Nuit – dis-moi quel est ton nom seigneurial au rivage plutonien de Nuit." Le Corbeau dit: "Jamais plus."

Je m'émerveillai fort d'entendre ce disgracieux volatile s'énoncer aussi clairement, quoique sa réponse n'eût que peu de sens et peu d'à-propos ; car on ne peut s'empêcher de convenir que nul homme vivant n'eut encore l'heur de voir un oiseau audessus de la porte de sa chambre – un oiseau ou toute autre bête sur le buste sculpté, au-dessus de la porte de sa chambre, avec un nom tel que: "Jamais plus."

Mais le Corbeau, perché solitairement sur ce buste placide, parla ce seul mot comme si, son âme, en ce seul moment, il la répandait. Je ne proférai donc rien de plus: il n'agita donc pas

de plume – jusqu'à ce que je fis à peine davantage que mar-
motter "D'autres amis déjà ont pris leur vol – demain il me
laissera comme mes Espérances déjà ont pris leur vol." Alors
l'oiseau dit: "Jamais plus."[13]

La lezione baudelairiana e mallarmeana ha ovviamente pesato come un macigno sui traduttori francesi posteriori. Per
esempio Gabriel Mourey (1910) traduce in versi e conserva alcune rime o assonanze ma, arrivato al momento decisivo, si
adegua alla decisione dei due grandi predecessori:

... Corbeau fantômal, sombre et vieux, errant loin du rivage de
    la Nuit –
Dis-moi quel est ton nom seigneurial sur le rivage Plutonien
    de la Nuit!"
Fit le Corbeau: "Jamais plus."

Molti, che apprezzano le due proposte di Baudelaire e Mallarmé, tendono a suggerire che, in fondo, quei due testi in prosa producono lo stesso effetto di fascinazione e mistero che Poe
voleva produrre. Si è detto che lo producono quanto al contenuto e non quanto all'espressione, e quindi operano una scelta
molto radicale – e per questo rinvio ai capitoli seguenti dove si
parlerà e di rifacimento e di adattamento. Ma qui vorrei sottolineare un problema capitale.

La traduzione è una strategia che mira a produrre, in lingua
diversa, lo stesso effetto del discorso fonte, e dei discorsi poetici si
dice che mirino a produrre un effetto estetico. Ma Wittgenstein
(1966) si chiedeva che cosa accadrebbe se, una volta identificato
l'effetto che un minuetto produce sugli ascoltatori, si potesse inventare un siero che, dovutamente iniettato, fornisse alle termi-
nazioni nervose del cervello le stesse stimolazioni prodotte dal
minuetto. Egli osservava che non si tratterebbe della stessa cosa

---

[13] Per non dire di alcuni errori di traduzione che sono stati rilevati e che si
possono trovare elencati nell'edizione Gallimard citata in bibliografia, come
per esempio, nell'ultima strofa citata *nothing further then he uttered* che diventa insensatamente *je ne proférai donc rien de plus*.

perché non è l'effetto ma *quel* minuetto che conta.[14] L'effetto estetico non è una risposta fisica o emotiva, ma l'invito a guardare come quella risposta fisica o emotiva sia causata da quella forma in una sorta di "va e vieni" continuo tra effetto e causa. L'apprezzamento estetico non si risolve nell'effetto che si prova, bensì anche nell'apprezzamento della strategia testuale che lo produce. Questo apprezzamento coinvolge appunto anche le strategie stilistiche attuate a livello di sostanza. Che è un altro modo di indicare, con Jakobson, l'*autoriflessività* del linguaggio poetico.

La traduzione di un testo poetico dovrebbe consentire di compiere lo stesso "va e vieni" tra manifestazione lineare e contenuto. La difficoltà di lavorare sulle sostanze fa sì – ed è antico argomento – che la poesia sia più difficile da tradurre di ogni altro genere testuale perché in essa (vedi Eco 1985: 253) si ha una serie di costrizioni a livello della manifestazione lineare che determina il contenuto, e non viceversa, come accade nei discorsi a funzione referenziale. Per questo, nella traduzione poetica, si punta spesso al *rifacimento radicale*, come un sottoporsi alla sfida del testo originale per ricrearlo in altra forma e altre sostanze (cercando di rimanere fedeli non alla lettera ma a un principio ispiratore, la cui individuazione dipende ovviamente dall'interpretazione critica del traduttore).

Ma se così è non basta riprodurre l'effetto. Occorre provvedere al lettore della traduzione la stessa opportunità che aveva il lettore del testo originale, quella di "smontare il congegno", di capire (e godere) i modi in cui l'effetto viene prodotto. Baudelaire e Mallarmé falliscono in questa impresa. Altri traduttori di *The Raven*, invece, hanno cercato di risolvere questo nodo – e probabilmente avendo ben presente la *Filosofia della Composizione*.

Per esempio, la traduzione portoghese di Fernando Pessoa cerca di tenere un ritmo costante, conserva rime e assonanze interne delle varie strofe; ma anch'essa rinuncia all'effetto rima del *nevermore*. Mentre il francese *Jamais plus* conserva, grazie all'impiego della *u*, un effetto fonosimbolico di cupezza, il portoghese lo perde affidandolo ad altre vocali più chiare. Ma forse ritrova un modo di rendere "lo sforzo prolungato della voce".

---

[14] Cfr. anche le osservazioni di Rustico (1999).

Ó velho Corvo emigrado lá das trevas infernaes!
Dize-me qual o teu nome lá nas trevas infernaes".
Disse o Corvo: "Nunca mais".

... que uma ave tenha tido pousada nos seus humbraes,
ave ou bicho sobre o busto que ha por sobre seus humbraes,
com o nome "Nunca mais".

... perdido, murmurai lento, "Amigo, sonhos – mortaes
todos... todos já se foram. Amanhã também te vaes".
Disse o Corvo, "Nunca mais".

Lo sforzo prolungato della voce mediante vocali chiare cercava di rendere anche una traduzione italiana di fine XIX secolo, di Francesco Contaldi, ma non coglieva il senso ossessivo del ritornello, e a ogni strofa rendeva il *nevermore* in modo diverso: *E non altro, pensai; Sol questo e nulla mai; E il corvo: Non più mai! E l'uccello: Non mai!*

Ho trovato su Internet (ma ancora una volta senza indicazioni bibliografiche) una traduzione spagnola e una tedesca. La prima ricrea una propria struttura metrica – sia pure forse un poco cantilenante – e salva la rima, mentre per il *nevermore* segue il genio della lingua e, probabilmente, la lezione di Pessoa:

Frente al ave, calva y negra,
mi triste animo se alegra,
sonreido ante su porte,
su decoro y gravedad.
"– No eres – dije- algun menguado,
cuervo antiguo que has dejado
las riberas de la Noche,
fantasmal y senorial!
En plutonicas riberas,
cual tu nombre senorial?"
Dijo el Cuervo: "– Nunca mas".

Me admiro, por cierto, mucho
que asi hablara el avechucho.
No era aguda la respuesta,
ni el sentido muy cabal;
pero en fin, pensar es llano

que jamas viviente humano
vio, por gracia, a bestia o pajaro,
quieto alla en el cabezal
de su puerta, sobre un busto
que adornara el cabezal,
con tal nombre: Nunca mas.

Pero, inmovil sobre el busto
venerable, el Cuervo adusto
supo solo en esa frase
su alma oscura derramar.
Y no dijo mas en suma,
ni movio una sola pluma.
Y yo, al fin: "– Cual muchos otros
tu tambien me dejaras.
Perdi amigos y esperanzas:
tu tambien me dejaras.
Dijo el Cuervo: "– Nunca mas".

È proprio dal genio della lingua che mi sembra avvantaggiata la versione tedesca, forse – tra quelle che conosco – la più rispettosa del *nevermore* e del gioco di rime e assonanze che impone:

Doch das wichtige Gebaren
dieses schwarzen Sonderbaren
Löste meines Geistes Trauer
Bald zu lächelndem Humor.
"Ob auch schäbig und geschoren,
kommst du," sprach ich unverfroren,
"Niemand hat dich herbeschworen
Aus dem Land der Nacht hervor.
Tu´mir kund, wie heißt du, Stolzer
Aus Plutonischem Land hervor?"
Sprach der Rabe: "Nie, du Tor."

Daß er sprach so klar verständlich –
Ich erstaunte drob unendlich,
kam die Antwort mir auch wenig
sinnvoll und erklärend vor.
Denn noch nie war dies geschehen:
Über seiner Türe stehen
Hat wohl keiner noch gesehen

Solchen Vogel je zuvor –
Über seiner Stubentüre
Auf der Büste je zuvor,
Mit dem Namen "Nie, du Tor."

Doch ich hört'in seinem Krächzen
Seine ganze Seele ächzen,
war auch kurz sein Wort, und brachte
er auch nichts als dieses vor.
Unbeweglich sah er nieder,
rührte Kopf nicht noch Gefieder,
und ich murrte, murmelnd wieder:
"Wie ich Freund und Trost verlor,
Wird'ich morgen ihn verlieren –
Wie ich alles schon verlor."
Sprach der Rabe: "Nie, du Tor."

Mentre in una traduzione intesa a fini pratico-informativi si può assumere che *nunca mais* o *jamais plus* siano un ragionevole sinonimo di *nevermore*, nel caso della poesia di Poe non si può, perché viene pertinentizzata la sostanza extralinguistica. Che è quello che si diceva in Eco (1975, §3.7.4) quando si affermava che nei testi a funzione poetica (anche non solo linguistici) viene ulteriormente segmentato il continuum espressivo.

Talora dunque la sostanza extralinguistica impone al traduttore uno scacco. Con tutto ciò, anche se si accettasse l'idea che la poesia è per definizione intraducibile – e certamente molte poesie lo sono – il testo poetico rimarrebbe come una pietra di paragone per ogni tipo di traduzione, perché rende evidente il fatto che una traduzione può essere considerata veramente soddisfacente solo quando rispetta (in qualche modo da negoziare) anche le sostanze della manifestazione lineare, persino quando si tratta di traduzioni strumentali, utilitaristiche e dunque prive di pretese estetiche.

Ma vorrei terminare il capitolo con una parola di speranza. Abbiamo visto come sia difficile tradurre Eliot, come grandi poeti non abbiano saputo capire Poe, come Montale sfidi i traduttori più appassionati, e come sia difficile rendere la lingua di

Dante. Ma è davvero impossibile far sentire a un lettore moderno la terza rima, l'endecasillabo, il sapore del testo dantesco, senza peraltro ricorrere ad arcaismi che la lingua di arrivo non potrebbe sopportare?

È chiaro che la mia è una scelta di gusto, ma considero altissimo risultato quello conseguito da Haroldo de Campos, non a caso grande poeta brasiliano contemporaneo, nelle sue traduzioni del *Paradiso*. Ne cito un solo esempio, l'inizio del canto XXXI, e sono talmente convinto della persuasività di questa traduzione che la sottopongo al lettore italiano senza ricordare l'originale perché, credo, essa non solo lo fa gustare al lettore di lingua portoghese che non lo conosce, ma permette di riconoscerlo anche a chi ha presente il testo italiano. C'è quasi e quasi, e questo è un esempio quasi perfetto:

> A forma assim de uma cândida rosa
> vi que assumia essa coorte santa
> que no sangue de Cristo fez-se esposa;
>
> e a outra, que a voar contempla e canta
> a gloria do alto bem que a enamora,
> e a bondade que esparze graça tanta,
>
> como enxame de abelhas que se enflora,
> e sai da flor, e unindo-se retorna
> para a lavra do mel que doura e odora,
>
>
> descia à grande rosa que se adorna
> de tanta pétala, e a seguir subia
> ao pouso que o perpetuo Amor exorna.
>
> Nas faces, viva chama se acendia;
> nas asas, ouro; as vestes de um alvor
> que neve alguma em branco excederia.
>
> Quando baixavam, grau a grau, na flor,
> da vibraçao das asas revoadas
> no alto, dimanava paz e ardor.

12.
IL RIFACIMENTO RADICALE

Veniamo ora a un fenomeno che, dal punto di vista editoriale e commerciale, rientrerebbe nella categoria della traduzione propriamente detta e che tuttavia rappresenta al tempo stesso un vistoso esempio di licenza interpretativa: il rifacimento radicale.

Nel capitolo 5 si sono esaminati casi di rifacimento parziale, in cui i traduttori, per restare fedeli al senso profondo o all'effetto che il testo doveva produrre sul piano dell'espressione, si concedevano e dovevano concedersi alcune licenze, talora violando il riferimento. Ma vi sono occasioni di rifacimento più radicale, che si dispongono una scala, per così dire, di licenze, sino a passare quella soglia oltre la quale non vi è più alcuna reversibilità. Vale a dire che in tali casi, se una qualsiasi macchina traduttrice, sia pure in modo perfetto, volgesse il testo di destinazione di nuovo in altro testo della lingua fonte, sarebbe difficile riconoscere l'originale.

12.1 Il caso Queneau

La mia traduzione degli *Exercices de style* di Raymond Queneau si consente più volte il rifacimento radicale. Gli *Exercices de style* sono una serie di variazioni su un testo base, di disarmante semplicità:

Dans l'S, à une heure d'affluence. Un type dans les vingt-six ans, chapeau mou avec cordon remplaçant le ruban, cou trop long comme si on lui avait tiré dessus. Les gens descendent. Le type en question s'irrite contre un voisin. Il lui reproche de le

bousculer chaque fois qu'il passe quelqu'un. Ton pleurnichard qui se veut méchant. Comme il voit une place libre, se precipite dessus.
Deux heures plus tard, je le rencontre Cour de Rome, devant la gare Saint-Lazare. Il est avec un camarade qui lui dit: «Tu devrais faire mettre un bouton supplémentaire à ton pardessus». Il lui montre où (à l'échancrure) et pourquoi.

Sulla S, in un'ora di traffico: Un tipo di circa ventisei anni, cappello floscio con una cordicella al posto del nastro, collo troppo lungo, come se glielo avessero tirato. La gente scende. Il tizio in questione si arrabbia con un vicino. Gli rimprovera di spingerlo ogni volta che passa qualcuno. Tono lamentoso, con pretese di cattiveria. Non appena vede un posto libero, vi si butta. Due ore più tardi lo incontro alla Cour de Rome davanti alla Gare Saint-Lazare. È con un amico che gli dice: "Dovresti fare mettere un bottone in più al soprabito". Gli fa vedere dove (alla sciancratura) e perché.

Alcuni degli esercizi di Queneau riguardano nettamente il contenuto (il testo base viene modificato per litoti, in forma di pronostico, di sogno, di comunicato stampa, eccetera) e si prestano a traduzione propriamente detta. Altre riguardano invece l'espressione. In questi casi il testo base viene interpretato attraverso *metagrafi* (e cioè anagrammi, permutazioni per numero crescente di lettere, lipogrammi, eccetera) oppure per *metaplasmi* (onomatopee, sincopi, metatesi, eccetera). Non si poteva procedere che al rifacimento. Se per esempio la scommessa dell'autore era di rendere il testo base senza mai usare la lettera *e*, evidentemente in italiano si doveva rifare lo stesso esercizio mantenendosi liberi da ossequenze alla lettera dell'originale. Così se l'originale diceva *Au stop, l'autobus stoppa. Y monta un zazou au cou trop long...*, l'italiano otteneva lo stesso effetto dicendo *Un giorno, diciamo alle dodici in punto, sulla piattaforma di coda di un autobus S, vidi un giovanotto dal collo troppo lungo...*[1]
Gli esercizi di Queneau comprendono infine anche riferi-

---

[1] La maggiore ridondanza del testo di destinazione faceva parte della sfida: tendevo a evitare la E su un numero di parole maggiore di quelle dell'originale.

menti a forme poetiche, e anche qui la traduzione ha preso la via del rifacimento radicale. Là dove il testo originale raccontava la storia in versi alessandrini, con riferimento parodistico alla tradizione letteraria francese, io mi sono permesso di raccontare la stessa storia con riferimento, egualmente parodistico, a un canto leopardiano. Infine l'esercizio intitolato "Maladroit" mi ha spinto all'estremo dell'emulazione libera, e un discorso maldestro di un francese pressoché afasico è diventato il discorso di un "coatto" in un'assemblea studentesca del 1977.

Una variazione è dedicata agli anglicismi:

Un dai vers middai, je tèque le beusse et je sie un jeugne manne avec une grète nèque et un hatte avec une quainnde de lèsse tresses. Soudainement ce jeugne manne bi-queumze crézé et acquiouse un respectable seur de lui trider sur les toses. Puis il reunna vers un site eunoccupé. A une lète aoure je le sie égaine; il vouoquait eupe et daoune devant la Ceinte Lazare stécheunne. Un beau lui guivait un advice à propos de beutone [...].

Tradurre anglicismi francesi in anglicismi italiani non è difficile, basta non tradurre letteralmente ma immaginare come un italiano potrebbe parlare in un inglese maccheronico. Ed ecco il mio rifacimento:

Un dèi, verso middèi, ho takato il bus and ho seen un yungo manno con uno greit necco e un hatto con una ropa texturata. Molto quicko questo yungo manno becoma crazo e acchiusa un molto respettabile sir di smashargli i fitti. Den quello runna tovardo un anocchiupato sitto.
Leiter lo vedo againo che ualcava alla steiscione Seintlàsar con uno friendo che gli ghiva suggestioni sopro un bàtton del cot (...).

Ma un altro esercizio era intitolato agli italianismi e suonava così:

Oune giorne en pleiné merigge, ié saille sulla plata-forme d'oune otobousse et là quel ouome ié vidis? ié vidis oune djiovanouome au longué col avé de la treccie otour dou cappel. Et

301

le dittò djiovanouome au longuer col avé de la treccie outour du cappel. Et lé ditto djiovaneouome aoltragge ouno pouovre ouome à qui il rimproveravait de lui pester les pieds et il ne lui pestarait noullément les pieds, mai quand il vidit oune sedie vouote, il corrit por sedersilà.

A oune ouore dé là, ié lé révidis qui ascoltait les consiges d'oune bellimbouste et zerbinotte a proposto d'oune bouttoné dé pardéssousse.

Si sarebbe potuto lasciare il testo originale, ma quelli che suonano come italianismi al lettore francese non fanno lo stesso effetto al lettore italiano. Pertanto ho deciso di invertire il gioco: in un testo italiano ci stavano benissimo dei francesismi. Ecco il risultato:

Allora, un jorno verso mesojorno egli mi è arrivato di rencontrare su la bagnola de la linea Es un signor molto marante con un cappello tutt'affatto extraordinario, enturato da una fisella in luogo del rubano et un collo molto elongato. Questo signor là si è messo a discutar con un altro signor che gli pietinava sui piedi expresso; e minacciava di lui cassare la figura. Di' dunque! Tutto a colpo questo mecco va a seder su una piazza libera.

Due ore appresso lo ritrovo sul trottatoio di Cour de Rome in treno di baladarsi con un copino che gli suggère come depiazzare il bottone del suo perdisopra. Tieni, tieni, tieni!

Come si vede, nel rifare ho persino aggiunto, perché non volevo farmi sfuggire l'italianizzazione del francese *tiens, tiens, tiens!*

Trascuriamo il caso che i miei rifacimenti, nel volume italiano, appaiono a fronte dell'originale francese, per cui il lettore si rende conto della sfida, ovvero della scommessa: avendo Queneau giocato una certa partita in tante mosse, io tentavo di emularlo risolvendola in eguale numero di mosse, anche se cambiavo il testo. È ovvio che da alcuni dei miei rifacimenti nessun traduttore ignaro dell'originale potrebbe restituire qualcosa che – fuori contesto – all'originale rimandi. Ma adesso procediamo nella scala delle "licenze".

12.2 Il caso Joyce

Non ritengo si possa tradurre Joyce senza far sentire in qualche modo lo stile di pensiero irlandese, lo humour dublinese, anche a costo di lasciare termini in inglese o di inserire molte note a piè di pagina.[2] Eppure proprio Joyce ci propone un esempio principe di traduzione eminentemente *target-oriented*: è la traduzione di quell'episodio del *Finnegans Wake* detto "Anna Livia Plurabelle". Questa traduzione, benché apparsa originalmente sotto il nome di Frank e Settani, che certamente collaborarono al lavoro, si deve considerare fatta da Joyce stesso.[3] D'altra parte anche la traduzione francese di "Anna Livia", a cui collaborarono molti scrittori come Beckett, Soupault e altri, viene ormai considerata in gran parte opera di Joyce stesso.[4]

Si tratta di un caso particolarissimo di rifacimento radicale perché Joyce, per rendere il principio fondamentale che domina il *Finnegans Wake*, vale a dire il principio del *pun*, o del *mot-valise*, non ha esitato a riscrivere, a riconcepire radicalmente il proprio testo. Esso non ha più alcun rapporto con le sonorità tipiche del testo inglese, e con il suo universo linguistico, e assume un tono "toscaneggiante". Eppure è stato suggerito di leggere questa traduzione per comprendere meglio l'originale e, di fatto, proprio lo sforzo di realizzare il principio dell'agglutinazione lessicale in una lingua diversa dall'inglese, rivela quale sia la struttura dominante del *Finnegans Wake*.

---

[2] Frank Budgen, in *James Joyce and The making of Ulysses* (London: Grayson 1934) sostiene che era "fondamentale per Joyce fare in modo che non sostituissimo la nostra città alla sua" (ed. Oxford U.P. 1972: 71).

[3] "Anna Livia Plurabella". *Prospettive* IV, 2, IV, 11-12, 1940. Questa versione conteneva interpolazioni di Ettore Settani. Una prima versione, dovuta alla collaborazione tra Joyce e Nino Frank, del 1938, è stata edita da Jacqueline Risset in Joyce, *Scritti Italiani* (Milano: Mondadori 1979). La versione italiana, con quella francese, il testo originale e altre versioni successive sono ora in Joyce, *Anna Livia Plurabelle*, Rosa Maria Bollettieri Bosinelli ed. (Torino: Einaudi 1996), con la mia introduzione.

[4] "Anna Livia Plurabelle", *La Nouvelle Revue Française* XIX, 212, 1931. Anche se qui si traduce dalla versione di Anna Livia 1928 e il testo italiano traduce da quella definitiva 1939, non ci sono variazioni sensibili per quanto riguarda i punti che citerò.

Finnegans Wake non è scritto in inglese, ma in "Finneganian", e il Finneganian è stato definito da alcuni una lingua inventata. In realtà non è lingua inventata come il linguaggio transmentale di Chlebnikov, o le lingue poetiche di Morgenstern e di Hugo Ball, dove non vi è traduzione possibile, perché l'effetto fonosimbolico si regge proprio sull'assenza di ogni livello semantico. *Finnegans Wake* è piuttosto un testo plurilingue. Di conseguenza sarebbe egualmente inutile tradurlo, perché esso è già tradotto. Tradurlo, dato un *pun* in cui vi fossero il radicale inglese T e un radicale italiano I, vorrebbe dire al massimo trasformare il sintagma TI in un sintagma IT. È quello che molti traduttori hanno cercato di fare, con risultati alterni.

Sta però di fatto che *Finnegans Wake* non è neppure un testo plurilingue: ovvero lo è, ma dal punto di vista della lingua inglese. È un testo plurilingue come poteva pensarlo un anglofono. Mi pare pertanto che la scelta di Joyce traduttore di se stesso sia stato di pensare al testo di destinazione (francese o italiano) come un testo plurilingue quale poteva pensarlo un francofono o un italofono.

In tal modo, se – come aveva già suggerito Humboldt – tradurre significa non soltanto portare il lettore a capire la lingua e la cultura di origine, ma anche arricchire la propria, non vi è dubbio che ogni traduzione del *Finnegans Wake*, in quanto porta la propria lingua a esprimere ciò che essa prima non sapeva fare (così come Joyce aveva fatto con l'inglese), le fa compiere un passo in avanti. Può darsi che il passo sia eccessivo, che la lingua non possa sopportare l'esperimento, ma qualche cosa è per intanto avvenuto.

Joyce si trova a rendere una lingua, così docile al *pun*, al neologismo e all'inscatolamento di parole come l'inglese (beneficato dall'abbondanza di termini monosillabici) in una lingua come l'italiano, resistente al neologismo per agglutinazione. Di fronte a espressioni tedesche come *Kunstwissenschaft* o *Frauprofessor* l'italiano si arrende. E così fa di fronte a *splash-down*. Si rifugia nel poeticissimo *ammarare* (che indica il posarsi dolce dell'idrovolante, ma non l'urto brusco della navicella spaziale con la superficie marina). D'altra parte ciascuna lingua ha il proprio genio: per atterrare sulla luna l'inglese usa impropriamente il

vecchio *to land*, mentre l'italiano ha inventato *allunare*. Bene.
Ma se si trattasse di tradurre un testo dove si descrive in modo
concitato il *landing* di una navicella spaziale, *land* sarebbe un
monosillabo, mentre *alluna* è un trisillabo. Questo porrebbe
dei problemi di ritmo.

Vediamo subito un esempio in cui Joyce, dovendo tradurre
un ritmo proprio all'inglese, riformula il testo per adattarlo alla
lingua prima francese e poi italiana.

> Tell me all, tell me now. You'll die when you hear. Well, you
> know, when the old cheb went futt and did what you know.
> Yes, I know, go on.

Ci sono qui trenta parole monosillabe. La versione francese
cerca di riprodurre la stessa struttura monosillabica, almeno dal
punto di vista orale:

> Dis-moi tout, dis-moi vite. C'est à en crever. Alors, tu sais,
> quand le vieux gaillarda fit krack et fit ce que tu sais. Oui je
> sais, et après, après?

Venticinque monosillabi. Non è male. Per il resto le altre parole sono solo di due e, al massimo, di tre sillabe. Che cosa accade con l'italiano, una lingua che ha poche parole monosillabiche (almeno rispetto all'inglese)?

> Dimmi tutto, e presto presto. Roba da chiodi! Beh, sai quando
> il messercalzone andò in rovina e fe' ciò che fe'? Sì, lo so, e po'
> appresso?

Sedici monosillabi, ma almeno la metà sono congiunzioni,
articoli e preposizioni, particelle proclitiche, che non hanno accento tonico, ma si legano alla parola successiva e caso mai, dal
punto dell'effetto auditivo, l'allungano. Tutte le altre parole sono di due, tre o addirittura quattro e cinque sillabe. Il ritmo del
brano non è affatto monosillabico. Se il testo inglese ha un ritmo jazz, quello italiano ha un andamento operistico. E questa è
la scelta che Joyce ha fatto. A esaminare altri passi della sua versione italiana, si trovano parole lunghissime come *scassavillani*,

lucciolanterna e *pappapanforte*, *freddolesimpellettate*, *inapprodabile*, *vezzeggiativini* – lunghe anche per il lessico italiano, tanto è vero che Joyce ha dovuto inventarle.

Certamente *Finnegans Wake* usa anche parole composte assai lunghe, ma di solito gioca sulla fusione di due parole brevi. Siccome l'italiano non si prestava a questa soluzione, Joyce ha fatto la scelta opposta: ha cercato un ritmo polisillabico. Per ottenere questo risultato, spesso non si è preoccupato se il testo italiano diceva cose diverse da quello inglese.

Facciamo un esempio molto significativo. Verso la fine del secondo brano tradotto troviamo:

> Latin me that, my trinity scholard, out of eure sanscreed into oure eryan!

Senza voler andare alla ricerca di tutte le allusioni, alcune balzano agli occhi. Ci sono due riferimenti linguistici, al latino e al sanscrito, di cui viene ribadita l'origine ariana. C'è la Trinità, ma senza-credo (consideriamo che sul dogma trinitario vi è stata una eresia ariana), si avvertono in sottofondo Erin e Trinity College. In più, ma solo per il filologo maniaco, c'è un riferimento ai fiumi Ure, Our e Eure (e vedremo dopo quale ruolo abbiano i fiumi nel *Finnegans Wake*). La versione francese decide di rimanere fedele al nucleo associativo centrale (pur perdendo molto) e traduce:

> Latine-moi ça mon prieux escholier, de vostres sanscroi en notre erryen.

Ammettiamo di ritrovare nella catena associativa *prieur-pieux-prière* una eco della Trinità, in *sanscroi* il richiamo sia al sanscrito che a *sans croix* e a *sans foi*, e in *erryen* anche una qualche allusione a errore o erranza.

E adesso passiamo alla versione italiana. Qui evidentemente l'autore ha deciso che i riferimenti linguistici dovevano passare, per così dire, dalla glottologia alla *glotta* o dal *language* alla *tongue*, intesa come organo fisico; e che l'eventuale erranza teologica doveva diventare erranza sessuale:

Latinami ciò, laureata di Cuneo, da lingua aveta in gargari-
gliano.

Qualsiasi traduttore che non fosse stato Joyce stesso sarebbe
stato accusato di insostenibile licenza. Ora licenza c'è, e quasi
goliardica, ma autorizzata dall'autore. L'unico richiamo a ceppi
e lingue arcaiche è in quell'*aveta-avita* – che però, alla luce di
quel che si leggerà, evoca anche una *avis avuta*. Per il resto la
laureata di Cuneo da qualche cuneo è penetrata, perché pronunciando rapidamente il sintagma *Cuneo-da-lingua* emerge
l'ombra del *cunninlinguus*, rafforzato dall'allusione al gargari-
smo che però termina, senza che l'originale lo autorizzi, con un
richiamo dell'ottocentunesimo tra gli ottocento fiumi che il capitolo si picca di citare, il Garigliano.

La trinità è scomparsa e Joyce compie tranquillamente la sua
ultima apostasia. Quel che gli interessava era mostrare che cosa
si potesse fare con l'italiano, non con il *Filioque*. Il tema era
pretesto.

Una delle caratteristiche per cui questo brano è celebrato
presso gli adepti joyciani è che esso, per rendere il senso del fluire del Liffey, contiene, variamente mascherati, circa ottocento
nomi di fiumi.[5] È quello che si dice un bel *tour de force*, il quale
spesso non introduce nel brano alcun arricchimento fonosimbolico, ma poggia tutto sul versante semantico, ovvero, enciclopedico. Chi coglie i riferimenti ai vari fiumi, coglie meglio il
senso del fluire del Liffey. Ma siccome non tutti possono cogliere i riferimenti ai fiumi Chebb, Futt, Bann, Duck, Sabrainn,
Till, Waag, Bomu, Boyana, Chu, Batha, Skollis, Shari e via dicendo, tutto è lasciato, per così dire, al gioco quasi statistico di
associazioni: se cogli il nome di qualche fiume che ti è familiare, avverti fluidità, quando non lo cogli, pazienza, rimane una
scommessa privata dell'autore, e un soggetto per tesi di laurea.

[5] Per l'elenco completo (forse superiore a quello immaginato da Joyce) e la
storia del successivo accrescimento della lista, da versione a versione, si veda
Louis O. Mink, *A "Finnegans Wake" Gazetteer*, Bloomington, Indiana U.P.
1968. Sullo stesso argomento vedi anche Fred H. Higginson, *Anna Livia
Plurabelle. The Making of a Chapter*, Minneapolis, The University of Minne-
sota Press 1960.

Tanto è vero che, nelle prime versioni, di fiumi ve n'erano po-
chissimi, i loro nomi si addensano nelle versioni successive, e
pare che Joyce a quel punto si sia avvalso della collaborazione di
qualcuno per trovarne quanti possibile – bastava lavorare di enciclopedie e repertori geografici – e poi far un *pun* non era difficile. Diciamo dunque che il fatto che nel capitolo ci siano ottocento o duecento fiumi è irrilevante – o almeno è tanto irrilevante quanto il fatto che un pittore rinascimentale abbia dipinto, tra i volti di una folla, quelli dei suoi amici: tanto meglio per
la carriera accademica di chi li individua tutti, ma, per godere
del quadro o dell'affresco, conta sino a un certo punto.

Per l'italiano, Joyce prende una triplice decisione. Anzitutto
occorre fare capire che il capitolo è lessicalmente, non solo sin-
tatticamente, fluviale, e si basa su numerosi riferimenti a fiumi.
Ma essi non si debbono necessariamente trovare negli stessi
punti in cui appaiono nell'originale. Per esempio nel testo inglese, dopo Wasserbourne (che in italiano viene cancellato da
un *Wassermanschift*), appare un *Havemmarea* (*avemaria* + *marea*) che sarebbe stato facilissimo rendere in italiano, tanto più
che lo Havel è un fiume tedesco affluente dell'Elba. Ma Joyce si
è già giocato l'accenno all'Ave Maria una quindicina di righe
più sopra, introducendo (là dove nell'inglese non c'è) un *Piave-
marea*! In compenso, un periodo dopo, si dice che c'è *poca schelda* (scelta+Schelda), e la Schelda viene qui ricuperata da una pagina inglese che non fa parte dei brani tradotti.

Là dove il testo inglese pone il Rio Negro e La Plata, Joyce li
conserva, ma opportunamente vi introduce una *mosa*. E così
variando, secondo il gusto e l'ispirazione dell'autore che si traduce.

Seconda decisione: con nomi come Sui, Tom, Chef, Syr
Darya o Ladder Burn si possono fare dei bei giochi di parole in
inglese, ma più difficile è farlo in italiano. Joyce lascia cadere
quello che non può utilizzare e introduce invece dei fiumi italiani, più evidenti al suo nuovo lettore, e più adatti a comporre
raffinati polisillabi. Ed ecco che appaiono (inediti rispetto al-
l'inglese) Serio, Po, Serchio, Piave, Conca, Aniene, Ombrone,
Lambro, Taro, Toce, Belbo, Sillaro, Tagliamento, Lamone,
Brembo, Trebbio, Mincio, Tidone, Panaro (indirettamente il

Tanaro), e forse l'Orba (come *orva*) – e il volonteroso lettore se li vada a cercare sotto i loro vari travestimenti.[6]

Ma i fiumi italiani non sono abbastanza, i nomi di molti dei più svariati paesi del mondo male si prestano a composizioni italianeggianti, ed ecco che Joyce, con estrema disinvoltura, cancella moltissimi fiumi che apparivano nell'originale.

Sta di fatto che nella porzione di testo inglese tradotta sia in francese che in italiano di fiumi se ne trovavano duecentosettantasette, calcolando anche una bella allusione alle due rive della Senna (*Reeve Gootch* e *Reeve Drughad*, e una al Kattegat). Per l'italiano la soluzione di Joyce è di passare da duecentosettantasette a settantaquattro fiumi (abbuoniamo al traduttore un generico *rio*, una *fiumana*, una *comaschia* che mette insieme e un lago – dove peraltro l'Adda ricomincia – e delle paludi, pur sempre legate al delta di un fiume, e infine le *maremme Tolkane*).

Non c'è alcuna ragione per eliminare tanti fiumi. Non è per motivi di comprensibilità. Anzitutto perché nomi come Honddu o Zwaerte o Kowsha dovrebbero risultare incomprensibili sia al lettore inglese che a quello italiano, e se il lettore inglese può sopportarne duecentosettantasette, perché no il lettore italiano; e poi perché quando Joyce conserva alcuni fiumi che appaiono in inglese non sembra affatto seguire un criterio di perspicuità. Perché Joyce traduce *and the dneepers of wet and the gangres of sin* come *com'è gangerenoso di turpida tabe*? Bel colpo introdurre nel Gange il Reno, ma perché lasciar cadere il Dniepr? Perché evitare il Merrimack (in *Concord on the Merrimake*) per renderlo come *O in nuova Concordia dell'Arciponente*, dove forse si guadagna una allusione celeste all'onnipotente, ma conservando un Concord che non è più riconoscibile del Merrimack, e inoltre perdendo, per quel che valeva, il riferimento ai luoghi del trascendentalismo americano? Per poi conservare con *Sabrinettuccia la fringuellina* una allusione al Sabrainn, che è pura chincaglieria per tesi di dottorato? Perché conservare i riferimenti (ermeticissimi) al Boyarka, al Bua, al Boyana e al Buëch, che solo Dio sa dove scorrano, e lasciar perdere Sambre, Eufrate, Oder e Neisse? Perché non ha scritto, per esempio: *non sambra che eufra-*

---

[6] In francese si ottengono in più, per esempio, anche Somme, Avon, Niger, Yangtsé, Gironde, Aare, Damève (Danube?), Po, Saône.

te Dniepro poneisse la rava a sinistra e a destra, con gran senna, nel suo poder...?

È chiaro che Joyce, nel tradursi in italiano, si cantava, per così dire, possibili neologismi italiani, melodrammaticamente sonori, scartava quelli che non gli suonavano dentro, e dei fiumi non gli importava quasi più nulla. Non giocava più con l'idea dei fiumi (forse la più puntigliosamente peregrina di un libro così puntiglioso ed extravagante), giocava con l'italiano. Aveva perso almeno dieci anni a cercare ottocento fiumi, e ne buttava via quasi nove decimi pur di poter dire *chiacchiericcianti, baleneone, quinciequindi, frusciacque*.

Ultimo esempio di rifacimento veramente ai limiti della creazione originale:

> Tell us in franca langua. And call a spate a spate. Did they never sharee you ebro at skol, you antiabecedarian? It's just the same as if I was to go par examplum now in conservancy's cause out of telekinesis and proxenete you. For coxyt sake and is that what she is?

Spate richiama *spade* e *to call a spade a spade* corrisponde al nostro *dire pane al pane*. Ma *spate* richiama anche l'idea di fiume (*a spate of words* è un fiume di parole). Sharee pone insieme *share* e il fiume Shari, *ebro* pone insieme *hebrew* e l'Ebro, *skol* pone insieme *school* e il fiume Skollis. Saltando altri riferimenti, *for coxyt sake* richiama alla mente sia il fiume infernale Cocito che *for God's sake* (e quindi una invocazione, nel contesto, blasfema).[7]

Ecco qui due traduzioni del brano, quella francese e la recente traduzione italiana di Luigi Schenoni (p. 198 bis):

> *Joyce* – Pousse le en franca lingua. Et appelle une crue une crue. Ne t'a-t-on pas instruit l'ébreu à l'escaule, espèce d'anti-

---

[7] Siccome Joyce non diceva mai una cosa sola, *for coxyt sake* richiama anche il Cox River, e un parlante inglese mi ha suggerito anche un'allusione oscena, dato che *for coxyt sake* suona molto simile a *for coxitis' ache*, dove la *coxitis* è una sorta di lussazione dell'anca e dunque dovrebbe suggerire una *pain in the ass*. Mi attengo all'intuizione del parlante e altro non vi appulcro.

babébibobu? C'est tout pareil comme si par example je te prends subite par telekinesis et te proxénetise. Nom de flieuve, voilà ce qu'elle est?

Schenoni – Diccelo in franca lingua. E dì piena alla piena. Non ti hanno mai fatto sharivedere un ebro a skola, pezzo di antialfabetica. È proprio come se ora io andassi par exemplum fino alla commissione di controllo del porto e ti prossenetizzassi. Per amor del cogito, di questo si tratta?

Non riesco a identificare tutte le allusioni del testo francese e mi limito a notare come cerchi di salvare alcuni nomi di fiumi, risolvendo l'ultima invocazione con una allusione blasfema, dato che *nom de flieuve* evoca *nom de dieu*.

Schenoni, per esprimere il gioco di parole *call a spate a spate*, segue, come vedremo, la versione italiana di Joyce. *Piena* ha a che fare con i fiumi (dunque anche con *spate*) e conserva l'isotopia fondamentale. Con questa scelta si ricuperano anche alcuni fiumi che il testo originale nomina solo alcune pagine dopo, come Pian Creek, Piana and Pienaars. Schenoni salva anche i fiumi Shari, l'Ebro e lo Skol, perde l'allusione teologica all'eresia antiabecedaria e intende (abbastanza curiosamente) *conservancy* come "a commission authorized to supervise a forest, river or port" e lega di propria iniziativa il Cocito al *cogito* cartesiano.

Vediamo ora cosa aveva fatto Joyce:

Dillo in lingua franca. E chiama piena piena. T'hanno mai imparato l'ebro all'iscuola, antebecedariana che sei? È proprio siccome circassi io a mal d'esempio da tamigiaturgia di prossenetarti a te. Ostrigotta, ora capesco.

Di fronte alla difficoltà di rendere le allusioni dell'originale, il traduttore-autore decide di ricuperare qui (insieme a Pian Creek, Piana, Pienaars) altri due fiumi citati altrove, come il Tamigi e, come farà Schenoni, rende bene il *to call a spate a spate*. Ma a Joyce autore-traduttore questo non basta. Avverte che il senso profondo del brano, al di fuori dei piccoli giochi di citazione e rimando, è quello di una perplessa e diabolica incertezza di fronte ai misteri di una lingua franca che, come tutte le sue congeneri, deriva da lingue diverse e non risponde al genio di nessuna, lasciando l'impressione di un complotto diabolico contro l'unica vera e irraggiungibile lingua, che sarebbe, se ci fosse, la *lingua sancta*. Per cui ogni eresiarca antiabbecedario è antitrinitario e anti-altro-ancora (circasso, barbaro, per giunta). E allora decide di uscirne con un colpo di genio auto-traduttorio: *Ostrigotta, ora capesco* (che nel testo originale non c'è).

Abbiamo una esclamazione di disappunto e stupore, *ostregheta* (addolcimento veneto di una bestemmia originale), un richiamo a lingue incomprensibili (*ostrogoto*, silloge dell'intero *Finnegans Wake*, altrove definito come una *ostrogothic kakography*), e *Gott*. Bestemmia pronunciata di fronte a una lingua incomprensibile. Per cui ci sarebbe da concluderne *non capisco*. Ma o*strigotta* suggerisce anche *I got it*, e Joyce scrive *ora capesco* che fonde *capire* e *uscire*, uscirne, forse, d'imbarazzo, o dal labirinto del *Finnegans*.

La verità è che a Joyce, di tutti i nostri problemi traduttori, non importava nulla. A lui importava inventare una espressione come *Ostrigotta, ora capesco*.

Se dalla traduzione Schenoni, volgendola in inglese, si potrebbe ottenere qualcosa vagamente simile all'originale, non lo stesso si può dire della versione di Joyce. Ne verrebbe fuori un altro testo.

Il Joyce italiano non è certamente un esempio di traduzione "fedele". Eppure leggendo questa sua traduzione, vedendo il testo completamente ripensato in altra lingua, se ne comprendono i meccanismi profondi, il tipo di partita che si intende giocare con il lessico, l'effetto di un universo di *flatus vocis* che continuamente si scompone e si riaggrega in nuove disposizioni molecolari – al di là della fedeltà a questo o a quel rimando citazionistico. Joyce, in qualche modo, rimane entro i confini della traduzione propriamente detta e non si disperde nella palude delle libere interpretazioni. Segna un confine estremo, probabilmente invalicabile: ma i confini – per cui si combattono guerre acerrime – non sono fatti soltanto per stabilire cosa sta fuori, ma anche per definire quello che rimane dentro.

12.3 Casi di frontiera

Non saprei se classificare come rifacimento parziale o come rifacimento radicale l'episodio di Rabindranath Tagore che traduce le sue proprie poesie in inglese. Egli

> cambiava non solo stile dell'originale, ma anche il tono stesso della lirica, l'insieme delle figure, il registro del linguaggio, piegandosi alle esigenze della poetica della lingua d'arrivo, l'inglese edoardiano... Autotraducendosi in inglese, traccia una rappresentazione completamente diversa della propria identità, evocando attraverso la "stessa" poesia una realtà che, sempre secondo i traduttori post-coloniali, non ha più nulla a vedere con quella dell'originale. Il risultato di queste traduzioni ha inoltre influenzato il modo in cui è stato recepito Tagore nel mondo occidentale: il poeta, il santo, il saggio dell'Oriente, e non l'artista, come se l'unica maniera attraverso cui il colonizzato può essere accettato dal colonizzatore sia quella di essere interpretato come una figura eccezionale, in cui si possono condensare le caratteristiche positive delle immagini stereotipate dell'oriente create a uso dell'occidente.[8]

Si hanno rifacimenti in musica, con per esempio alcuni tipi di virtuosismi (le parafrasi di Liszt delle sinfonie di Beethoven), o addirittura quando lo stesso pezzo viene rielaborato in nuova versione dallo stesso compositore.

Ma che cosa diremmo di una esecuzione della Marcia Funebre di Chopin fatta da una New Orleans Jazz Band? Verrebbe mantenuta forse la linea melodica, ma le sensibili alterazioni ritmiche e timbriche escluderebbero che si tratti di semplice trascrizione come accade per le *Suites* di Bach quando passano dal violoncello al flauto dolce contralto. Mirka Danuta[9] mi ha segnalato una serie di "traduzioni" musicali che rispetto alla mia tipologia delle interpretazioni (capitolo 10) occupano posizioni di frontiera, o trasversali. Si pensi alla *variazione*, che è certa-

[8] Demaria (2000, §3.4.) che si rifà a Mahasweta Sengupta ("Translation, Colonialism and Poetics: Rabindranath Tagore in Two Worlds". In Bassnett, S. e Lefevere, A., eds 1990: 56-63).
[9] Comunicazione personale.

mente una interpretazione del tema, è interna allo stesso sistema semiotico, ma certamente non è traduzione, perché sviluppa, amplia, e – appunto – varia (a parte che c'è da distinguere la variazione su tema proprio dalla variazione su tema altrui). Si pensi alle diverse *armonizzazioni* che di uno stesso brano si facevano nella tradizione delle chiese protestanti, dove non si ha solo variazione di sostanza, ma intenso arricchimento della tessitura armonica della composizione.

Questi casi di frontiera sono infiniti, e se ne potrebbe individuare uno per ogni testo da tradurre. Segno che, ancora una volta, non si può stendere una tipologia delle traduzioni, ma al massimo una tipologia (sempre aperta) di diversi modi di tradurre, volta per volta *negoziando* il fine che ci si propone – e volta per volta scoprendo che i modi di tradurre sono più di quelli che sospettiamo.

Ma che questi modi, forse infiniti, siano sottomessi a limitazioni, e si scoprano continuamente interpretazioni che non possono essere definite traduzioni, lo si vedrà meglio nelle pagine dedicate alla trasmutazione.

13.
QUANDO CAMBIA LA MATERIA

Ricordo una piacevole serata di Capodanno in cui si giocava (*semel licet*) alle Belle Statuine. Un gruppo doveva rappresentare visualmente, e usando il proprio corpo, un'opera d'arte (verbale o non) che l'altro gruppo doveva indovinare. Tre ragazze si sono esibite disarticolando le membra e trasformando in smorfie gli stessi tratti del viso, in un insieme che, per quanto ricordo, era molto grazioso. I più bravi tra noi hanno immediatamente riconosciuto la citazione delle *Demoiselles d'Avignon* di Picasso (perché ciò che ciascuno ricorda di quel quadro è anzitutto la raffigurazione di corpi femminili che non corrisponde alle regole della rappresentazione realistica). Noi abbiamo riconosciuto subito il Picasso che già ci era noto, ma se qualcuno, da quella rappresentazione, e senza conoscere l'originale, avesse dovuto immaginare qualcosa di simile al quadro picassiano, l'impresa sarebbe stata dura. La rappresentazione non rendeva pertinenti i colori, i contorni, nulla (neppure, a dire il vero, il soggetto, perché le *demoiselles* originali sono cinque e non tre), tranne il suggerimento, non certo da poco, che in quel quadro la figura umana veniva deformata secondo un ritmo.

Dunque si trattava di un adattamento, con passaggio da materia grafico-cromatica a materia coreografica, che rendeva pertinenti solo, e vagamente, il soggetto, e certi elementi "violenti" del quadro originale.

Si noti che se consideriamo l'ekfrasi (di cui si era parlato nel capitolo 8) essa si presenta come il procedimento affine a quello appena considerato. Nel caso delle belle statuine una materia coreografica interpretava un quadro, nel caso dell'ekfrasi il quadro viene interpretato attraverso una materia verbale, che può descrivere molto bene le relazioni spaziali, le immagini, persino i colori ma lascia cadere molti altri elementi – come la consistenza della materia, l'evidenza della profondità o del volume – che il linguaggio verbale non può rendere che per allusioni, suggerimenti, riferimenti ad altre esperienze. Si tratta in questi casi di "traduzioni"?[1]

Con questo interrogativo passiamo al problema delle mutazioni di materia, come accade quando si interpreti (illustrandola) una poesia attraverso un disegno a carboncino, o si adatti un romanzo a fumetti.

13.1 Parasinonimia

Non trovo termine migliore[2] per indicare casi specifici d'interpretazione in cui, per chiarire il significato di una parola o di un enunciato, si fa ricorso a un interpretante espresso in diversa materia semiotica (o viceversa). Si pensi per esempio all'*ostensione* di un oggetto per interpretare una espressione verbale che lo nomina, o di converso a quella che chiamerei *ostensione verbale*, come quando un bambino punta il dito verso un'automobile e io gli dico che si chiama *macchina*. Quello che è comune a entrambi i casi è che, tranne quando si chiede quale sia il referente di un nome proprio, si mostra un individuo appartenente alla stessa specie per insegnare non il nome dell'individuo, ma della specie: se chiedo cosa sia un baobab e mi si mostra un baobab io di solito generalizzo, e mi costruisco un tipo cognitivo che mi permetta di conoscere in futuro altri baobab, anche se parzialmente diversi dall'individuo che mi è stato mo-

---

[1] Vedi Calabrese (2000: 109 sgg.) che dell'ekfrasi si era occupato a più riprese: "Quando poi di un testo sia importante isolare un solo livello, quello della narrazione, allora la migrazione di una sostanza all'altra viene definita anche 'riduzione' (ad esempio la 'riduzione cinematografica di un romanzo')". Calabrese per esempio (p. 105 sgg.) considera le ottantaquattro traduzioni picassiane delle Meninas dove una versione gioca solo su contrasti di bianco e nero.
[2] Avverto che questo uso del termine *parasinonimia* è più ampio di quello proposto dal *Dictionnaire Raisonné* di Greimas-Courtés.

strato; parimenti al bambino, indicandogli una Fiat, si dice che si chiama *macchina*, ma di solito il bambino diventa subito capace di applicare il nome anche, diciamo, a una Peugeot o a una Volvo.

Sono casi di parasinonimia un dito puntato che chiarisce l'espressione *quello là*, la sostituzione di parole con segni della mano in qualche linguaggio gestuale – ma anche i casi in cui per spiegare a qualcuno cosa sia una *chaumière* disegno, sia pure rozzamente, una casetta dai tetti di stoppia.

In questi casi certamente la nuova espressione intende interpretare l'espressione precedente o concomitante, ma in diverse circostanze di enunciazione la stessa espressione sostitutiva potrebbe anche interpretare espressioni diverse. Per esempio, sarebbe un caso di parasinonimia l'ostensione di scatola vuota di un detersivo per interpretare (chiarire meglio) la richiesta *Comperami per favore il detersivo Tale*, ma in diverse circostanze di enunciazione la stessa ostensione potrebbe chiarire il senso della parola *detersivo* (in genere) oppure fornire un esempio di cosa s'intenda per *parallelepipedo*.

In molti di questi casi, volendo usare "tradurre" in senso metaforico, molte interpretazioni sarebbero forme di traduzione (e nel caso di un linguaggio gestuale che riproduca i suoni di una lingua o le lettere dell'alfabeto, sarebbero addirittura forme quasi meccaniche di trascrizione). E diciamo pure che nel passaggio tra alcuni sistemi semiotici queste forme di interpretazione valgono quanto la interpretazione per sinonimia nei linguaggi verbali, e con le stesse limitazioni della sinonimia verbale. Talora alcuni parasinonimi appaiono *in praesentia*, per esempio quando in un aeroporto accanto alla scritta verbale *partenze* appare anche lo schema di un aereo che prende il volo.

Altri casi di parasinonimia sono invece difficilmente definibili come traduzioni, visto che tra essi porrei anche il gesto, indubbiamente faticoso, di chi, volendo spiegare cosa sia la *Quinta sinfonia in do minore* di Beethoven, facesse ascoltare l'intera composizione (o più opportunamente, per metonimia, ne solfeggiasse il celebre inizio); ma parasinonimia sarebbe pure la spiegazione di chi, richiesto di dire che cosa sia una composizione che la radio sta trasmettendo, dicesse che si tratta della *Quinta sinfonia in do minore*. Naturalmente avremo parasinonimia anche se si rispondesse *è una sinfonia*, o *è una delle cinque sinfonie di Beethoven*.

Sviluppo un suggerimento che trovo in Calabrese (2000: 112) e riconosco che il termine generico di *annunciazione* (almeno nel contesto dell'iconografia tradizionale) può essere interpretato mostrandomi qualsiasi annunciazione, diciamo del Beato Angelico, del Crivelli o del Lotto, e così come il bambino capisce che è macchina sia la Fiat che la Peugeot, così io sono in grado di comprendere come il tipo iconografico "annunciazione" contempli alcune caratteristiche fondamentali (una giovane donna inginocchiata, una creatura angelica che sembra rivolgerle le parola e, volendo scendere a particolari tipici di certe stagioni pittoriche, un raggio di luce che scende dall'alto, una colonna centrale, eccetera). Calabrese cita Warburg, per cui una figura femminile nuda, in posizione sdraiata, col capo appoggiato a una mano si ritrova nelle statue antiche mediorientali, in quelle greche che rappresentano ninfe, in Giorgione, Tiziano e Velázquez, e magari in una pubblicità per crociere degli inizi del XIX secolo; e osserva come non si tratti di citazione, perché sovente manca la volontà di "virgolettare" il testo di origine, ma di vera e propria traduzione.

Io direi che si tratta di interpretazioni parasinonimiche del termine iconografico *annunciazione*; ma si è detto che la traduzione non avviene tra tipi lessicali o iconografici, bensì tra testi (su questo naturalmente Calabrese concorda), e pertanto difficilmente l'immagine di Naomi Campbell, nuda, nella posizione indicata da Warburg, potrebbe essere presa come soddisfacente traduzione della Venere di Giorgione, anche se certamente ne sarebbe ispirata, e per l'esperto potrebbe suonare come citazione esplicita. Si potrebbe osservare che questo tipo di "traduzione" parziale in fondo rispetterebbe un principio di reversibilità perché anche un indotto, dopo aver visto la foto di Naomi Campbell, vedendo poi Giorgione, potrebbe trovare forti analogie tra una immagine e l'altra. Ma anche il più abile dei pittori, che non conoscesse il testo fonte, sarebbe incapace di ricostruire esattamente la Venere di Giorgione dal ritratto di Naomi Campbell – né, sempre ignorando il testo fonte, potrebbe risalire dall'*Annunciazione* del Crivelli all'*Annunciazione* del Beato Angelico.

Interpretare un'annunciazione come *annunciazione* implica "traduzione" tra tipi (e Calabrese parla in proposito di modalità semi-simboliche), ma non tra testi individuali e testi individuali, come invece accadrebbe se dalla riproduzione a colori del quadro di Giorgione un pittore cercasse di risalire (e possiamo predirgli un certo successo, abilità soccorrendo) al quadro originale. Ma per questi casi, nel capitolo 10, si è appunto parlato di traduzione *intrasemiotica*, come quando nell'Ottocento si "traduceva" un quadro a olio in una incisione in rame.

Dopo di che si può consentire con Calabrese quando osserva: "Non vogliamo, infatti, assolutamente intendere che qualunque testo che si riferisca a un altro in qualche misura sia una traduzione di questo. Diciamo soltanto che si danno alcuni effetti di senso che costituiscono in ultima analisi una trasmigrazione e che possono variare enormemente per integralità o parzialità della traduzione" (Calabrese 2000: 113). Ma trasmigrazione si ha anche quando la favola di Cappuccetto Rosso trasmigra da Perrault ai Grimm, che ne variano però il finale: in Perrault la bimba viene divorata dal lupo e lì finisce la storia, facendo pesare il suo ammonimento moralistico, mentre nei Grimm la storia prosegue e la bimba viene salvata dal cacciatore, con il che un indulgente e popolaresco lieto fine si sostituisce alla severa lezione secentesca (cfr. Pisanty 1993). Ma, anche se il finale fosse rimasto lo stesso, il Cappuccetto Rosso dei Grimm starebbe a quello dei Perrault come una parafrasi sta a un testo fonte.

Se si accetta, anche nella sua versione più cauta, il principio di reversibilità, per cui, in condizioni ideali, ritraducendo una traduzione si dovrebbe ottenere una sorta di "clone" dell'opera originale, questa possibilità pare irrealizzabile nel passaggio tra la raffigurazione generica di un tipo iconografico e l'opera singola.

Che poi in iconografia e iconologia sia utile usare parasinonimicamente termini che rinviano a tipi visivi che trasmigrano da cultura a cultura, è altra faccenda, utilissima nell'ambito di un progetto di storia dei temi artistici, così come è utile poter parlare di macchina o di automobile sia per una potentissima e modernissima Ferrari che per il lentissimo e antiquato Modello T di Ford. Fare una mostra delle automobili, dai primordi a oggi, o fare una mostra dedicata alle annunciazioni, è come costituire una biblioteca di poemi cavallereschi o di capolavori del giallo. L'ultimo libro di Lucarelli non "traduce" il primo libro di Edgar Wallace: semplicemente appartiene allo stesso tipo generico (se riusciamo a costruire o postulare un tipo generico che li comprenda entrambi), così come il genere del poema cavalleresco comprende, sotto un certo profilo, sia *La chanson de Roland* che l'*Orlando Furioso*.

Che cosa hanno in comune quasi tutte le parasinonimie elencate – ma l'elenco potrebbe essere assai più ricco? Che nel processo di interpretazione si passa non solo da un sistema semiotico all'altro, come avviene nella traduzione interlinguistica, con tutti i mutamenti di sostanza che essa comporta, ma da un continuum, o materia, all'altro.

Vediamo il peso che assume questo fenomeno nella cosiddetta traduzione intersemiotica, che già Jakobson chiamava trasmutazione e altri chiamano adattamento.

13.2 Trasmutazioni o adattamenti

Riprendo l'osservazione di Fabbri che avevo considerato come felice correzione della identificazione di interpretazione e traduzione come concetti coestensivi. Fabbri avvertiva (1998: 117) che "il vero limite della traduzione starebbe nella diversità delle materie dell'espressione".

L'esempio che egli fa è quello di una sequenza di *Prova d'orchestra* di Fellini:

A un certo punto c'è un personaggio, il direttore d'orchestra, che si vede di spalle. Ben presto, però, lo spettatore si accorge che l'inquadratura attraverso la quale questo personaggio viene visto è una soggettiva; il punto di vista, infatti, sta all'altezza dello sguardo di una persona che segue i movimenti del direttore, e che ha l'aria di camminare come se camminasse lui. Sin qui nessun problema: l'assegnazione è chiara; possiamo tradurlo in termini linguistici assolutamente perfetti. Accade però, poco dopo, che la macchina da presa superi il personaggio inquadrato che cammina davanti a lei, sino al punto di porsi essa stessa dinanzi a lui. In altri termini, la camera ha superato il personaggio che prima si vedeva di spalle, e con un lento movimento progressivo arriva sino al punto di inquadrarlo di fronte. Ma, ricordiamoci, eravamo in soggettiva, una soggettiva che però, grazie al movimento lento e continuo della camera, finisce per diventare – senza nessuno stacco – oggettiva. Il personaggio visto di fronte è inquadrato, per così dire, oggettivamente, senza nessuno sguardo investito nella ripresa. Il problema allora è: che cosa è successo mentre la macchina faceva così? mentre la camera faceva il giro, chi stava effettivamente guardando? quale categoria del linguaggio verbale è capace di rendere, cioè di *tradurre*, quel momento intermedio (eppure lento, continuo e di una certa lunghezza temporale) in cui la ripresa non è ancora diventata impersonale ma già non è più soggettiva?

Indubbiamente quello che il movimento della camera ci dice non può essere tradotto in parole.

La diversità di materia è problema fondamentale per ogni teoria semiotica. Si pensi soltanto alle diatribe sull'*onnipotenza* o *omnieffabilità* del linguaggio verbale. Se pure si tende ad accettare il linguaggio verbale come il sistema più potente di tutti (secondo Lotman, il *sistema modellizzante primario*), si è tuttavia consci del fatto che esso non è onnipotente del tutto.

Di converso, Hjelmslev (1947) aveva distinto tra *linguaggi limitati* e *linguaggi illimitati*. Per esempio, il linguaggio delle formule logiche è limitato rispetto a quello di una lingua naturale. Presa la più elementare delle formule logiche ($p \supset q$), essa può essere non solo tradotta in italiano (*se P allora Q*) ma variamente interpretata (*se fumo allora fuoco*, *se febbre allora malattia* e persino il controfattuale *se Napoleone fosse stato una donna avrebbe sposato Talleyrand*). Invece, dato l'enunciato *se tuo figlio Achille porta il tuo stesso cognome allora lo hai riconosciuto come tuo figlio legittimo*, è vero che in linguaggio formalizzato esso può venire tradotto come $p \supset q$, ma nessuno potrà ricostruire da quella formula l'enunciato originario.

Del pari si può osservare che un dato sistema semiotico può dire sia meno che più di un altro sistema semiotico, ma non si può dire che entrambi siano in grado di esprimere le stesse cose. Pare difficile "tradurre" in parole tutto quello che è espresso dalla *Quinta* di Beethoven,[3] ma è anche impossibile "tradurre" la

---

[3] Al massimo è possibile, e anche per telefono, posto un codice comprensibile da ambo le parti, trasmettere istruzioni onde ricostruire la faccia signifi-

Critica della ragion pura in musica. La pratica dell'ekfrasi consente di descrivere a parole una immagine, ma nessuna ekfrasi del *Matrimonio della Vergine* di Raffaello potrebbe rendere il senso della prospettiva che viene percepita dal riguardante, la morbidezza delle linee che manifesta la posizione dei corpi, o la tenue armonia dei colori.

Inoltre nel passaggio da materia a materia si è costretti a esplicitare degli aspetti che una traduzione lascerebbe indeterminati. Bastino alcuni esempi.

Tornando a *The Raven* di Poe, molte sono le licenze che un traduttore potrebbe permettersi pur di rendere l'effetto che il testo fonte pare voler creare. Per esempio, per preservare il ritmo o la rima si potrebbe decidere di cambiare il *pallid bust of Pallas* in quello di qualche altra divinità, purché il busto rimanga bianco. Con quel busto Poe voleva creare un contrasto tra la nerezza del corvo e la bianchezza della statua, ma il busto di Pallade, ci avverte Poe nella *Philosophy of Composition*, "fu scelto, prima, come il più adatto all'erudizione dell'amante e, secondariamente, per la sonorità stessa della parola Pallade". E dunque, purché si realizzi una qualche sonorità appropriata, il busto potrebbe diventare quello di una delle nove Muse. E con questo ci troveremmo già molto vicini a un procedimento di rifacimento.

Ma domandiamoci ora che cosa accadrebbe se qualcuno volesse trasporre *The Raven* da una lingua naturale a immagine, "traducendolo" in un quadro. È possibile che un artista sia capace di farci provare emozioni affini a quelle indotte dalla poesia, come il buio della notte, l'atmosfera malinconica, il misto d'orrore e desiderio inappagabile che agita l'amante, il contrasto tra bianco e nero (e il pittore, se questo gli servisse a sottolineare l'effetto, potrebbe cambiare il busto in una statua a figura intera). Tuttavia il quadro dovrebbe rinunciare a rendere quel senso ossessivo di minaccia (reiterata) di una perdita, che viene

cante della *Quinta*, ovvero la partitura musicale. Ma questo sarebbe un caso estremo di *trascrizione*, come il codice Morse, in cui all'espressione *sol-scala centrale-semibiscroma* certamente corrisponde un certo simbolo in una data posizione sul pentagramma.

suggerito da *nevermore*. Potrebbe il quadro dirci qualcosa della Lenore tanto invocata nel testo? Forse, facendocela apparire come bianco fantasma. Ma dovrebbe essere il fantasma di una donna, non di altra creatura. E a quel punto saremmo obbligati a vedere (o il pittore sarebbe obbligato a *farci vedere*) qualcosa di questa donna che nel testo letterario appare come puro suono. Almeno in questo caso, vale la distinzione lessinghiana tra arti del tempo e arti dello spazio. E varrebbe perché nel passaggio tra poesia e quadro si è avuta una *mutazione di materia*.

Si prendano le immagini che accompagnano il testo tedesco del vecchio *Struwwelpeter* di Hoffmann (un capolavoro della letteratura per ragazzi del secolo scorso) in cui si dice che *Die Sonne lud den Mond zum Essen*. Una traduzione italiana direbbe *IL sole invitò LA luna a cena*, ovviando facilmente al fatto che *Die Sonne* in tedesco è di genere femminile e *Il sole* in italiano è di genere maschile (e così accadrebbe con il francese e l'italiano, mentre l'inglese non avrebbe problemi e reciterebbe *The Sun invited the Moon to dinner*). Ma il testo è accompagnato dall'illustrazione, che sopravvive come tale in ogni edizione in altra lingua, dove il Sole è rappresentato come una signora, e la Luna come un gentiluomo, e questo suona molto strano per i lettori italiani, francesi e spagnoli, abituati a considerare il Sole come un maschio e la Luna come una femmina.

Propongo di sottomettere a un anglofono la celebre *Melanconia* di Dürer e di chiedere se la figura femminile che occupa la scena sia la Melanconia in se stessa, o una donna melanconica che simboleggia la melanconia. Credo che un lettore inglese direbbe che si tratta di una figura femminile (melanconica) che sta metonimicamente per quella entità astratta (e asessuata) che è la Melanconia. Un italiano e un tedesco direbbero che si tratta della rappresentazione della Melanconia come tale, poiché sia l'italiano *melanconia* che il tedesco *Melancholie* sono di genere femminile.

Molti spettatori italiani ricordano di avere visto *Il settimo sigillo* di Ingmar Bergman, dove appare la Morte che gioca a scacchi col protagonista. Era *la* Morte? Quello che si è visto era *il* Morte. Se si fosse trattato di testo verbale, traducendo all'interno della stessa materia sonora, si sarebbe tradotto *Der Tod* (o il suo equivalente svedese, *döden*, egualmente di genere maschile)[4] in *la Morte* (o *la Mort* in francese, o *la Muerte* in spagnolo). Invece dovendo mostrare questa Morte attraverso immagini, Bergman (influenzato da automatismi verbali) è stato indotto a mostrarla come un maschio, e questo colpisce ogni spettatore italiano, spagnolo o francese, abituato a concepire la Morte come un essere di sesso femminile. Che poi per italiani, spagnoli e francesi questa strana e inattesa figura della Morte rinforzi l'impressione di paura che il testo filmico voleva certamente suggerire è, vorrei dire, un "valore aggiunto". Bergman, mostrando la morte in sembianze maschili, non voleva turbare le connotazioni consuete determinate dagli automatismi linguistici del destinatario previsto (non voleva stupirlo), mentre per un francese, un italiano o uno spagnolo quella immagine (che per parasinonimia non può non rinviare a una sua possibile verbalizzazione) fa esattamente il contrario, e aggiunge un elemento di straniamento. Immagino la sensazione di disagio di un vecchio falangista, che andava in battaglia al grido di *viva la muerte!*, da buon *macho* guerriero pensando di congiungersi con una creatura femminile, amante bella e terribile. Immagino come possa essere disturbante per un *macho* scoprire che dovrebbe congiungersi festante con un vecchio signore dal viso impiastricciato di cosmetici.

Ma questo dimostra appunto come la trasmutazione di materia *aggiunga* significati, o renda rilevanti connotazioni che non erano originalmente tali.

Si può obiettare che ogni testo sollecita dal proprio Lettore

---

[4] Anche se nelle lingue nordiche i sostantivi sono avvertiti come meno "sessuati" che in italiano, e per tutti i sostantivi maschili che non indicano persone non si usa il pronome personale maschile, *han*, ma il pronome personale per oggetti o animali di genere maschile, *den*, sembra naturale che Bergman fosse portato a "vedere" la Morte come maschio. Sul sesso della Morte vedi Jakobson (1959, tr. it.: 60).

Modello delle inferenze, e che non vi è nulla di male se, nel passaggio da materia a materia, queste inferenze vengono esplicitate. Ma occorre controbattere che, se il testo originale proponeva qualcosa come inferenza implicita, nel renderla esplicita si è certamente *interpretato* il testo, portandolo a fare "allo scoperto" qualcosa che originalmente esso intendeva mantenere implicito.

Né la forma né la sostanza dell'espressione verbale possono essere *mappate* una a una su altra materia. Nel passaggio da un linguaggio verbale a un linguaggio, poniamo, visivo, si confrontano due forme dell'espressione le cui "equivalenze" non sono determinabili così come si poteva dire che il settenario doppio italiano è metricamente equivalente all'alessandrino francese.

13.3 Trasmutazioni per manipolazione

I casi più consueti di adattamento o trasmutazione sono quelli della versione di un romanzo in film, talora in un'opera teatrale, ma si hanno casi di adattamento di una favola a balletto o, come accade in *Fantasia* di Walt Disney, di musiche classiche per cartone animato. Sono frequenti, anche se ispirati a criteri commerciali, gli adattamenti di un film a romanzo. Le variazioni sono molteplici, ma si dovrebbe parlare sempre di adattamento o trasmutazione proprio per distinguere queste interpretazioni dalla traduzione propriamente detta.

Una traduzione propriamente detta può darsi sia in presenza del testo originario che in sua assenza. Le traduzioni in assenza sono le più comuni (tale è ogni romanzo straniero che si legge volto nella propria lingua), ma sono in presenza le traduzioni con testo originale a fronte. Questa scelta editoriale non cambia senso o valore della traduzione, e al massimo il testo a fronte introduce elementi per la valutazione della traduzione.

Diverso è il caso per le trasmutazioni. Per esempio, l'adattamento di un brano musicale a balletto pone in presenza simultanea musica (testo fonte) e azione coreografica (testo di destinazione) in modo tale che si sostengono a vicenda, e la sola azione senza il supporto della musica non apparirebbe come l'adattamento di alcunché. Del pari, la sola musica senza azione non sarebbe traduzione bensì ri-esecuzione di un brano musicale. Un adattamento a balletto della Marcia Funebre di Chopin (dalla *Sonata in si bemolle minore op. 35*) fa evidentemente vedere cose che sarebbe azzardato attribuire al musicista e che appartengono alle inferenze che ne trae il coreografo.

Nessuno nega che tali interpretazioni servano anche a far apprezzare meglio l'opera fonte. Nella varietà delle soluzioni possibili, si potrebbe parlare di casi di *interpretazione per manipolazione*.

Si vedano alcune delle operazioni compiute da Walt Disney in *Fantasia*. Alcune sono sempre parse soluzioni Kitsch intese a vedere composizioni celebri come puramente descrittive, e descrittive secondo la vulgata più popolare. Indubbiamente intendere la *Pastorale* di Beethoven come una vicenda di unicorni caracollanti su prati erbosi, e di capricci atmosferici, farebbe fremere Hanslick. E tuttavia la manipolazione disneyana vuole interpretare quell'imbarazzante titolo, *Pastorale*, che la composizione si porta appresso come un'etichetta, e che indubbiamente induce molti ascoltatori a interpretarla descrittivamente. Del pari, adattare (come sempre fa Disney) *Le sacre du printemps* vedendovi una storia della terra, e una vicenda di dinosauri condannati all'estinzione, rappresenta una interpretazione assai discutibile. Tuttavia non si può negare che, *manipolando* la fonte, Disney suggerisce una lettura "barbarica" della composizione stravinskiana e chiunque sarebbe disposto ad ammettere che il modo con cui viene adattato il *Sacre* è più legittimo di quanto non sarebbe un adattamento che sovrapponesse alla musica del *Sacre* gli unicorni della *Pastorale* (o alla musica beethoveniana i cataclismi tellurici del *Sacre*).

Cano e Cremonini (1990, III) hanno notato che il modo di adattare lo *Schiaccianoci* di Čajkovskij interpretando ritmi, timbri e frasi musicali con vicende di foglie, corolle, elfi, gocce di rugiada, se pure certamente manipola la fonte con elementi che non sono certo ascrivibili alle intenzioni del testo originario (per descrittivo che intendesse essere), in qualche modo fissano l'attenzione su effettivi valori musicali e quindi inducono ad apprezzare maggiormente i timbri, i ritmi e le volute melodiche della composizione. Come per tutte le interpretazioni, questo adattamento è materia di discussione, ma sovente lo sono anche i gesti del direttore d'orchestra che muove le mani e le braccia con enfasi, talora solfeggia a mezza voce, sbuffa o ruggisce, per indurre gli esecutori a cogliere il modo in cui la composizione, *secondo la sua interpretazione*, dovrebbe essere eseguita. I gesti del direttore sono una interpretazione della partitura. Nessuno oserebbe dire che ne sono una traduzione nel senso in cui lo è la trascrizione delle *Suites per violoncello solo* in *Suites per flauto dritto contralto*.

13.4 Far vedere il non detto

Steiner (1975: 14) riflette sulla traduzione in poesia fatta da Dante Gabriele Rossetti di un quadro di Ingres, e ne conclude che le variazioni di "significato" che ne conseguono fanno sì che il quadro originale vada visto solo come pretesto.[5] Che cosa accadrebbe se, in un ipotetico e fantascientifico concorso internazionale, *Les chats* di Baudelaire fosse "tradotto" in quadro a olio da Giotto, Tiziano, Picasso e Andy Warhol (e ci metterei anche Lorenzo Lotto, che in una sua *Annunciazione* ha dipinto un bellissimo gatto che attraversa la stanza)? E se venisse "tradotto" in arazzo, in cartone animato, in bassorilievo, in scultura in marzapane? Passando a un sistema semiotico totalmente "altro" rispetto a quelli delle lingue naturali, l'interprete dovrebbe decidere se i *savants austères* seggono in un'ampia e gelida biblioteca, in una angusta stanzetta come un filosofo di Rembrandt, o davanti a un leggio come un san Gerolamo, e se il gatto gli debba stare ai piedi come un leone al Padre Traduttore delle Sacre Scritture, e si dovrebbe scegliere se i sapienti vestono ampie zimarre come l'Erasmo di Holbein o striminzite *redingotes*, se l'austerità debba essere manifestata da ampie barbe bianche o da occhiali a *pince-nez*.

Caprettini (2000: 136) analizza la trasposizione filmica (dovuta a Jane Campion) di *Portrait of a Lady* di Henry James. Segue tutte le variazioni del testo originale, che fanno del film, ov-

---

[5] Su questo punto, sempre in Steiner (1975), vedi il capitolo VI.

viamente, una ricostruzione o una rilettura dell'opera letteraria, ed è interessato a come questi cambiamenti preservino in qualche modo alcuni effetti fondamentali dell'opera. Ma vorrei soffermarmi sul fatto che il testo letterario dice del personaggio di Isabel: *She was better worth looking at than most works of art*. Non ritengo che James volesse piattamente dire che era meglio guardare e desiderare la desiderabilissima Isabel piuttosto che perdere tempo in un museo: certamente voleva dire che questo personaggio possedeva il fascino di molte opere d'arte e, presumo, di molte rappresentazioni artistiche della bellezza femminile.

Attenendomi a James io rimango libero di immaginare Isabel come la Primavera di Botticelli, come la Fornarina, come una Beatrice di stampo preraffaellita, e persino (*de gustibus...*) come una madamigella d'Avignone. Ciascuno può sviluppare il suggerimento di James secondo il proprio ideale, sia di bellezza muliebre che di arte. Invece nel film Isabel è interpretata da Nicole Kidman. Ho la massima ammirazione per questa attrice, che trovo indubbiamente bellissima, ma penso che il film apparirebbe diverso se Isabel avesse il volto di Greta Garbo o le fattezze rubensiane di Mae West. Dunque la regista ha scelto per me.

Una traduzione non deve dire più di quanto non dica l'originale, ovvero deve rispettare le reticenze del testo fonte.[6]

È noto a molti che Melville in *Moby Dick* non ha mai detto *quale* gamba mancasse al capitano Achab. Si può discutere se questo dettaglio sia fondamentale per aumentare l'aura di ambiguità e di mistero intorno a questa sconcertante figura, ma se Melville è stato reticente forse aveva le sue ragioni, e vanno rispettate. Quando John Huston ha "tradotto" il romanzo in film, non poteva fare a meno di scegliere, e ha deciso che a Gregory Peck mancasse la gamba sinistra. Melville poteva rimanere reticente, Huston no. Così il film, per quel che la rivelazione può valere, ci dice qualcosa di più del romanzo.

---

[6] Vinçon (2000: 157 sgg.) rinvia a interessanti riflessioni sul non detto nella *Fenomenologia dell'opera letteraria* di Ingarden e in *Story and discourse* di Chatman. Per un'ampia disamina sull'implicito, vedi Bertuccelli Papi (2000).

Nel capitolo 10 dei *Promessi sposi*, dopo aver lungamente detto della seduzione che lo sciagurato Egidio attua nei confronti della Monaca di Monza, Manzoni, con tratto di grande pudore, palesa la caduta della religiosa con una sola brevissima frase: *La sventurata rispose*. Dopo, il romanzo passa a parlare del mutato atteggiamento della Signora, e del suo progressivo precipitare verso una condotta delittuosa. Ma che cosa sia accaduto tra il momento della risposta e il dopo viene taciuto. L'autore ci avverte che la monaca ha ceduto, e la gravità del cedimento viene suggerita da quello *sventurata* che rappresenta insieme e un severo giudizio morale e un moto di umana compassione. Sarà la cooperazione del lettore, chiamato a "far parlare" quella reticenza, a rendere quella brevissima frase fomite di molteplici illazioni.

Si noti che la forza della frase sta non solo nella sua icasticità, ma anche nel suo ritmo. Si tratta di un doppio dattilo seguito da uno spondeo (o trocheo, perché *ultima syllaba non curatur*): — ⌣ ⌣, — ⌣ ⌣, — —. Ora, la traduzione francese di Yves Branca recita *L'infortunée repondit*, e insieme ai valori semantici preserva una soluzione metricamente simile. La traduzione in inglese di Bruce Penman recita *The poor wretch answered him*. Di due traduzioni tedesche, quella di Ernst Wiegand Junker dice *Die Unselige antwortete* e quella di Burkhart Kroeber *Die Unglückselige antwortete*. Mi pare che sia rispettato, coi valori semantici, un certo ritmo. Comunque, in tutti questi casi, viene fatta salva la reticenza.

Che cosa accadrebbe se quella pagina dovesse essere tradotta in film – anzi, che cosa è accaduto, visto che del romanzo manzoniano si sono date varie versioni cinematografiche e televisive?[7] Per tanto che il regista fosse pudico, ha dovuto nei vari casi *farci vedere* qualcosa di più rispetto al testo verbale. Tra Egidio che le rivolge per la prima volta il discorso e i delitti successivi della Signora, quella risposta ha dovuto manifestarsi attraverso alcune azioni, sia pure suggerite da un gesto, da un sorriso, da un balenio negli occhi, da un tremore – se non di più. In ogni

---

[7] Vedi l'analisi degli adattamenti pittorici della figura della Monaca in Calabrese (1989). Sugli adattamenti visivi del romanzo vedi pure Casetti (1989) e Bettetini *et al.* (1990).

caso si *è visto* qualcosa dell'intensità della risposta, che il testo verbale lasciava indeterminata. Nella nebulosa dei possibili atti passionali della donna, uno è stato fatalmente scelto come il più appropriato, mentre Manzoni evidentemente voleva restasse diritto inalienabile del lettore fare una scelta, o non farne nessuna, come pietà suggerirebbe.

Supponiamo che vi sia un romanzo in cui si racconta di due amici che, al tempo del Terrore, vengono condotti entrambi alla ghigliottina. Uno perché vandeano legittimista, l'altro perché amico di Robespierre ormai in disgrazia. Di entrambi il romanzo dice che vanno al supplizio con volto impassibile, ma attraverso alcune reticenze e alcune calibrate insinuazioni ci lascia incerti sul fatto se ciascuno di essi, avviandosi alla morte, stia rinnegando o meno il proprio passato. Quello che il romanzo vuole trasmetterci è proprio il clima di incertezza e smarrimento in cui, in quel terribile '93, tutti sono immersi.

Trasportiamo ora la scena in film. Ammettiamo che si possa rendere l'impassibilità dei due condannati, e che il loro volto non tradisca alcuna emozione, né rimorso né fierezza. Ma là dove il romanzo non ci diceva come i due fossero vestiti, il film li deve mostrare in qualche modo abbigliati. Il legittimista indosserà le *culottes* e la giubba che erano insegna della sua casta, riconfermando in tal modo i valori in cui aveva creduto? Il giacobino si presenterà spavaldamente scamiciato? Si invertiranno (il che pare improbabile, ma non impossibile) i ruoli, il giacobino che ritrova la sua fierezza di aristocratico in *culottes* e il vandeano che ha abbandonato ogni identità? Saranno tutti e due vestiti nello stesso modo, sottolineando così che entrambi sono (e si sentono) ormai uguali, vittime della stessa bufera?

Come si vede, passando ad altra materia si è costretti a imporre allo spettatore del film una interpretazione rispetto a cui il lettore del romanzo era lasciato assai più libero. Nulla esclude che, usando i propri mezzi, il film non ricuperi l'ambiguità prima o dopo quella scena, e là dove invece il romanzo era più esplicito. Ma questo implica appunto una manipolazione che sarebbe ardito designare come traduzione.

Torniamo a una esperienza personale. Scrivendo *Il nome della rosa*, che si svolge in una abbazia medievale, io descrivevo scene notturne, scene in luoghi chiusi e scene all'aperto. Non prescrivevo un tono cromatico generale per l'intera storia, ma quando il regista ha chiesto la mia opinione su questo punto gli ho detto che il Medioevo si rappresentava, specie nelle sue miniature, in colori crudi e squillanti, ovvero si vedeva con poche sfumature, e prediligeva la luce e la chiarezza. Non riesco a ricordare se scrivendo pensassi a quei colori, e ammetto che un lettore potesse colorare certe scene a proprio piacere – ciascun lettore ricreandosi nell'immaginazione il proprio ambiente medievale. Quando poi ho visto il film, la mia prima reazione è stata che quel Medioevo era diventato "caravaggesco", e dunque secentesco, con pochi riflessi di luce calda su sfondi bui. Ho lamentato in cuor mio una sensibile misinterpretazione della *intentio operis*. Solo dopo, riflettendo, ho capito che il regista si era comportato, vorrei dire, secondo natura. Se la scena si svolge in un luogo chiuso, illuminato da una torcia o da una lucerna, o rischiarato da una sola finestra (e all'esterno è notte, o c'è nebbia) il risultato che si ottiene non può essere che caravaggesco, e le poche luci che battono sui volti suggeriscono più Georges de la Tour che *Les très riches heures du duc de Berry* o le miniature ottoniane. Forse il Medioevo si *rappresentava* in colori limpidi e squillanti, ma si *vedeva* di fatto, e per la maggior parte della giornata, per chiaroscuri barocchi. Nulla da eccepire, se non che il film era costretto a prendere una decisione là dove il romanzo non la prendeva. Nel romanzo la lucerna era *flatus vocis*, e l'intensità della sua luce era tutta da immaginare; nel film la lucerna diventava materia luminosa ed esprimeva esattamente *quella* intensità luminosa.

Prendendo questa decisione il regista optava per una lettura "realistica" e lasciava cadere altre possibilità (avrebbe potuto opporre alla visione realistica una interpretazione araldica, come ha fatto Olivier nella battaglia di san Crispino e Crispiniano dell'*Enrico V*). Nel passaggio da materia a materia *l'interpretazione è mediata dall'adattatore*, e non lasciata alla mercé del destinatario.

13.5 Non far vedere il detto

Con il cambiamento di materia non si rischia solo di dire più di quanto dica l'originale. Si rischia anche di dire meno. Vorrei citare un testo celebre, che certo non intende descrivere qualcosa di comune, ma lo descrive molto bene. Sto parlando del quarto capitolo dell'*Apocalisse*:

> Ed ecco un trono stava eretto nel cielo, e sul trono Uno assiso. Colui che era assiso rassomigliava nell'aspetto a diaspro e sardonio, e un'iride avvolgeva il trono, simile a smeraldo. E attorno al trono c'erano ventiquattro seggi, e sui seggi stavano ventiquattro vegliardi, avvolti in candide vesti, e sul loro capo delle corone d'oro. E dal trono escono lampi, voci e tuoni; e sette lampade accese ardono davanti al trono; sono i sette spiriti di Dio. E davanti al trono, come un mare di vetro simile a cristallo. E in mezzo al trono e intorno al trono quattro Viventi pieni d'occhi davanti e di dietro...[8]

Ipotiposi, se mai ve ne furono. Si noti che la descrizione non descrive tutto, si arresta solo su emergenze, dei vegliardi si nominano solo le vesti e le corone, non gli occhi o le barbe. Ma quello che essa vuole rendere evidente è un movimento, quello che la Vulgata rende come una rotazione *super thronum et circa thronum*. Ed è qui che entrano in crisi i primi interpreti visivi dell'*Apocalisse* e cioè i miniatori mozarabici (illustratori di quegli splendidi commenti al libro di Giovanni noti come *Beati*). Attenendosi al testo della Vulgata, l'unico che conoscessero, i miniatori non riescono a rappresentare quei quattro Viventi che stanno in mezzo al trono e intorno al trono al tempo stesso.

Questo perché i miniatori, cresciuti nella tradizione greco-cristiana, pensavano che il profeta "vedesse" qualcosa simile a statue o a pitture. Ma, se l'immaginazione greca era visiva, quella ebraica era eminentemente auditiva. Dio appare all'inizio del *Genesi* come voce, e come voce appare a Mosè (non sarà un caso se la cultura ebraica predilige il testo, vocale e scritto, sopra l'immagine, come invece accade per la tradizione greca).

---

[8] Traduzione di Piero Rossano (*Il Nuovo Testamento*. Torino: UTET 1963).

I miniatori mozarabici conoscevano anche la fonte di Giovanni, che è la visione di Ezechiele:

> Io guardavo: ecco un turbine avanzare dal nord, una nube grande e turbinio di fuoco, che emanava uno splendore d'intorno; nel suo centro si scorgeva come un globo di elettro. E nel suo centro apparivano come quattro grandi animali, ma con sembianze umane. Ognuno aveva quattro volti, ognuno aveva quattro ali. Le loro gambe erano diritte: la pianta dei loro piedi era come la piana di un piede di vitello; essi sfavillavano come un globo di rame terso. Sotto le ali avevano mani di uomo, protese verso le quattro direzioni. Le loro ali erano unite, l'una all'altra; quando camminavano non si voltavano: ognuno procedeva dritto nella sua direzione.

> … Io guardavo gli animali. Ecco sulla terra c'era una ruota, vicino agli animali, a tutti e quattro. Tutti e quattro si rassomigliavano. Per la loro forma davano l'impressione di essere una ruota dentro l'altra. Avanzavano in quattro direzioni… Quando gli animali avanzavano, avanzavano anche le ruote insieme a loro… Sopra la volta celeste, che era sopra le loro teste, c'era come una pietra di zaffiro a forma di trono…

Ci accorgiamo che, a differenza della descrizione di Giovanni, qui viene accentuato il movimento dei quattro Viventi, che non stanno mai nello stesso luogo, e la molteplicità delle ruote, ora concentriche e ora no. E ci rendiamo conto che, come ogni visione che si rispetti, questa è una visione filmica, dove non tanto si descrive qualcosa che si vede, fissato una volta per tutte, come l'Apollo del Belvedere o la Venere di Milo, ma una sequenza onirica, dove le cose sono in continua trasformazione.

Giovanni (e prima di lui Ezechiele) non raccontava quadri (o statue) ma se mai sogni e, se vogliamo, film (che sono quelle cose su cui si sogna a occhi aperti, ovvero visioni ridotte allo stato laicale). In una visione di natura cinematografica i Viventi possono ruotare e apparire ora sopra e davanti, ora intorno al trono. Ma il miniatore mozarabico (erede sia pure inconsapevole di una cultura greca, dove il divino appare come Idea, e dunque forma definita nella sua sovrana immobilità) *non poteva "tradurre" visivamente il testo fonte.*

Ci è riuscito, ma solo parzialmente, il miniatore dell'*Apocalisse di San Severo*, dove i Viventi stanno a distanze diverse dal trono, e uno di essi sta per così dire tentandone la traversata. Sia pure congelata in un istante, come in una fotografia e non come in un film, l'immagine cerca di rendere l'idea di un movimento spiraliforme.

Ma infine era troppo poco. Una volta Sol Worth aveva detto che *pictures can't say ain't* – vale a dire che le immagini non possono affermare di *non* essere qualcosa, e Magritte per dire che una pipa, dipinta, non era una pipa, ha dovuto scriverlo. Si potrebbe dire che le immagini non possono neppure dire *io mi sto muovendo a spirale*. Ovvero, un pittore futurista avrebbe potuto, ma i miniatori medievali non ce la facevano. Mutando la materia e passando dal racconto di un film a una miniatura con immagine fissa perdevano qualcosa. Hanno (questo è sicuro) splendidamente adattato i testi ebraici, ma non li hanno tradotti.

13.6 Isolare un livello del testo fonte

Si potrebbe osservare che molte trasmutazioni sono traduzioni nel senso che isolano solo uno dei livelli del testo fonte – e pertanto scommettono che quel livello sia l'unico che veramente conti per rendere il senso dell'opera originale.

L'esempio più comune è quello di un film che, di un romanzo complesso che pone in gioco valori ideologici, fenomeni storici, problemi filosofici, isola solo il livello della trama nuda e cruda (forse neppure dell'intreccio, ma della sola fabula) lasciando cadere il resto, che il regista giudica inessenziale o difficilmente rappresentabile. Come "tradurre" in film la *Recherche* prendendo in considerazione le vicende di Swann, Odette, Albertina, Charlus o Saint-Loup trascurando le riflessioni di Proust sulla memoria. Oppure lo stesso film può proporsi di rendere in altra materia gli effetti patemici del testo fonte, magari a scapito di una fedeltà letterale alla vicenda. Cercando di rendere lo spasimo del Narratore della *Recherche* proustiana quando, all'inizio, attende il bacio serale della mamma, quelli che erano moti interiori possono essere resi con espressioni del volto (o inserzioni quasi oniriche della figura della madre, che nel testo viene invece solo desiderata e non vista). In tal senso un adattamento sarebbe simile a forme di traduzione poetica dove, per conservare per esempio lo schema metrico o la rima, si è disposti a transigere su altri aspetti. Ma, quando un poeta traduce un altro poeta, tutti siamo disposti ad ammettere che, se il traduttore spinge al massimo sul pedale dell'emulazione a scapito della fedeltà letterale, si ha appunto rifacimento – che è, all'interno della stessa materia dell'espressione, il procedimento più vicino all'adattamento o trasmutazione.

Assumiamo pure che nell'adattamento si isolino alcuni livelli, giudicati fondamentali, e su quelli si cerchi di "tradurre". Ma l'aver isolato alcuni livelli significa appunto *imporre la propria interpretazione del testo fonte*. Fabbri (2000), citando Deleuze, ricorda che Bacon nei suoi quadri rappresenta dei sistemi di forze in tensione e aggiunge che è facile pensare a una traduzione musicale in cui ci sia una dimensione tensiva. Concordo. Ma in Bacon ci sono delle figure umane, che ovviamente la traduzione musicale non può rappresentare. Dunque abbiamo una cosiddetta traduzione che seleziona un solo livello della sostanza espressiva, e così facendo ci comunica un contenuto diverso. Nell'episodio delle Belle Statuine che ho citato a inizio capitolo, la resa del ritmo visivo picassiano lasciava cadere il particolare che le signorine non erano tre ma cinque. Ora, una traduzione delle *Noterelle di uno dei mille* di Abba che renda, sì, lo spirito garibaldino di quella cronaca, ma riduca a cinquecento gli ardimentosi partiti da Quarto, non la chiameremo una traduzione. Forse da un punto di vista "superiore" non conta, ma dal punto di vista del buon senso è essenziale che i Mille siano mille.

Chi, "traducendo" i *Promessi sposi* in film, volesse rimanere fedele solo alla sequenza degli avvenimenti, lasciando cadere le osservazioni ironico-moralistiche che tanta parte hanno nell'opera manzoniana, deciderebbe appunto che la sequenza degli eventi è primaria rispetto all'intento etico, non solo, ma all'intento di far trasparire l'intento etico attraverso numerose "entrate in scena" del narratore. Una traduzione propriamente detta (da lingua a lingua) dovrebbe invece salvare a ogni costo i due livelli, e lasciar libero il lettore di pensare (poniamo) che a dominare sia il livello moralistico – a tal punto di ritenere che l'effetto del romanzo non cambierebbe anche se don Rodrigo morisse cadendo da cavallo e non di peste, e persino se don Rodrigo, e non l'Innominato, si convertisse, quest'ultimo morendo invece impenitente nel lazzaretto.

L'adattamento costituisce sempre una *presa di posizione critica* – anche se incosciente, anche se dovuta a imperizia piuttosto che a scelta interpretativa consapevole. Naturalmente anche una traduzione propriamente detta implica, con una interpretazione, una posizione critica. Lo abbiamo visto, i traduttori che hanno rispettato la lapidarietà di *la sventurata rispose* hanno implicitamente riconosciuto (e a loro modo sottolineato) quanto tale lapidarietà fosse stilisticamente importante. Ma nella traduzione l'atteggiamento critico del traduttore è appunto implicito, tende a non mostrarsi, mentre nell'adattamento diventa preponderante, e costituisce il succo stesso dell'operazione di trasmutazione.

Caso mai l'atteggiamento critico dei traduttori può essere esplicitato nel paratesto, e cioè nelle prefazioni, postfazioni o note di commento. Però in tal caso il traduttore non critica il testo fonte ma critica, e cioè spiega, se stesso in quanto traduttore, e agisce non più come *artifex* ma come *philosophus additus artifici*, riflette sul suo operato e lo commenta. Che si tratti di operazioni diverse lo mostra il fatto che, discutendo la traduzione di *Moby Dick*, io abbia potuto tenere conto delle posizioni critiche espresse paratestualmente dal traduttore, e tuttavia giudicare che la traduzione non realizzava i propositi espressi dal paratesto. Per cui posso manifestare il mio disaccordo col traduttore critico di se stesso.[9]

Invece il traduttore che traduce *la sventurata rispose* come *the poor wretch answered him* manifesta, implicitamente, la propria posizione critica in quanto preinterprete del testo tradotto. Con la sua traduzione – non con parole aggiunte in nota o inviando

[9] Avviene sovente e Pignatti (1998) lo ha fatto discutendo il mio commento alla mia traduzione di *Sylvie*. Che avesse ragione o meno, non conta: essa giustamente distingueva la traduzione come critica implicita del testo dal mio commento come giustificazione esplicita della traduzione.

un telegramma agli acquirenti del libro – avverte il lettore (o lo mette in condizioni di capire) che la lapidarietà di quella frase è essenziale. Traducendo in modo lapidario il traduttore ha agito da buon interprete e dunque buon critico del testo manzoniano, anche se non ha espresso alcun giudizio sul testo che traduceva.

Dusi (2000: 29) dice che una trasmutazione può scegliere, qualora trovi del non detto rilevante nel testo verbale che intende adattare, di realizzarlo nella propria materia, usando a esempio contrasti di sonoro, immagini sfocate, soggettive assolute o piani di ripresa parziali degli attori, punti di vista limitati a specifici dettagli "ossia tutto un potenziale di *indeterminatezze* che permette al testo di arrivo di *tradurre le ambiguità* e le aperture semantiche del testo di partenza". Tutto questo è possibile, ma azzardo che si possano realizzare solo nel caso di un non detto "esplosivo" (come il silenzio sul tono della risposta della monaca di Monza). Per il resto pare sia difficile riuscire per tutto un film a non dare mai un volto riconoscibile ai personaggi o a non mostrare mai la gamba di legno del capitano Achab. Se, come nel caso di James citato da Caprettini, non si facesse mai vedere il volto di una donna (che l'autore diceva bellissima) si avrebbe lo stesso una prevaricazione, perché quel personaggio che eravamo liberi di immaginare senza drammi diventerebbe un enigma ossessivo.

Ma se un regista, per rappresentare la risposta della monaca, usasse un gioco di chiaroscuri, dissolvenze, sfocature, direbbe sempre di più, sottolineerebbe in matita rossa il testo manzoniano, invece di dire, come fa Manzoni, "io dico così e se volete che ci sia da pensare altro è cosa vostra", insisterebbe a suggerire che ci sia da pensare altro. Saremmo non alla lapidarietà bensì alla insinuazione, atto critico esplicito quanti altri mai.

13.7 Far vedere altro

Una delle "torsioni" più interessanti avvenute nel trasporre un romanzo in film è quella di *La morte a Venezia* di Luchino Visconti. Sono tra coloro che ritengono il *Gattopardo*, dello stesso regista, come un film che riesce a far cogliere perfettamente il senso profondo del romanzo (riuscendo ancor più efficace dell'originale). Ma con *La morte a Venezia* accade qualcosa di curioso.

Il protagonista di Mann, Gustav Aschenbach, è uno scrittore più che cinquantenne (e dunque per quell'epoca molto anziano) che viene da una solida famiglia di giudici e servitori dello Stato, è vedovo con una figlia, è uno storico e un critico (ha scritto un saggio su *Spirito e arte*), è un intellettuale tedesco austero e conservatore, fedele a un amore neoclassico per una bellezza platonicamente disincarnata.

Temperamento classico, si oppone immediatamente all'ambiente romantico, anzi post-romantico e decadente, di una Venezia splendida e corrotta. Quando vede per la prima volta Tadzio, che diverrà l'oggetto della sua passione omosessuale, lo ammira come una statua greca del periodo aureo, come pura perfezione di forma. Le sue osservazioni sul ragazzo sono sempre ispirate alla sua cultura classica. Tadzio gli appare come un Narciso, la sua bellezza gli ricorda le statue greche dell'epoca aurea, e le stesse contemplazioni del mare di Venezia sono ricche di richiami alla mitologia ellenica ("si levava un'aura, un messaggio alato da dimore inaccessibili che Eros s'alzava dal fianco del consorte... S'avvicinava la dea, la seduttrice di adolescenti che portò via Cleito e Cefalo e, sfidando l'invidia di tutti gli dei olimpici, godette l'amore del bellissimo Orione…"). Prima di rendersi conto della natura della sua passione, Aschenbach rievoca un brano del *Fedro* platonico.

Agli inizi Aschenbach non riesce a disgiungere l'ammirazione che prova per Tadzio da quella che si prova verso una purissima opera d'arte, ed egli stesso come artista si vede come colui che libera "dal blocco marmoreo del linguaggio la forma snella che aveva visto con lo spirito e che presentava agli uomini come specchio e immagine della bellezza spirituale".

La tragedia di Aschenbach, quando si accorge di desiderare Tadzio carnalmente, è che egli scopre di colpo che il suo senso iperuranio della bellezza sta diventando lussuria terrestre. Sullo sfondo, e molti leggono così il racconto di Mann, vi è un atteggiamento critico o ironico verso il tipico esteta winckelmanniano in cui la venerazione della forma era sublimazione di pulsioni omosessuali.

Questa è la tragedia del borghese Aschenbach: l'avvertire la sconfitta di Apollo a opera di Dioniso.

Che cosa accade col film? Forse Visconti temeva di non saper rendere visivamente gli ideali estetici di Aschenbach, forse è stato sedotto da quel nome che evocava Gustav Mahler. Fatto sta che il suo Aschenbach è un musicista. È vero che in una serie di *flash back* lo si vede dialogare con un amico, sostenitore del genio come libera preda delle proprie passioni, a cui egli oppone invece un ideale classico, di rigore e distacco. Ma queste battute di dialogo scompaiono di fronte alla presenza continua del commento musicale mahleriano, dove fatalmente la colonna sonora appare come la trascrizione musicale dei sentimenti e degli ideali del protagonista. Aschenbach parla come se fosse Bach, ma lo spettatore *sente* Mahler.

Lo Aschenbach di Mann è un uomo d'età, solido e posato, e questo gli rende più drammaticamente inaccettabile la sua lenta trasformazione. Lo Aschenbach di Visconti è più giovane, fragile, instabile, già sofferente di cuore, pronto a identificarsi con una Venezia fatiscente, molle nei suoi riti alberghieri colmi di raffinatezza. Non ultimo particolare, lo Aschenbach di Mann è di nascita borghese e il "von" gli viene conferito in tarda età come riconoscimento dei suoi meriti culturali, mentre l'Aschenbach di Visconti appare subito e senza spiegazioni come un Gustav *von* Aschenbach, già segnato dai sintomi di declino di una nobiltà languente, e appare più simile al Des Esseintes di Huysmans che a uno storico la cui carriera è stata coronata da lauri accademici. Egli è già malato come la Venezia che lo ospita. La sua attrazione per Tadzio è immediata, mentre nel racconto occorre tempo ad Aschenbach per passare dalle fantasticherie ellenizzanti al riconoscimento della passione che lo agita. D'altra parte il Tadzio del racconto è quattordicenne e non v'è ombra di malizia nei pochi sguardi e nell'unico sorriso che dedica al suo maturo ammiratore. Il Tadzio del film è più grandicello e ogni sguardo che rivolge ad Aschenbach è, come minimo, carico di ambiguità.

E allora, dov'è l'opposizione tra due etiche e due estetiche? Perché il musicista viscontiano dovrebbe essere sconvolto dalla sua passione? Forse perché il regista ce lo mostra alcune volte padre felice con moglie e figlia? L'Aschenbach di Visconti pare soffrire perché si sente vergognosamente in colpa verso la famiglia e perché non era mai stato prima sfiorato dal mito della bellezza virile. Al contrario l'Aschenbach di Mann (libero da legami famigliari) entra in crisi perché avverte che il suo intero universo spirituale e il suo algido culto della bellezza stanno cambiando di segno. Egli non può sopportare la rivelazione che i suoi ideali estetici fossero il semplice travestimento di un furore carnale latente – a cui ora si accorge di non poter resistere.

Si noti che, tra film e racconto, l'intreccio rimane più o meno lo stesso, sono gli stessi i personaggi, persino le figure minori, e uguale controcanto alla caduta di Aschenbach fa la metafora ossessiva della malattia che subdolamente avvelena la città. Ma la semplice decisione di far cambiare mestiere al personaggio (e dargli un volto, quello già ambiguo e torturato di Dirk Bogarde, e non quello di un maturo studioso inizio secolo) ha prodotto una trasformazione radicale del testo originale. Il film rispetta la fabula di superficie del romanzo, ma non perviene a renderne la fabula profonda, a mostrarci gli attanti nascosti, due ideologie a confronto, l'illusione della Forma disincarnata contro le Ombre della Caverna, ormai trionfanti come la pestilenza che corrode la città.

13.8 Adattamento come nuova opera

Ciò non toglie che *La morte a Venezia* di Visconti sia uno splendido film: la rappresentazione della città è superba, la tensione drammatica è magistrale e, se non ci dicessero che *quel* film intendeva "tradurre" *quel* romanzo, usciremmo dalla sala ammirati e soddisfatti per quelle originalissime invenzioni. Forse che Visconti "si è sbagliato"? Per nulla, ha tratto spunto dalla storia di Mann per raccontarci la *sua* storia. Potremmo parlare di *trasmigrazione* di un tema: in un certo senso il film di Visconti sta al romanzo di Mann come il Cappuccetto Rosso dei Grimm sta a quello di Perrault – quasi la stessa storia, ma con altra visione etica, con altra morale, altro conflitto.

Coglierei una osservazione di Spaziante (2000: 236) secondo cui, in molti casi di trasmutazione si potrebbe parlare (seguendo la distinzione posta da me in *Lector in fabula* o ne *I limiti dell'interpretazione*) della differenza tra interpretazione e uso. In quella sede facevo esempi di *uso* abbastanza estremi quali, al limite più oltraggioso, l'usare i fogli di un libro per incartare frutta, ma pensavo anche a casi ben più nobili e legittimi come l'*usare* una poesia o un romanzo per sognare a occhi aperti, per fantasticare, in base a una minima sollecitazione che ci proviene dal testo, su eventi, memorie, progetti che sono nostri e con il testo di origine hanno ormai poco a che fare (sino ad arrivare, era la polemica di allora, a certe pratiche decostruttive per cui si fa dire al testo quello che si vuole, partendo dal principio che *il n'y a pas de vrai sense d'un texte*). Ma non vorrei, e lo avevo detto, che si consideri l'uso di un testo come una pratica negativa. In fondo può accadere a tutti di abbandonarsi durante l'ascolto di un valzer di Chopin alla rievocazione della prima volta che lo si è ascoltato in compagnia di una persona amata, e abbandonarsi al ricordo di quella (o quello) piuttosto che all'attenta percezione del testo musicale – e decidere di riascoltare quel brano ogni volta che ci si vuole abbandonare alle proprie rimembranze. Perché no? Non è proibito, anche se improbabile, abbandonarsi a fantasie erotiche davanti a una dimostrazione del teorema di Pitagora – e nessuno potrebbe accusare qualcuno, per questo, di attentato ai *principia mathematica*.

Tra le infinite modalità d'uso c'è anche quella di partire da un testo stimolo per trarne idee e ispirazioni onde produrre poi il *proprio* testo. Così fa chi di un testo celebre scrive la parodia, chi decide di scrivere il seguito di *Via col vento*, e riprendere le vicende di Scarlett O'Hara dal momento in cui ha pronunciato il fatale *Domani è un altro giorno*, chi vuole emulare un testo che ammira e riscriverlo in spirito moderno, così ha fatto Anhouil quando ha riscritto l'*Antigone*, e così ha fatto Sofocle quando ha scritto il suo *Edipo Re* dopo che era già stato scritto un *Edipo* di Eschilo.

Che cosa rimane, in questi casi di *uso creativo*, del testo fonte? Dipende. Prendo a esempio *The Orchestra,* un film di Zbig

Rybczynski (e si veda su di esso l'analisi di Basso (2000), che peraltro me lo ha fatto conoscere), dove la musica della Marcia Funebre di Chopin (eseguita *in praesentia*) viene contemporaneamente "mostrata" attraverso una serie di figure grottesche che appaiono via via, mentre posano le mani su una tastiera di pianoforte che scorre per un tempo lunghissimo, come se si muovesse lungo lo schermo (o come se la camera carrellasse su una sequenza di tasti di lunghezza infinita). Certamente abbiamo il tentativo di rendere in qualche modo la musica fonte, perché i gesti dei personaggi sono determinati dalla ritmica del brano, e le immagini, come pure certe apparizioni di sfondo (per esempio un carro mortuario) vogliono renderne l'effetto funebre. Potremmo supporre che, guardando il film dopo aver tolto l'audio, seguendo i gesti dei personaggi e gli stessi movimenti della camera, si potrebbe riprodurre un ritmo molto simile a quello della composizione chopiniana, e certamente il brano di quella composizione rispetta l'isotopia funebre – anzi direi che l'accentua.

Quindi si può legittimamente dire che l'opera di Rybczynski è una buona interpretazione dell'opera chopiniana perché può permetterci di coglierne aspetti di ritmo e di dinamica, e la tensione emotiva fondamentale (il contenuto passionale) meglio di quanto non potrebbe accaderci, talora, con un ascolto distratto. Ma le scelte figurative fatte dal regista sono sue, ed è difficile ricondurle a Chopin. Dunque siamo anche di fronte a un caso, felicissimo, di uso.

Rybczynski avrebbe potuto mettere in scena infiniti cloni di George Sand, o dei teschi, in una sorta di *Totentanz*, rispettando sempre la struttura ritmica del brano e dando un equivalente visivo del modo minore, e nessuno potrebbe dire, in linea teorica, se una scelta sarebbe stata migliore dell'altra. Con *The Orchestra* ci troviamo di fronte a un fenomeno d'uso che, se venisse intesa come traduzione "fedele" del brano chopiniano, porrebbe certamente problemi di correttezza musicologica. Si tratta di un'opera apprezzabile *per se stessa*, anche se di essa fa parte integrante il rimando a Chopin.

Il film non prende solo a pretesto Chopin ma anche, tra gli altri, Ravel e il suo *Bolero*. Qui l'ossessività della musica è resa da un procedere, in una successione di lunghissimi piani-sequenza con panoramica laterale costante, di curiosi personaggi lungo una scala interminabile. Non c'è dubbio che si stabilisca un certo parallelismo tra reiterazione musicale e reiterazione visiva. Ma i personaggi che salgono lungo la scala provengono dall'iconografia rivoluzionaria sovietica (ironicamente rivisitata) e questa interpretazione va a tutto merito (o demerito) del regista, non di Ravel. Alla fine ciò che rimane materia di apprezzamento estetico è l'opera (originale) di Rybczynski.

Se poi il regista avesse messo in scena, sul ritmo solenne e maestoso della Marcia Funebre di Chopin, un French Can-Can, non parleremmo neppure più di adattamento bensì di parodia provocatoria.

Di fronte a una traduzione di un immaginario libro di Chopin a opera di Rybczynski, noi prima di tutto apprezzeremmo l'arte di Chopin e poi l'abilità di Rybczynski, tanto è vero che l'editore porrebbe il nome di Chopin in copertina e quello di Rybczynski solo (di solito) sul frontespizio, e più piccolo rispetto a quello di Chopin. Se dovesse essere assegnato un premio letterario (che non fosse premio per la migliore traduzione) esso verrebbe assegnato a Chopin e non a Rybczynski. Se Rybczynski in una sala di concerto eseguisse al pianoforte la Marcia Funebre di Chopin, anche se per caso sui manifesti fosse più evidente il nome dell'esecutore che non quello dell'autore interpretato, chiederemmo a Rybczynski di eseguire la partitura chopiniana interpretandola certamente secondo il proprio estro, ma senza disturbarne l'esecuzione con gesti teatrali, smorfie o risate, indossando una maschera o esibendo a torso nudo un petto villoso e una schiena tatuata. Se così invece facesse, sapremmo di trovarci di fronte a una azione *teatrale*, una *performance* con cui – come si diceva un tempo – l'attore intende "dissacrare" un'opera d'arte.

Invece, nel caso di *The Orchestra* è anzitutto il nome di Rybczynski, e non quello di Chopin o di Ravel che appare nella dovuta evidenza nei titoli di testa. Rybczynski è l'autore del film che ha come soggetto l'adattamento visivo della propria colonna sonora, e – tranne qualche melomane ringhioso – lo spettatore non sta a giudicare se l'esecuzione della colonna sonora sia migliore o peggiore di altre esecuzioni chopiniane, ma focalizza la propria attenzione sul modo in cui Rybczynski interpreta attraverso immagini lo stimolo musicale.

Non credo si possa dire che *The Orchestra* è semplicemente una traduzione della composizione chopiniana, come ne sarebbe la trasposizione in altra tonalità o addirittura (per quanto discutibile) la trascrizione per organo. È certamente un'opera di Rybczynski che ha preso a pretesto Chopin per produrre qualcosa di altamente originale. Che *The Orchestra* possa poi offendere i sentimenti di alcuni devoti di Chopin, è del tutto secondario.

Come già dicevo alla fine del capitolo dedicato al rifacimento, anche per la trasmutazione i casi di frontiera sono infiniti. Ho detto che *Il gattopardo* di Visconti rende bene il senso profondo del romanzo, e questo anche se la trasmutazione ci impone un principe di Salina con le fattezze di Burt Lancaster impedendoci di immaginare a piacer nostro quel nobile siciliano. Molti dei saggi pubblicati in *VS* 85-87, citato nella mia introduzione, ci fanno avvertire quanto varie e talora fruttuose possano essere le avventure della trasmutazione, ovvero della cosiddetta traduzione intersemiotica. Ma mi piace vederle come infinite avventure dell'interpretazione, e solo a questo miravano i *caveat* che ho posto, indispensabili in un discorso che, lo si è detto sin dall'inizio, intendeva focalizzarsi sulle caratteristiche specifiche della traduzione propriamente detta.

Che, nella ricchezza della semiosi, le sfumature possano essere molte, non sconsiglia di porre delle distinzioni di base. Al contrario, lo esige, se compito di un'analisi semiotica è proprio quello di individuare fenomeni diversi nel flusso apparentemente incontrollabile degli atti interpretativi.

LINGUE PERFETTE E COLORI IMPERFETTI

Tutte le pagine che precedono si sono poste all'insegna della negoziazione. Il traduttore deve negoziare con il fantasma di un autore sovente scomparso, con la presenza invadente del testo fonte, con l'immagine ancora indeterminata del lettore per cui sta traducendo (e che il traduttore deve *produrre*, così come ogni Autore si costruisce il proprio Lettore Modello – cfr. Eco 1979), e talora, come si diceva nell'Introduzione, deve negoziare anche con l'editore.

E possibile evitare una nozione di traduzione come negoziazione? Bisognerebbe pensare che si possono volgere gli enunciati espressi in una lingua negli enunciati espressi in un'altra lingue perché, anche se a livello lessicale non esistono sinonimi, due diversi enunciati possano tuttavia esprimere *la stessa proposizione*.

14.1 *Tertium comparationis*

Per stabilire che gli enunciati *Il pleut, it's raining, piove, Es regnet* esprimono la stessa proposizione, dovremmo poter esprimere quella proposizione (che rimane costante) in una sorta di linguaggio neutro rispetto alle lingue naturali a confronto. E qui sorgono solo tre possibilità.

Uno è che esista una Lingua Perfetta che serva di parametro a tutte le altre lingue. Il sogno di una Lingua Perfetta è durato a lungo e non è ancora del tutto morto. Si veda per una storia di questo sogno millenario il mio *La ricerca della lingua perfetta*. Durante i secoli si è sperato di poter ricuperare una Lingua

Adamica originaria, anteriore alla confusione delle lingue. Che la traduzione possa presumere una lingua perfetta era stata intuizione di Walter Benjamin: non potendo mai riprodurre nella lingua di destinazione i significati della lingua-fonte, occorre affidarsi al sentimento di una convergenza tra tutte le lingue in quanto "in ciascuna di esse, presa come un tutto, è intesa una sola e medesima cosa, che tuttavia non è accessibile a nessuna di esse singolarmente, ma solo alla totalità delle loro intenzioni reciprocamente complementari: la pura lingua" (Benjamin 1923; tr. it.: 227). Ma questa *reine Sprache* non è una lingua. Se non dimentichiamo le fonti cabalistiche e mistiche del pensiero di Benjamin, possiamo avvertire l'ombra, assai incombente, delle lingue sante, qualcosa di simile al genio segreto delle lingue pentecostali. "Il desiderio della traduzione non è pensabile senza questa corrispondenza con un pensiero di Dio." (Derrida 1985; tr. it.: 217)

Ora, che il desiderio della traduzione possa essere mosso da questa aspirazione a cogliere il pensiero di Dio è sentimento anche utile per il traduttore, così come per l'amante è utile aspirare alla fusione perfetta tra due anime, anche se psicologia e fisiologia ci dicono che è impossibile. Ma essendo questo, appunto, un sentimento interiore, e privatissimo, può esso servire da criterio intersoggettivo per valutare la riuscita di una traduzione?

La seconda possibilità, per passare da un sentimento privato a una regola pubblica, ne genera altre due: o che si possa costruire una lingua "razionale" che esprima tutti gli oggetti, le azioni, gli stati d'animo, i concetti astratti di cui ogni cultura dovrebbe servirsi per descrivere il mondo (e a questo progetto si ispiravano molti tentativi fioriti nel XVII secolo), o che (come si tenta oggi) si giunga a individuare una "lingua del pensiero", naturalmente radicata nel funzionamento universale della mente umana, e i cui termini ed enunciati possano essere espressi in linguaggio formalizzato. In effetti queste due versioni si equivalgono perché, anche per individuare una presunta lingua del pensiero, occorre in qualche modo proporne la grammatica e, sino a che non saremo in grado di registrare, passo per passo, tutto quello che avviene nel nostro cervello o nella nostra mente, anche questa lingua del pensiero sarà un costrutto ipotetico, ispirato ad alcuni criteri di razionalità quali li provvede, per esempio, la logica formale.

Più o meno l'ultima alternativa è vista con simpatia da molti studiosi di traduzione automatica. Ci deve essere un *tertium comparationis* che permette di passare dall'espressione di una lingua Alfa a quella di una lingua Beta decidendo che entrambe risultano equivalenti a una proposizione espressa in un metalinguaggio Gamma, indipendente dal modo in cui la esprimono lingue naturali diverse. Così, dati i tre enunciati *piove*, *il pleut* e *it's raining*, essi avrebbero lo stesso contenuto proposizionale, esprimibile in Gamma come (poniamo) *xyz*, ed è questo che fa sì che possiamo tradurre l'enunciato italiano in francese o in inglese senza timore di allontanarci troppo dal senso del discorso originario.

Ma prendiamo, ad esempio, un enunciato poetico come quello di Verlaine, *il pleure dans mon coeur comme il pleut sur la ville*; traducendolo termine a termine secondo un criterio di sinonimia, in modo che il contenuto proposizionale rimanga immutato, avremmo: *piange nel mio cuore come piove sulla città*, e certamente, dal punto di vista poetico, i due enunciati non potrebbero essere considerati equivalenti.

Basti pensare al celebre esempio di Jakobson (1960), a proposito dello slogan *I like Ike*. Certamente dal punto di vista della uguaglianza proposizionale esso potrebbe essere tradotto come *Io amo Ike*, *J'aime bien Ike* e persino parafrasato da *I appreciate Einsenhower*, ma nessuno direbbe che si tratta di traduzioni appropriate dell'originale, che traeva la sua forza da suggestioni foniche, dalla rima e (ricordava Jakobson) dalla paronomasia.

La nozione di contenuto proposizionale invariante sarebbe applicabile, dunque, solo a enunciati molto semplici che esprimono stati del mondo e che, da un lato, non siano ambigui (come accade con le figure retoriche) e dall'altro non siano autoriflessivi, tali cioè da essere prodotti ai fini di attrarre l'attenzione non solo sul loro significato ma anche sul loro significante (come i valori fonici o prosodici).

Ma anche se assumessimo che si ha traduzione possibile per enunciati semplicissimi a funzione denotativa, non si potrebbe evitare la classica obiezione del Terzo Uomo. Per tradurre un testo A, espresso in una lingua Alfa, nel testo B, espresso in una lingua Beta (e dire che B è una traduzione corretta di A, ed equivalente per significato ad A), dovremmo confrontarci a un metalinguaggio Gamma e quindi decidere in che senso A è equivalente in significato a Γ espresso in Gamma. Ma per fare questo occorrerebbe un nuovo meta-metalinguaggio Delta, tale che A sia equivalente a Δ espresso in Delta, e poi un meta-meta-metalinguaggio Ypsilon, e così all'infinito.

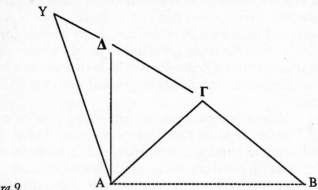

Figura 9

A meno che (come già raccontavo in Eco 1993b) il *tertium comparationis* non sia una lingua naturale così flessibile e potente da poter essere detta perfetta tra tutte. Il gesuita Ludovico Bertonio aveva pubblicato nel 1603 una *Arte de lengua Aymara* e nel 1612 un *Vocabulario de la lengua Aymara* (una lingua parlata ancora oggi tra Bolivia e Perù), e si era reso conto che si trattava di idioma di immensa flessibilità, capace di una incredibile vitalità neologizzante, particolarmente adatto a esprimere astrazioni, tanto da avanzare il sospetto che si trattasse dell'effetto di un "artificio". Due secoli dopo Emeterio Villamil de Rada, nel suo *La lengua de Adan* (1860) poteva parlarne definendola lingua adamica, espressione di quella parentela naturale tra le parole e le cose che avrebbe dovuto avere "una idea anteriore alla formazione della lingua", fondata su "idee necessarie e immutabili" e dunque lingua filosofica se mai ve ne furono. Studi più recenti hanno stabilito che l'Aymara, anziché sulla logica bivalente (vero/falso) su cui si basa il pensiero occidentale, si basa su una logica trivalente, ed è pertanto capace di esprimere sottigliezze modali che le nostre lingue catturano solo a prezzo di faticose perifrasi. Per finire, c'è chi ora sta proponendo lo studio dell'Aymara per risolvere problemi di traduzione computerizzata. Se non fosse che questa lingua potrebbe forse esprimere ogni pensiero espresso in altre lingue mutuamente intraducibili, ma è stato detto che il prezzo da pagare sarebbe che tutto quello che la lingua perfetta risolve nei propri termini non sarebbe più ritraducibile nei nostri idiomi naturali.[1]

14.2 Paragonare le lingue

In assenza di una lingua-parametro i capitoli precedenti hanno delineato un processo continuo di negoziazione alla base del quale sta anzitutto una comparazione tra le strutture delle diverse lingue e in cui ogni lingua può diventare il metalinguaggio di se stessa (cfr. Eco 1979: 2).

Si veda per esempio questa tabella proposta da Nida (1975: 75) in cui si mostrano le differenze semantiche, in inglese, per alcuni verbi di movimento:

	run	walk	hop	skip	jump	dance	crawl
1. one or another limb always in contact vs. no limb at times in contact	–	+	–	–	–	±	+
2. order of contact	1-2-1-2	1-2-1-2	1-1-1 or 2-2-2	1-1-2-2	not relevant	variable but rhythmic	1-3-2-4
3. number of limbs	2	2	1	2	2	2	4

Figura 10

Ora, se si dovesse tradurre in italiano una serie di frasi che contengono alcuni di questi verbi, si avrebbero forti imbarazzi. Naturalmente saremmo in grado di stabilire che, contesto per-

---

[1] Cfr. Iván Guzmán de Rojas, *Problematica logico-lingüística de la communicación social en el pueblo Aymara,* mimeo. Con los auspicios del Centro internacional de las Investigaciónes para el desarrollo del Canada, s.d.

mettendo, *run* può essere tradotto con *correre*, che *camminare* traduce *walk*, e *danzare* traduce *dance*. Saremmo già più imbarazzati nel tradurre *to crawl*, se non fosse che la descrizione che ne dà Nida rinvia maggiormente a un *andare a carponi* umano che allo *strisciare* del serpente. Gli imbarazzi aumentano con *to hop*, perché non c'è in italiano un verbo specifico per una attività che un dizionario Inglese-Italiano definirebbe come "saltare su una sola gamba". E neppure vi è termine italiano adeguato per *to skip* (si salta due volte sulla gamba destra e due volte sulla gamba sinistra), che potremmo variamente rendere con *saltellare*, *ballonzolare*, e *salterellare* – se non fosse che questi verbi traducono approssimativamente anche *to skip*, *to frisk*, *to hop*, o *to trip*. In ogni caso nessuna delle traduzioni italiane rende adeguatamente il tipo di movimento espresso da *to skip*.

Fortunatamente abbiamo a disposizione la tabella di Nida, seguendo la quale per esempio potrei (e talora l'ho fatto a lezione) eseguire i movimenti che essa descrive (e gli insegnanti troppo preoccupati della loro dignità ricordino che i movimenti possono essere anche riprodotti con due dita sulla superficie di un tavolo). Questi gesti sarebbero efficaci *interpretanti* dei vari termini verbali. Passando dall'imitazione gestuale a parole italiane, avrei due possibilità: una, di risolvere l'unico termine inglese in una parafrasi italiana, per esempio *to hop* come saltellare su una gamba sola (ed ecco un caso in cui la parafrasi, *ma in altra lingua*, usata con moderazione può sopperire a una carenza lessicale); due, se ragioni di stile non mi consentono di allungare esageratamente il testo, dovrei decidere se è pertinente in quel contesto lo specifico movimento indicato da *to hop* o se – quando si stia rappresentando un bambino che giocherella felice – non basterebbe perdere poco, recuperando tutte le connotazioni di gioco e gaiezza, e dire che il bambino saltella o salterella.

La comparazione tra gli spazi semantici occupati dai vari termini nelle due lingue mi avrebbe permesso di negoziare la soluzione contestualmente più accettabile.

È vero che, nell'interpretare il mondo che ci circonda (e quelli reali o possibili di cui parlano i libri che traduciamo), ci muoviamo già all'interno di un sistema semiotico che la società, la storia, l'educazione hanno organizzato per noi. Tuttavia, se fosse *soltanto* così, allora la traduzione di un testo che provenga da un'altra cultura dovrebbe essere in teoria impossibile. Ma se le diverse organizzazioni linguistiche possono apparire mutuamente *incommensurabili*, esse rimangono peraltro *comparabili*. Se si torna all'esempio fatto nel primo capitolo sulla traducibilità in inglese del termine italiano *nipote*, si vede che siamo pervenuti ad alcune soluzioni proprio comparando diversi spazi di contenuto, comuni alle due lingue, con diversi termini linguistici.

Siamo stati ricattati per anni dalla notizia che gli eschimesi hanno diversi nomi per individuare, a seconda dello stato fisico, quella che noi chiamiamo *neve*. Ma poi si è concluso che gli eschimesi non sono affatto prigionieri della loro lingua, e capiscono benissimo che quando noi diciamo *neve* indichiamo qualcosa di comune a ciò che essi chiamano in vari modi. D'altra parte, il fatto che un francese usi la stessa parola, *glace*, per indicare sia il ghiaccio che il gelato, non lo porta a mettere cubetti di gelato nel proprio whisky; se mai preciserà che intende mettervi dei *glaçons*, ma proprio perché il *glace*, in quel caso, lo vuole diviso in cubetti, o spezzoni di pari volume.

14.3 Traduzione e ontologia

A questo punto può sorgere una domanda. Se si può trasporre il senso del testo fonte comparando le strutture di due lingue, escludendo il ricorso a una Lingua Parametro; se paragonando *nipote* alla triade *nephew/niece/grandchild* un italiano può benissimo individuare le tre posizioni nell'albero della struttura parentale a cui rinviano i termini inglesi; se *bois* ricopre uno spazio semantico diverso da *bosco*, ma questo non ci impedisce di capire se in francese si sta nominando del legno lavorato o un boschetto; se in questi come in tanti altri casi, comparando le diverse forme del contenuto in cui lingue diverse hanno segmentato diversamente il continuum dell'esperibile e del pensabile, riusciamo egualmente a dire nella nostra lingua a che cosa stesse pensando lo straniero – non dovremmo allora ipotizzare che o (i) esistono modalità universali di segmentazione che costituiscono come un'impalcatura profonda che soggiace alle segmentazioni apparenti operate dalla lingue, o (ii) si danno linee di tendenza, disposizioni basilari della realtà (o dell'essere) che permettono appunto la comparazione tra lingue, e consentono di andare al di là delle forme del contenuto di ciascuna lingua, di cogliere strutture comuni a ogni organizzazione del mondo? E se così fosse, anche se nessuna lingua perfetta potesse esprimere queste strutture mentali o modalità universali, non sarebbe a queste che due lingue a confronto debbono in ogni caso confrontarsi?

È curioso che mentre tante discussioni filosofiche hanno messo in dubbio la possibilità della traduzione, sia proprio il successo di fatto di tante operazioni di traduzione a porre, o a riproporre, alla filosofia il problema filosofico massimo tra tutti, se cioè esista un modo (o anche molti, ma non qualsiasi) in cui *vanno le cose*, indipendentemente da come le nostre lingue le fanno andare.

A questo punto occorrerebbe scrivere un altro libro, e in parte l'ho già scritto (per riproporre il problema, non certo per risolverlo) ed è il mio *Kant e l'ornitorinco*. Lì discuto appunto se esistano delle *linee di tendenza*, o addirittura (per metafora) uno *zoccolo duro dell'essere* che o indirizza la segmentazione del continuum operata dalle lingue o vi si oppone.

Ma non è questa la sede per riproporre il problema. Per una discussione sulla traduzione (non sull'essere) basti osservare che la comparazione tra sistemi linguistici ci consente buoni successi solo quando abbiamo a che fare con termini o enunciati che concernono stati fisici o azioni che dipendono dalla nostra struttura corporale. Malgrado la diversità delle lingue in ogni cultura piove o fa sole, si dorme, si mangia, si nasce, e in ogni cultura il cadere per terra si oppone al balzare in aria (sia esso salterellare, *to hop* o *to skip*). Ma abbiamo visto che i problemi nascono quando si tratta di trovare nell'organizzazione del contenuto operata dall'italiano uno spazio corrispondente alla *Sensucht* tedesca, che a tradurre *gemütlich* non basta *accogliente*, e persino che in inglese un'espressione come *I love you* viene usata in molti più contesti che in italiano, dove si riserva il *Ti amo* a situazioni che quasi sempre riguardano un rapporto fondato su basi sessuali. E lo stesso dicasi per concetti come amicizia, libertà, rispetto, Dio, morte, delitto e così via.

Comunque semiotica, antropologia culturale e filosofia possano risolvere questi problemi, un traduttore se li trova sempre di fronte, e nel risolverli di solito non si pone problemi ontologici, metafisici o etici – a meno che non stia traducendo un testo filosofico. Si limita a porre delle lingue a confronto, e a negoziare soluzioni che non offendano il buon senso (e se poi ci siano sottili legami tra buon senso e ontologia, questo è un altro problema ancora). Un traduttore, anziché porsi problemi ontologici o vagheggiare di lingue perfette, esercita un ragionevole poliglottismo,[2] perché *sa già* che in un'altra lingua quella stessa cosa si dice così e così, e si comporta spesso d'istinto come fa ogni bilingue.

Per cui, fedele al proposito iniziale di non teorizzare troppo, mi limiterò a concludere citando alcuni casi in cui parliamo o abbiamo parlato non di neve, alberi o nascita e morte, bensì di qualcosa con cui, all'interno della nostra propria lingua, riteniamo di solito avere un rapporto quotidiano privo di problemi. Parlerò di colori.

14.4 Colori

Un testo che per lungo tempo mi ha creato notevoli problemi è la discussione sui colori che si svolge nel capitolo 26 del secondo libro delle *Notti Attiche* di Aulo Gellio.[3] Occuparsi dei colori ricorrendo a un testo del II secolo d.C. è impresa piuttosto ardua. Ci troviamo di fronte a dei termini linguistici, ma non sappiamo a quali effetti cromatici queste parole si riferisca-

---

[2] E su come il poliglottismo non sia solo una eccezionale virtù, ma anche un fine comune, vedi le conclusioni del mio *La ricerca della lingua perfetta*.

[3] Il problema di Aulo Gellio mi ha sempre turbato. Un primo approccio lo si trova in *Trattato di semiotica generale*, cit.: §2.8.3. L'avevo poi ripreso nella conferenza "Kleur als een semiotisch probleem", *Mondriaanlezing* 81, 1982, poi apparsa in inglese come "How culture conditions the colours we see", in: Blonsky, M. ed., *On signs*. Baltimore: Johns Hopkins-Oxford: Blackwell 1985, e in forma parzialmente diversa come "Il senso dei colori", in Montani, P., ed., *Senso e storia dell'estetica. Studi offerti a Emilio Garroni per il suo settantesimo compleanno*, Parma: Pratiche 1995.

no. Sappiamo molto della scultura e dell'architettura dei romani, ma molto poco della loro pittura. I colori che vediamo oggi a Pompei non sono i colori che vedevano i pompeiani; e anche se il tempo fosse stato clemente e i pigmenti fossero ancora gli stessi, le risposte percettive sarebbero forse diverse. La letteratura sui colori nell'antichità precipita i filologi in un profondo sconforto: si è affermato che i greci non fossero in grado di distinguere l'azzurro dal giallo, che i latini non distinguessero l'azzurro dal verde, che gli egizi usassero l'azzurro nei loro dipinti ma non avessero alcun termine linguistico per designarlo.

Gellio sta riportando una conversazione che ha avuto con Frontone, poeta e grammatico, e Favorino, filosofo. Favorino osserva che gli occhi sono in grado di distinguere più colori di quanti le parole possano nominare. Il *rufus* e il *viridis*, dice, hanno due soli nomi, ma molte specie. *Rufus* è un nome, ma quale differenza fra il rosso del sangue, il rosso della porpora, il rosso dello zafferano, e il rosso dell'oro! Sono tutte differenze del rosso ma, per poterle definire, il latino può soltanto ricorrere ad aggettivi derivati dai nomi degli oggetti, chiamando così *flammeus* il rosso del fuoco, *sanguineus* il rosso del sangue, *croceus* il rosso dello zafferano, *aureus* il rosso dell'oro. I greci hanno più nomi, dice Favorino.

Frontone però replica che anche il latino ha molti termini di colore e che, per designare il *russus* e il *ruber*, si possono anche usare *fulvus, flavus, rubidus, poeniceus, rutilus, luteus, spadix,* "tutte definizioni del color rosso, sia che ne acuiscano la tinta, quasi incendiandola, sia mescolandola al verde, sia incupendola con il nero, sia illuminandola di un verde pallido".

Ora, se si guarda nell'insieme alla storia della letteratura latina, si nota che *fulvus* è associato da Virgilio e da altri autori alla criniera del leone, alla sabbia, ai lupi, all'oro, alle aquile, ma anche al diaspro. *Flavae*, in Virgilio, sono la chioma della bionda Didone, e le foglie dell'olivo; e *flavus*, ricordiamo, era detto il Tevere, a causa del suo colore fangoso. Tevere, foglie dell'olivo e chioma di Didone: il lettore moderno inizia a provare un certo disagio.

Quanto agli altri termini elencati da Frontone, essi si riferiscono tutti a varie gradazioni di rosso, dal rosa pallido al rosso scuro: si noti, ad esempio, che *luteus*, che Frontone definisce come "rosso diluito", è riferito da Plinio al tuorlo d'uovo e da Catullo ai papaveri. Per complicare le cose Frontone afferma che il *fulvus* è una miscela di rosso e verde, mentre il *flavus* è una miscela di verde, rosso e bianco. Poi cita un altro esempio da Virgilio (*Georgica*, III, 82) in cui un cavallo (comunemente interpretato dai filologi come un cavallo leardo pomellato) è *glaucus*. Ma *glaucus*, nella tradizione latina, sta per verdastro, verde chiaro, verde-azzurro, e grigio-azzurro. Virgilio per esempio lo usa anche per i salici e per l'ulva o lattuga di mare, e per le acque. Frontone dice che, per lo stesso scopo (il suo cavallo grigio), Virgilio avrebbe anche potuto usare *caeruleus*. Ora, questo termine è associato abitualmente con il mare, i cieli, gli occhi di Minerva, i cocomeri e i cetrioli (Properzio), mentre Giovenale lo usa per descrivere una specie di pane di segale.

Le cose non migliorano con *viridis*, dato che lo si trova, nell'intera tradizione latina, associato a erba, cieli, pappagalli, mare, alberi.

Può darsi che i latini non distinguessero chiaramente l'azzurro dal verde, ma Favorino ci dà l'impressione che ai suoi tempi non distinguessero nemmeno il verde-azzurro dal rosso, dato che cita Ennio (*Annales*, XIV, 372-3) che descrive il mare allo stesso tempo come *caeruleus* e *flavus* come il marmo. Favorino è d'accordo con questo, dato che – dice – Frontone ha descritto prima il *flavus* come una miscela di verde e bianco. Ma si dovrebbe ricordare che, in realtà, Frontone aveva detto che il *flavus* era verde, bianco e rosso, e poche righe prima lo aveva classificato fra le varie gradazioni del rosso.

Escluderei una spiegazione in termini di daltonismo. Gellio e i suoi amici erano degli eruditi; non stavano descrivendo le proprie percezioni, ma stavano lavorando su testi letterari provenienti da secoli diversi. Inoltre essi stavano considerando casi di invenzione poetica – in cui impressioni fresche e insolite vengono rappresentate vividamente attraverso un uso provocatorio della lingua. Ma purtroppo questi eruditi non erano dei critici, erano dei retori, o dei lessicografi improvvisati. Il problema estetico sembra sfuggirgli, e non manifestano alcuna eccitazione, meraviglia, apprezzamento per questi *tours de force* stilistici. Incapaci ormai di distinguere la letteratura dalla vita quotidiana (o forse disinteressati alla vita quotidiana, che vedono solo attraverso reperti letterari), essi propongono questi casi come se fossero esempi di uso linguistico comune.

Il modo di distinguere, segmentare, organizzare i colori varia da cultura a cultura. Anche se sono state individuate alcune costanti transculturali,[4] sembra per lo meno difficile tradurre tra lingue lontane nel tempo o di civiltà diverse i termini di colore, ed è stato osservato che "il significato del termine colore è uno dei peggiori grovigli della storia della scienza".[5] Se si usa il termine *colore* per riferirsi alla pigmentazione delle sostanze nell'ambiente, non si è ancora detto nulla sulla nostra percezione cromatica. Occorre distinguere i pigmenti come realtà cromatica dalla nostra risposta percettiva come effetto cromatico – che dipende da molti fattori, come la natura delle superfici, la luce, il contrasto fra gli oggetti, la conoscenza precedente, e così via.[6]

Il daltonismo stesso rappresenta un enigma sociale, difficile sia da risolvere che da individuare, e proprio per ragioni linguistiche. Pensare che i termini di colore si riferiscano solo a differenze suggerite dallo spettro visibile è come ritenere che i rapporti genealogici presuppongano una struttura parentale uguale per tutte le culture. Invece, nel colore come nella parentela, i termini sono definiti dalla loro opposizione e differenza con altri termini e tutti sono definiti dal sistema. I daltonici hanno esperienze percettive certamente diverse da quelle degli altri, ma le riferiscono allo stesso sistema linguistico usato da tutti.

Di qui la destrezza culturale dei daltonici, che si basano su differenze di luminosità – in un mondo che tutti gli altri vedono differenziato dalle tinte. I daltonici del rosso e del verde parlano di rossi e di verdi e di tutte le loro sfumature usando le stesse parole che la maggior parte di noi assegna agli oggetti di un certo colore. Essi pensano e parlano e agiscono come noi in termini di "colore dell'oggetto" e di "costanza del colore". Chiamano verdi le foglie, rosse le rose. Le variazioni di saturazione e di luminosità del loro giallo danno loro una stupefacente varietà di impressioni. Mentre noi impariamo ad affidar-

[4] Cfr. Berlin e Kay (1969).
[5] Cfr. Gibson (1968).
[6] Cfr. Itten (1961).

ci alle differenze di colore, le loro menti si allenano a valutare la luminosità.... Per lo più, i daltonici del rosso e del verde non sanno del loro difetto, e pensano che noi vediamo le cose con le stesse sfumature che vedono loro. Non hanno alcuna ragione per rendersi conto di un conflitto. Se c'è una discussione, considerano *noi* confusi, e non *se stessi* imperfetti. Ci sentono chiamare verdi le foglie e, qualsiasi sfumatura le foglie abbiano per loro, le chiamano verdi.[7]

Commentando questo passo Marshall Sahlins (1975) non soltanto insiste sulla tesi che il colore è una questione culturale, ma osserva che in tutti i test sulla discriminazione dei colori si assume che i termini di colore denotino in primo luogo le proprietà immanenti di una sensazione. Invece, quando si enuncia un termine di colore non si sta puntando direttamente a uno stato del mondo ma, al contrario, si sta collegando o correlando quel termine con quello che io chiamerei un Tipo Cognitivo e un Contenuto Nucleare. L'emissione del termine è determinata, ovviamente, da una data sensazione, ma la trasformazione degli stimoli sensoriali in un percetto è in qualche modo determinata dal rapporto semiotico fra l'espressione linguistica e il *contenuto* a essa culturalmente correlato.

D'altra parte, a quale esperienza sensoriale ci si riferisce pronunziando il nome di un colore? L'Optical Society of America classifica una quantità fra i 7,5 e i 10 milioni di colori che possono in teoria essere discriminati. Un artista allenato può discriminare e nominare moltissime tinte, che l'industria dei pigmenti fornisce e indica con dei numeri. Ma il test Farnsworth-Munsell, che include 100 tinte, dimostra che il tasso medio di discriminazione è altamente insoddisfacente. Non solo la maggioranza dei soggetti non ha i mezzi linguistici con cui categorizzare queste 100 tinte, ma approssimativamente il 68 per cento della popolazione (esclusi i soggetti anormali) ottiene un punteggio totale fra i 20 e i 100 errori al primo test, che riguarda la risistemazione di queste tinte su una scala continua di gradazioni. La più grande raccolta di nomi inglesi di colori conta

[7] Cfr. Linksz (1952: 2, 52).

più di 3000 termini,[8] ma soltanto otto di questi occorrono comunemente.[9]

Così la competenza cromatica media è rappresentata meglio dai sette colori dell'arcobaleno, con le loro rispettive lunghezze d'onda in millimicron. Questa tabella potrebbe costituire una sorta di metalinguaggio cromatico che garantisce della traduzione, una "lingua" internazionale riferendosi alla quale chiunque potrebbe stabilire a quale porzione dello spettro cromatico ci si sta riferendo:

800-650	Rosso
640-590	Arancio
580-550	Giallo
540-490	Verde
480-460	Azzurro
450-440	Indaco
430-390	Violetto

Sfortunatamente questo metalinguaggio non ci aiuta a comprendere cosa volessero dire Aulo Gellio e i suoi amici. Questa segmentazione sembra corrispondere alla nostra esperienza comune, ma non all'esperienza dei parlanti latini, se effettivamente è vero che non distinguevano chiaramente fra verde e azzurro. Credo che i parlanti russi segmentino la gamma delle lunghezze d'onda che noi chiamiamo *blu* o *azzurro* in diverse porzioni, *goluboj* e *sinij*. Gli indù considerano rosso e arancio un'unica unità pertinente. E contro le 3000 tinte che, secondo David e Rose Katz i Maori della Nuova Zelanda riconoscono e nominano con 3000 termini diversi,[10] ci sono, secondo Conklin (1955: 339-342) gli Hanunóo delle Filippine, con un'opposizione particolare fra un codice ristretto pubblico e dei codici elaborati più o meno individuali.

Essi riconoscono due livelli di contrasto cromatico. Trascuriamo il secondo, che comprende centinaia di categorie su cui pare esserci scarsa unanimità, e che sembrano differenziarsi a

[8] Maerz e Paul (1953).
[9] Thorndike e Lorge (1962)
[10] Katz David e Rose (1960, §2).

seconda del sesso e delle attività. Il primo livello contempla quattro categorie, reciprocamente esclusive, dall'estensione disuguale e dai confini imprecisi e smangiati, ma abbastanza definibili al centro. All'ingrosso, *mabi:ru* include la gamma abitualmente coperta, nelle lingue occidentali, da nero, violetto, indaco, blu, verde scuro, grigio, e sfumature profonde di altri colori e miscele; *malagti* si riferisce al bianco e ai toni molto leggeri di altri colori e miscele; *marara* al castano, al rosso, all'arancio, al giallo, e a miscele in cui predominano queste tinte; *malatuy* al verde chiaro e a miscele di verde, giallo e marrone chiaro.

Evidentemente questa divisione dello spettro dipende da criteri culturali e da esigenze materiali. Pare che prima si disegni una opposizione fra chiaro e scuro (*lagti* vs *biru*), poi un'opposizione fra secchezza o aridità e umidità o succosità (*rara* vs *latuy*), rilevante per le piante (visto che quasi tutte esibiscono parti fresche, spesso "verdastre"). Una sezione umida di bambù appena tagliato è *malatuy* e non *marara*. Invece le parti di pianta essiccate o mature, come bambù ingiallito o chicchi di granturco seccato, sono *marara*. Una terza opposizione, trasversale rispetto alle precedenti, è quella delle sostanze indelebili, contrapposte a quelle pallide e sbiadite o incolori (*mabi:ru* e *marara* vs *malagti* e *malatuy*).

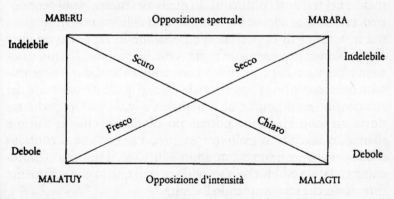

Figura 11

Tentiamo ora di organizzare il sistema Hanunóo in modo da renderlo comparabile al nostro sistema spettrale:

mμ	Italiano medio	Hanunóo, Livello 1			Hanunóo, Livello 2
800-650	Rosso	Marara (Secco)	Malagti (chiaro)	Marara (indelebile)	
640-590	Arancione				
580-550	Giallo	Malatuy (fresco)		Malagti (debole)	
540-490	Verde				
480-460	Blu			&	
450-440	Indaco	Mabi:ru (marcio)		&	
430-390	Violetto		Mabi:ru (scuro)	Mabi:ru / Malatuy	

Figura 12

Questa ricostruzione costituisce un sistema di opposizioni e di reciproci confini. Geopoliticamente parlando, un territorio nazionale è un concetto negativo: è la classe di tutti i punti non inclusi nei territori confinanti. In qualsiasi sistema, vuoi geopolitico, cromatico, o lessicale, le unità sono definite non in se stesse ma in termini di opposizione e posizione in rapporto ad altre unità. Non ci può essere un'unità senza un sistema. In questo sistema lo spazio del contenuto pertinente di *malatuy* è determinato dal suo confine settentrionale, oltre il quale c'è *marara*, e dal suo confine meridionale, oltre il quale c'è *mabi:ru*. Dovendo tradurre un testo Hanunóo potremmo allora dire che un frutto è marcio, o succoso, o giallo o rossastro, a seconda se il contesto rende pertinente il suo colore approssimativo, il suo grado di secchezza o la sua edibilità – a seconda cioè di quello che veramente interessa a chi sta compiendo l'azione.

È considerando questo schema (di cui Conklin non è responsabile) che possiamo avviarci a risolvere l'enigma di Aulo Gellio, inserendo in questa tavola comparativa anche le sue divisioni cromatiche, sia pure con fortunosa approssimazione:

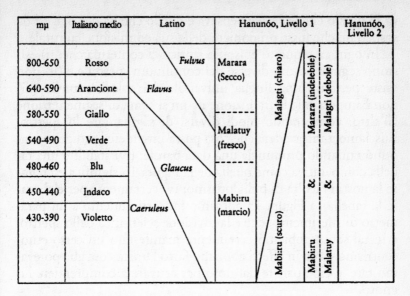

mµ	Italiano medio	Latino	Hanunóo, Livello 1	Hanunóo, Livello 2
800-650	Rosso	*Fulvus*	Marara (Secco)	Malagti (chiaro) — Marara (indelebile) & Malagti (debole) & Mabi:ru (scuro) — Mabi:ru & Malatuy
640-590	Arancione	*Flavus*		
580-550	Giallo			
540-490	Verde		Malatuy (fresco)	
480-460	Blu	*Glaucus*		
450-440	Indaco	*Caeruleus*	Mabi:ru (marcio)	
430-390	Violetto			

Figura 13

Roma, nel II secolo d.C., era un affollato crocevia di molte culture. L'Impero controllava l'Europa dalla Spagna al Reno, dall'Inghilterra al Nord Africa e al Medio Oriente. Tutte queste culture, con le proprie sensibilità cromatiche, erano presenti nel crogiuolo romano. Aulo Gellio stava cercando di mettere insieme i codici di almeno due secoli di letteratura latina e i codici di diverse culture non latine. Gellio deve avere considerato segmentazioni culturali diverse e forse contrastanti del campo cromatico. Questo spiegherebbe le contraddizioni della sua analisi e il disagio cromatico avvertito dal lettore moderno. Il suo caleidoscopio non è coerente: ci sembra di guardare uno schermo televisivo tremolante, con qualcosa di rotto nei circuiti elettronici, in cui le tinte si mescolano e la stessa faccia passa, nello spazio di pochi secondi, dal giallo all'arancio o al verde. Determinato dalla sua informazione culturale, Gellio non può affidarsi alle sue percezioni personali, se ce ne sono, e appare portato a vedere l'oro tanto rosso quanto il fuoco, e lo zafferano tanto giallo quanto le sfumature verdastre di un cavallo azzurro.

Non sappiamo e non sapremo mai come Gellio percepiva realmente la sua *Umwelt*; sfortunatamente, la nostra unica prova di quello che vedeva e pensava è quello che ha detto, e c'è da sospettare che fosse prigioniero della sua confusione culturale.

In ogni caso questo episodio storico ci conferma che: (i) esistono segmentazioni diverse del continuum spettrale e (ii) non esiste pertanto una lingua universale dei colori; tuttavia (iii) non è impossibile la traduzione da un sistema di segmentazione all'altro: comparando modi diversi di segmentare lo spettro, riusciamo a intravedere che cosa possa intendere l'indigeno Hanunóo quando pronuncia una data parola; (iv) stabilire una tabella comparativa come quella della Figura 13 significa esercitare la nostra facoltà di poliglottismo; (v) certamente per elaborare la tabella in Figura 13 abbiamo fatto riferimento a un parametro di riferimento, che è la divisione scientifica dello spettro, e in tal senso abbiamo certamente manifestato un certo etnocentrismo – ma in effetti abbiamo fatto l'unica cosa che potevamo fare, e cioè partire dal noto per arrivare a comprendere l'ignoto.[11]

Se tuttavia riusciamo in qualche modo a capire la segmentazione Hanunóo, più perplessi si rimane di fronte al tentativo di ricostruzione (del tutto congetturale) che si è tentato della segmentazione "poetica" a cui Gellio si riferiva. Se accettiamo che la ricostruzione del sistema cromatico Hanunóo sia fedele, anche noi saremmo in grado di usare termini diversi per distinguere un'albicocca matura appena colta da una seccata al sole (anche se nella nostra lingua tenderemmo a vederle più o meno dello stesso colore). Coi termini poetici invece non si è tentato di accennare a un possibile sistema, quanto di suggerire (a modo di esempio) come possano delinearsi delle linee di attraversamento dello spettro, difficili da determinare.

In altre parole, quello che la colonna riservata in Figura 13 alla terminologia latina vuole dare a pensare è che i poeti latini (non necessariamente in quanto esseri percipienti, ma certamente in quanto poeti) fossero meno sensibili alle opposizioni

---

[11] Rimane da decidere se un Hanunóo, partendo dal proprio sistema, possa arrivare a comprendere il nostro. Certamente però esistono segmentazioni che, per l'essere più minuziose, rilevabili attraverso apparati meccanici, meno legate a situazioni soggettive, risultano più maneggevoli di altre, e tra queste il nostro sistema spettrale.

o alle gradazioni spettrali nette, e più sensibili alle miscele leggere di tinte spettralmente distanti. Sembra che non fossero interessati ai pigmenti ma agli effetti percettivi dovuti all'azione combinata della luce, delle superfici, della natura e degli scopi degli oggetti. Così, una spada poteva essere *fulva* come il diaspro perché il poeta vedeva il rosso del sangue che essa poteva versare. D'altra parte abbiamo rilevato che Valéry vedeva il mare coi riflessi di un tetto d'ardesia. Ecco perché le descrizioni coloristiche citate da Gellio ci ricordano più certi dipinti di Franz Marc o del primo Kandinskij che un poliedro cromatico scientifico.

Con la sua sensibilità decadente (e quindi sincretistica) Gellio tendeva a interpretare la creatività poetica e l'invenzione come un codice socialmente accettato, ma pare chiaro che in tutti gli esempi che egli cita il poeta cercava di sospendere la propria reattività cromatica abituale e di vedere un universo di tinte *straniato*, proprio nel senso dell'effetto di straniamento dei formalisti russi. Il discorso del poeta semplicemente ci invitava a riguardare al continuum della nostra esperienza cromatica come se non fosse mai stato precedentemente segmentato, o come se la segmentazione in cui ci riposavamo dovesse essere rimessa in causa. Ci chiedeva di riconsiderare un cavallo, il mare e i cocomeri per scoprire se non ci sia qualcosa che li accomuna, malgrado le province distinte in cui il nostro codice cromatico li ha relegati.

14.5 Ultimo *folio*

Credo che un traduttore di questi poeti, anziché rifarsi a un dizionario corrente per vedere se una spada possa essere davvero detta fulva, debba rifarsi a una sorta di tabella comparativa ideale del tipo della nostra Figura 13.

Solo così potrà decidere come tradurre, in un dato contesto, termini come *rutilus*, *luteus* o *spadix*. Se vado a cercare *spadix* sul dizionario latino vedo che è un cavallo baio, ma che in botanica è anche un rametto di palma, in italiano *spadice*. Il dizionario è al massimo un punto di partenza. Occorre tentare di ripensare il mondo come il poeta poteva averlo visto, e a questo deve portare l'interpretazione del testo. Dopo di che la scelta del termine adatto sarà vuoi *target oriented*, per cui tradurremo "rosso nerastro", vuoi *source oriented*, per cui sceglieremo *spadix* o *spadice*, per far sentire al lettore *Das Fremde*, lo straniamento che obbliga a pensare un mondo cromatico arcaico.

La scelta tra *rosso nerastro* e *spadice* sarà questione di negoziazione, tra traduttore, lettore e autore originario (ovvero il testo che ci ha lasciato come unica testimonianza delle sue intenzioni).

Che è poi quello che ho tentato di dire sino a ora. La conclamata "fedeltà" delle traduzioni non è un criterio che porta all'unica traduzione accettabile (per cui è da rivedere persino l'alterigia o la condiscendenza sessista con cui si guarda talora alle traduzioni "belle ma infedeli"). La fedeltà è piuttosto la tendenza a credere che la traduzione sia sempre possibile se il testo fonte è stato interpretato con appassionata complicità, è l'impegno a identificare quello che per noi è il senso profondo del testo, e la capacità di negoziare a ogni istante la soluzione che ci pare più giusta.

Se consultate qualsiasi dizionario vedrete che tra i sinonimi di *fedeltà* non c'è la parola *esattezza*. Ci sono piuttosto *lealtà, onestà, rispetto, pietà*.

RIFERIMENTI BIBLIOGRAFICI

ALEXANDERSON, EVA
1993   "Problemi della traduzione de *Il nome della rosa* in svedese". In Avirovic' e Dodds, eds 1993: 43.45.

AVIROVIC', LJLJANA-DODDS, JOHN (eds)
1993   *"Umberto Eco, Claudio Magris. Autori e traduttori a confronto" (Trieste, 27-28 novembre 1989)*. Udine: Campanotto.

ARGAN, GIULIO CARLO
1970   "Il valore critico della 'stampa di traduzione'". In *Studi e note dal Bramante a Canova*. Roma: Bulzoni.

BAKER, MONA (ed.)
1998   *Routledge Encyclopedia of Translation Studies*. London: Routledge.

BARNA, IMRE
1993   "Monologo del copista". In Avirovic' e Dodds, eds 1993: 31-33.
2000   *"Esprimere... Lettera aperta di un traduttore"*. In Petitot e Fabbri, eds 2000, tr. it.: 573-578.

BASSNETT, SUSAN-LEFEVERE, ANDRÉ (eds)
1990   *Translation, History and Culture*. London: Pinter.

BASSNETT, SUSAN
1980   *Translation Studies*. London-New York: Methuen (2a ed. rivista 1991). (Tr. it. *La traduzione. Teorie e pratica*. Milano: Bompiani 1993.)
1999   "Metaphorically Translating". In Franci e Nergaard, eds 1999: 35-47.

BASSO, PIERLUIGI
2000   "Fenomenologia della traduzione intersemiotica". In Dusi e Nergaard, eds 2000: 199-216.

BENJAMIN, WALTER
1923   "Die Aufgabe des Übersetzers", introduzione alla traduzione di Ch.

Baudelaire, *Tableaux Parisiens*, Heidelberg. Ora in *Gesammelte Schriften*. Frankfurt: Suhrkamp 1972 (tr. it. in *Angelus novus*, Torino, Einaudi 1962 e ora in Nergaard, ed. 1993: 221-236).

BERLIN, B.,-KAY, P.
1969   *Basic Color Terms*. Berkeley: University of California Press.

BERMAN, ANTOINE
1984   *L'épreuve de l'étranger*. Paris: Gallimard (tr. it. *La prova dell'estraneo*. Macerata: Quodlibet 1994).
1995   *Pour une critique des traductions: John Donne*. Paris: Gallimard.
1999²   *La traduction et la lettre ou l'auberge lointain*. Paris: Seuil.

BERNARDELLI, ANDREA
1999   "Semiotica e storia della traduzione". In Franci e Nergaard, eds 1999: 61-86.

BERTUCCELLI PAPI, MARCELLA
2000   *Implicitness in Text and Discourse*. Pisa: ETS.

BETTETINI, GIANFRANCO
2001   "La traduzione come problema del dialogo intermediale". In Calefato *et al.*, eds 2001: 41-51.

BETTETINI, GIANFRANCO-GRASSO, ALADO-TETTAMANZI, LAURA (eds)
1990   *Le mille e una volta dei Promessi Sposi*. Roma: RAI VQPT- Nuova ERI.

BROWER, REUBEN A. (ed.)
1959   *On Translation*. Cambridge: Harvard U.P.

BUFFA, AIRA
1987   "Da *Il nome della rosa* a *Ruusun Nimi*. Un salto linguistico in un tempo quasi astorico". *Parallèles* 8, 1987.

CALABRESE, OMAR
1989   "L'iconologia della Monaca di Monza". In Manetti, ed. 1989
2000   "Lo strano caso dell'equivalenza imperfetta". In Dusi e Nergaard, eds 2000: 101-120.

CALE KNEZEVIĆ, MORANA
1993   "Traduzione, tradizione e tradimento: in margine alla versione croata de *Il nome della rosa*". In Avirović e Dodds, eds 1993: 47-53.

CALEFATO, PATRIZIA-CAPRETTINI, GIAN PAOLO-COALIZZI, GIULIA (eds)
2001   *Incontri di culture. La semiotica tra frontiere e traduzioni*. Torino: Utet Libreria.

CANO, CRISTINA-CREMONINI, GIORGIO
1990   *Cinema e musica. Racconto per sovrapposizioni.* Firenze: Vallecchi.

CAPRETTINI, GIAN PAOLO
2000   "Itinerari della mente cinematografica". In Dusi e Nergaard, eds 2000: 133-142.

CASETTI, FRANCESCO
1989   "La pagina come schermo. La dimensione visiva nei *Promessi Sposi*". In Manetti, ed. 1989.

CATTRYSSE, PATRICK
2000   "Media Translation". In Dusi e Nergaard, eds 2000: 251-270.

CHAMOSA, J.L.-SANTOYO, J.C.
1993   "Dall'italiano all'inglese: scelte motivate e immotivate di 100 soppressioni in *The Name of the Rose*". In Avirović e Dodds, eds 1993: 141-148.

CONKLIN, HAROLD C.
1955   "Hanunóo Color Categories". *Southern Journal of Anthropology* II: 339-342.

CONTINI, GIANFRANCO
1979   "Esercizio d'interpretazione sopra un sonetto di Dante". *Varianti e altra linguistica.* Torino: Einaudi 1979: 61-68.

CRISAFULLI, EDOARDO
2003   "Umberto Eco's Hermeneutics and Translation Studies: Between 'Manipulation' and 'Over-interpretation'". In Charlotte Ross *et al.* 2003.

DEMARIA, CRISTINA
1999   "Lingue dominate/Lingue dominanti". In Franci e Nergaard, eds 1999: 61-86.
2003   *Genere e differenza sessuale. Aspetti semiotici della teoria femminista.* Milano: Bompiani.

DEMARIA, CRISTINA-MASCIO, LELLA-SPAZIANTE, LUCIO
2001   "Frontiera e identità fra Semiotica e Cultural Studies". In Calefato *et al.*, eds 2001.

DERRIDA, JACQUES
1967   *L'écriture et la différence.* Paris: Seuil (tr. it. *La scrittura e la differenza,* Torino: Einaudi 1971).
1985   "Des tours de Babel". In Graham, ed., *Differences in translation.* Ithaca:

Cornell U.P.: 209-248. Poi in Derrida, *Psyché. Invention de l'autre*. Galilée: Paris 1987, 203-235 (tr. it. in Nergaard, ed. 1995: 367-418).
2000   "Che cos'è una traduzione 'rilevante'?". Traduzione di una conferenza tenuta in apertura di un convegno di traduttori a Parigi, dicembre 1998, in Petrilli, ed. 2000: 25-45.

DE VOOGD, PIETHA
1993   "Tradurre in tre". In Avirović e Dodds, eds 1993: 37-42.

DRUMBL, JOHANN
1993   "Lectio difficilior". In Avirović e Dodds, eds 1993: 93-102.

DUSI, NICOLA
1998   "Tra letteratura e cinema: ritmo e spazialità in *Zazie dans le métro*". *Versus* 80/81: 181-200.
2000   "Introduzione" a Dusi e Nergaard, eds 2000: 3-54.

DUSI, NICOLA-NERGAARD, SIRI (eds)
2000   *Sulla traduzione intersemiotica*, numero speciale di *VS* 85-87.

ECO, UMBERTO
1975   *Trattato di semiotica generale*. Milano: Bompiani.
1977a   "The Influence of R. Jakobson on the Development of Semiotics". In Armstrong e van Schooneveld, eds, *Roman Jakobson – Echoes of His Scholarship*. Lisse: De Ridder 1977 (tr. it. "Il pensiero semiotico di Roman Jakobson" in R. Jakobson, *Lo sviluppo della semiotica*. Milano: Bompiani 1978).
1977b   *Dalla periferia dell'impero*. Milano: Bompiani.
1978   *Il superuomo di massa*. Milano: Bompiani.
1979   *Lector in fabula*. Milano: Bompiani.
1983   "Introduzione" a Raymond Queneau, *Esercizi di stile*. Torino: Einaudi.
1984   *Semiotica e filosofia del linguaggio*. Torino: Einaudi.
1984   *La ricerca della lingua perfetta*. Roma-Bari: Laterza.
1985   *Sugli specchi e altri saggi*. Milano: Bompiani.
1990   *I limiti dell'interpretazione*. Milano: Bompiani.
1991   *Vocali*. Napoli: Guida.
1992a   "Due pensieri sulla traduzione". *Atti della Fiera Internazionale della Traduzione, Riccione 10-12 dicembre 1990*. Forlì: Editrice Ateneo: 10-13.
1992b   *Il secondo Diario Minimo*. Milano: Bompiani.
1993a   "Intervento introduttivo". In Avirović e Dodds, eds 1993: 19-26.
1993b   *La ricerca della lingua perfetta*. Bari: Laterza.
1994   *Sei passeggiate nei boschi narrativi*. Milano: Bompiani.
1995a   "Riflessioni teoriche-pratiche sulla traduzione". In Nergaard, ed. 1995: 121-146.
1995b   "Mentalese e traduzione". *Carte semiotiche* 2, "La Traduzione": 23-28.

1996   "Ostrigotta, ora capesco". In Joyce, 1996 *Anna Livia Plurabelle*, Rosa Maria Bosinelli, ed., Torino: Einaudi.
1997   *Kant e l'ornitorinco*. Milano: Bompiani.
1999a   "Experiences in translation". In Franci e Nergaard, eds 1999: 87-108.
1999b   Traduzione, Introduzione e commento a Gérard de Nerval, *Sylvie*. Torino: Einaudi.
2000   "Traduzione e interpretazione". In Dusi e Nergaard, eds 2000: 55-100.
2001   *Experiences in translation*. Toronto: Toronto U.P.
2002   *Sulla letteratura*. Milano: Bompiani.

ECO, UMBERTO-NERGAARD, SIRI
1998   "Semiotic approaches". In Baker, ed. 1998: 218-222.

EVEN ZOHAR, ITAMAR-TOURY, GIDEON (eds)
1981   Translation Theory and Intercultural relations. *Poetics Today* 2,4.

EVEN-ZOHAR, ITAMAR (ed.)
1990   "Polysystems Studies". *Poetics Today* 11.1.

FABBRI, PAOLO
1998   *La svolta semiotica*. Bari: Laterza.
2000   "Due parole sul trasporre". In Dusi e Nergaard, eds 2000: 271-284.

FALZON, ALEX R.
2002   *L'effetto Arcimboldo: le traduzioni sovversive di Angela Carter*. Trento.

FOLENA, GIANFRANCO
1991   *Volgarizzare e tradurre*. Torino: Einaudi.

FRANCI, GIOVANNA-NERGAARD, SIRI (eds)
1999   *La traduzione*. Numero speciale di *VS* 82.

GADAMER, HANS-GEORG
1960   *Warheit und Methode*. Tübingen: Mohr, III (tr. it. *Verità e metodo*. Milano: Bompiani 1983: 441-457. Anche in Nergaard, ed. 1995 come "Dall'ermeneutica all'ontologia": 341-367).

GAGLIANO, MAURIZIO
2000   "Traduzione e interpretazione". In Dusi e Nergaard, eds 2000: 189-198.

GENETTE, GÉRARD
1972   *Figures III*. Paris: Seuil (tr. it. *Discorso del racconto*, Torino, Einaudi 1981).

1982   *Palimsestes. La littérature au second degré.* Paris: Seuil (tr. it. *Palinse-sti.* Torino: Einaudi 1997).

GIBSON, JAMES
1968   *The Senses Considered as Perceptual Systems.* London: Allen and Unwin.

GOODMAN, NELSON
1968   *Languages of Art.* New York: Bobbs-Merill (tr. it. *I linguaggi dell'ar-te.* Milano: Saggiatore 1976).

GORLÉE, DINDA
1989   "Wittgenstein, translation, and semiotics". *Target* 1/1: 69-94.
1993   *Semiotics and the Problem of Translation with Special Reference to the Semiotics of Charles S. Peirce.* Amsterdam: Academisch Proefschrift.

GREIMAS, ALGIRDAS J.
1966   *Sémantique structurale.* Paris: Larousse (tr. it. *Semantica strutturale.* Milano: Rizzoli 1969; ora Roma: Meltemi 2000).
1973   "Les actants, les acteurs et les figures". In Chabrol, ed., *Sémiotique narrative et textuelle.* Paris: Larousse. Ora in *Du sens II.* Paris: Seuil 1983 (tr. it. *Del Senso II.* Milano: Bompiani 1985).

HEIDEGGER, MARTIN
1987   *Heraklit.* In *Gesamtausgabe.* Frankfurt: Klostermann (tr. it. *Eraclito.* Milano: Mursia 1993).

HELBO, ANDRÉ
2000   "Adaptation et traduction". In Dusi e Nergaard, eds 2000: 121-132.

HJELMSLEV, LOUIS
1943   *Prolegomena to a Theory of Language.* Madison: Wisconsin U.P. (tr. it. *I fondamenti della teoria del linguaggio.* Torino: Einaudi 1968).
1947   "The Basic Structure of Language". In *Essais linguistiques II.* Travaux du Cercle Linguistique de Copenhague XIV 1973: 119-156 (tr. it. *Saggi linguistici I.* Milano: Unicopli 1988: 154-196).
1954   "La stratification du langage". *Word* 10: 163-188. (tr. it. *Saggi linguistici I.* Milano: Unicopli 1988: 213-246).

HOFSTADTER, DOUGLAS
1997   *Le Ton Beau de Marot.* New York: Basic Books.

HUMBOLDT, WILHELM VON
1816   "Einleitung". In *Aeschylos Agamemnon metrisch Übersetz.* Leipzig: Fleischer (tr. it. in Nergaard 1993: 125-142).

HUTCHEON, LINDA
1988   *A Poetics of Postmodernism*. London: Routledge.
1998   "Eco's Echoes: Ironizing the (Post)Modern". In Bourchard e Prava-
        delli, eds, *Umberto Eco's Alternative. The Politics of Culture and the
        Ambiguities of Interpretation*. New: York: Peter Lang 1998: 163-
        184.

ITTEN, JOHANNES
1961   *Kunst der Farbe*. Ravensburg: Otto Mair.

JAKOBSON, ROMAN
1935   "The Dominant" (in ceco). In inglese in *Selected Writings III*. The
        Hague: Mouton 1981 e *Language in literature*, Pomorska e Rudy,
        eds, Cambridge: The Belknap Press of Harvard U.P.: 41-46.
1959   "Linguistic Aspects on Translation", in Brower, ed. 1959: 232-239
        (tr. it. in *Saggi di linguistica generale*. Milano: Feltrinelli 1966, an-
        che in Nergaard, ed. 1995: 51-62).
1977   "A Few Remarks on Peirce". *Modern Language Notes* 93: 1026-1036.
1960   "Closing Statements: Linguistics and Poetics". In Sebeok, ed., *Style
        in Language*. Cambridge: MIT Press (tr. it. in *Saggi di linguistica ge-
        nerale*. Milano: Feltrinelli 1966).
1987   *Language in Literature*. In Pomorska e Rudy, eds, Cambridge: Har-
        vard U.P.

JERVOLINO, DOMENICO
2001   "Introduzione". In Ricoeur 2001: 7-37.

KATAN, DAVID
1993   "The English Translation of *Il nome della rosa* and the Cultural Fil-
        ter". In Avirović e Dodds, eds 1993: 149-168.

KATZ, DAVID-KATZ, ROSE
1960   *Handbuch der Psychologie*. Basel: Schwabe.

KENNY , DOROTHY
1998   "Equivalence". In Baker, ed. 1998: 77-80.

KOLLER, WERNER
1979   *Einführung in die Übersetzungswissenschaft*. Heidelberg e Wiesba-
        den: Quelle und Meyer.
1989   "Equivalence in Translation Theory". In Chesterman, ed., *Readings
        in Translation Theory*. Helsinki: Oy Finn Lectura AB.
1995   "The Concept of Equivalence and the Object of Translation Stu-
        dies". *Target* 7, 2: 191-222.

KOSTIOUKOVITCH, ELENA
1993   "Le decisioni stilistiche della traduzione in lingua russa de *Il nome della rosa*". In Avirović e Dodds, eds 1993.

KROEBER, BURKHART
1993   "Stare al gioco dell'autore". In Avirović e Dodds, eds 1993: 27-30.
2000   "Appunti sulla traduzione". In Petitot e Fabbri, eds 2000 (tr. it.: 579-585).
2002   "Schwierigkeiten beim Übersetzen von *Baudolino*". In Bremer e Heydenreich, eds, *Zibaldone* 33 (Schwerpunkt: Umberto Eco), pp. 112-117.

KROEBER, BURKHART-ECO, UMBERTO
1991   "Difficoltà di tradurre Umberto Eco in tedesco". In Rubino, Liborio M., *La traduzione letteraria in Germania e in Italia dal 1945 ad oggi* (Atti del seminario 3-5 maggio 1991, Palermo: Istituto di Lingue e Facoltà di Lettere e Filosofia, s.d.: 161-171).

KRUPA, V.
1968   "Some Remarks on the Translation Process". *Asian and African Studies* 4. Bratislava.

LA MATINA, MARCELLO
1995   "Aspetti testologici della traduzione dei testi biblici". *Koiné. Annali della Scuola Superiore per interpreti e traduttori "San Pellegrino"*, V-VI, 1995-96, pp. 329-352.
2001   *Il problema del significante*. Roma: Carocci.

LEFEVERE, ANDRÉ (ed.)
1992   *Translation/History/Culture*. A Sourcebook. London: Routledge.

LEPSCHKY, GIULIO C.
1991   "Traduzione". In *Enciclopedia* 14. Torino: Einaudi.

LINKSZ, ARTHUR
1952   *Physiology of the Eye*. New York: Grune & Stratton.

LOTMAN, JURIJ
1964   "Problema teksta". In *Lekcii po struktural'noj poetika*. Tartu, III: 155-166 (tr. it.: "Il problema del testo" in Nergaard, ed. 1995: 85-103.
1964   "Problema stichotvornogo perevod". In *Lekcii po struktural'noj poetika*. Tartu, III: 183-187 (tr. it. "Il problema della traduzione poetica" in Nergaard, ed. 1995: 257-265).

LOZANO MIRALLES, HELENA
2001   "Di come il traduttore prese possesso dell'Isola e incominciò a tra-durre". In Petitot e Fabbri, eds 2000 (tr. it.: 585-606).
2002   "Negli spaziosi campi del Tempo: il congiuntivo futuro e la tradu-zione spagnola de *L'isola del giorno prima*". In *Attorno al congiunti-vo*, M. Mazzoleni, M. Prandi e L. Schena, eds, Bologna, Clueb, pp. 169-180.
2003   "Cuando el traductor empieza a inventar: creación léxica en la ver-sión española de *Baudolino* de Umberto Eco". In *La Neologia*, P. Capanaga e I. Fernández García, eds, Zaragoza, Pórtico (in corso di stampa).

LUTHER, MARTIN
1530   *Sendbrief von Dolmetschen* (tr. it. in Nergaard, ed. 1995; anche in Martin Lutero. *Lettera del tradurre*. Venezia: Marsilio 1998).

MAERZ, A.-PAUL, R.
1953   *A Dictionary of Color*. New York: Crowell.

MAGLI, PATRIZIA
2000   "L'epifania dell'essere nella rappresentazione verbale". In Petitot e Fabbri, eds 2000 (tr. it.: 175-188).

MANETTI, GIOVANNI (ed.)
1989   *Leggere i "Promessi Sposi"*. Milano: Bompiani.

MARCONI, LUCA
2000   "Arrangiamenti musicali e trasposizioni visive". In Dusi e Nergaard, eds 2000: 217-234.

MASON, IAN
1998   "Communicative/functional approaches". In Baker, ed. 1998: 29-33.

MCGRADY, DONALD
1994   "Textual Revisions in Eco's *Il nome della rosa*". *The Italianist* 14: 195-203.

MEERCSCHEN, JEAN-MARIE VAN DER
1986   "La traduction française, problèmes de fidelité". In *Traduzione Tra-dizione*. Milano: Dedalo 1986: 80.

MENIN, ROBERTO
1996   *Teoria della traduzione e linguistica testuale*. Milano: Guerini.

METZ, CHRISTIAN
1971   *Langage et cinéma*. Paris: Larousse (tr. it. *Linguaggio e cinema*. Milano: Bompiani 1977).

MONTANARI, FEDERICO
2000   "Tradurre metafore?" In Dusi e Nergaard, eds 2000: 171-188.

NASI, FRANCO (ed.)
2001   *Sulla traduzione letteraria*. Ravenna: Longo.

NERGAARD, SIRI
1995   "Introduzione". In Nergaard, ed. 1995.
2000   "Conclusioni". In Dusi e Nergaard, eds 2000: 285-296.
2001   "Semiotica interpretativa e traduzione". In Petrilli, ed. 2001: 56-57.

NERGAARD, SIRI (ed.)
1993   *La teoria della traduzione nella storia*. Milano: Bompiani.
1995   *Teorie contemporanee della traduzione*. Milano: Bompiani.

NIDA, EUGENE
1964   *Towards a Science of Translation*. Leiden: Brill.
1975   *Componential Analysis of Meaning. An Introduction to Semantic Structures*. The Hague-Paris: Mouton.

OLDCORN, TONY
2001   "Confessioni di un falsario". In Nasi, ed. 2001: 68.

ORTEGA Y GASSET, JOSÉ
1937   *Miseria y esplendor de la traducción* . In *Obras completa* V. Madrid (tr. it. in Nergaard, ed. 1993: 181-206; ora anche *Miseria e splendore della traduzione*. Genova: Melangolo 2001).

OSIMO, BRUNO
1998   *Il manuale del traduttore*. Milano: Hoepli,
2000   *Traduzione e nuove tecnologie*. Milano: Hoepli.
2000   *Corso di traduzione*. Rimini: Logos Guaraldi.
2001   *Propedeutica della traduzione*. Milano: Hoepli.

PALLOTTI, GABRIELE
1999   "Relatività linguistica e traduzione". In Franci e Nergaard, eds 1999: 109-138.

PAREYSON, LUIGI
1954   *Estetica*. Torino: Edizioni di "Filosofia" (ora Milano: Bompiani 1988).

PARKS, TIM
1997   *Translating Style*. London: Cassells (tr. it. *Tradurre l'inglese*. Milano: Bompiani 1997).

PARRET, HERMAN
2000   "Au nom de l'hypotypose". In Petitot e Fabbri, eds 2000: 139-156.

PEIRCE, CHARLES S.
1931-1948 *Collected Papers*. Cambridge: Harvard U.P.

PETITOT, JACQUES-FABBRI, PAOLO (eds)
2000   *Au nom du sens. Autour de l'œuvre d'Umberto Eco*, Colloque de Cerisy 1996. Paris: Grasset (tr. it. *Nel nome del senso*. Anna Maria Lorusso, ed., Milano: Sansoni 2001).

PETRILLI, SUSAN
2000   "Traduzione e semiosi". In Petrilli, S., ed. 2000: 9-21.

PETRILLI, SUSAN (ed.)
2000   *La traduzione*. Numero speciale di *Athanor* x, 2, 1999-2000.
2001   *Lo stesso altro*. Numero speciale di *Athanor* XII, 4.

PIGNATTI, MARINA
1998   *Le traduzioni italiane di* Sylvie *di Gérard de Nerval*. Tesi di Laurea, Università degli Studi di Bologna, A.A. 1997-98.

PISANTY, VALENTINA
1993   *Leggere la fiaba*. Milano: Bompiani.

PONZIO, AUGUSTO
1980   "Gli spazi semiotici del tradurre". *Lectures* 4/5, agosto.

POULSEN, SVEN-OLAF
1993   "On the Problems of Reader Oriented Translation, Latin Quotations, Unfamiliar Loan Words and the Translation of the Verses from the Bible". In Avirovic, e Dodds, eds 1993: 81-87.

PRONI, GIAMPAOLO-STECCONI, UBALDO
1999   "Semiotics Meets Translation". In Franci e Nergaard, eds 1999: 139-152.

PROUST, MARCEL
1954   "Gérard de Nerval". In *Contre Sainte-Beuve*. Paris: Gallimard (tr. it. *Contro Sainte-Beuve*. Torino: Einaudi 1974). Vedi anche "Journées de lecture". In *Pastiches et Mélanges*. Paris: Gallimard 1919 (tr. it. *Giornate di lettura*. Torino: Einaudi 1958).

PUTNAM, HILARY
1975   "The Meaning of Meaning". *Mind, Language and Reality*. London: Cambridge U.P., 215-271 (tr. it. *Mente, linguaggio e realtà*. Milano: Adelphi 1987, 239-297).

PYM, ANTHONY
1992   *Translation and Text Transfer. An Essay on the Principles of Intercultural Communication*. Frankfurt-New York: Lang.

QUINE, WILLARD VAN ORMAN
1960   *Word and Object*. Cambridge: M.I.T. Press (tr. it. *Parola e oggetto*. Milano: il Saggiatore 1970).

RICOEUR, PAUL
1997   "Défi et bonheur de la traduction". DVA Fondation: Stuttgart, 15-21 (tr. it. "Sfida e felicità della traduzione" in Ricoeur 2001: 41-50).
1999   "Le paradigme de la traduction". *Esprit* 253: 8-19 (tr. it. "Il paradigma della traduzione" in Ricoeur 2001: 51-74).
2001   *La traduzione. Una sfida etica*. Brescia: Morcelliana.

ROSS, CHARLOTTE-SIBLEY, ROCHELLE
2003   *Illuminating Eco: on the Boundaries of Interpretation*. Warwick: Ashgate.

ROSS, DOLORES
1993   "Alcune considerazioni sulla traduzione neerlandese de *Il nome della rosa*: tra lessico e sintassi". In Avirović e Dodds, eds 1993: 115-130.

RUSTICO, CARMELO
1999   *Il tema dell'estetica in Peirce*. Tesi di Laurea, Università degli Studi di Bologna. AA. 1998-99.

SAHLINS, MARSHALL,
1975   "Colors and Cultures". *Semiotica* 15,1: 1-22.

SANESI, ROBERTO
1997   "Il testo, la voce, il progetto. Tre frammenti sul tradurre". In Gonzáles Ródenas, Soledad e Lafarga, Francisco, eds, *Traducció i literatura. Homenatge a Ángel Crespo*. Vic: Eumo Editorial: 45-53.

SANTOYO, J.C.
1993   "Traduzioni e pseudotraduzioni. Tecnica e livelli ne *Il nome della rosa*". In Avirović e Dodds, eds 1993: 131-140.

SCHÄFFNER, CHRISTINA
1998   "*Skopos* theory". In Baker, ed. 1998: 235-238.

SCHLEIERMACHER, FRIEDRICH
1813   "Über die verschiedenen Methoden des Übersetzens." In *Zur Philosophie* 2. Berlin: Reimer 1835-1846 (tr. it in Nergaard, ed. 1993: 143-181).

SHORT, THOMAS L.
2000   "Peirce on meaning and traslation". In Petrilli, ed. 2000: 71-82.

SNELL-HORNBY, MARY
1988   *Translation Studies. An Integrated Approach.* Amsterdam: Benjamins.

SNELLING, DAVID
1993   "Dynamism and Intensity in *The Name of the Rose*". In Avirović e Dodds, eds 1993: 89-91.

SNEL TRAMPUS, R.D.
1993   "L'aspetto funzionale di alcune scelte sintattiche in *De naam van de roos*". In Avirović e Dodds, eds 1993: 103.114.

SPAZIANTE, LUCIO
2000   "L'ora della ricreazione". In Dusi e Nergaard, eds 2000: 235-250.

STEINER, GEORGE
1975   *After Babel.* London: Oxford U.P. (tr. it. *Dopo Babele. Il linguaggio e la traduzione.* 2ª ed. ampliata e rivista 1992. Firenze: Sansoni 1984; tr. it. ampliata Milano: Garzanti 1994).

STÖRING, H.J.
1963   *Das Probles des Übersetzen.* Darmstadt: Wissenschaftliche Buchgesellschaft.

STRAWSON, PETER F.
1950   "On Referring". *Mind* 59: 320-344 (tr. it. in Bonomi, ed., *La struttura logica del linguaggio.* Milano: Bompiani 1973: 197-224).

TAYLOR, CHRISTOPHER J.
1993   "The Two Roses. The Original and Translated Versions of *The Name of the Rose* as Vehicles of Comparative Language Study for Translators" In Avirović e Dodds, eds 1993: 71-79.

TERRACINI, BENVENUTO
1951   *Il problema della traduzione.* Milano: Serra e Riva 1983 (Bice Mortara Garavelli, ed.). Originariamente secondo capitolo di *Conflictos*

de lenguas y de culturas (Buenos Aires: Imam 1951) e poi di *Conflitti di lingua e di cultura* (Venezia: Neri Pozza 1957).

THORNDIKE, E.L.-LORGE, I.
1962   *The Teacher's Word Book of 30,000 Words*. New York: Columbia U. P.

TOROP, PEETER
1995   *Total'nyi perevod*. Tartu: Tartu U.P. (tr. it. *La traduzione totale*. Rimini: Guaraldi 2001).

TOURY, GIDEON
1980   *In Search for a Theory of Translation*. Tel Aviv: The Porter Institute for Poetics and Semiotics, Tel Aviv University.
1986   "Translation. A Cultural-Semiotic Perspective". In Sebeok, ed., *Encyclopedic Dictionary of Semiotics*. Berlin-New York-Amsterdam: Mouton de Gruyter 1986. Tome 2: 1111-1124.

TRAINI, STEFANO
1999   "Connotazione e traduzione in Hjelmslev". In Franci e Nergaard, eds 1999: 153-169.

VANOYE, FRANCIS
2000   "De l'adaptation d'un texte littéraire au cinéma". In Dusi e Nergaard, eds 2000: 143-152.

VENUTI, LAWRENCE
1995   *The Translator's Invisibility*. London: Routledge (tr. it. *L'invisibilità del traduttore*. Roma: Armando 1999).
1998   "Strategies of translation". In Baker, ed. 1998: 240-244.
2001   "Tradurre l'umorismo: equivalenza, compensazione, discorso". In Nasi, ed. 2001: 13-29.

VENUTI, LAWRENCE (ed.)
2000   *The Translation Studies Reader*. London: Routledge.

VERMEER, HANS J.
1998   "Didactics of Translation". In Baker, ed. 1998: 60-63

VINÇON, PAOLO
2000   "Traduzione intersemiotica e racconto". In Dusi e Nergaard, eds 2000: 153-170.

VIOLI, PATRIZIA
1997   *Significato ed esperienza*. Milano: Bompiani.

WADA, TADAHIKO
2000   "Eco e la traduzione nell'ambito culturale giapponese". In Petitot e
        Fabbri, eds 2000 (tr. it.: 607-614).

WEAVER, WILLIAM
1990   "Pendulum Diary". *South-East Review*, Spring.

WIERZBICKA, ANNA
1996   *Semantics. Primes and Universals*. Oxford: Oxford U.P.

WING, BETSY
1991   "Introduction". In Héléne Cixous, *The Book of Promethea*. Lincoln:
        University of Nebraska Press.

WITTGENSTEIN, LUDWIG,
1966   *Lectures and Conversations on Aesthetics, Psychology and Religious Be-
        lief*, Oxford, Blackwell (tr. it. *Lezioni e conversazioni sull'etica, l'este-
        tica, la psicologia e la credenza religiosa*. Milano: Adelphi 1967, VIII
        ed. 1995).

TRADUZIONI CITATE

BAUDELAIRE, CHARLES
I fiori del male. Tr. di Mario Bonfantini. Milano: Mursia 1974.

CAMUS, ALBERT
La peste. Tr. di Beniamino Dal Fabbro. Milano: Bompiani 1948.

CENDRARS, BLAISE
Dal mondo intero. Tr. di Rino Cortiana. Parma: Guanda 1980.

COLLODI (CARLO LORENZINI)
Les aventures de Pinocchio. Tr. di Nicolas Cazelles. Arles: Actes Sud 1995.
Les aventures de Pinocchio. Tr. di Jean-Michel Gardair. Paris: Gallimard
1985, tr. rivista 2002.

CONRAD, JOSEPH
*Typhoon di Joseph Conrad nella traduzione di André Gide con versione italiana
di Ugo Mursia*. Torino: Einaudi 1993.
Tifone. Tr. di Bruno Oddera in Milano: Bompiani 1986.

DANTE
The Divine Comedy. Tr. di H.W. Longfellow. Cyber Classics Inc. 2000.
L'Enfer, mis en vieux langage français par Émile Littré. Paris 1879.
Œuvres complètes de Dante. Tr. di André Pézard. Paris: Bibliothèque de la
Pléiade 1965.
Enfer. Chant Premier. Tr. di Claude Perrus. In Danielle Boillet *et al.*, *Antho-
logie bilingue de la poésie italienne*. Paris: Gallimard 1994.
La divine comédie. Tr. di Jacqueline Risset. Paris: Flammarion 1985.
Dante and His Circle with the Italian Poets Preceeding Him. Tr. di Dante Ga-
briele Rossetti. London: Ellis 1908 (in orig. *The Early Italian Poets*, 1861).
Dante's "Vita Nuova". Tr. di Mark Musa. Bloomington: Indiana U.P. 1973.
"My Lady Seems So Fine and Full of Grace..." Tr. di Marion Shore. *The For-
malist* 3, 1, 1992: 73.
The Inferno of Dante. Tr. di Robert Pinsky. New York: Farrar, Strass & Gi-
roux 1994.

The Portable Dante. Tr. di Mark Musa. New York: Penguin 1995.
The Divine Comedy 1.Hell. Tr. di Dorothy Sayers. Harmondsworth: Penguin, s.d..
Tr. di Seamus Heany. In *Dante's Inferno. Translations from Twenty Contemporary Poets*. New Jersey, Hopewell: Ecco Press 1993.
6 cantos do Paraíso. Tr. di Haroldo de Campos. S. Paulo: Fontana-Istituto Italiano di Cultura 1976.

DE AMICIS, EDMONDO
Le livre Cœur. Tr. di Piero Caracciolo, Marielle Macé, Lucie Marignac e Gilles Pécout. Paris: Editions Rue d'Ulm 2001.

DE LORRIS, GUILLAUME-DE MEUN, JEAN
Le roman de la rose. Tr. di Armand Strubel. Paris: Livres de Poche 1992.
Il romanzo della rosa. Tr. di Massimo Jevolella. Milano: Archè 1983.
Le roman de la rose. Tr. di Gina D'Angelo Matassa. Palermo: Epos 1993.

ECCLESIASTE
La Sacra Bibbia. Antico testamento. Enrico Galbiati, ed., Torino: Utet 1963.
Kohèlet. Ecclesiaste. Tr. di Erri De Luca. Milano: Feltrinelli 1996.
La Bible. Tr. di André Chouraqui. Desclée de Brouwer 1989.
Qohélet o l'Ecclesiaste. Tr. di Guido Ceronetti. Torino: Einaudi 1970.
Qohélet. Colui che prende la parola. Tr. di Guido Ceronetti. Milano: Adelphi 2001.

ECO, UMBERTO
Diario Minimo. Tr. di Jesus Lopez Pacheco. Madrid: Horizonte 1964.
Diario Minimo. Tr. di Miguel Serras Pereira. Lisboa: Difel 1984).
Diari minim. Tr. di Antoni Vicens. Barcelona: Destino 1993.
[Diario minimo] Pastiches et postiches. Tr. di Bernard Guyader. Paris: Messidor 1988.
[Diario Minimo] Misreadings. Tr. di William Weaver. London: Cape and New York: Harcourt 1993.
[Diario minimo] Platon im Striptease-Lokal. Tr. di Burkhart Kroeber. München: Hanser 1990.
[Diario Minimo] Dommedag er naer. Tr. di Siri Nergaard. Oslo: Tiden Norsk Forlag 1994.

Der Name der Rose. Tr. di Burkhart Kroeber. München: Hanser 1982.
The Name of the Rose. Tr. di William Weaver. New York: Harcourt 1983, London: Secker & Warburg 1983.
Le nom de la rose. Tr. di Jean-Noel Schifano. Paris: Grasset 1982.
El nom de la rosa. Tr. di Josep Daurell. Barcelona: Destino 1985.
El nombre de la rosa. Tr. di Ricardo Pochtar. Barcelona: Lumen 1982.
Imja ros'i. Tr. di Elena Kostioukovitch. Moskwa: Izdatel'stvo Knijaja Palata, 1989 (ora St. Petersbourg: Symposium 1997).
Ruusun nimi. Tr. di Aira Buffa. Helsinki: Söderström 1983.

Foucault's Pendulum. New York: Harcourt 1989; London: Secker and Warburg 1989.
Das Foucaultsche Pendel. München: Hanser 1989.
El pendel de Foucault. Barcelona: Destino 1989.
El péndolo de Foucault. Barcelona: Lumen-Bompiani 1989.
Le pendule de Foucault. Paris: Grasset 1990.

The Island of the Day Before. Tr. di William Weaver. New York: Harcourt Brace and London: Secker and Warburg 1995.
La isla del dia de antes. Tr. di Helena Lozano Miralles. Barcelona: Lumen 1995.
Die Insel des vorigen Tages. Tr. di Burkhart Kroeber, München: Hanser 1995.
L' île du jour d'avant. Tr. di Jean-Noel Schifano. Paris: Grasset 1996.

Baudolino. Tr. di Marco Lucchesi. Rio de Janeiro: Record 2001.
Baudolino. Tr. di Carmen Arenas Novera. Barcelona: Destino 2001.
Baudolino. Tr. di Burkhart Kroeber. München: Hanser 2001.
Baudolino. Tr. di Helena Lozano Miralles. Barcelona: Lumen 2001.
Baudolino. Tr. di Jean-Noel Schifano. Paris: Grasset 2002.
Baudolino. Tr. di William Weaver. New York: Harcourt Brace; London: Secker and Warburg 2002.

ELIOT, T.S.
Poèmes, 1910-1930, Texte anglais présenté et traduit par Pierre Leyris. Paris: Seuil 1947.
Poesie di T.S. Eliot. Tr. di Luigi Berti. Parma: Guanda 1949.
Opere 1904-1939. Roberto Sanesi, ed., Bompiani: Milano 1992 (vedi anche *Poesie.* Milano: Bompiani 1966).
Poesie 1905/1920. Tr. di Massimo Bagicalupo. Roma: Newton 1996.

JOYCE, JAMES
Gente di Dublino. Tr. di Franca Cancogni. Torino: Einaudi 1949.
Gente di Dublino. Tr. di Marco Papi e Emilio Tadini. Milano: Garzanti 1976.
Dedalus. Tr. di Cesare Pavese. Torino: Frassinelli 1951 (ora Milano: Adelphi 1976).
"Anna Livia Plurabelle". *La Nouvelle Revue Française* xix, 212, 1931.
Anna Livia Plurabelle, Rosa Maria Bollettieri Bosinelli, ed., Torino: Einaudi 1996.
Finnegans Wake. Tr. di Luigi Schenoni. Milano: Mondadori 2001.

LEOPARDI, GIACOMO
Les chants. Tr. di Michel Orcel. Lausanne: L'Age d'Homme 1982.

MANZONI, ALESSANDRO
Die Verlobten. Tr. di Ernst Wiegand Junker. München: Winkler 1960.
The Betrothed. Tr. di Bruce Penman. Harmondsworth: Penguin 1972.

Les fiancés. Tr. di Yves Branca. Paris: Gallimard 1995.
Die Brautleute. Tr. di Burkhart Kroeber. München: Hanser 2000.

MONTALE, EUGENIO
I Mottetti by Eugenio Montale. Tr. di Katherine Jackson (reperibile su Internet: world.std.com/~jpwilson/kjbio.html).
Montale traduit par Pierre Van Bever. Collection bilingue de poésie de l'Institut Culturel Italien de Paris 1968.
The Bones of Cuttlefish. Tr. di Antonino Mazza. Oakville: Mosaic Press 1983.
Poèmes choisis. Tr. di Patrice Dyerval Angelini. Paris: Gallimard 1991.
Corno inglese. An anthology of Eugenio Montale's Poetry in English Translation (1927-2002). Edited and annotated by Marco Sonzogni (in pubblicazione).

MELVILLE, HERMAN
Moby Dick. Tr. di Bernardo Draghi. Milano: Frassinelli 2001.

NERVAL, GÉRARD DE
Sylvie. Tr. di Ludovic Halévy. London: Routledge 1887.
Sylvie. Tr. di Richard Aldington. London: Chatto and Windus 1932.
Le figlie del fuoco. Aurelia. La mano stregata. Tr. di Cesare Giardini. Milano: Rizzoli 1954.
Le figlie del fuoco. Tr. di Franco Calamandrei. Torino: Einaudi 1966.
I più bei racconti di Francia. Tr. di Mary Molino Bonfantini. Milano: Casini 1967.
Le figlie del fuoco. La Pandora. Aurelia. Tr. di Renata Debenedetti. Milano: Garzanti 1983.
Silvie. Tr. di Oreste Macrì. Milano: Bompiani 1994.
Sylvie. Tr. di Richard Sieburth. Hardmonsworth: Penguin 1995.
Sylvie. Tr. di Umberto Eco. Torino: Einaudi 1999.

POE, EDGAR ALLAN
Le corbeau. Tr. di Stephane Mallarmé, con disegni di Manet, 1875. Poi in *Les poèmes.* Bruxelles: Deman 1887. E *Les poèmes d'Edgar Poe.* Paris: Vanier 1889. Vedi ora *Poèmes.* Paris: Gallimard 1982 (comprende anche la traduzione di Baudelaire).
Poésies complètes. Tr. di Gabriel Mourey. Paris: Mercure de France 1910.
"O corvo". Tr. di Fernando Pessoa. *Athena* 1, ottobre 1924 (vedi *The Raven, Ulalume, Annabel Lee di Edgar Allan Poe, nella traduzione di Fernando Pessoa.* Torino: Einaudi 1955).

QUENEAU, RAYMOND
Esercizi di stile. Tr. di Umberto Eco. Einaudi: Torino 1983.

ROSTAND, EDMOND
Cyrano di Bergerac. Tr. di Mario Giobbe. Napoli: Pierro

INDICE DEI NOMI

Abba, Giuseppe Cesare, 335
Abbott, Edwin A., 198
Achard Wirds, Susan, 290, 291
Agostino, sant', 13
Aldington, Richard, 74n, 75, 76, 77, 109n, 205, 384
Alexanderson, Eva, 365
Alighieri, Dante, 163, 185, 186, 187, 248, 264, 297, 381
Allain, Marcel, 119
Allais, Alphonse, 139
Allen, Woody, 132, 135
Almansi, Guido, 241
Anhouil, Jean, 341
Anonimo del Sublime, 285
Arenas Novera, Carmen, 383
Argan, Giulio Carlo, 255, 365
Aristotele, 165, 166
Arnold, Matthew, 173
Austen, Jane, 162
Averroè, 165, 166
Avirović, Ljljana, 365, 366, 367, 368, 371, 372, 375, 376, 377

Bach, Johann Sebastian, 256, 313, 339
Bacigalupo, Massimo, 271, 383
Bacon, Francis, 335
Baker, Mona, 24, 365, 371, 373, 378
Ball, Hugo, 304
Balzac, Honoré, de, 26, 121
Barion, Attilio, 168
Barna, Imre, 14, 175, 365
Bartezzaghi, Stefano, 194

Bassnett, Susan, 80n, 162n, 313n, 365
Basso, Pierluigi, 20n, 342, 365
Baudelaire, Charles, 57, 59, 222, 264, 288, 289, 290, 291, 292, 293, 327, 366, 381, 384
Beckett, Samuel, 303
Beethoven, Ludwig van, 313, 317, 321
Belmondo, Jean-Paul, 116
Benjamin, Walter, 346, 365
Bergman, Ingmar, 324
Berlin, B., 356n, 366
Berman, Antoine, 366, 110n, 171, 176, 274n
Bernardelli, Andrea, 366
Berti, Luigi, 270, 271, 272, 273, 274, 274n, 275, 285n, 383
Bertonio, Ludovico, 348
Bertuccelli Papi, Marcella, 328n, 366
Besson, Jacques, 219
Bettetini, Gianfranco, 329n, 366
Bever, Pierre Van, 284, 384
Boeke, Yond, 14
Bogarde, Dirk, 340
Boillet, Danielle, 381
Bollettieri Bosinelli, Rosa Maria, 303n, 383
Bonfantini, Mario, 264, 265, 381
Bonomi, Andrea, 377
Borges, Jorge Luis, 165, 166, 216
Bosinelli, Rosa Maria, 369
Botticelli, Sandro Filipepi detto, 328
Boucher, François, 205, 206
Bourchard, N., 371

Branca, Yves, 329, 384
Brecht, Bertolt, 181
Bremer, T., 372
Brook, Peter, 253
Brower, Reuben A., 226, 366
Bruni, Leonardo, 68, 235
Buber, Martin 184
Budgen, Frank, 303n
Buffa, Aira, 175, 366, 382
Buonarroti, vedi Michelangelo
Burne-Jones, Edward Coley, 198

Čajkovskij, Pëtr I., 326
Calabrese, Omar, 12n, 316n, 318, 319, 329n, 366
Calamandrei, Franco, 70, 384
Cale Knezević, Morana, 179, 366
Calefato, Patrizia, 366
Callistrato, 209
Calvino, Italo, 119
Campanini, Carlo, 276
Campbell, Naomi, 318
Campion, Jane, 327
Camporesi, Piero, 103
Campos, Haroldo de, 297, 382
Camus, Albert, 48, 92, 153, 381
Cancogni, Franca, 246, 383
Cano, Cristina, 326, 367
Capanaga, P., 373
Caprettini, Gian Paolo, 327, 337, 366, 367
Caracciolo, Piero, 382
Casetti, Francesco, 329n, 367
Cattrysse, Patrick, 274n, 367
Catullo, 355
Cazelles, Nicolas, 61, 62, 381
Cellini, Benvenuto, 238
Cendrars, Blaise, 199, 200, 277, 381
Ceronetti, Guido, 183, 184, 382
Cervantes, Miguel de, 219
Chabrol, C., 370
Chamosa, J.L., 101, 102, 105, 367
Champollion, 38n, 232
Chateaubriand, Francois-René de, 275
Chatman, 328n
Chesterman, A., 371

Chlebnikov, Velimir, 304
Chopin, Fryderyk, 313, 326, 341, 342, 343, 344
Chouraqui, André, 182, 184, 382
Cixous, Helène, 116n
Coalizzi, Giulia, 366
Collodi, Carlo, 61, 65, 381
Conklin, Harold C., 358, 359, 367
Conrad, Joseph, 176, 381
Contaldi, Francesco, 294
Contini, Gianfranco, 163, 367
Cortiana, Rino, 199, 277, 278, 381
Cremonini, Giorgio, 326, 367
Crisafulli, Edoardo, 367
Crivelli, Carlo, 318
Croce, Benedetto, 120
Crosby, Bing, 177
Curtius, Ernst Robert, 179, 180

d'Amico, Masolino, 199n
D'Angelo Matassa, Gina, 269, 382
D'Annunzio, Gabriele, 73
Dal Fabbro, Beniamino, 48, 381
Dampier, William, 219
Danuta, Mirka, 313
Daurell, Josep, 103, 382
De Amicis, Edmondo, 59, 382
De Luca, Erri, 183, 185, 382
De Voogd, Pietha, 368
Debenedetti, Renata, 70, 384
Debussy, Claude, 58, 226
Dee, John, 219
Deleuze, Gilles, 335
Demaria, Cristina, 15n, 116n, 367
Derrida, Jacques, 263n, 346, 367
Disney, Walt, 19, 20, 64, 325, 326
Dodds, John, 365, 366, 367, 368, 371, 372, 375, 376, 377
Draghi, Bernardo, 34, 112, 384
Drumbl, Johann, 249, 251, 368
Duccio di Buoninsegna, 271
Dumas, Alexandre padre, 118, 119, 119n, 120, 123, 223, 275
Dürer, Albrecht, 323
Dusi, Nicola, 54n, 80n, 236n, 337,

365, 366, 368, 369, 370, 373, 374, 377, 378
Dyerval Angelini, Patrice, 280, 384

Ebeling, Gehrard, 230
Eco, Umberto, 11, 29, 39n, 50n, 51n, 56n, 64n, 71, 84, 88, 91, 119n, 120n, 128, 139, 141, 180n, 191, 198n, 199, 213n, 229, 236n, 252, 271, 279, 282, 285n, 293, 296, 345, 348, 349, 384, 368, 369
Eliot, Thomas Stearns, 114, 214, 222, 270, 271, 274, 275, 282, 296, 383
Ennio, 355
Eraclito, 230
Ermanno il Tedesco, 165, 166
Eschilo, 341
Even Zohar, Itamar, 274n, 369
Ezechiele, 333

Fabbri, Paolo, 233, 234, 320, 335, 365, 369, 372, 373, 375, 379
Falzon, Alex, R., 369
Favorino, 354, 355
Fedro, 215, 217
Fellini, Federico, 320
Fernández García, I., 373
Ferro, Giovanni, 219
Filostrato, 209
Fink, Guido, 241
Folena, Gianfranco, 235, 369
Forster, Edward Morgan, 221
Foscolo, Ugo, 79, 81, 97n
Foucault, Michel, 209
Francescato, Giuseppe, 12
Franceschini, Emilio, 275
Franci, Giovanna, 365, 366, 367, 369, 374, 378
Frank, Nino, 303, 303n
Frontone, 354, 355
Fruttero, Carlo, 124
Fubini, Mario, 79
Fujimura, Masaki, 14, 117

Gadamer, Hans-Georg, 92, 111, 230, 231, 233, 249, 369

Gadda, Carlo Emilio, 20
Gaffarel, Jacques, 219
Gagliano, Maurizio, 369
Galbiati, Enrico, 182, 382
Garasse, François, 219
Garbo, Greta, 328
Garcilaso de la Vega, 128
Gardair, Jean-Michel, 60, 381
Garlandia, Giovanni di, 167
Gauguin, Paul, 218, 220
Gautier, Théophile, 289
Gellio, Aulo, 235, 353, 355, 358, 360, 361, 363
Genette, Gérard, 10n, 65n, 369
Germi, Pietro, 20
Gerolamo, san, 13, 16, 184, 327
Giardini, Cesare, 71, 384
Gibson, James, 356n, 370
Gide, André, 176, 381
Gill, William, 290
Giobbe, Mario, 114, 115, 116, 384
Giorgione, 318, 319
Giotto, 327
Giovanni, san, 249, 332, 333
Giovenale, 355
Glauber, Johann R., 219
Góngora y Argote, Luis de, 128
Gonzáles Ródenas, Soledad, 376
Goodman, Nelson, 252, 252n, 370
Gorlée, Dinda, 228, 370
Gracián, Baltasar 219
Grasso, Aldo, 366
Greimas, Algirdas, J., 51n, 52n, 370
Grimm, Jacob e Wilhelm, 319, 340
Guyader, Bernard, 382
Guzmán de Rojas, Iván, 349n

Halévy, Ludovic, 74n, 75, 77, 205, 384
Hammett, Dashiell, 123
Hanslick, Eduard, 326
Heaney, Seamus, 268, 382
Heidegger, Martin, 171, 230, 230n, 370
Helbo, André, 370
Hemingway, Ernest, 123
Herrera, Fernando de, 128

Heydenreich, T., 372
Higginson, Fred H., 307n
Hjelmslev, Louis, 39, 41, 53n, 321, 370
Hoffmann, Ernst Theodor Amadeus, 323
Hofstadter, Douglas, 267, 370
Holbein, Hans, il giovane, 327
Hugo, Victor, 21, 289
Humboldt, Wilhelm von, 37, 162, 171, 173, 185, 304, , 370
Hume, Fergus, 140n
Huston, John, 328
Hutcheon, Linda, 213, 221, 222, 371
Huysmans, Joris Karl, 339

Ingarden, R., 328n
Ingres, Jean-Auguste Dominique, 327
Itten, Johannes, 356n, 371

Jackson, Katherine, 280, 384
Jakobson, Roman, 53n, 57n, 225, 226, 228, 229, 232, 237, 266, 293, 320, 324n, 347, 368, 371
Jacovitti, Benito, 218
James, Henry, 327, 328, 337
Jameson, Fred, 139, 140
Jervolino, Domenico, 230, 371
Jevolella, Massimo, 269, 382
Joyce, James, 11, 67, 68, 245, 303, 305, 306, 307, 307n, 308, 309, 310, 310n, 311, 312, 369, 383

Kandinskij, Vasilij, 363
Katan, David, 105, 106n, 371
Katz, David e Rose, 358, 358n, 371
Kay, P., 356n, 366
Kenny, 80, 371
Kidman, Nicole, 328
King James, 30, 45, 182, 184
Kircher, Athanasius, 38n
Koller, Werner, 80n, 371
Kostioucovitch, Elena, 14, 190, 190n, 372, 382
Kroeber, Burkhart, 14, 99, 100, 104, 126, 132, 135, 137, 147, 148, 149, 150, 151, 152, 180, 180n, 181, 211, 329, 382, 383, 384, 372
Krone, Patty, 14
Krupa, V., 40n, 372
Kušej, Martin, 253

La Matina, Marcello, 224n, 372
la Tour, Georges de, 209, 210, 331
Lafarga, Francisco, 376
Lamartine, Alphonse de, 289
Lamb, Charles e Mary, 242
Lancaster, Burt, 344
Lefevere, André, 162n, 313n, 365, 372
Leonardo da Vinci, 271
Leopardi, Giacomo, 19, 52, 383
Lepschky, Giulio C., 244, 372
Leyris, Pierre, 270, 383
Linksz, Arthur, 357, 372
Liszt, Franz, 313
Littré, Émile, 185, 381
London, Jack, 220
Longfellow, H.W., 248, 381
Lopez Pacheco, Jesus, 382
Lorge, I., 358n, 378
Lorris, Guillaume de, 270, 382
Lotman, Jurij, 49n, 233, 321, 372
Lotto, Lorenzo, 327
Lozano Miralles, Helena, 14, 128, 129, 130, 131, 133, 135, 137, 143, 144, 147, 148, 149, 152, 211, 373, 383
Lucarelli, Carlo, 320
Lucchesi, Marco, 133, 383
Lullo, Raimondo, 191, 192
Lutero, vedi Luther
Luther, Martin, 171, 172, 180, 182, 184, 373
Lyotard, Jean-François, 104

Macé, Marielle, 382
Macrì, Oreste, 71, 384
Maerz, A., 358n, 373
Magli, Patrizia, 197n, 373
Mahler, Gustav, 339
Mallarmé, Stéphane, 59, 225, 288, 290, 291, 292, 293, 384

Manet, Édouard, 384
Manetti, Giovanni, 373
Mann, Thomas, 180, 181, 338, 339, 340
Manzoni, Alessandro, 329, 383
Maraini, Fosco, 242
Marc, Franz, 363
Marco, san, 172
Marconi, Luca, 190, 256n, 257n, 373
Marignac, Lucie, 382
Marino, Giovan Battista, 127
Mascio, Lella, 367
Mason, Ian, 80n, 373
Matteo, san, 172
Mazarino, Giulio, 222
Mazza, Antonino, 284, 384
Mazzanti, Enrico, 19
Mazzoleni, Marco, 373
McGrady, Donald, 101, 373
Medina, Pedro de, 219
Meercschen, Jean-Marie Van der, 176n, 373
Meillet, Antoine, 161
Melville, Herman, 328, 384
Menin, Roberto, 45n, 373
Meschonnic, Henri, 184
Mesmer, Franz Anton, 275
Messina, Bartolomeo da, 165
Metz, Christian, 54n, 374
Meun, Jean de, 382
Michelangelo, 21, 214, 238, 271
Mink, Louis O., 307n
Moerbeke, Guglielmo di, 165, 166, 167
Molino Bonfantini, Mary, 74, 108, 384
Montale, Eugenio, 199, 278, 296, 384
Montanari, Federico, 195, 234n, 374
Montani, Pietro, 353
Montepin, Xavier de, 140n
Monterroso, Augusto, 65
Monti, Vincenzo, 171
Morbelli, Riccardo, 276
Morgenstern, Christian, 304

Morin, Jean-Baptiste, 219
Mortara Garavelli, Bice, 377
Mouray, Gabriel, 292, 384
Mozart, Wolfgang Amadeus, 253
Mursia, Ugo, 177, 381
Musa, Mark, 164, 268, 381, 382
Mussato, Albertino, 248
Mussino, Attilio, 19

Nasi, Franco, 374, 378
Nergaard, Siri, 11n, 23, 137, 138, 229n, 365, 366, 367, 368, 369, 370, 371, 372, 373, 374, 378, 382
Nerval, Gérard, de, 11, 14, 62, 63, 72, 73, 77, 83, 86, 87, 96, 97, 107, 107n, 108, 109, 110, 201, 202, 206, 207, 208, 384
Newman, Francis, 173
Nida, Eugene, 80n, 349, 350, 374
Nizza, Angelo, 276
Noguera, Arenas, 131, 134, 137

Occam, Guglielmo di, 175
Oddera, Bruno, 177, 381
Oldcorn, Tony, 164, 374
Olivier, Laurence, 331
Omero, 15, 80, 120, 171, 173, 198
Orcel, Michel, 55, 383
Ortega y Gasset, José, 161, 374
Osimo, Bruno, 374
Pallotti, Gabriele, 374
Paolo, san, 250
Papi, Marco, 245, 246, 383
Pareyson, Luigi, 251n, 252n, 374
Parks, Tim, 68n, 245, 246, 247, 375
Parret, Herman, 197n, 375
Paul, R., 358n, 373
Pavese, Cesare, 67, 68, 112, 383
Peck, Gregory, 328
Pécout, Gilles, 382
Peirce, Charles Sanders, 27, 85, 86, 87, 93, 227, 228, 229, 229n, 232, 233, 239, 375
Penman, Bruce, 329, 383
Perrault, Charles, 319, 340
Perrus, Claude, 248, 381

Pessoa, Fernando, 293, 294, 384
Petitot, Jacques, 365, 372, 373, 375, 379
Petrilli, Susan, 10n, 20n, 232, 235, 368, 374, 375, 377
Pézard, André, 186, 187, 381
Piaf, Edith, 278
Piano, Renzo, 21
Piave, Francesco Maria, 278
Picasso, Pablo, 315, 327
Pignatti, Marina, 247n, 336n, 375
Pinsky, Robert, 268, 381
Pisanty, Valentina, 319, 375
Pitagora, 341
Pochtar, Ricardo, 103, 152, 382
Poe, Edgar Allan, 285, 285n, 286, 287, 288, 289, 290, 291, 296, 322, 384
Polo, Marco, 142
Pomorska, Krystyna, 371
Ponzio, Augusto, 375
Poulsen, Sven-Olaf, 375
Prandi, Michele, 373
Pravadelli, Veronica, 371
Proni, Giampaolo, 375
Properzio, 355
Proust, Marcel, 86, 86n, 233, 239, 334, 375
Putnam, Hilary, 90, 376
Pym, Anthony, 162n, 376

Queneau, Raymond, 10, 14, 233, 299, 302, 384
Quine, Willard van Orman, 38, 40, 161, 376

Rabelais, François, 198
Raffaello, 271, 322
Ramelli, Agostino, 219
Ravel, Maurice, 342, 343
Richelieu, Armand-Jean du Plessis duca di, 223
Ricoeur, Paul, 230, 232, 233, 371, 376
Risset, Jacqueline, 186, 187, 248, 249, 303n, 381

Rivarol, Antoine, 187
Robbe-Grillet, Alain, 198
Robespierre, Maximilien de, 330
Rojas, Francisco de, 220
Rosa, 219
Ross, Charlotte, 367, 376
Ross, Dolores, 376
Rossano, Piero, 332n
Rossetti, Dante Gabriele, 163, 327, 381
Rostand, Edmond, 114, 115, 116, 384
Rousseau, Jean-Jacques, 106
Rubino, Liborio M., 372
Rudy, Stephen, 371
Rustico, Carmelo, 293n, 376
Rybczynski, Zbig, 342, 343, 344

Sahlins, Marshall, 357, 376
Sand, George, 342
Sanesi, Roberto, 270, 271, 272, 272n, 273, 274, 274n, 275, 376, 383
Santoyo, J.C., 101, 102, 105, 367, 376
Sanzio vedi, Raffaello
Sapir, Edward, 38, 161
Sartre, Jean-Paul, 118
Sayers, Dorothy, 248, 268, 382
Schäffner, Christina, 80n, 377
Schena, Leandro, 373
Schenoni, Luigi, 310, 311, 312, 383
Schifano, Jean-Noel, 14, 98, 101n, 104, 126, 131, 133, 134, 137, 146, 148, 149, 150, 151, 152, 210, 211, 382, 383
Schleiermacher, Friedrich D.E., 161, 171, 192, 233, 377
Sebeok, Thomas A., 371, 378
Selkirck, Alexander, 220
Seneca, 234
Sengupta, Mahasweta, 313n
Serras Pereira, Miguel, 382
Settani, Ettore, 303, 303n
Shakespeare, William, 27, 29, 91, 92, 153, 162, 171
Shaw, George Bernard, 237

Shore, Marion, 164, 381
Short Thomas, L., 87, 174, 377
Sibley, Rochelle, 376
Sieburth, Richard, 74n, 75, 76, 77, 83, 84, 85, 96, 97, 110, 111, 205, 206, 207, 208, 384
Sigaux, Gilbert, 275n
Snel Trampus, R.D., 377
Snell-Hornby, Mary, 162n, 377
Snelling, David, 377
Sofocle, 120, 341
Sonzogni, Marco, 384
Soupault, Philippe, 303
Souvestre, Pierre, 119
Spaziante, Lucio, 257, 341, 367, 377
Starck, Philippe, 22
Stecchetti, Lorenzo, 273
Stecconi, Ubaldo, 375
Steiner, George, 12, 162, 232, 327, 327n, 377
Sterne, Laurence, 79, 80, 81
Stevenson, Robert Louis, 218, 220
Störing, H.J., 377
Stout, Rex, 84
Strawson, Peter F., 377
Strubel, Armand, 269, 382
Sue, Eugène, 119, 119n, 120
Swedenborg, Emanuel, 275

Tadini, Emilio, 245, 246, 383
Tagore, Rabindranath, 313
Taylor, Christopher J., 79n, 100, 377
Terracini, Benvenuto, 79, 80, 377
Tettamanzi, Laura, 366
Thorndike, E.L., 358n, 378
Tiziano, 318, 327
Tolstoj, Lev Nikolaevič, 169
Torop, Peeter, 175, 235, 378
Totò (Antonio De Curtis), 276
Toury, Gideon, 235, 369, 378

Traini, Stefano, 378
Troisi, Massimo, 136
Valéry, Paul, 167, 168, 363
Vanoye, Francis, 378
Velázquez, Diego, 209, 318
Venuti, Lawrence, 173, 378
Verlaine, Paul, 347
Vermeer, Hans J., 80n, 378
Vermeer, Jan, 209, 210, 211
Verne, Jules, 217
Vicens, Antoni, 152, 382
Villamil de Rada, Emeterio, 348
Vinçon, Paolo, 328n, 378
Violi, Patrizia, 139, 378
Virgilio, 354, 355
Visconti, Luchino, 337, 339, 340, 344
Vittorini, Elio, 171

Wada, Tadahiko, 14, 379
Wagner, Geoffrey, 74n,
Wahrol, Andy, 327
Wallace, Edgar, 320
Warburg, Aby, 318
Watteau, Jean-Antoine, 201, 207
Weaver, William, 14, 98, 100, 101, 105, 106n, 113, 114, 117, 118, 126, 127, 131, 133, 135, 137, 138, 145, 148, 149, 152, 178, 178n, 179, 189, 190, 194, 195, 210, 211, 218, 220, 221, 222, 223, 379, 382, 383
Weill, Kurt, 218
West, Mae, 328
Whorf, Benjamin Lee, 38, 161
Wiegand Junker, Ernst, 329, 383
Wierzbicka, Anna, 89, 90, 379
Wilde, Oscar, 87
Wing, Betsy, 116n 379
Wittgenstein, Ludwig, 181, 292, 379
Worth, Sol, 334

Il campo semiotico
a cura di Umberto Eco

AA.VV., L'analisi del racconto
AA.VV., Semiotica: storia teoria interpretazione
Gianfranco Bettetini, Cinema: lingua e scrittura
Gianfranco Bettetini, Il segno dell'informatica
Gianfranco Bettetini, La conversazione audiovisiva
Gianfranco Bettetini, La simulazione visiva
Gianfranco Bettetini, L'audiovisivo
Gianfranco Bettetini, Semiotica della comunicazione d'impresa
Gianfranco Bettetini, Tempo del senso
Massimo A. Bonfantini, La semiosi e l'abduzione
Andrea Bonomi, Lo spirito della narrazione
A. Bonomi (ed.), La struttura logica del linguaggio
Francesco Casetti, Dentro lo sguardo
Sandra Cavicchioli, I sensi, lo spazio, gli umori e altri saggi
Giovanna Cosenza, La pragmatica di Paul Grice
Jonathan Culler, Sulla decostruzione
Marco De Marinis, Semiotica del teatro
Umberto Eco, I limiti dell'interpretazione
Umberto Eco, Kant e l'ornitorinco
Umberto Eco, Lector in fabula
Umberto Eco, Trattato di semiotica generale
U. Eco – Th. A. Sebeok (ed.), Il segno dei tre
Jacques Geninasca, La parola letteraria
Algirdas J. Greimas, Del senso
Algirdas J. Greimas, Del senso 2
A. J. Greimas – J. Fontanille, Semiotica delle passioni
Gruppo μ, Retorica generale
Roman Jakobson, Lo sviluppo della semiotica e altri saggi
Ju. M. Lotman – B. A. Uspenskij, Tipologia della cultura
Patrizia Magli, Il volto e l'anima
Charles S. Peirce, Le leggi dell'ipotesi
Jean Petitot-Cocorda, Morfogenesi del senso
Isabella Pezzini, Le passioni del lettore

Valentina Pisanty, L'irritante questione delle camere a gas
Augusto Ponzio, Tra semiotica e letteratura
M. P. Pozzato (a cura di), L'idea deforme
Ferruccio Rossi-Landi, Semiotica e ideologia
Thomas A. Sebeok, Sguardo sulla semiotica americana
Boris A. Uspenskij, Storia e semiotica
Patrizia Violi, Significato ed esperienza

Storia e critica letteraria

Renato Barilli, Comicità in Kafka
G.L. Beccaria (a cura di), I linguaggi settoriali in Italia
Harold Bloom, Il Canone Occidentale
P. Carravetta - P. Spedicato, Posmoderno e letteratura
Cesare De Michelis, Fiori di carta
Lubomír Doležel, Heterocosmica
Umberto Eco, Le poetiche di Joyce
Thomas S. Eliot, Il bosco sacro
Giorgetto Giorgi, Mito, storia, scrittura nell'opera
  di Marguerite Yourcear
Lucien Goldmann, Per una sociologia del romanzo
Frank Kermode, Il linguaggio di Shakespeare
Antonio Pasqualino, Le vie del cavaliere
Sergio Perosa, Storia del teatro americano
Sergio Perosa, Teorie americane del romanzo
Sergio Perosa, Teorie inglesi del romanzo
Alessandro Serpieri, I sonetti dell'immortalità
Ian Watt, Le origini del romanzo borghese

Finito di stampare
nel mese di aprile 2003 presso il
Nuovo Istituto Italiano d'Arti Grafiche - Bergamo

Printed in Italy